KÖNIGS LERNHILFEN

Ralf Gebauer

MEIN ZIEL: ABITUR DEUTSCH

Bange Verlag

Über den Autor:
Ralf Gebauer, geb. 1945 in Kragelund (Dänm.), Studium der Germanistik und Philosophie in Bochum und Göttingen; begleitende Studien in Anglistik, Romanistik, Slawistik, Theaterwissenschaften, Publizistik, Kunstgeschichte; lehrte als Studiendirektor die Fächer Deutsch, Philosophie und Kunst an einem Herner Gymnasium und organisierte die Kooperation der kommunalen Oberstufen.

Hinweis: Textbespiele von Autoren, deren Werke gemeinfrei sind, entstammen überwiegend ohne weitere Quellenangaben Projekt Gutenberg-DE (https://gutenberg.spiegel.de/) oder Wikisource. (https://de.wikisource.org/wiki/Hauptseite). Zu allen übrigen Texten vgl. das Quellenverzeichnis.

Musterklausuren können Sie downloaden unter
https://www.bange-verlag.de/
mein-ziel-abitur-deutsch-pruefungswissen-fuer-klausur-und-abitur

2. Auflage 2022
ISBN 978-3-8044-1210-1
PDF: 978-3-8044-5310-4

Titelbild: stock.adobe.com © sebra
Druck und Weiterverarbeitung: KOPA, Litauen

4. AUFGABENARTEN

5. HINWEISE ZU DEN PRÜFUNGEN

ANHANG

VORWORT

Man muss nicht alles wissen, was in diesem Buch steht, wenn man das Abitur im Fach Deutsch ablegen möchte. Das dazu jeweils benötigte Wissen wird durch die jährlichen Schwerpunktsetzungen der einzelnen Länder festgelegt. Aber die fallen ganz unterschiedlich aus. Sinn und Zweck dieses Buches ist deshalb, Ihnen in jedem Falle unabhängig von den jeweiligen Länderentscheidungen die Hilfestellungen anzubieten, die Sie befähigen, Ihr Ziel zu erreichen.

Dazu eignet sich ein rein informatives Lehrbuch wenig. Deshalb werden hier die Sachinformationen möglichst kompakt und gerafft vorgetragen und in unterschiedlicher Weise didaktisch und merkfähig aufbereitet:

→ Exkurse gehen auf Standardthemen der Sprachbetrachtung genauer ein,
→ tabellarische Überblicke verschaffen einen schnellen summarischen Zugriff,
→ optisch aufbereitete Schaubilder unterstützen die Merkfähigkeit abstrakter Inhalte,
→ kategorial geordnete Informationen fassen literaturgeschichtliche Zusammenhänge vergleichbar zusammen,
→ veranschaulichende Beispiele ermöglichen eine textuelle Konkretisierung allgemeiner Aussagen,
→ knapp gefasste Inhaltsangaben machen die Bedeutung ausgewählter literarischer Werke nachvollziehbar, und
→ optisch aufbereitete Beispieluntersuchungen helfen, sich in der Analyse und Deutung zu üben.

Die Abfolge der Themen orientiert sich an den beiden prüfungsrelevanten Bildungsstandards „Sich mit Texten und Medien auseinandersetzen“ und „Sprache und Sprachgebrauch reflektieren“. Deshalb befasst sich das erste Kapitel mit Texten und liefert das zweite umfangreich die zur Auseinandersetzung mit fiktionalen Texten notwendigen literaturgeschichtlichen Hinweise nach. Jede Epoche wird dabei unter sechs Aspekten beleuchtet. Nach einer Klärung des jeweiligen Epochenbegriffs werden die sozialhistorische Situation zusammengefasst, der die Epoche bestimmende Zeitgeist beschrieben, die dominanten Themen benannt, der vorherrschende Schreibstil gekennzeichnet und letztlich die relevanten Repräsentanten mit ihren Werken vorgestellt. Im dritten Kapitel wird dann auf die Bereiche Sprache und Kommunikation eingegangen. Die Kapitel 4 und 5 richten letztlich den Blick auf die konkreten Prüfungssituation. Zunächst werden die prüfungsrelevanten Aufgabenarten und am Ende Hinweise für die schriftliche und mündliche Prüfung zusammengestellt.

Drei **Exkurse** befassen sich intensiv mit den Themen „Ursprung der Sprache“, „Linguistische Relativitätstheorie“ und „Sprachnot“, ein weiterer Exkurs hilft durch ein Gedankenspiel, sich die Abfolge der literarhistorischen Epochen zu merken.

Fast 200 bedeutende, beliebte oder bekannte literarische Werke werden im Rahmen der Literaturgeschichte in kurz gefassten **Inhaltsangaben** vorgestellt.

22 Analysebeispiele zu Textsorten und literarischen Epochen verdeutlichen optisch aufbereitet, wie ein ausgewählter Text sprachlich analysiert und inhaltlich interpretiert werden kann.

Hinweise auf die **schriftliche und mündliche Prüfung** und praktische Tipps helfen Ihnen bei einer optimalen Vorbereitung und Durchführung der Prüfungen.

Ein ausführliches **Glossar** informiert über die Bedeutung fremdsprachlicher Fachtermini, ein ebenso dezidiertes **Register** erschließt u. a. alle in dem Buch erwähnten Namen von Autoren, Wissenschaftlern und Persönlichkeiten des öffentlichen Lebens, sowie alle vorkommenden Sachbegriffe.

Autor und Verlag wünschen Ihnen einen interessierten Umgang mit dem vorgelegten Material, eine gute Vorbereitung und viel Erfolg bei der Abiturprüfung im Fach Deutsch!

1. TEXTE

1.1 Allgemeines

1.1.1 ALLGEMEINE TEXTARTEN

ÜBERSICHT

Textart	Kennzeichnendes Merkmal
literarischer Text	Fiktionalität: Erfundenheit
pragmatischer Text	Gebrauchswert, Nützlichkeit
medialer Text	Visualität: Betrachtbarkeit

Kompetenz im Umgang mit Texten

Wessen Ziel es ist, sein Abitur im Fach Deutsch abzulegen, wird sich mit Texten auseinandersetzen müssen, und das sowohl in der schriftlichen wie in der mündlichen Abiturprüfung. Für andere, vor allem geisteswissenschaftliche Fächer, gilt das ebenso. Da ist es von Nutzen, sich darüber im Klaren zu sein, was ein Text ist, welche Textformen es gibt und welche Besonderheiten mit ihnen verbunden sind.

Unter einem **Text** versteht man im weitesten Sinn eine Aussage, deren Einzelelemente so aufeinander bezogen und miteinander verwoben sind, dass sie einen im Verstehensprozess nachvollziehbaren inhaltlichen Zusammenhang bilden. Ein solcher Text kann akustischer oder visueller Art sein, kann sich aus Sprach-, Ton- oder Bildzeichen zusammensetzen. Im Fach Deutsch basieren Texte in der Regel auf Sprachzeichen, noch genauer auf Schriftzeichen. Das heißt, Sie werden in der Regel in irgendeiner Form mit gedruckten Schriftzeichen konfrontiert werden.

Drei Textarten

Innerhalb der Gruppe der prüfungsrelevanten Texte differenziert die KMK-Konferenz je nach ihrer Erscheinungsform und Zielsetzung drei verschiedene Textarten:

→ **die literarischen Texte**, die man auch fiktionale Texte nennt, weil ihre Inhalte nicht die Faktizität der Wirklichkeit abbilden, sondern trotz ihrer möglichen Wirklichkeitsbezüge insgesamt frei erfunden sind,

→ **die pragmatischen Texte**, die sich auf Fakten der Wirklichkeit beziehen und einen bestimmten Gebrauchswert haben und häufig **Sachtexte** genannt werden,

→ und **die medialen Texte**, die rein akustisch oder visuell sind wie z. B. Hörspiele oder Filme und Aufzeichnungen von Theateraufführungen.

Diese drei Textarten werden in den folgenden Kapiteln differenziert vorgestellt.

1.1.2 ALLGEMEINE GESTALTUNGSMITTEL

ÜBERSICHT

Alle Texte, auch die aus den Bereichen der Musik und der bildenden Kunst, bedienen sich nahezu derselben Gestaltungsmittel. Das sind:

- → die **Dominanz**: Ein Gestaltungselement besitzt gegenüber anderen Gestaltungselementen eine vorherrschende Stellung. Das kann ein zentrales Handlungselement sein wie ein Motiv oder aber, wie zumeist, eine die Handlung beherrschende Figur.
- → die **Polarität**: Zwei Gestaltungselemente stehen zueinander in einem Spannungsverhältnis. Das kann sich in zwei unterschiedlichen Weltanschauungen niederschlagen, die zur Darstellung kommen, oder in zwei Figuren, die zueinander in einem Verhältnis von Wettbewerb, Konkurrenz oder Gegnerschaft stehen.
- → der **Kontrast**: Dieses mutmaßlich meistverwendete Gestaltungsmittel beruht auf einem Gegensatz, der auf nahezu allen denkbaren Ebenen eines Textes angesiedelt werden kann. Er kann als **Qualitätskontrast** in Erscheinung treten (arm vs. reich, gebildet vs. ungebildet, männlich vs. weiblich, usw.) oder als **Quantitätskontrast** (einer gegen alle, ein Landstrich gegen einen kleinen Ort, ein langes Kapitel gegenüber mehreren kürzeren usw.)
- → die **Ballung**: Es werden ungewöhnlich viele gleichartige Elemente an einer Stelle konzentriert. Das können z. B. Versammlungen von Gleichgesinnten sein, eine Häufung von Schicksalsschlägen oder Glücksfällen oder im sprachlichen Bereich zehn Verwünschungen hintereinander.
- → die **Streuung**: Dieses Prinzip bildet den Gegensatz zur Ballung; es werden gleichartige Elemente scheinbar wahllos, aber wiederholt über einen Text verteilt. Es kann sich dabei um ein gegenständliches oder sprachliches Motiv handeln, das immer wieder einmal im Text auftaucht und – sofern man es als Rezipient bemerkt – dem Text oder einer Figur einen bestimmten Charakter verleiht.
- → der **Rhythmus**: Vom Rhythmus spricht man beim regelmäßigen Wechsel von zwei unterschiedlichen Elementen. Das können z. B. regelmäßige Ortswechsel sein oder sich abwechselnde Figurationen.
- → die **Symmetrie**: Zwei Elemente stehen zueinander in einem Spiegelverhältnis. Eine Figurenkonstellation kann symmetrisch gebaut sein ebenso wie eine Handlung, die sich von Abschied bis zur Wiederkehr erstreckt.
- → die **Reihung**: Die Reihung zählt zu den einfachsten Mitteln der Gestaltung und kann als Aneinander- oder Hintereinanderfügen desselben Elements verstanden werden. Diese Wiederholungsform ist meist kein Ausdruck der Einfallslosigkeit, sondern dient der intensivierenden Betonung oder der Akzentuierung der Gleichartigkeit.
- → die **Gruppierung**: Gleichartige Elemente werden zu einer Gruppe geordnet. In einem Gedicht kann das dazu führen, dass einige Strophen ihre inhaltliche Zusammengehörigkeit durch das gleiche Reimschema zu erkennen geben, sich von anderen Strophen aber eben dadurch unterscheiden.
- → die **Progression**: Unter einer Progression versteht man eine positive oder negative Steigerung. Etwas wird also immer besser oder schlechter, immer mehr oder immer weniger, immer größer oder immer kleiner. Rhetorisch begegnet man der Progression als Klimax oder Antiklimax.

→ die **Proportionalität**: Dieses Gestaltungsmittel des Verhältnisses ist meist nicht leicht zu erkennen, da es sich oft in Zahlenwerten ausdrückt. So kann in einem Drama der Redeanteil der Figuren in einem bestimmten proportionalen Verhältnis stehen, wenn z. B. der Protagonist immer doppelt so viel spricht wie seine jeweiligen Gesprächspartner. Die Proportionalität tritt auch gern in den Mengenverhältnissen von Romankapiteln, Akt- und Szenenumfängen auf und lenkt die Aufmerksamkeit dergestalt auf bestimmte ästhetische Orte, die ein literarisches Werk strukturieren können. Lessings Drama *Nathan der Weise* stellt z. B. die Ringparabel exakt in die Mitte des Dramas und sorgt so für eine interpretative Überbetonung der Toleranz, obwohl das Drama im Grunde dem Ideal einer allesübergreifenden Humanität huldigt.

Diese Gestaltungsmittel sind allgemeiner Natur und können in allen Texten und zu allen Zwecken verwendet werden. Einige Autoren wenden diese Gestaltungsmittel bewusst und gezielt an, anderen unterlaufen sie eher unbewusst aus einem intuitiven Gefühl für Ästhetik.

1.2 Literarische Texte

1.2.1 TEXTFORMEN

ÜBERSICHT

Literarische Gattung	Kennzeichnendes Merkmal
dramatische Texte	figurenbezogene Rede
narrative Texte	fehlt
poetische Texte	Vers

Alles nur erfunden?

Das wesentliche Merkmal literarischer Texte ist ihre **Fiktionalität**, also die Tatsache, dass ihre Inhalte nicht real, sondern nur vorgestellt und angenommen sind. Deshalb findet man bei Romanen zur Erinnerung auch oft den Hinweis, dass „Personen und Handlungen frei erfunden" und „Ähnlichkeiten mit der Wirklichkeit rein zufällig" seien. Damit werden bereits zwei Dinge angesprochen, die mit der Fiktionalität zusammenhängen. Menschen innerhalb eines fiktionalen Textes sind nämlich keine Personen, also faktische Menschen, sondern erfundene, also **Figuren**, d. h. oft aus nur wenigen Eigenschaften bestehende **Charaktere**. Ebenso erfunden ist zumeist die Wirklichkeit, in der sich diese Figuren bewegen. Und doch kommt es nicht selten vor, dass in einem fiktionalen Text Verweise auf die real existierende Wirklichkeit vorgenommen werden, sei es durch die Nennung von tatsächlich nachweislichen Ortsnamen und Ereignissen oder von wirklichen Personen. Solche Elemente, die die fiktionale Wirklichkeit mit der realen verknüpfen, nennt man **Deiktika**. Sie dienen in der Regel dazu, die Glaubwürdigkeit der fiktionalen Geschichte zu erhöhen.

Drei Gattungen

Innerhalb der literarischen Texte unterscheidet man drei Gattungen:

→ Die **dramatischen Texte** bestehen wesentlich nur aus figurengebundener Rede und sind darauf angelegt, in Form eines Rollenspiels aufgeführt zu werden. Es gibt allerdings auch reine **Lesedramen**, die nicht für eine Aufführung geschrieben sind. Der Autor tritt höchstens im sogenannten (meist kursiv geschriebenen) Nebentext oder in Einleitungstexten in Erscheinung, die sich auf die Anlage und Ausgestaltung der Bühnenaufführung beziehen **(szenische Deskriptionen)**.

BEISPIEL

Das Zimmer ist leer. Aus der Schlafstube dringt der leise Gesang der Amme. „Eia popeia, was raschelt im Stroh, 's sind die lieben Gänschen, sie haben keine Schuh." *Das Klirren der Teller und Bestecke von der Veranda her. Plötzlich kommt Käthe herein, um noch etwas aus dem Schubfach des Tisches zu holen. Johannes kommt eilig nach.*
JOHANNES. Aber Käthe – du sollst doch nicht … du sollst doch nicht laufen. Lass mich doch …
FRAU KÄTHE. Ach, so schwach bin ich doch nicht.

(Gerhart Hauptmann, *Einsame Menschen*, 1891)

→ Die **narrativen Texte** besitzen gegenüber normalen Alltagstexten kein besonderes Erkennungszeichen. In ihnen erzählt ein vom Autor eingesetzter Erzähler eine wie immer geartete Geschichte.

BEISPIEL

In St. Jago, der Hauptstadt des Königreichs Chili, stand gerade in dem Augenblick der großen Erderschütterung vom Jahre 1647, bei welcher viele tausend Menschen ihren Untergang fanden, ein junger, auf ein Verbrechen angeklagter Spanier, namens *Jeronimo Rugera*, an einem Pfeiler des Gefängnisses, in welches man ihn eingesperrt hatte, und wollte sich erhenken.

(Heinrich von Kleist, *Das Erdbeben in Chili*, 1807)

→ Die **poetischen Texte** bestehen aus einem in Verse gebrochenen Text, in dem die Schreib- oder Druckzeile jeweils nicht voll ausgeschöpft wird.

BEISPIEL

Dem Bürger fliegt vom spitzen Kopf der Hut,
In allen Lüften hallt es wie Geschrei,
Dachdecker stürzen ab und gehn entzwei
Und an den Küsten – liest man – steigt die Flut.

Der Sturm ist da, die wilden Meere hupfen
An Land, um dicke Dämme zu zerdrücken.
Die meisten Menschen haben einen Schnupfen.
Die Eisenbahnen fallen von den Brücken.

(Jakob van Hoddis, *Weltende*, 1911)

ALLGEMEINE LITERARISCHE GESTALTUNGSPRINZIPIEN

Allen literarischen Texten gemein sind drei Gestaltungsprinzipien, die mit der Handlung des jeweiligen Textes zusammenhängen. Es sind die Prinzipien des Tragischen, des Komischen und der poetischen Gerechtigkeit.

Das Tragische

Der Begriff des **Tragischen** bezeichnet eine Grundsituation des menschlichen Daseins, der seine inhaltliche Füllung vor allem in der Diskussion der deutschen Philosophie seit Schelling entwickelt hat. Bis dahin hat sich seine Bedeutung weitgehend aus der Tragödie hergeleitet, die als künstlerische Gestaltungsform des Tragischen gilt. Nach Georg Wilhelm Friedrich Hegel (1770–1831), der das Tragische als eine „Dialektik der Sittlichkeit" definierte, versteht man darunter den unausweichlichen Konflikt zwischen gleichberechtigten Werten oder Mächten, der für die an diesem Konflikt beteiligten Personen notwendig in Leid und Untergang endet. Man kann zwei Formen des Tragischen unterscheiden: das **Schicksal-Tragische**, bei dem die Person nicht für die über sie hereinbrechende Tragik verantwortlich ist, und das **Charakter-Tragische**, bei dem der Konflikt und der Ursprung des Leids aus den Eigenschaften oder Verhaltensweisen der Person selbst erwächst. Das Tragische erzeugt einerseits Ehrfurcht vor der Unvermeidlichkeit des tragischen Geschicks und andererseits Bewunderung für den heldenhaften, wenn auch letztlich erfolglosen Kampf gegen das unvermeidliche Verhängnis.

Das Komische

Das **Komische** gilt neben dem Tragischen als eine der beiden Grundformen menschlichen Erlebens. Seine vielfachen subjektiv wie kulturell unterschiedlichen Erscheinungsformen haben bislang eine umfassende und einheitliche Bestimmung verhindert. Als strukturell kennzeichnend für das Komische kann jedoch zusammengefasst werden, dass es als „Resultat einer Handlung" (Robert Gernhardt) auf einer Durchbrechung der Erwartungshaltung des Rezipienten beruht, die von einer irgendwie vom Rezipienten empfundenen Diskrepanz ausgelöst wird und zu einem emotionalen Effekt führt, der zwischen heiterem Gelächter und einem Gefühl distanzierter Betroffenheit liegen kann. Das Lachen hat dabei eine ausgleichend-befreiende Funktion und ein distanzierendes Überlegenheitsgefühl gegenüber dem Verlachten zur Folge, sodass dies wie im Falle der Betroffenheit zum abzulehnenden Beispiel wird. Innerhalb der Literatur kann das Komische als **Handlungs- oder Situationskomik**, **Verhaltens- oder Charakterkomik** sowie **Sprachkomik** in Erscheinung treten. Wenn das Komische darauf abzielt, einen irgendwie gearteten Geltungsanspruch kritisch zu vernichten, wird das Komische zur **Ironie**, bedient es sich dabei entlarvender Mittel, wird es zur **Satire**. Sind die zur Gestaltung der Handlungs- oder Charakterkomik verwendeten Mittel grobschlächtige und derbe Übertreibungen, spricht man von einer **burlesken** Komik, haben sie zusätzlich einen verfremdenden oder sogar dämonischen Charakter, spricht man von **grotesker** Komik. Der Begriff der **Ironie** dürfte als festgelegte rhetorische Form bekannt sein; er bezeichnet einen Ausdruck, den man zur Verstärkung benutzt, um das Gegenteil dessen zu verstehen zu geben, was man wortwörtlich sagt. Bemüht sich die Ironie darüber hinaus beißend verspottenden Hohns, so steigert sie sich zum **Sarkasmus**, und will sie zudem noch verletzen, redet man von **Zynismus**.

Im umgangssprachlichen Sinne komisch ist etwas dann, wenn man das Ungewohnte nicht einzuordnen vermag. Empfindet man es als eigenartig und seltsam, kann man es auch **bizarr** nennen oder, sofern es einem drollig erscheint, also niedlich und amüsant, **skurril**. So klar sich diese Begriffe zu unterscheiden scheinen, so schwierig sind sie in der Verwendung, zumal die zu Grunde liegende Subjektivität des Urteilenden nicht selten zu unterschiedlichen Bewertungen führt.

Poetische Gerechtigkeit

Poetische Gerechtigkeit liegt vor, wenn ein Autor in Übereinstimmung mit allgemein anerkannten, d. h. zumeist religiös fundierten moralischen und ethischen Normen seinen Figuren das Ende zuschreibt, das sie ihren Verhaltensweisen nach verdienen: Der tugendhafte junge Held obsiegt also und der alte, hinterhältige Adlige, der den Erhalt seiner Macht und Herrschaft nur durch üble Machenschaften sichert, geht unter. Nicht selten steht dieses Ende allerdings nicht in Übereinstimmung mit den Wirklichkeitserfahrungen der zeitgenössischen Rezipienten und dient nur einem sozialkritischen Idealismus. Die Gerechtigkeit ist also nicht irdisch, sondern leider nur poetisch.

1.2.2 DRAMATISCHE TEXTE (DRAMA)

DRAMENGATTUNGEN

ÜBERSICHT

Dramengattung	Kennzeichnendes Merkmal
Tragödie	schlechtes Ende: oft Tod des Protagonisten
Komödie	gutes Ende: oft Heirat des Protagonisten
Tragikomödie	ein gutes und ein schlechtes Ende nebeneinander

Drei Gattungen

Innerhalb des Dramas, das man ganz allgemein auch **Schauspiel** oder **Stück** nennen kann, unterscheidet man vom Ausgang der Handlung her drei Gattungen:
- → die **Tragödie**, bei der meist mindestens einer der Protagonisten stirbt.
- → die **Komödie**, die für den oder die Protagonisten wider Erwarten gut ausgeht.
- → die **Tragikomödie**, bei der ein Protagonist ein gutes und ein anderer ein schlechtes Ende findet.

Die deutschen Begriffe **Trauerspiel** und **Lustspiel** geben die klassischen Begriffe nicht ganz adäquat wieder, weil sie zum Teil falsche Erwartungen wecken. Auf weitere differenzierende Begrifflichkeiten z. B. der Komödie sei an dieser Stelle verzichtet, weil sie für das Abitur ohne Belang sind.

ERSCHEINUNGSFORMEN DES THEATERS

ÜBERSICHT

Erscheinungsform	Kennzeichnendes Merkmal
aristotelisches Theater	Illusionstheater, Guckkastenbühne; emotional miterlebender Zuschauer
episches Theater	Verfremdungseffekt; Zuschauer als distanzierter rationaler Betrachter
dokumentarisches Theater	Arrangement dokumentarischer Texte; Stück als analytische Zeitstudie
absurdes Theater	Sinnlosigkeit des menschlichen Handelns
experimentelles Theater	spontanes Straßentheater; Zuschauer als Mitwirkender

DAS ARISTOTELISCHE THEATER

Im Laufe der Geschichte hat es unterschiedliche Erscheinungsformen des Dramas gegeben. Die älteste tradierte Form nennt man **klassisches Theater** oder nach ihrem ersten Analytiker, dem Philosophen **Aristoteles**, der es in seiner *Poetik* (um 335 v. Chr.) beschrieb, auch das **aristotelische Theater**. Dies zeigt über die Jahrhunderte hinweg relativ konstante Bauelemente:

ÜBERSICHT

Aufbau	→ 3-aktig: Exposition (Figureneinführung, Problementwicklung), Peripetie (Handlungsumschwung, Konflikthöhepunkt), Katastrophe (Problemlösung) → 5-aktig: Exposition, steigerndes Moment, Peripetie, retardierendes (verzögerndes Moment), Katastrophe → geschlossene, tektonische Form → drei Einheiten: des Ortes, der Zeit, der Handlung
Ziel	Katharsis: Reinigung von Gefühlen (Furcht und Mitleid)
Figuren	Protagonist (Hauptfigur), Antagonist (Gegenspieler); Konfiguration (Figurenkonstellation); Ständeklausel und Fallhöhe; Typen der Commedia dell'arte
Handlung	Zieldrama vs. analytisches Drama; Stationendrama
Text	→ Haupttext: figurengebundene Rede: ungebundene und gebundene Form (Knittelvers oder Blankvers; Monolog, Beiseitesprechen, Dialog, stichomythischer Dialog (kurze, kontrastive Wechselrede) → Nebentext (Regieanweisungen)
Gesprächsformen	Diskurs, Entscheidungs-, Enthüllungs-, Einschüchterungsgespräch, zerfallenes Gespräch, Verhör
Gesprächsverhalten	symmetrisch vs. asymmetrisch; superior vs. inferior (über- vs. unterlegen); komplementär (ergänzend); Anredeformen
Sonder formen	→ epische Einblendungen: Botenbericht, Teichoskopie (Mauerschau), Figurenerzählungen (Rückblicke, Zusammenfassungen) → verdeckte Handlung (Handlungselemente tauchen nur in der sprachlichen Darstellung auf)

Aufbau

Bühne und Zuschauerraum

Ein Theaterstück setzt sich aus Handlungseinheiten zusammen, die man **Szenen** oder **Auftritte** nennt. Beide Begriffe deuten an, dass sich eine Szene oder ein Auftritt entweder durch den Ort des Geschehens oder durch die an der Handlungseinheit beteiligten Figuren definiert. Mehrere Szenen zusammen formen einen **Akt** oder **Aufzug**. Der deutsche Begriff verweist darauf, dass zu Beginn eines Aktes der Bühnenvorhang, der die Bühne vom Zuschauerraum trennt, aufgezogen wird und den Blick auf das Bühnengeschehen freigibt. Am Ende eines Aktes „fällt der Vorhang“ bzw. er wird zugezogen. Moderne Stücke verzichten auf die Großeinheiten Akt und Aufzug, weil die einzelnen Handlungseinheiten keinen oder nur noch wenig Zusammenhang untereinander zeigen, und setzen sich dann aus einer Abfolge von sogenannten **Bildern** zusammen.

Exposition, Peripetie und Katastrophe

Aristoteles hat mit Bezug auf das ihm bekannte griechische Theater ein **dreiaktiges Drama** beschrieben, das sich wie eine Pyramide darstellen lässt. Im ersten Akt, der **Exposition**, werden die Figuren eingeführt und die inhaltlichen Voraussetzungen für die Handlungs- und Problementwicklung gelegt. Im zweiten Akt, der **Peripetie**, spitzt sich die Problematik zu, und es kommt zu einem Handlungsumschwung. Der dritte Akt, die **Katastrophe**, zeigt dann die Problemlösung. Eine Katastrophe liegt also auch im letzten Akt der Komödie vor. Der von Aristoteles gebrauchte griechische Begriff, der ursprünglich lediglich die letzte Strophe benennt, hat bis heute umgangssprachlich eine Bedeutungsveränderung ins extrem Negative erfahren.

Zwei zusätzliche Akte

Im 19. Jahrhundert hat **Gustav Freytag** erneut eine Beschreibung der üblichen Dramenformen vorgelegt. Aufgrund der inzwischen veränderten Aufbaustruktur notiert er einen **Dramenaufbau in fünf Akten**. Die zwei zusätzlichen Akte werden einmal zwischen die beiden ersten Akte und einmal zwischen die beiden letzten Akte geschoben. Damit wird der Dramenaufbau gestreckt und lässt mehr Entwicklungsmöglichkeiten zu. Den jetzt neuen zweiten Akt bezeichnet man als das **steigernde Moment**. Dieser Akt wird gern dazu benutzt, Intrigen einzufügen, die den Handlungsverlauf komplizieren und die Spannung steigern. Den neuen vierten Akt hat Freytag als das **retardierende Moment** bezeichnet, d. h. als Moment, das die Handlung verzögert. Hier wird oft durch einen scheinbaren Erfolg der im zweiten Akt eingeführten Intrige ein gegenteiliges Ende angedeutet, als das Drama am Ende wirklich nimmt. In den ersten beiden Akten spricht man von einer **steigenden Handlung**, in den letzten beiden von einer **fallenden Handlung**. Beide Begriffe beziehen sich lediglich auf den zentralen Konflikt des Dramas, also auf die Konfliktentfaltung bis zum Konflikthöhepunkt und auf die Konfliktlösung in der Katastrophe. Die beiden Begriffe beziehen sich nicht auf die Spannungskurve eines Dramas, die zumeist erst im vierten oder fünften Akt ihren Höhepunkt erreicht. Damit hat der erweiterte klassische Dramenaufbau folgende symmetrische Form:

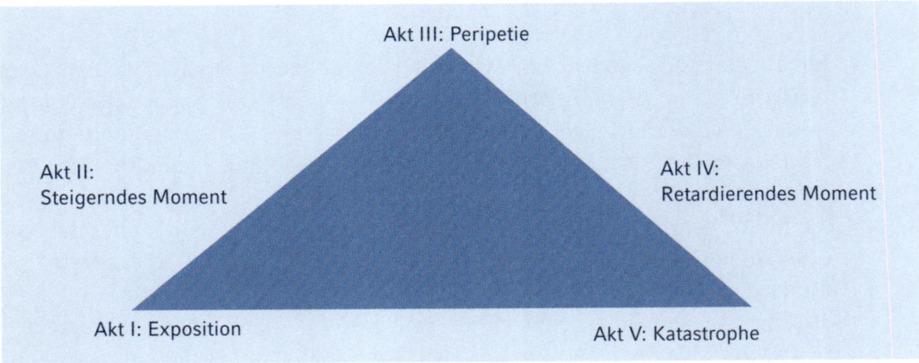

Schaubild 1: Dramenaufbau in fünf Akten nach Gustav Freytag

TIPP

Da die meisten Spielfilme und Fernsehfilme ebenfalls als Dramen betrachtet werden können, kann man sich bereits beim Fernsehen darin üben, den Handlungsaufbau zu analysieren. Zumeist ist die Handlung als fünfaktiges Drama konzipiert, steuert also im vierten Akt anscheinend einer gegenteiligen Lösung entgegen. Neben der Exposition, in der anfangs die Hauptfiguren vorgestellt werden, ist zumeist auch der Konflikthöhepunkt deutlich auszumachen.

Geschlossene und offene Form

Volker Klotz hat im Hinblick auf diese symmetrische Bauform des Dramas darauf hingewiesen, dass das klassische Drama eine **geschlossene Form** besitze, die man auch **tektonische Form** nennt. Sie stellt einen Ausschnitt des Lebens in der Ganzheit seiner schlüssigen Kontinuität dar. Dem stellt er die manchmal **offene oder atektonische Form** des modernen Dramas gegenüber, in der ein Wirklichkeitszeitraum nur fragmentarisch in einander nebengeordneten Ausschnitten dargestellt werde.

Die drei Einheiten

Aristoteles wird fälschlicherweise auch die Regel von den **drei Einheiten** zugeschrieben, der Einheit des Ortes, der Zeit und der Handlung. Aristoteles hat diese Einheiten zwar beschrieben, weil sie sich aus der Aufführungspraxis der Griechen so ergaben, aber diese Beschreibung nie als Regel formuliert. Das unternahm erst der Franzose **Nicolas Boileau** (1636–1711). Gemeint ist mit diesem Begriff hinsichtlich
- → **des Ortes**, dass kein Ortswechsel stattfinden und die Handlung nur an einem Ort spielen darf,
- → **der Zeit**, dass sich die Spielhandlung nur von Sonnenaufgang bis Sonnenuntergang erstrecken darf, woraus man die Regel abgeleitet hat, dass sie höchstens vierundzwanzig Stunden umfassen dürfe,
- → **der Handlung**, dass sie ohne Nebenhandlungen einsträngig verlaufen soll.

Ziel

„Furcht und Mitleid"

Ziel des Dramas war nach Aristoteles die sogenannte **Katharsis**, d.h. die Reinigung der Zuschauer von Gefühlen. Es strebte somit einen psychotherapeutischen Zweck der inneren Harmonie an. Den Katharsis-Prozess kann man sich so vorstellen, als wenn sich jemand zur Entspannung einen spannenden Krimi ansieht. Aus den von Aristoteles benutzten Begriffen „phobos" und „eleos" für die Mittel, um dieses Ziel zu erreichen, ist in der Zeit der Aufklärung durch falsche Übersetzung „Angst und Schrecken" geworden, ehe **Lessing** den Begriff in seiner *Hamburger Dramaturgie* richtiger mit „Furcht und Mitleid" übersetzte.

Figuren

Die in einem literarischen Werk auftretenden Menschen nennt man **Figuren**, weil sie lebenden Menschen, also Personen, nachempfunden sind. Hauptfiguren eines Dramas nennt man **Protagonisten**, weil ihnen die Handlung nutzt. Die **Antagonisten** sind diejenigen Figuren, die sich den Protagonisten entgegenstellen.

Figurenbeziehungen

Wie die Figuren eines Dramas zueinander stehen, welche Beziehungen sie zueinander haben und welche Interaktionen sich daraus ergeben, wird durch die **Konfiguration** einer Szene oder eines ganzen Dramas erfasst. Bis zu Lessings Entwicklung des bürgerlichen Trauerspiels waren die Figuren eines Dramas der **Ständeklausel** unterworfen. Nach dieser Regel durften in einer Tragödie nur Vertreter des hohen Standes (Adel, gehobener Klerus) auftreten, damit die **Fallhöhe** im Falle ihres Scheiterns bei den Zuschauern eine größere Wirkung erzeugte. Für die Figuren der niedrigeren Stände (Bürgertum) war allein die Komödie vorgesehen. Die Wandertheater Italiens haben in der **Commedia dell'arte** zum freien textunabhängigen Stegreifspiel festgelegte **Figurentypen** entwickelt wie den geprellten Ehemann oder den pfiffigen Diener, die in den Dramen ganz Europas ihren Niederschlag und ihre verfeinerte Fortentwicklung gefunden haben.

Handlung

Zwei Aufbauformen

Innerhalb des klassischen Dramas sind bezüglich der Handlung zwei Aufbauformen denkbar. Im **Zieldrama** läuft die gesamte Handlung auf die Konfliktlösung am Dramenende hinaus. Beim **analytischen Drama** haben die wesentlichen Ereignisse bereits vor Beginn der Bühnenhandlung stattgefunden, und diese dient dazu, die Vorgeschichte aufzudecken und ihre Konsequenzen aufzuzeigen, z. B. **Sophokles**: *König Ödipus.* Daneben hat sich eine Dramenform entwickelt, die man **Stationendrama** nennt. In dieser bereits seit dem Mittelalter angewandten Handlungsgestaltung werden wie in einem Bilderbogen episodenhaft unterschiedliche Szenen aneinandergereiht, die oft nur durch ein dramaturgisches Element, eine Figur oder eine Thematik miteinander verbunden sind.

Text

Gebunden oder ungebunden

Der **Haupttext** eines Dramas wird von der figurengebundenen Rede ausgemacht. Diese kann in ungebundener Form auftreten oder in gebundener. In **ungebundener** Form erscheint die figurengebundene Rede wie ein narrativer Text, in **gebundener** Form wie ein poetischer Text. Die am häufigsten verwendeten Versgestaltungen sind einmal der Knittelvers und zum anderen der Blankvers. Der **Knittelvers** ist vierhebig bei bis zu vier unbetonten Silben und kann sogar einen Hebungsprall enthalten. Er ist zumeist paarweise gereimt.

BEISPIEL

FAUST.
Habe nun, ach! Philosophie,
Juristerei und Medizin,
Und leider auch Theologie!
Durchaus studiert mit heißem Bemühn.
Da steh ich nun, ich armer Tor!
Und bin so klug als wie zuvor;

(Johann Wolfgang von Goethe, *Faust I*, 1808)

Der **Blankvers** ist ein ungereimter fünfhebiger Jambus und hat sich unter dem Einfluss **Shakespeares** zum am meisten benutzten Vers des deutschen Dramas entwickelt.

BEISPIEL

NATHAN.
Vor grauen Jahren lebt' ein Mann im Osten,
Der einen Ring von unschätzbarem Wert
Aus lieber Hand besaß. Der Stein war ein
Opal, der hundert schöne Farben spielte,
und hatte die geheime Kraft, vor Gott
und Menschen angenehm zu machen, wer
in dieser Zuversicht ihn trug. Was Wunder,
(...)

(Gotthold Ephraim Lessing, *Nathan der Weise*, 1779)

Figurenrede

Die figurengebundene Rede kann als Monolog oder als Dialog in Erscheinung treten. Der **Monolog** wird zumeist verwendet, um entweder den seelischen Zustand einer Figur deutlich zu machen oder seinen inneren Bewusstseinsvorgang darzustellen. Dann erscheint er oft als Entscheidungsfindungsprozess. Eine kleine Variante des Monologs ist das **Beiseitesprechen**. Dabei spricht eine Figur laut für sich so, als könnten die anderen anwesenden Figuren ihn nicht hören. In der Regel sind dies kleine Bemerkungen und Kommentare, die die Einstellung des Sprechenden und je nach Äußerung auch die des Bezeichneten charakterisieren. Diese Einsprengsel erleichtern den Zuschauern oft das Verständnis der Figuration.

BEISPIEL

MEPHISTOPHELES. (...) Ich schwör Euch zu, mit dem Beding
Wechselt' ich selbst mit Euch den Ring!
MARTHE. O es beliebt der Herr zu scherzen!
MEPHISTOPHELES (für sich)
Nun mach ich mich beizeiten fort!
Die hielte wohl den Teufel selbst beim Wort.
(Zu Gretchen.)
Wie steht es denn mit Ihrem Herzen?
MARGARETE. Was meint der Herr damit?
MEPHISTOPHELES. *(für sich)* Du guts, unschuldigs Kind!
(Laut.) Lebt wohl Ihr Fraun!
MARGARETE. Lebt wohl!

(Johann Wolfgang von Goethe, *Faust I*, 1808)

Dialog

Ein **Dialog** liegt vor, wenn mindestens zwei Figuren miteinander reden. Eine weitere Kennzeichnung, wie z. B. Multilog oder Polylog, gibt es nicht. Eine besonders kurze Wechselrede zur Darstellung steigernder Spannung, heftiger Gemütsbewegungen oder kontrastreicher Meinungsverschiedenheiten nennt man **Stichomythie** (Zeilenrede).

BEISPIEL

FAUST.
Was soll das? Einen Strauß?
MARGARETE.
Nein, es soll nur ein Spiel.
FAUST.
Wie?
MARGARETE.
Geht! Ihr lacht mich aus.
(Sie rupft und murmelt)
FAUST.
Was murmelst du?
MARGARETE.
Er liebt mich – liebt mich nicht.
FAUST.
Du holdes Himmelsangesicht!
MARGARETE. *(fährt fort)*
Liebt mich – Nicht – Liebt mich – Nicht
(Das letzte Blatt ausrupfend, mit holder Freude:)
Er liebt mich!

(Johann Wolfgang von Goethe, *Faust I*, 1808)

Nebentext

Der **Nebentext** im Drama umfasst all diejenigen sprachlichen Textelemente, die nicht figurengebundene Rede sind. Er legt nicht nur fest, wer spricht, sondern ggf. auch, wie gesprochen oder gehandelt wird. Diese Festlegungen sind weniger als Inszenierungshilfe für den Regisseur gedacht (Regiebemerkungen), sondern genuiner Bestandteil des Dramas. Zum Teil ist eine Dramenhandlung ohne den Nebentext, der z. B. eine pantomimische Handlung beschreibt, nicht verständlich.

Gesprächsformen

Symmetrisch oder asymmetrisch

Ein Dialog kann unterschiedliche Gesprächsformen aufweisen, je nachdem wie symmetrisch oder asymmetrisch die Kommunikation verläuft:
- → Er kann die Form eines **Verhörs** annehmen, wenn eine dominante Figur über herrschaftsgebundene Macht verfügt,
- → er kann die Form einer **Befragung** annehmen, wenn eine Figur mehr oder minder gleichrangig sich bei einer anderen um Informationen bemüht,
- → er kann der **Enthüllung** einer bislang verborgenen Handlung oder einer verborgenen Absicht dienen und läuft immer darauf hinaus, dass der Entlarvende seinen Gesprächspartner unterwirft und so ein asymmetrische Kommunikationssituation schafft,
- → er kann in der Form eines **Aneinandervorbeiredens** eine mindestens zerstreute Kommunikationssituation kennzeichnen,

- er kann in einer stark asymmetrischen Situation eine **Einschüchterung** beabsichtigen, wenn aufgrund des sozialen Machtunterschiedes eine Figur in der Lage ist, einer anderen zu drohen oder sie zu bestrafen,
- er kann dazu dienen, eine **Entscheidung** vorzubereiten oder zu treffen, wenn eine Figur eine andere mit Argumenten berät oder die Dringlichkeit oder Unausweichlichkeit einer Entscheidung verdeutlicht,
- er kann auf einen **Diskurs** hinauslaufen, sofern die Figuren sich in völliger Loslösung von ihren jeweiligen Eingebundenheiten in einer sprachlichen Idealsituation um die vorurteilsfreie Erörterung eines Themas oder Problems bemühen.

Gesprächsverhalten

Überlegen oder unterlegen

Auch das Verhalten der Figuren während eines Gesprächs ist von Bedeutung. Die Figuren können sich in ihrem Gespräch **symmetrisch** verhalten, also auf einer Ebene der Gleichberechtigung miteinander kommunizieren, oder ein **asymmetrisches** Verhältnis zueinander haben oder entwickeln, weil sie in einer sozialen Hierarchie unterschiedliche Positionen einnehmen. Das führt nicht selten zu einem **superioren** (überlegenen) oder **inferioren** (unterlegenen) Gesprächsverhalten und entsprechenden Gesprächsformen. Es ist auch denkbar, dass sich ein **komplementäres** Gesprächsverhalten ergibt, wenn die Gesprächspartner versuchen, sich zu ergänzen. Oft lässt sich das jeweilige Gesprächsverhalten an den benutzten Anredeformen ablesen, in denen sich bereits Über- oder Unterordnung ausdrücken.

Sonderformen

Narrative Elemente im Drama

Da die Darstellungsmöglichkeiten auf einer Bühne begrenzt sind, muss das Drama auch auf nicht-dramatische Textformen zurückgreifen. Dazu gehören vor allem die **epischen Einblendungen**, also eigentlich narrative Textbausteine. Dazu zählen:

- der **Botenbericht**, um Ereignisse oder Geschehen in den aktuellen Handlungsverlauf integrieren zu können, die irgendwo oder irgendwann anders stattgehabt haben. Der Bote berichtet von diesen Geschehnissen in Form einer kurzen Erzählung.

BEISPIEL

ILLO. Spät kommt ihr – Doch Ihr kommt! Der weite Weg,
Graf Isolan, entschuldigt Euer Säumen.
ISOLANI. Wir kommen auch mit leeren Händen nicht!
Es ward uns angesagt bei Donauwerth,
Ein schwedischer Transport sei unterwegs
Mit Proviant, an die sechshundert Wagen. –
Den griffen die Kroaten mir noch auf,
Wir bringen ihn.

(Friedrich Schiller, *Wallenstein, Die Piccolomini*, 1799)

Mauerschau

- die **Teichoskopie** (Mauerschau), bei der eine Figur von etwas berichtet, was sie gerade sehen kann, den Zuschauern allerdings verborgen bleibt. Dieser Bericht wird so genannt, weil er wie der Augenzeugenbericht einer Figur erscheint, die von den Zinnen einer Mauer in ein Gelände Einblick hat, das sich der Sicht der

Zuschauer entzieht. Die Teichoskopie wird gerne eingesetzt, um Geschehnisse darzustellen, die wegen der Anzahl der Figuren, der Größe der darzustellenden Räumlichkeit oder der Komplexität der angesprochenen Wirklichkeitsobjekte nicht auf der Bühne darstellbar sind wie z. B. der Verlauf einer Schlacht.

BEISPIEL

MARINELLI. *(der wieder nach dem Fenster geht)*
Dort fährt der Wagen langsam nach der Stadt zurück. – So langsam? Und in jedem Schlage ein Bedienter? – Das sind Anzeichen, die mir nicht gefallen: dass der Streich wohl nur halb gelungen ist, dass man einen Verwundeten gemächlich zurückführet – und keinen Toten. – Die Maske steigt ab. – Es ist Angelo selbst.

(Gotthold Ephraim Lessing, *Emilia Galotti*, 1772)

→ die **Figurenerzählung**, die eingesetzt wird, wenn eine Figur in einer Rückblende Ereignisse aus ihrer Vergangenheit schildert oder ein außerhalb der Handlung stattgefundenes Ereignis sprachlich zusammenfasst.

BEISPIEL

EMILIA. (...) Und floh.
CLAUDIA. Und der Prinz dir nach –
EMILIA. Was ich nicht wusste, bis ich mich in der Halle bei der Hand ergriffen fühlte. Und von ihm! Aus Scham musst' ich standhalten: mich von ihm loswinden, würde die Vorbeigehenden zu aufmerksam auf uns gemacht haben. Das war die einzige Überlegung, deren ich fähig war – oder deren ich mich nun wieder erinnere. Er sprach, und ich habe ihm geantwortet. Aber was er sprach, was ich ihm geantwortet –

(Gotthold Ephraim Lessing, *Emilia Galotti*, 1772)

→ die **verdeckte Handlung**, wobei Elemente der Bühnenhandlung nur in der sprachlichen Darstellung einer Figur und nicht als eigene Handlung auftauchen.

BEISPIEL

MARINELLI. Geschwind, sage mir, was du zu sagen hast! – ist er tot?
ANGELO. Es tut mir leid um den guten Herrn.
MARINELLI. Nun da, für dein mitleidiges Herz!
(Gibt ihm einen Beutel mit Geld.)

(Gotthold Ephraim Lessing, *Emilia Galotti*, 1772)

Eine Modellaufgabe zum Klassischen Drama zum Downloaden finden Sie unter:
https://www.bange-verlag.de/mein-ziel-abitur-deutsch-pruefungswissen-fuer-klausur-und-abitur

DAS MODERNE DRAMA

Vier Richtungen

Über die Erscheinungsformen des klassischen oder aristotelischen Theaters hinaus unterscheidet man im modernen Drama im Allgemeinen vier Richtungen:

→ das epische Theater nach **Bertolt Brecht**,
→ das dokumentarische Theater nach **Peter Weiss**,
→ das absurde Theater nach **Eugène Ionesco**,
→ das experimentelle Theater.

Das epische Theater

Der V-Effekt

Bertolt Brecht (1898–1956) gilt als Begründer des epischen Theaters. In Abgrenzung zu den Klassifikationen des aristotelischen Theaters nennt er seine Schauspiele schlicht **Stücke**. Diese Stücke sollen episch sein, weil die Handlung weniger gespielt als erzählt werden soll. Brecht beabsichtigt, die Passivität des Zuschauers im aristotelischen Theater im marxistischen Sinne zu einer Aktivität hin zu verändern. Die Stücke sollen argumentativ belegen, dass nicht der Charakter des Einzelnen den Gang der Geschehnisse bestimmt, sondern die materiellen Verhältnisse, in denen er lebt. Dazu zerstört Brecht die Identifikationsmöglichkeit des Zuschauers mit dem Bühnengeschehen und ihren Figuren durch verschiedene die Desillusionierung fördernde **Verfremdungseffekte** (V-Effekte):

→ **Verlagerung**: Eine Handlung, die aktuelle Verhältnisse abbildet, wird in andere Zeiten oder Räume verlegt.
→ **Widerspruch**: In der Handlung wie in der Zeichnung der Figuren kommt es zu Widersprüchen, die nicht behoben werden. So wird auf die Brüchigkeit und Harmonieferne von Wirklichkeit und menschlichem Charakter verwiesen.
→ **Stilisierung**: Alle Formen der Darstellung, also Handlung, Figuren, figurengebundene Rede, Bühnenbild und Requisiten unterliegen dem Prinzip der Reduktion und Stilisierung.
→ **Auswechselbarkeit**: Die Schauspieler übernehmen nicht einmal geschlechtsspezifisch ihre Rollen richtig, gehen also nicht in ihnen auf, sondern bleiben auf der Bühne stets Schauspieler. Sie verkörpern ggf. mehrere Rollen, sind austauschbar, sodass auch eine Rolle von mehreren Darstellern dargeboten wird, und lösen sich im Spiel auch von ihrer Rolle, um sich z. B. mit Kommentaren an die Zuschauer zu wenden.
→ **Textartenmix**: Der Text der Stücke bleibt nicht rein sprachlich, sondern wird aufgebrochen durch die Einfügung anderer Textarten. Das können akustische Texte wie Songs, Musik- und Toneinspielungen sein oder auch visuelle Texte wie Schautafeln, Fotos, Filme. Es gibt grundsätzlich keine Beschränkung in der Wahl und Mixtur der Textarten, solange sie als „Argumente“ der „Bühnendiskussion“ sinnvoll sind und die Illusionserwartung der Zuschauer brechen.

BEISPIEL

DIE VIER AGITATOREN.
Wir kamen als Agitatoren aus Moskau, wir sollten in die Stadt Mukden fahren, um Propaganda zu machen und in den Betrieben aufzubauen die chinesische Partei. Wir sollten uns im Parteihaus melden, welches das letzte nach der Grenze zu war, und einen Führer anfordern. Da trat uns im Vorzimmer ein junger Genosse entgegen, und wir sprachen von der Art unserer Aufgabe. Wir wiederholen das Gespräch.
Sie stellen sich Drei gegen Einen auf, einer von den Vieren stellt den jungen Genossen dar.

(Bertolt Brecht, *Die Maßnahme. Lehrstück*, 1930)

Unvermeidlicher „Genuss"?

Das epische Theater hat in der Person Brechts ihren **Hauptrepräsentanten**. Aber selbst ihm ist es bis auf die sogenannten „Lehrstücke", die der Übung der Schauspieler dienen sollten, kaum überzeugend gelungen, den propagierten neuen Theaterstil konsequent und erfolgreich umzusetzen. Den zu vermeidenden „kulinarischen Genuss" der Zuschauer konnte er auch in seinen besten Werken nicht ganz verhindern. Vor allem die politischen Intentionen sind kaum wie gewünscht wirksam geworden. Allerdings ist die dramatische Literatur der DDR deutlich vom epischen Theater beeinflusst. Wesentliche Stücke von **Heiner Müller** (1929–1995), **Peter Hacks** (1928–2003) und **Hartmut Lange** (geb. 1937) sind ohne das epische Theater nicht denkbar.

Wichtige Werke

→ **Bertolt Brecht** (1898–1956):
Mutter Courage und ihre Kinder (entst. 1938/39)

Das Stück zeigt anhand der Verzweiflung, mit der Mutter Courage im Dreißigjährigen Krieg ihre Kinder durch die Zeit bringt, die Sinnlosigkeit des Krieges.

Das Leben des Galileo Galilei (entst. 1939)

Im Mittelpunkt des Stücks steht die Entscheidung des Physikers, unter dem Druck der Kirche seine Lehre zu widerrufen oder nicht.

Der gute Mensch von Sezuan (entst. 1938–40)

In einer Doppelrolle muss die gute Shen-Te wegen der herrschenden Verhältnisse die Rolle des bösen Vetters einnehmen, um ihr Kind durchzubringen.

→ **Heiner Müller** (1929–1995):
Germania Tod in Berlin (entst. 1956/71)

In Form eines Revuetheaters wird an ausgewählten historischen Beispielen die Problematik der deutschen Geschichte dargestellt.

→ **Peter Hacks** (1828–2003):
Die Eröffnung des indischen Zeitalters (UA 1954)

Christoph Kolumbus wird weniger als Entdecker Amerikas wichtig denn als Wegbereiter eines kapitalistischen Ausbeutungsprozesses.

→ **Hartmut Lange** (geb. 1937):
Marski (1963)

Der Großbauer Marski wandelt sich mühsam vom ausbeuterischen Herrn zum integrierten Mitglied der von seinen einstigen Untergebenen geleiteten Kooperative.

Das dokumentarische Theater

Gegen Lügen und Verschleierung

Das Konzept des dokumentarischen Theaters (1968) wird auf **Peter Weiss** (1916–1982) zurückgeführt. Das dokumentarische Theater befasst sich als realistisches Zeittheater nicht nur mit der Dokumentation eines Stoffes, sondern greift als Theater der Berichterstattung materiell auch auf Zeugnisse der Gegenwart wie Akten, Protokolle, Statistiken usw. zurück. Es will Teil der Medien sein und Verschleierungen, Wirklichkeitsfälschungen und Lügen kritisieren und ansonsten verborgen gebliebene Zusammenhänge aufdecken und zur Begutachtung vorlegen. Das der Realität entnommene Faktenmaterial wird zum Zwecke der Profilierung eines Problems sprachlich bearbeitet. Ansonsten bedient sich das dokumentarische Theater gern der Verfremdungseffekte des epischen Theaters. Es tritt ein für die aufklärerische Idee, dass die Wirklichkeit, so undurchschaubar sie auch erscheint, letztlich doch in allen Einzelheiten erklärt werden kann. Der künstlerische und ästhetische Wert des dokumentarischen Theaters ist darin zu sehen, wie das vorgefundene (Sprach-)Material zur Dokumentation eines Problems oder Themas bearbeitet, arrangiert und profiliert wird.

BEISPIEL

RICHTER.
Aus welchem Grund
war dieser Mann verurteilt worden
ZEUGE 8
Er hatte einen Fluchtversuch unternommen
Ehe er in der Zelle eingeliefert wurde
musste er während des Abendappells
an den Häftlingen vorbeimarschieren
Es war ihm eine Tafel umgebunden worden
mit der Aufschrift
Hurra ich bin wieder da
Diese Worte musste er laut rufen
und dazu mit einem Paukenschlegel
auf eine Trommel schlagen
Die längste mir bekannte Zeit
verbrachte der Häftling Bruno Graf
in der Stehzelle
Der Arrestaufseher Schlage
stand manchmal vor seiner Tür
wenn er da drinnen brüllte
und ich hörte
wie er ihm zurief
Du kannst verrecken
Erst nach einem Monat starb Graf

(Peter Weiss, *Die Ermittlung*, 1965)

Wichtige Werke des dokumentarischen Theaters sind:

→ **Rolf Hochhuth** (geb. 1931):
Der Stellvertreter (1963)

Im Zentrum steht die Frage nach Rolle und Verhalten von Papst Pius XII. zur Zeit des Nationalsozialismus.

→ **Heinar Kipphardt** (1922–1982):
In der Sache J. Robert Oppenheimer (1964)

Das Stück behandelt die Loyalitätsuntersuchung gegen den am Bau der Atombombe beteiligten amerikanischen Physiker.

→ **Peter Weiss** (1916–1982):
Die Ermittlung (1965)

Darstellung des Auschwitz-Prozesses

Das absurde Theater

Fragender Mensch, schweigende Welt

Der Geburtsort des absurden Theaters ist das Paris der 1960er Jahre. Deshalb sind auch seine wesentlichen Werke ursprünglich nicht in deutscher Sprache verfasst. „Das Absurde", sagt der französische Philosoph und Schriftsteller **Albert Camus** in *Der Mythos von Sisyphos* (1942), „entsteht aus der Gegenüberstellung des Menschen, der fragt, mit der Welt, die vernunftwidrig schweigt." Das absurde Theater kann als philosophisches Theater bezeichnet werden, weil es parabelhaft darstellt, dass das menschliche Leben wie ein Teufelskreis absurd ist, weil dem Menschen jegliche verlässlichen Orientierungskategorien fehlen, seien sie religiöser, metaphysischer oder transzendentaler Art, und er in einer Situation der existenziellen Ausweglosigkeit gefangen ist. Es ist das Eingeständnis einer generellen Ohnmacht in der Findung eines Lebenssinns in einer fremd gewordenen Welt. Dieser Zustand wird als schicksalhaft und unveränderbar dargestellt. Wer auf eine Veränderung oder Deutung dieses Zustandes wartet, wartet vergebens.

Figurenrede

Die Stücke des absurden Theaters haben deshalb keinen Anfang und kein Ende, weil das Raum-Zeit-System aufgehoben wird, sie haben keinen klaren Aufbau und kaum eine Handlung. Ihre Figuren sind wie Marionetten so stark reduziert, dass eine Identifikation des Zuschauers mit ihnen unmöglich wird, wodurch die Figuren oft komisch erscheinen. Ihren Dialogen fehlt jede Logik und Argumentation, und sie verweisen mit ihrer Sinnlosigkeit auf eine generelle Inkommunikabilität. Deshalb verzichtet das absurde Theater sogar oft ganz auf Sprache und ist reine Pantomime. Dadurch wird der Akzent vom sprachlichen Text zum Erleben emotionaler Bilder verschoben. Das absurde Theater geht dabei in seinen Verfremdungseffekten wesentlich weiter als das epische Theater und schockt mit krassen Darstellungen des Menschen, wenn sie z. B. in Mülleimern stecken wie in Samuel Becketts *Endspiel*.

BEISPIEL

Wladimir geht weg. Estragon steht auf und folgt ihm bis an den Rand der Bühne. Estragons Mimik ist genau so wie die Mimik von Zuschauern bei einem Boxkampf. Wladimir kommt wieder, geht an Estragon vorbei, überquert die Bühne mit niedergeschlagenen Augen. Estragon geht einige Schritte auf ihn zu, bleibt dann stehen.
ESTRAGON *sanft:* Wolltest du mit mir sprechen?
Wladimir antwortet nicht. Estragon geht einen Schritt vor.
Hattest du mir etwas zu sagen?
Schweigen. Er geht noch einen Schritt vor.
Didi ...
WLADIMIR *ohne sich umzudrehen:* Ich hab dir nichts zu sagen.
ESTRAGON *geht einen Schritt weiter vor:* Bist du böse?
Schweigen. Einen Schritt vor. Verzeih!
Schweigen. Einen Schritt vor. Er berührt Wladimirs Schulter. Hör mal, Didi.
Schweigen. Gib mir die Hand.
Wladimir wendet sich ihm zu. Umarme mich!
Wladimir sträubt sich. Sei doch nicht so!
Wladimir wird weich. Sie umarmen einander. Estragon weicht zurück.
Du stinkst nach Knoblauch.
WLADIMIR: Ist gut für die Nieren. *Schweigen. Estragon betrachtet aufmerksam den Baum.*
Was sollen wir jetzt tun?
ESTRAGON: Warten.

(Samuel Beckett, *Warten auf Godot*, 1953)

Hauptvertreter

Zu den Hauptvertretern des absurden Theaters zählen der Ire Samuel Beckett (1906–1989), der Rumäne Eugène Ionesco (1909–1994) und der Engländer Harold Pinter (1930–2008). Im deutschsprachigen Raum ist das absurde Theater schwächer vertreten; hier ist vor allem Wolfgang Hildesheimer (1916–1991) zu nennen.

Wichtige Werke

→ **Samuel Beckett** (1906–1989):
Warten auf Godot (UA 1953)

Die Landstreicher Wladimir und Estragon warten vergeblich auf einen Herrn Godot, den es vermutlich gar nicht gibt.

Endspiel (UA 1957)

Das Stück handelt von dem blinden und lahmen Hamm, seinem Diener Clov, der nicht sitzen kann, und Hamms beinamputierte Eltern Nagg und Nell, die jeweils in einem Mülleimer leben. Man hält sich nach einer Katastrophe für die letzten Überlebenden.

→ **Eugène Ionesco** (1909–1994):
Die Nashörner (UA 1959)

Das Stück karikiert das menschliche Schwarmverhalten, wenn sich die Bürger einer Stadt immer mehr wünschen, sich in ein Rhinozeros verwandeln zu können, bis nur noch der Protagonist Bérenger als letztes menschliches Wesen übrigbleibt.

Die kahle Sängerin (UA 1950)

Zwei Ehepaare teilen sich zur wechselseitigen Überraschung feierlich Dinge mit, die sie eigentlich längst wissen müssten.

→ **Harold Pinter** (1930–2008):
Die Geburtstagsfeier (UA 1958)

Der Künstler Stanley träumt in der ärmlichen Pension Megs von einer Weltkarriere, wird zu einer Geburtstagsfeier gezwungen, obwohl er gar keinen Geburtstag hat, von finsteren Gestalten einer Gehirnwäsche unterzogen und infolge eines Blindkuhspiels zu einer Marionette. Meg hingegen schwärmt von der wundervollen Party.

→ **Wolfgang Hildesheimer** (1916–1991):
Die Uhren (UA 1959)

Ein namenloses Paar sitzt in einem Haus, dessen Treppenhaus kein Licht hat, und spielt miteinander. Ein Glaser kommt, um in die glaslosen Fenster schwarze Scheiben einzusetzen, die den Raum zunehmend verdunkeln. Dabei berichtet er, dass sich immer mehr Menschen dem Haus nähern, vom Leichenzug bis hin zum Vertreter von Uhren.

Das experimentelle Theater

Straßen- und Konzept-Theater

Unter dem Begriff experimentelles Theater werden zumeist die modernen Theaterformen zusammengefasst, die sich nicht mit den oben ausgeführten Etiketten aristotelisches, episches, dokumentarisches oder absurdes Theater kennzeichnen lassen. Im Wesentlichen sind das Formen des Straßentheaters oder Konzept-Theaters, die geplant oder spontan an einem kulturell unbelasteten Ort die Zuschauer in ihr Spiel mit einbeziehen, um nicht selten im Agitprop-Stil politische Ziele anzustreben. Da diese experimentellen Theaterformen oft eher auf zuvor festgelegte Parolen und wenige Dialog- und Argumentationsmuster als auf einen festen Text zurückgreifen, sind sie relativ unbekannt geblieben und für Abiturprüfungen in der Regel nicht relevant.

ZUR ENTWICKLUNG DES DEUTSCHSPRACHIGEN DRAMAS

Von der Regel- zur Genie-ästhetik

Im 18. Jahrhundert wurden die Vorstellungen von einem Drama beherrscht von zwei unterschiedlichen Ansichten. Auf der einen Seite stand der an Regeln orientierte Traditionsstrang der Theorie, der sich von der antiken *Poetik* des Aristoteles bis zu den Werken der französischen Klassiker erstreckte. Auf der anderen Seite stand die regelfreie und lebendige Theaterpraxis des ‚Genies' Shakespeare. Lessing hatte sich in seiner *Hamburgischen Dramaturgie* (1767/68) bereits um eine Entschlackung der Dramentheorie verdient gemacht und mit seinem bürgerlichen Trauerspiel den Weg bereitet. **Goethe und Schiller** vollendeten den Prozess. In ihren shakespearehaften Jugenddramen setzten sie sich über die strengen Vorschriften des herkömmlichen Theaters hinweg und gaben die drei Einheiten des Ortes, der Zeit und der Handlung sowie die strenge Versgebundenheit der Figurenrede auf. Sie verwendeten stattdessen eine kraftvolle, ausdrucksstarke Prosa, die geeignet war, die Leidenschaft des **genialischen Auf-**

begehrens gegen alle Formen der Unterdrückung des Subjektiven und Individuellen zu fassen. Bei Schiller gerät dieser Stil, in dem er seine Zeitkritik formulierte, oft ins überzogen Schwülstige und Pathetische.

In der Folgezeit wandelt sich die Zielsetzung des Dramas:
→ von der fiktionalen Ausmalung utopischer Ziele in der **Klassik**
→ über eine schonungslose Darstellung der schockierenden Wirklichkeitsfakten und der Aufdeckung ihrer Ursachen im **Naturalismus**
→ hin zu einer mehr analytischen Dramaturgie im **20. Jahrhundert**, die sich in immer unübersichtlicher werdenden Zeiten um die Erhellung des Wechselverhältnisses von individuellem Schicksal und gesellschaftlichem Umfeld (das zunehmend das menschliche Handeln bedingt und beeinflusst) bemüht.

1.2.3 NARRATIVE LITERATUR (EPIK, PROSA)

ZUM BEGRIFF

Ursprung im antiken Epos

Der Begriff „narrativ" leitet sich vom lateinischen Wort *narrare* = erzählen ab und bezeichnet alle Texte, in denen ein vom Autor eingesetzter Erzähler eine sich auf eine erfundene Wirklichkeit beziehende Geschichte erzählt. Der ältere und heute kaum noch zutreffende Begriff „Epik" führt sich auf den griechischen Begriff *epikos* zurück, dem Adjektiv zu *Epos* = Wort, Vers, Erzählung. Das antike **Epos** war eine umfangreiche erzählende Dichtung in gehobener Sprache und stets gleichbleibenden, gemessen fortschreitenden Versen, die, von Rhapsoden mündlich feierlich vorgetragen, von Göttern, Helden und Mythen berichteten. Narrative Texte haben im Gegensatz zu den beiden anderen Literaturformen gegenüber der Gebrauchsliteratur keine besonderen äußerlichen Kennzeichen. Das hebt der Begriff „Prosa" hervor, der, abgeleitet vom lateinischen *prosa oratio* = geradeausgerichtete Rede, auf die freie Redeweise der ungebundenen Sprache verweist.

TEXTARTEN

Unterschiedliche Länge

Die narrative Literatur unterscheidet ihre Erzähltexte in der Regel nach der Länge. Zu den Großformen gehören das Epos, die **Saga**, eine mehrere Generationen umfassende Familien- und Sippengeschichte, und der **Roman**. Von mittlerer Länge sind die **Erzählung** und die **Novelle**. Die kürzeren Texte kommen höchstens als Kleinformen für die zu stellenden Prüfungsaufgaben in Betracht. Das sind vor allem die **Kurzgeschichte** im Grundkurs und die **Parabel** im Leistungskurs. Fabel und Anekdote kommen für den Grundkurs nur bedingt in Frage, Kalendergeschichte, Märchen und Schwank dürften weitgehend unberücksichtigt bleiben.

Roman

Mindestens 100 Seiten lang

Der Begriff stammt aus dem Altfranzösischen, wo er im Gegensatz zur Gebildetensprache, der lingua latina, die Schriften zusammenfasste, die in der Volkssprache, der lingua romana, abgefasst waren. Der Umfang eines Romans wird von heutigen Verlagen mit mindestens einhundert Seiten veranschlagt. Der umfangreichste deutschsprachige Roman ist der von der Österreicherin Marianne Fritz (1948–2007) verfasste Roman *Dessen Sprache du nicht verstehst* (1985) mit über dreitausend Seiten. Im Allgemeinen ist der Zweck des Romans die Darstellung der Fülle und Vielfalt der Wirklichkeit in ihren allgemeinen und konkreten Bedingungen, der veränderlichen und problematischen Ordnungen und der verschiedenartigsten menschlichen Verhaltensweisen in Auseinandersetzung mit dieser Wirklichkeit. Aber auch das ist erst im Laufe der Jahrhunderte entstanden:

ÜBERSICHT

Zeit	Darstellungsschwerpunkt	Darstellungsziel	Darstellungsverfahren
18. Jh.	Personwerdung, Individuation, Handlungsautonomie des Individuums	Förderung der Menschenkenntnis; Abbild einer sinnvollen Weltordnung	Entwicklung von Charakteren
19. Jh	Zeitgeist; Sozialisation, Bildungsentwicklung des Individuums	Realität der Welt; anthropologische Invarianz des Humanen; Kritik soz. Normen	Epische Objektivität; Deskription
20. Jh.	Komplexität und Simultaneität der Welt; Verlorenheit des Individuums	Undurchschaubarkeit der Welt; Zweifel an anthropologischen Normen	Psychische Zerrissenheit des Individuums aus der Innenansicht

Das weite Erscheinungsfeld des Romans wird oft durch differenzierende Kategorien gegliedert:

ÜBERSICHT

Kategorie	Romanarten
Stil	didaktischer, idealistischer, realistischer, utopischer, humoristischer, satirischer Roman
Form	Ich-Roman, Briefroman, Chronik
Stoff	Abenteuer-, Ritter-, Räuber-, Künstler-, Bildungs-, Entwicklungs-, Staats-, Gesellschafts-, Kriminal-, Reise-, Heimat-, Bauern-, Familienroman; religiöser, sozialer, psychologischer Roman
Qualität	schöngeistiger Roman, Unterhaltungsroman, Trivialroman; Bestseller, Reißer
Schwerpunkt	Geschehnis-, Figuren-, Raum-, Zeitroman

Erzählung

„Erzählung“ ist der allgemeine und undifferenzierte Begriff für die sprachliche Darstellung eines faktischen oder fiktionalen Ereignisses und deshalb ein Sammelbegriff für alle möglichen narrativen Textarten. Nicht selten wird ein Text, den eine Autorin oder ein Autor schlicht mit dem Begriff „Erzählung“ bezeichnet hat, später von der Literaturwissenschaft anders eingeordnet. Die Textbeschreibung „von mittlerer Länge“ meint hier einen sehr ungenau definierten Umfangsrahmen zwischen vielleicht zehn und sechzig Seiten.

Novelle

Neuigkeit

Die literarische Textsorte „Novelle“ entwickelte sich in der italienischen Frührenaissance des 14. Jahrhunderts aus anonym verfassten Biografien altprovenzalischer Troubadoure. Der Name leitet sich vom italienischen Wort *novella* her und bedeutet: Neuigkeit. In die deutschsprachige Literatur fand die Novelle erst am Ende des 18. Jahrhunderts.

Alle Versuche, eine konstante Definition des Novellenbegriffs zu erarbeiten, die für alle Novellen aller Epochen und aller Autoren Gültigkeit besitzen könnte, sind gescheitert. Der Begriff „Novelle“ ist deshalb ebenfalls eher ein Sammelbegriff, in dem aus Einzelbeispielen abgeleitete Merkmale unterschiedlichen Charakters und Wertes aneinandergereiht werden. Es lassen sich generell zwei Beschreibungszweige unterscheiden, ein intentionaler und ein struktureller:

ÜBERSICHT

Beschreibungsmerkmale intentional	Beschreibungsmerkmale strukturell
ungewöhnliches Ereignis (*Goethe*) im Mittelpunkt stehender Konflikt (*Storm*) Einbruch des Dämonischen (*Pongs*)	Verkürzungstechniken Tektonik Rahmen Mittelpunktsereignis Wendepunkt Leitmotiv

„Unerhörte Begebenheit“

Die **intentionalen Beschreibungsmerkmale** gehen vom Wortinhalt aus. Danach ist die Novelle zuvörderst die Darstellung „eine(r) sich ereignete(n) unerhörte(n) Begebenheit“ (Goethe, 1827), also eines überraschenden Ereignisses. Die Novelle versucht, dieses **ungewöhnliche Ereignis** im Rahmen der menschlichen Bedingungen und Bedingtheiten zu deuten (Martin Swales, 1977). Das Ereignis ist einerseits im täglichen Leben verankert und spiegelt insofern die „Denkart eines Zeitalters“ (August Wilhelm Schlegel, 1804) und zeigt andererseits den Menschen in einer Krise (Friedrich Theodor Vischer, 1857). In einem „**im Mittelpunkt stehenden Konflikt**“, der sich auf das Ende zuspitzt (Theodor Storm, 1881) und seelischer, geistiger oder sittlicher Art sein kann, wird ein „bedeutsames Menschenschicksal“ entfaltet (Paul Heyse, 1900). Das Bedeutsame dieses Konflikts liegt darin, dass der im Mittelpunkt stehende Charakter diesen Konflikt durch sein Ungebändigtsein selbst auslöst (Josef Kunz, 1954) oder „durch eine besondere Verkettung der Umstände“ in diesen Konflikt hineingezogen wird (Friedrich Spielhagen, 1876), sodass natürliche Kräfte und die Verhältnisse das Schicksal und Verhalten des Charakters bestimmen (Theodor Mundt, 1845). Diese Auseinandersetzung des Menschen mit den ihn determinierenden Fakten und Ideen (Walter Silz, 1954) wird manchmal als **Einbruch des Dämonischen** in das Menschenleben empfunden (Hermann Pongs, 1930).

Formale Merkmale

Die **strukturellen Beschreibungsmerkmale** sind formaler Art und beziehen sich auf erzählerische Darbietungstechniken. Unstrittige Novellenmerkmale sind die vielfältigen straffenden Verkürzungstechniken: Aussparung in der Zeitgestaltung, Fortfall retardierender Momente, Einsträngigkeit der Handlung, überschaubare Figurenzahl. Folgende weitere Strukturmerkmale können beobachtet werden:

- → **Tektonik**: Oft besitzen die Novellen einen an den Bauformen des Dramas orientierten Aufbau, wobei die Peripetie des Dramas durch einen Wendepunkt ersetzt wird.
- → **Rahmen**: Die Haupterzählung wird in einen Erzählrahmen eingebettet. Man unterscheidet den zyklischen Rahmen, der mehrere Geschichten (Binnenerzählungen) zu einer Einheit zusammenfasst, und den einfachen Rahmen, der die Glaubwürdigkeit des Erzählten verstärken soll oder mit Hilfe dessen der Erzähler den Anschein von Objektivität erzeugen will.
- → **Mittelpunktsereignis**: Ein Ereignis, zumeist ein Konflikt, steht im Mittelpunkt der Erzählung. Die erzählte Begebenheit erhebt den Anspruch auf Wahrheit, was sich in einem System wirklichkeitsbeziehender Hinweise (Deiktika) und in einem „objektiven Berichtstil" (Gero von Wilpert) äußert, wie er aus Chroniken bekannt ist.
- → **Wendepunkt**: Allgemein die plötzliche Wendung eines Ereignisses ins Unerwartete, bezeichnet der Wendepunkt jene Stelle, von der aus sich das Geschehen ohne direkte Einwirkung des Menschen zur Lösung des Konflikts oder zur Katastrophe wendet. Dabei unterstreicht ein negatives Ende die Determiniertheit menschlichen Handelns, während ein positives Ende auf einen inneren Wandel der Zentralfigur hinweist.
- → **Spitzenmotiv, Leitmotiv, Dingsymbol, Falke**: Gemeint ist ein Motiv oder ein bestimmter Gegenstand, der an wichtigen Stellen des Geschehens wiederholt auftritt. Mit Bezug auf eine Boccaccio-Novelle benannte Paul Heyse dieses Leitmotiv mit dem symbolischen Ausdruck „Falke".

Der Textumfang einer Novelle kann sehr unterschiedlich ausfallen, da er diese Textgattung nicht definiert, und kann zwischen zwei Seiten (Heinrich von Kleist, *Das Bettelweib von Locarno,* 1810) und über hundert Seiten (Günter Grass, *Im Krebsgang,* 2004) betragen.

Parabel

Lehrhafte Erzählung

Die Parabel ist als Großform des Vergleichs eine lehrhafte Erzählung und leitet ihren Namen von dem griechischen Wort *parabole* = Gleichnis ab. Aber anders als beim Gleichnis gibt es zwischen dem dargestellten Vorgang, der **Bildebene**, und dem gemeinten Bereich, der **Sachebene**, auf die verwiesen wird, keinen direkten Bezug. Zwischen beiden Ebenen gibt es also keine „so-wie-Beziehung", sodass die Ermittlung der gemeinten Sachebene durchaus rätselhaft und strittig sein kann.

Kurzgeschichte

Die Kurzgeschichte verdankt ihren Namen der Übersetzung der amerikanischen Bezeichnung *short story*. Sie definiert sich nicht vorrangig über die Kürze, obwohl ihr Name es nahelegt, sondern über mehrere inhaltliche und formale Kriterien:

ÜBERSICHT

Kennzeichen	Erscheinungsform
Aufbau	unmittelbarer Einstieg, komprimierter Handlungsverlauf oft mit Wendepunkt, offener Schluss
Inhalt	auf ein konkretes, isoliertes Geschehen begrenztes Alltagsereignis
Erzähler	zumeist distanzierter personaler Er-Erzähler
Raum-Zeit-System	begrenzt, überschaubar und oft nur angedeutet
Figuren	wenige kaum charakterisierte, oft typisierte Durchschnittsmenschen
Handlung	meist einsträngig und chronologisch; Rückblenden und Vorausschau sind nicht ausgeschlossen
Sprache	konzentrierte Alltags- und Umgangssprache

BAUSTEINE DER ERZÄHLTHEORIE

Allgemeine Elemente

Die Erzähltheorie untersucht vor allem die verallgemeinerbaren Elemente des Erzählens: die Erzählformen, die Erzählperspektive, das Raum-Zeit-System, die Darbietungsformen des Erzählens, die Erzähltechniken und die Gestaltung der Handlung und Figuren.

Erzählformen

Fiktiver Vermittler

Von zentraler Bedeutung ist der Erzähler. Als vom Autor fiktiv eingesetzter Vermittler und Informationsquelle der Darstellung ist er, selbst wenn das Erzählte sich biografisch auf den Autor bezieht, vom Autor zu unterscheiden, weil er keine authentische Person ist, sondern nur eine jederzeit gestaltbare Rolle einnimmt. Diese Rolle kann verschiedentlich ausgeformt sein; man unterscheidet folgende Erzählformen:

ÜBERSICHT

Erzähform	Beschreibung	Beispiel
Ich-Erzähler		
	subjektive Darstellung aus der Sicht des Erzählenden, der entweder in die Handlung eingebunden ist oder sie nur beobachtet	So, also hierher kommen die Leute, um zu leben, ich würde eher meinen, es stürbe sich hier. Ich bin ausgewesen. Ich habe gesehen: Hospitäler. Ich habe einen Menschen gesehen, welcher schwankte und umsank. Die Leute versammelten sich um ihn, das ersparte mir den Rest. Ich habe eine schwangere Frau gesehen. Sie schob sich schwer an einer hohen, warmen Mauer entlang, nach der sie manchmal tastete, wie um sich zu überzeugen, ob sie noch da sei. Ja, sie war noch da. Dahinter? Ich suchte auf meinem Plan: Maison d'Accouchement. Gut. Man wird sie entbinden – man kann das. (Rainer Maria Rilke, *Die Aufzeichnungen des Malte Laurids Brigge*, 1910)
Er-Erzähler		
personaler Erzähler	subjektive, aber distanzierte Darstellung: Der Erzähler kann nur das berichten, was sich ihm als einem an den Geschehnissen Beteiligten sinnlich erschließt und wozu er eine Meinung haben kann.	Jemand musste Josef K. verleumdet haben, denn ohne dass er etwas Böses getan hätte, wurde er eines Morgens verhaftet. Die Köchin der Frau Grubach, seiner Zimmervermieterin, die ihm jeden Tag gegen acht Uhr früh das Frühstück brachte, kam diesmal nicht. Das war noch niemals geschehen. (Franz Kafka, *Der Process*, 1925)
neutraler Erzähler	Versuch einer objektiven Darstellung: Der Erzähler versucht, ein Geschehen, an dem er selbst nicht beteiligt ist, so objektiv wie möglich darzustellen, d.h. ohne eigene subjektive Beimengungen.	Sie sprachen noch eine Weile so weiter, wobei sie sich ihrer gemeinschaftlichen Schulstunden und einer ganzen Reihe Holzapfelscher Unpassendheiten mit Empörung und Behagen erinnerten. Ja, man konnte sich nicht genug tun damit, bis Hulda mit einem Male sagte: »Nun aber ist es höchste Zeit, Effi; du siehst ja aus, ja, wie sag ich nur, du siehst ja aus, wie wenn du vom Kirschenpflücken kämst, alles zerknittert und zerknautscht; das Leinenzeug macht immer so viele Falten, und der große weiße Klappkragen ... ja, wahrhaftig, jetzt hab ich es, du siehst aus wie ein Schiffsjunge.« (Theodor Fontane, *Effi Briest*, 1894)
auktorialer Erzähler	(nach lat. *auctor* = Urheber) allwissender und allmächtiger Erzähler: darf alles, muss aber gar nichts: Aus einer „olympischen" Perspektive kennt der Erzähler nicht nur das Geschehen in allen Details einschließlich ihrer Vorgeschichte und ihren Folgen, er vermag auch in alle Figuren hineinzublicken und ihre Gedanken und Empfindungen darzustellen.	Seltsamer und wunderlicher kann nichts erfunden werden, als dasjenige ist, was sich mit meinem armen Freunde, dem jungen Studenten Nathanael, zugetragen, und was ich dir, günstiger Leser! zu erzählen unternommen. Hast du Geneigtester! wohl jemals etwas erlebt, das deine Brust, Sinn und Gedanken ganz und gar erfüllte, alles andere daraus verdrängend? (E.T.A. Hoffmann, *Der Sandmann*, 1815)

Erzähform	Beschreibung	Beispiel
Sonderformen		
variabler Erzähler	Versuch einer Objektivierung der Darstellung durch mehrere Erzähler (polyperspektivisch), die denselben Sachverhalt aus ihrer Sicht darstellen.	

Erzählperspektive

Einstellung und Weltsicht

Welche Einstellung der Erzähler, gleichgültig um welche Art von Erzähler es sich handelt, zur Wirklichkeit hat, offenbart sich im **Erzählerstandpunkt**. Er umfasst gleichsam die Weltanschauung und Weltsicht des Erzählers, sein Erzählerbewusstsein, und enthält die Summe all seiner Einstellungen, Werte und Wissensvoraussetzungen. Sie werden deutlich an seinen Kommentaren, Urteilen und Bewertungen, an seinen wahrgenommenen und nicht wahrgenommenen Problemen, an seinem Erzählinteresse und seinen Erzählschwerpunkten. Gemessen am Zeitgeist einer bestimmten Epoche kann ein Erzähler also einen reaktionären, konservativen, zurückgebliebenen, zeitgemäßen, aufgeschlossenen, fortschrittlichen, unkonventionellen, revolutionären oder psychisch abweichenden Standpunkt einnehmen.

Raum-Zeit-System

Zeit

Begriff	Erläuterung	Beispiel
Zeit der Handlung	historischer Zeitpunkt, zu dem die Handlung angesiedelt worden ist, durch entsprechende Deiktika (Hinweise)	In St. Jago der Hauptstadt des Königsreich Chili, stand gerade in dem Augenblicke der großen Erderschütterung vom Jahre 1647, bei welcher viele tausend Menschen ihren Untergang fanden, ein junger, auf ein Verbrechen angeklagter Spanier, namens Jeronimo Rugera, an einem Pfeiler des Gefängnisses, in welches man ihn eingesperrt hatte, und wollte sich erhenken. (Heinrich von Kleist, *Das Erdbeben in Chili*, 1807)
Tempus	(in der Regel) episches Präteritum als erzählerische Gegenwart; Präsensverwendung als besonderes Mittel der Spannungssteigerung oder als Hinweis auf zeitunabhängige Gegebenheiten	Da stand Mirjam im schwarzen Regenmantel und war stumm. Da saß Deborah, den Teller hatte sie weit von sich geschoben, er steht fast in der Mitte des Tisches, draußen schneit es, weich, faul flockig. (Joseph Roth, *Hiob*, 1930)
Erzählte Zeit	dargestellter Zeitraum	z. B. zehn Jahre

Begriff	Erläuterung	Beispiel
Erzählzeit	Erzähl- und Rezeptionsdauer	z. B. zwölf Stunden
→ Zeitraffung	Erzählzeit < erzählte Zeit	Unterdessen wurde die Stadt Lissabon in Portugal durch ein Erdbeben zerstört, und der Siebenjährige Krieg ging vorüber, und Kaiser Franz der Erste starb, und der Jesuitenorden wurde aufgehoben und Polen geteilt, und die Kaiserin Maria Theresia starb, und der Struensee wurde hingerichtet, Amerika wurde frei, und die vereinigte französische und spanische Macht konnte Gibraltar nicht erobern. Die Türken schlossen den General Stein in der Veteraner Höhle in Ungarn ein, und der Kaiser Joseph starb auch. (Johann Peter Hebel, *Unverhofftes Wiedersehen*, 1811)
→ Zeitdeckung	Erzählzeit = erzählte Zeit	„Du!“ „Was denn?!“ „Er liegt so auffallend still?“ „Ja! … Und … Herrgott! Sieh mal!!! Seine Nase ist – so spitz? Und … die – Augen …“ Olaf hatte sich schnell über Martin gebückt. Um seinen Mund lag jetzt ein krampfiges Lächeln. Die Arme lagen lang über das zerwühlte Bett hin. Das scharfe spitzige Gesicht, auf welches jetzt schräg die Sonne fiel, war wachsbleich. „Man … man spürt – den Puls gar nicht – mehr …“ „Was??“ „Ach … Er … er ist ja – tot?!“ (Arno Holz/Johannes Schlaf: *Der Tod*, 1889)
→ Zeitdehnung	Erzählzeit > erzählte Zeit	Der Vater öffnete die Flügeltür eines Wandschranks; aber, ich sah, dass das, was ich so lange dafürgehalten, kein Wandschrank, sondern vielmehr eine schwarze Höhlung war, in der ein kleiner Herd stand. (E. T. A. Hoffmann, *Der Sandmann*, 1816)

Raum

Begriff	Erläuterung	Beispiel
geografischer Raum	Verortung in der Realität durch entsprechende Deiktika	An dem Schnittpunkte von Kurfürstendamm und Kurfürstenstraße, schräg gegenüber dem »Zoologischen«, befand sich in der Mitte der siebziger Jahre noch eine große, feldeinwärts sich erstreckende Gärtnerei, deren kleines, dreifenstriges, in einem Vorgärtchen um etwa hundert Schritte zurückgelegenes Wohnhaus, trotz aller Kleinheit und Zurückgezogenheit, von der vorübergehenden Straße her sehr wohl erkannt werden konnte. (Theodor Fontane, *Irrungen, Wirrungen*, 1888)
fiktiver Raum	erfundener Raum	Es war spät abends, als K. ankam. Das Dorf lag in tiefem Schnee. Vom Schlossberg war nichts zu sehen, Nebel und Finsternis umgaben ihn, auch nicht der schwächste Lichtschein deutete das große Schloss an. Lange stand K. auf der Holzbrücke, die von der Landstraße zum Dorf führte, und blickte in die scheinbare Leere empor. (Franz Kafka, *Das Schloss*, 1926)
symbolischer Raum	Außenwelt = psychische Situation	Nur manchmal, wenn der Sturm das Gewölk in die Täler warf, und es den Wald herauf dampfte, und die Stimmen an den Felsen wach wurden, bald wie fern verhallende Donner, und dann gewaltig heranbrausten, in Tönen, als wollten sie in ihrem wilden Jubel die Erde besingen und die Wolken wie wilde wiehernde Rosse heransprengten, […] riss es ihm in der Brust, er stand, keuchend, den Leib vorwärts gebogen, Augen und Mund weit offen, er meinte er müsse den Sturm in sich ziehen, […] (Georg Büchner, *Lenz*, 1835)

Handlungsgestaltung

Ergebnis zweier Filterungen

Die Handlung eines narrativen Textes ist im Grunde das Ergebnis eines doppelten Filterungsprozesses. Am Anfang steht der **Stoff**, das inhaltliche Material, aus dem der Erzähltext entwickelt werden soll. Dieser Stoff kann aus historischen Situationen, aus zeitbedingten Themen und Konflikten, aus individuellen und sozialen Problemen, aus der Begegnung unterschiedlicher Charaktere usw. bestehen. Er kann auch in anderen literarischen Werken gefunden werden; man spricht dann von **Intertextualität**. Aus diesem Stoff wird nun eine **Geschichte** geformt, also eine logische Abfolge von Ereignissen, die man z. B. in einer Inhaltsangabe zusammenhängend wiedergeben kann, der sogenannten **Fabel**. Diese Geschichte muss nun noch zur konkreten **Handlung** des zu erzählenden Textes arrangiert werden. (Der hier beschriebene idealtypische Filterungsprozess kann je nach künstlerischer Inspiration und kreativem Temperament aber auch gänzlich anders ablaufen.)

Die Handlung eines narrativen Textes besteht grundsätzlich aus immer den gleichen Bausteinen, die allerdings unterschiedlich angeordnet werden können:

Begriff	Erklärung
Ausgangssituation	→ Aufbau eines Raum-Zeit-Systems → Einführung von Figuren → Ausgangshandlung, -ereignis
Handlungsentwicklung	→ Anlage von Handlungssträngen, Parallelhandlungen → Anlage von äußerer Handlung (Ereignisfolge) und innerer Handlung (Bewusstseinsvorgänge) → Art der Handlungsaufbaus: • tektonisch: die Handlungselemente sind spiegel-symmetrisch angeordnet (z. B. Aufbruch – Werbung um eine Frau – Bewährung in Abenteuern – Annahme der Werbung – Heimkehr) • aktektonisch → Handlungsführung: • konsekutiv = linear-chronologische Ereignisfolge • konsequentiell = logisch notwendige Ereignisfolge, die zu chronologischen Sprüngen führt • analytisch = rückwärts erschlossene Ereignisfolge (z. B. Detektivroman) • mit oder ohne Rückblenden oder Vorausdeutungen in jeweils folgenden Funktionsmöglichkeiten: – expositorisch-konstitutiv zur Grundlegung des Handlungsverständnisses – explikativ-kommentativ zur Erläuterung einer konkreten Handlungssituation – final-prognostisch zur Einleitung oder Folgedarstellung des Schlusses → Verknüpfungsbesonderheiten: • Leitmotive • Montage
Besondere Techniken	Rahmenerzählungen, Verfremdungen, Parallelismen, Retardationen, Reihungen, Hervorhebungen usw.

Figurengestaltung

Bestimmende Faktoren

Die Konzeption einer Figur wird von mehreren Faktoren bestimmt:

Äußere Merkmale	Name (ggf. sprechender Name), Aussehen, Sprache, Gewohnheiten, Umgangsformen, Auftreten, Familienstand
Charakterisierungen	→ Erzählerbeschreibung → Selbstdarstellung → Fremdbeurteilungen
Wesensstruktur	Intellektualität, Emotionalität, Sensibilität, Einstellungen, Entwicklungsfähigkeit
Bedingungen des sozialen Umfelds	soziale Schicht, Elternhaus, Schule, Beruf, Beziehungen; Rolle und Funktion in der Figurenkonstellation

Darbietungsformen des Erzählens

Darbietungsform	Erläuterung	Beispiel
Erzählbericht	Darstellung der Ereignisfolge	Eines Nachmittags – K. war gerade vor dem Postabschluss sehr beschäftigt – drängte sich zwischen zwei Dienern, die Schriftstücke hereintrugen, K.s Onkel Karl, ein kleiner Grundbesitzer vom Lande, ins Zimmer. (Franz Kafka, *Der Process*, 1925)
Deskriptionen	veranschaulichende Beschreibungen des Erzählers	Auch die Landschaft um dieses Dorf war nicht ohne Sonderbarkeiten. Sie bestand aus einem mehr als halbkreisförmigen Wall hoher, oben von Schroffen durchsetzter Berge, welche steil zu einer Senkung abfielen, die rund um einen in der Mitte stehenden kleineren und bewaldeten Kegel lief, wodurch das Ganze einer leeren gugelhupfförmigen Welt ähnelte (…) (Robert Musil, *Grigia*, 1924)
Kommentare, Reflexionen	Erläuterungs- und Bewertungsaussagen des Erzählers	Es gibt im Leben eine Zeit, wo es sich auffallend verlangsamt, als zögerte es weiterzugehen oder wollte seine Richtung ändern. Es mag sein, dass einem in dieser Zeit leichter ein Unglück zustößt. Homo besaß einen kranken kleinen Sohn; das zog durch ein Jahr, ohne besser zu werden und ohne gefährlich zu sein, der Arzt verlangte einen langen Kuraufenthalt, und Homo konnte sich nicht entschließen, mitzureisen. (Robert Musil, *Grigia*, 1924)

Figurenrede

Begriff	Erläuterung	Beispiele
direkte Rede	wörtliche Rede mit Inquit-Formel (lat. *inquit* = er/sie sagte) und Anführungszeichen: → Indikativ Präsens	„Warum lacht ihr?“ sagte Effi pikiert. „Was soll das heißen?“ (Theodor Fontane, *Effi Briest*, 1894)
indirekte Rede	Wiedergabe der wörtlichen Rede durch den Erzähler: → 3. Person Konjunktiv Präsens	Auf einem Bahnhof, so hatte Effi versichert, sei man immer so zerstreut und nur mit seinem Platz und Gepäck beschäftigt; gerade Personen, die man lieb habe, von denen nähme man gern vorher Abschied. (Theodor Fontane, *Effi Briest*, 1894)
innerer Monolog	Wiedergabe der Figurengedanken durch die Figur: → Indikativ Präsens ohne Inquit-Formel	Wie lang wird das denn noch dauern? Ich muss auf die Uhr schauen … schickt sich wahrscheinlich nicht in einem so ernsten Konzert. Aber wer sieht's denn? Wenn's einer sieht, so passt er gerade so wenig auf, wie ich, und vor dem brauch ich mich nicht zu genieren … Erst Viertel auf zehn? (Arthur Schnitzler, *Lieutenant Gustl*, Beginn der Novelle, 1900)
erlebte Rede	Wiedergabe der Figurengedanken durch den Erzähler: → 3. Person Indikativ Präteritum	Die beiden Damen, die dem Pensionat vorstanden, waren gebildet und voll Rücksicht und hatten es längst verlernt, neugierig zu sein. Es kam da so vieles zusammen, dass ein Eindringenwollen in die Geheimnisse jedes Einzelnen viel zu umständlich gewesen wäre. Dergleichen hinderte nur den Geschäftsgang. (Theodor Fontane, *Effi Briest*, 1894)
stream of consciousness	untrennbare Koppelung von innerem Monolog und erlebter Rede[1]	Wie lang' wird denn das noch dauern? Ich muß' auf die Uhr schauen… schickt sich wahrscheinlich nicht in einem so ernsten Konzert. Aber wer sieht's denn? Wenn's einer sieht, so passt er gerade so wenig auf, wie ich, und vor dem brauch' ich mich nicht zu genieren… Erst viertel auf zehn?… Mir kommt vor, ich sitz' schon drei Stunden in dem Konzert. Ich bin's halt nicht gewohnt… Was ist es denn eigentlich? Ich muss das Programm anschauen … Ja, richtig: Oratorium! (Arthur Schnitzler, *Lieutenant Gustl*, 1900)

Eine Modellaufgabe zur Romananalyse zum Downloaden finden Sie unter:
https://www.bange-verlag.de/mein-ziel-abitur-deutsch-pruefungswissen-fuer-klausur-und-abitur

1 oder Sonderform des inneren Monologs: Wiedergabe von unzusammenhängenden, assoziativen Gedankenfetzen.

1.2.4 POETISCHE TEXTE (LYRIK)

„Gemachtes"

Der Begriff **„Poesie"** ist abgeleitet vom griechischen Wort *poiesis,* das sich wiederum auf das Verb *poiein* = machen bezieht und damit alle Erscheinungsformen der Dichtung ganz allgemein als „Gemachtes" bezeichnet. Im engeren Sinne grenzt dieser Begriff wie im Englischen und Französischen diejenigen Texte von der Prosa ab, die als konstitutives Merkmal den **Vers** vorweisen, also die abgebrochene Schreibzeile. Der Begriff **„Lyrik"**, der sich an das griechische *lyra* = Leier anlehnt, verweist zudem auf die Nähe dieser Textart zur Musik und ihre Bevorzugung der rhythmisch gebundenen Form. Lyrik wird wegen der Unmittelbarkeit ihres Ausdrucks auch als ursprünglichste aller Dichtungsformen betrachtet.

Poetische Texte können deshalb ganz einfach und schlicht sein:

Auch dieser
in Zeilen gebro-
chene Text
ist ein Gedicht.

Dass dieser Text sicherlich zu Recht nicht als hochwertiges Gedicht gelten kann, liegt daran, dass ihm die handwerkliche Kunst des Gemachten, des sprachlich Verdichteten, des **Gedichts** fehlt. Dazu erwartet man mehr: eine Gedichtform, eine Strophenform, eine Reimform und festgelegte Elemente des lyrischen Sprechens:

GEDICHTFORMEN

Gedichtform	Erläuterung	Beispiel
Lied	einfache Strophen aus meist 4 gereimten kurzen Versen	Ich kam vor einer Wirtin Haus, Man fragt mich, wer ich wäre? Ich bin ein alter Schwartenhals, ich ess' und trink so gerne. (*Volkslied*, 1549)
Sonett	2 Quartette (vierzeilige Strophen): abba, 2 Terzette dreizeilige Strophen): cdc/dcd oder cde/cde oder ccd/eed	Wo ist die Zeit, da leicht und unbefangen Das freye Herz im jungen Busen schlug, Da es noch nicht durch süßen Selbstbetrug Sich quälte, nicht durch Hoffnung und Verlangen? Da dieser Geist, mit Einfalt hold umfangen, Sich fremd noch war, und doch sich selbst genug; Und still die Brust kein Bild der Sehnsucht trug, Ist denn so schnell die goldne Zeit vergangen? Der Ruhe Glück und ihre reinen Freuden Sind mir entflohn auf immer mich zu meiden Ich seh nur Schmerz, ich ahnde nur Gefahr. Des Grames Hand wird künftig mich geleiten; Und dennoch, ach! sind alle diese Leiden Jezt süßer mir, als sonst die Ruhe war. (Friedrich Schiller, *Sonett*, 1798)
Ballade	längeres strophisch gegliedertes (dramatisches) Erzählgedicht	Wer reitet so spät durch Nacht und Wind? Es ist der Vater mit seinem Kind; Er hat den Knaben wohl in dem Arm, er fasst ihn sicher, er hält ihn warm. (*weitere sieben Strophen*) (Johann Wolfgang von Goethe, *Erlkönig*, 1782)
Ode	reimlose Strophen in hohem Sprachstil, teils mit festem Metrum, teils mit festgelegter Silbenzahl je Vers, teils völlig frei gestaltet	Nur Einen Sommer gönnt, ihr Gewaltigen! Und einen Herbst zu reifem Gesange mir, Dass williger mein Herz, vom süßen Spiele gesättigt, dann mir sterbe. (Friedrich Hölderlin, *An die Parzen*, 1798)
Hymne	freirhythmischer feierlicher Preisgesang ohne Reim	Wie im Morgenglanze Du rings mich anglühst, Frühling, Geliebter! Mit tausendfacher Liebeswonne Sich an mein Herz drängt Deiner ewigen Wärme Heilig Gefühl! Unendliche Schöne! (Johann Wolfgang von Goethe, *Ganymed*, 1774)

Gedichtform	Erläuterung	Beispiel
Elegie	ursprünglich in Distichen (Verspaar aus Hexameter und Pentameter) verfasstes Gedicht in wehmütig-klagendem Ton	Wer, wenn ich schriee, hörte mich denn aus der Engel Ordnungen? Und gesetzt selbst, es nähme Einer mich plötzlich ans Herz: ich verginge von seinem stärkeren Dasein. Denn das Schöne ist nichts als des Schrecklichen Anfang, den wir noch grade ertragen, Und wir bewundern es so, weil es gelassen verschmäht, uns zu zerstören. Ein jeder Engel ist schrecklich. (Rainer Maria Rilke, *Erste Duineser Elegie*, 1912)
Haiku	Dreizeiliges Gedicht mit traditionell 5-7-5 Silben oder modern höchstens 17 Silben	Die kleine Schnecke ganz langsam steigt sie hinauf auf den Berg Fuji. (Kobayashi Issa, 1763–1828)

STROPHENFORMEN

Strophenform	Erläuterung	Beispiel
Distichon	2-zeilig, meist 6 Daktylen	Jeden andern Meister erkennt man an dem, was er ausspricht, Was er weise verschweigt, zeigt mir den Meister des Stils. (Friedrich Schiller, *Der Meister*, 1795–1805)
Lied	4-zeilig, oft im Kreuzreim mit alternierendem Metrum	So stille ruht im Hafen Das stille Wasser dort, Die Ruder sind entschlafen, Die Schifflein sind im Port. (Conrad Ferdinand Meyer, *Abendwolke*, 1898)
Chevy-Chase	4-zeilige Balladenstrophe: 1. u. 3. Vers: 4 Hebungen, 2. u. 4. Vers: 3 Hebungen, Kreuzreim, männliche Kadenz	„Ich hab es getragen sieben Jahr, und ich kann es nicht tragen mehr! Wo immer die Welt am schönsten war, da war sie öd und leer." (Theodor Fontane, *Archibald Douglas*, 1854)
Stanze	8-zeilig; Reimschema: abababcc, oft 5-hebiger Jambus	Der Morgen kam, es scheuchten seine Tritte Den leisen Schlaf, der mich gelind umfing, Dass ich, erwacht, aus meiner stillen Hütte Den Berg hinauf mit frischer Seele ging; Ich freute mich bei einem jeden Schritte Der neuen Blume, die voll Tropfen hing; Der junge Tag erhob sich mit Entzücken, und alles war erquickt, mich zu erquicken. (Johann Wolfgang von Goethe, *Zueignung*, 1784)

REIMFORMEN

Reimorte	Reimformen	Beschreibung	Beispiel
Endreime	Paarreim	aa bb cc	Deine Seele, die die meine liebet Ist verwirkt mit ihr im Teppichtibet (Else Lasker-Schüler, *Ein alter Tibetteppich*, 1910)
	Kreuzreim	abab	Zwei Segel erhellend Die tiefblaue Bucht! Zwei Segel sich schwellend Zu ruhiger Flucht! (Conrad Ferdinand Meyer, *Zwei Segel*, 1895)
	umarmender Reim	abba	Steig nur, Sonne Auf die Höhn! Schauer wehn Und die Erde bebt vor Wonne! (Joseph von Eichendorff, *Adler*, 1837)
	Schweifreim	aabccb	Der Mond ist aufgegangen, die goldnen Sternlein prangen am Himmel hell und klar; der Wald steht schwarz und schweiget, und aus den Wiesen steiget der weiße Nebel wunderbar. (Matthias Claudius, *Abendlied*, 1779)
	Haufenreim	aaaaa	Ich bin ein Bote und nichts mehr, Was man mir gibt, das bring' ich her, Gelehrte und polit'sche Mär; Von Ali Bei und seinem Heer, Vom Tartar-Khan, der wie ein Bär Die Menschen frisst am schwarzen Meer. (Matthias Claudius, *Ankündigung des Wandsbecker Boten*, 1770)
	Schüttelreim	Vertauschung der anlautenden Konsonanten der reimenden Silben	Ich fuhr mit meinem Leiterwagen, wo Steine und so weiter lagen. (Volksgut)

Reimorte	Reimformen	Beschreibung	Beispiel
Binnenreime	Anfangsreim	Reim der ersten beiden Wörter im Vers	Krieg! Ist das Losungswort Sieg! Und so klingt es fort. (Johann Wolfgang von Goethe, *Faust II*, 1832)
	Binnenreim	Reim innerhalb desselben Verses	Der Wangen Zier verbleichet, das Haar wird greis, Der Äuglein Feuer weichet, die Flamm wird Eis. (Martin Opitz, *Ach Liebste lass uns eilen*, 1624)
	Schlagreim	Reim zwischen zwei aufeinanderfolgenden Wörtern	Sein Blick ist vom Vorübergehn der Stäbe So müd geworden, dass er nichts mehr hält. Ihm ist, als ob es tausend Stäbe gäbe Und hinter tausend Stäben keine Welt. (Rainer Maria Rilke, *Der Panther*, 1903)
ohne Reim	Waise	reimloser Vers innerhalb einer gereimten Umgebung	Viele Drachen stehen in dem Winde, Tanzend in der weiten Lüfte Reich. Kinder stehn im Feld in dünnen Kleidern, Sommersprossig und mit Stirnen bleich. (Georg Heym, *Der Herbst*, 1912)

REIM

Unter einem Reim versteht man den Gleichklang zweier Verse von der letzten betonten Silbe an. Folgende Reimarten lassen sich unterscheiden:

Reimart	Erläuterung	Beispiel
reiner Reim	Gleichklang vom letzten betonten Vokal an	log – zog, Lieder – wieder
rührender Reim	Der Konsonant vor dem letzten Vokal reimt mit.	lieben – geblieben
identischer Reim	Wiederholung desselben Reimwortes	lachte – lachte
reicher Reim	Die letzten drei oder mehr Silben reimen sich.	wendige – lebendige, Sterblichen – verderblichen
unreiner Reim	→ Die kurzen Vokale sind nur ähnlich.	Blick – Glück, Löcher – Becher, Köcher – Rächer
	→ Es reimen lange Vokale und Diphtonge.	Feuer – Schleier, Nähe – Höhe, vier – Tür
	→ Lange und kurze Vokale reimen sich.	Bild – spielt, Straßen – verlassen, Ton – davon

ELEMENTE DES LYRISCHEN SPRECHENS

TIPP

Manche Schülerinnen und Schüler haben Schwierigkeiten, das Metrum eines Textes zu bestimmen, weil ihnen etwas das musikalische Einfühlungsvermögen in einen Rhythmus fehlt. Sie zwingen dann einem Vers oft einen unpassenden Rhythmus auf. Man sollte deshalb gar nicht erst versuchen, einen bestimmten Rhythmus zu finden, sondern den Text in seiner ganz natürlichen Betonung lesen. Anhand der markierten Betonungen erschließt sich dann zumeist das dem Versrhythmus zu Grunde liegende Metrum. Auch diese metrische Gliederung sollte der normalen Betonung folgen, also: /géstern/ und nicht gés/tern. Nie die Analyse auf nur eine einzige Verszeile begrenzen!

Metrum

Metrum	Beschreibung	Beispiel
Jambus	xx́: Ge**dícht**: Abfolge von unbetonter und betonter Silbe Blankvers (5-hebig ohne Reim), Alexandriner (6-hebig mit Zäsur)	Das Fräulein stand am Meere Und seufzte lang und bang, Es rührte sie so sehre Der Sonnenuntergang. (Heinrich Heine, *Das Fräulein stand am Meere*, 1832)
Trochäus	x́x: **Ách**tung: Abfolge von betonter und unbetonter Silbe	Frühling lässt sein blaues Band Wieder flattern durch die Lüfte; Süße, wohlbekannte Düfte Streifen ahnungsvoll das Land. Veilchen träumen schon, Wollen balde kommen. – Horch, von fern ein leiser Harfenton! Frühling, ja du bist's! (Eduard Mörike, *Er ist's*, 1832)
Anapäst	xxx́: Ana**pä́st**: Abfolge von zwei unbetonten und einer betonten Silbe	Und es wallet und siedet und brauset und zischt, Wie wenn Wasser mit Feuer sich mengt, (Friedrich Schiller, *Der Taucher*, 1797)
Daktylus	x́xx: **Dák**tylus: Abfolge von einer betonten und zwei unbetonten Silben Hexameter (6-hebig); Pentameter (6-hebig mit zwei fehlenden Senkungen)	Ehret die Frauen! Sie flechten und weben Himmlische Rosen ins irdische Leben, Flechten der Liebe beglückendes Band. (Friedrich Schiller, *Würde der Frauen*, 1795)
Knittelvers	unregelmäßig, vier Hebungen, paargereimt	Wer kommt heran, wer schleicht herbei? Irr ich nicht, es sind ihrer zwei. Ist er's, gleich pack ich ihn beim Felle, Soll nicht lebendig von der Stelle! (Johann Wolfgang von Goethe, *Faust I*, 1808)

Vers

Versgestalt	Beschreibung	Beispiel
Zeilenstil	Kolon (Satzeinheit) und Versende stimmen überein (oft Satzzeichen, Beginn des nächsten Verses mit „und“ etc.).	Viel Tage stampfen über Menschentiere, In weichen Meeren fliegen Hungerhaie. In Kaffeehäusern glitzern Köpfe, Biere. An einem Mann zerreißen Mädchenschreie. (Alfred Lichtenstein, *Die Welt*, 1913)
Enjambement	Zeilensprung: Satzeinheit wird im folgenden Vers fortgeführt.	Wie soll ich meine Seele halten, dass sie nicht an deine rührt? Wie soll ich sie hinheben über dich zu andern Dingen? (Rainer Maria Rilke, *Liebes-Lied*, 1907)
Hakenstil	Dominanz von Enjambements in einer Strophe	Nah wie Löcher eines Siebes stehn Fenster beieinander, drängend fassen Häuser sich so dicht an, dass die Straßen Grau geschwollen wie Gewürgte sehn. Ineinander dicht hineingehakt Sitzen in den Trams die zwei Fassaden Leute, wo die Blicke eng ausladen Und Begierde ineinander ragt. (Alfred Wolfenstein, *Städter*, 1914)

Kadenz

Die Kadenz beschreibt die metrische Form des Versausgangs:

Versausgang	Beschreibung	Beispiel
männlich	betontes Versende: hát, Apparát, Erntedánk	Mein Heimweg ist nicht lang. Er lässt mir grade Zeit zu einem Lobgesang auf meine Tüchtigkeit (Erich Mühsam, *Heimweg*, 1914)
weiblich	unbetontes Versende: gelúngen, hában, Líebschaft	Dämm'rung will die Flügel spreiten, Schaurig rühren sich die Bäume, Wolken zieh'n wie schwere Träume – Was will dieses Grau'n bedeuten? (Joseph von Eichendorff, *Zwielicht*, 1812)

Bildlichkeit

Bildform	Erläuterung	Beispiel
Vergleich	mit wie	hoch wie ein Baum
Metapher	Vergleich ohne wie	Er war ein Baum.
Symbol	allgemein eingeführtes und bekanntes Sinnbild	Rose = Liebe, Taube/Ölzweig = Friede
Chiffre	außerhalb der Konvention willkürlich gewähltes Sinnbild	Eis = Schweigen

Klangmittel

Klangmittel	Beschreibung	Beispiel
Assonanz	auffällige Wiederholung gleicher Vokale in betonten Silben	Am Ánfang war álles wáhr.
Alliteration	auffällige Wiederholung gleicher Konsonanten in betonten Silben	wie wúndersám das Wólkenwórt gewählt
Onomatopoesie	Lautmalerei	der Keks krackt und knackt

GESCHICHTLICHE ENTWICKLUNG DER LYRIK

Humanismus	Gelehrtenpoesie	Dichterschulen: Imitationen und Variationen traditioneller Muster
Barock	höfische Poesie	Gesellschaftsdichtung und religiöse Dichtung: Kirchenlieder
18. Jh.	bürgerliche Poesie	Lehrgedicht, anakreontische Gesellschaftsdichtung, vaterländische und Kriegslieder, politische Lyrik; religiöse Lieder (Aufklärung); empfindsame und genialische Poesie, weltliche Lieder (Sturm und Drang), Gedankenlyrik (Klassik)
19. Jh.		irrationale Lyrik, intellektuelle Reflexion, Hymnen, Volkslieder und volkstümliche Lieder, Freiheitslieder (Romantik); pessimistische, idyllische, weltschmerzliche Lyrik (Biedermeier); politische Lyrik (Vormärz); Naturlyrik, Balladen, humoristische Lyrik (Realismus); Sozialkritik am technischen Zeitalter (Naturalismus); L'art pour l'art, Sprachexperimente, Metaphorik (Symbolismus)

TENDENZEN DER LYRIK NACH 1945

Zeit	Name	Beschreibung	Autoren
1945–1949	Trümmer-Lyrik	Stil des lakonischen Konstatierens	Günter Eich
	traditionelle Lyrik	Orientierung an Stilformen der Vergangenheit, z. B. Klassik, Expressionismus	Oskar Loerke, Wilhelm Lehmann, Elisabeth Langgässer, Georg Britting
1951–1970	hermetische Lyrik	am Symbolismus anknüpfender Stil des l'art pour l'art: Chiffrensprache	Paul Celan, Yvan Goll, Gottfried Benn, Ingeborg Bachmann
1954–1964	experimentelle Lyrik	in Anlehnung an den Dadaismus: Konkrete Poesie, Wiener Gruppe	Eugen Gomringer, Helmut Heißenbüttel, Franz Mon, Ernst Jandl, Konrad Bayer, Gerhard Rühm, Oskar Pastior, H. C. Artmann
ab 1955	lakonische Lyrik	minimalistische Reduktion von Umfang und Aussage	Erich Fried, Volker von Törne
1968–1974	engagierte Lyrik	kritisch-tagespolitisch orientiert bis hin zum Agitprop	H. M. Enzensberger, Erich Fried, Franz Josef Degenhardt, Nicolas Born, Dieter Süverkrüp, Yaak Karsunke
1974–1985	Alltagslyrik Neue Subjektivität	prosanaher Stil mit subjektiver Perspektive auf Alltagsprobleme	Rolf Dieter Brinkmann, Wolf Wondratschek, Karin Kiwus, F. C. Delius, Sarah Kirsch, Jürgen Theobaldy
ab 1985	postmoderne Lyrik	Stilmischungen: Spiel mit Stilformen, Themen und Motiven	Durs Grünbein, Volker Braun, Ulla Hahn, Sarah Kirsch, Henning Heske
ab 1990	Poetry-Slam	(poetry = Dichtung, to slam = ins Gesicht schlagen): eventhaft-interaktive Vermittlung von Lyrik	Nora Gomringer, Xóchil Andrea Schütz, Julia Engelmann

Eine Modellaufgabe zu einem Gedichtvergleich zum Downloaden finden Sie unter:
https://www.bange-verlag.de/mein-ziel-abitur-deutsch-pruefungswissen-fuer-klausur-und-abitur

1.3 PRAGMATISCHE TEXTE (SACHTEXTE)

1.3.1 TEXTARTEN

Pragmatische Texte

Als Sachtexte bezeichnet man alle nicht-fiktionalen Texte. Weil sie in der Regel eine Absicht haben und einen Zweck verfolgen, nennt man sie auch **Gebrauchstexte** oder pragmatische Texte. Sie treten in unserem Alltag in vielfältiger Weise in Erscheinung. Das macht es schwierig, ein eindeutiges Ordnungsraster für die möglichen Textsorten zu erstellen, weil in den seltensten Fällen in einem Text nur eine einzelne Absicht verfolgt wird. Üblicherweise ordnet man die pragmatischen Texte nach ihren dominanten Sprachfunktionen. Das Begriffsrepertoire ist zwar einigermaßen konstant, hat sich aber noch nicht eindeutig geklärt:

SACHTEXTE

ÜBERSICHT

Sprachfunktion	Stilmerkmale	Textsorten
darstellend-informativ	unpersönlich, sachlich, knapp, verständlich, zuverlässig, empfängerbezogen	Dokument, Bericht, Beschreibung, behördliche Schreiben, Inhaltsangabe, Nachricht, Protokoll, Rezept, Einkaufszettel
sozial-normativ	sachlich, regelnd, Bedingungen und Konsequenzen betonend, verbindlich, fachsprachlich	Satzung, Gesetz, Vertrag, Erlass, Verordnung
theoretisch-argumentativ, erörternd	analytisch, logisch strukturiert, definierend, begriffs- und erkenntnisorientiert, diskursiv, um Objektivität und Überzeugung bemüht, fachsprachlich	Erörterung, Essay, Interpretation, Facharbeit, wissenschaftlicher Text
	analytisch, meinungsbildend, subjektiv, innovativ, kreativ, ggf. auch unterhaltend	Leitartikel, Kommentar, Rezension, Glosse, Leserbrief
expressiv-kontaktiv	ausdrucksbetont, autor- und empfängerbezogen, auf Miterleben, Mitfühlen und Anteilnahme angelegt	Karte, Brief, Tagebuch
appellativ-persuasiv	überredend, rhetorisch, emotionale Wortwahl, Hochwertwörter, handlungsanweisend	Werbetext, politische Rede

In der Qualifikationsphase der Oberstufe und im Abitur sollte das aufgezeigte Spektrum eingeengt sein auf theoretisch argumentative und erörternde Texte. Aber auch diese können recht unterschiedliche stilistische Erscheinungsformen zeigen, je nachdem ob sie wissenschaftlich, feuilletonistisch, essayistisch, assoziativ, logisch-sachlich, emotional, pointiert, agitativ oder anders angelegt sind.

DIE LOGISCHE STRUKTUR

Wie analysiert man einen Sachtext?

Das Schwierigste bei der Analyse eines argumentativen Sachtextes ist die Ermittlung seiner **logischen Struktur**. Nicht immer wird nämlich das schlichte Modell von Einleitung, Hauptteil und Schluss eingehalten, nicht immer gliedert sich der Hauptteil einfach in Pro und Contra. Oft enthält ein Sachtext ein auf den ersten Blick nicht leicht zu durchschauendes Geflecht von vorgetragenen Begründungen, die erst bezweifelt oder widerlegt werden, bevor der Autor seine eigenen Argumente vorträgt, sie eventuell gegen mögliche Anzweiflungen verteidigt und so seine These bzw. Antithese bekräftigt. Es lassen sich folgende drei generelle Argumentationsmodelle unterscheiden:

Lineares Modell	Einleitung – These – Begründung (ggf. mehrgliedrig) – Widerlegung möglicher Nachteile – Darlegung der Vorteile und positiven Konsequenzen – Wiederholung der These / Schluss
Dialektisches Modell	Einleitung – Antithese – Begründungen der Antithese – Widerlegung der Begründungen – These – Begründungen der These – Zurückweisung möglicher Einwände – Fazit: Wiederholung der These / Schluss
Antithetisches Modell	Einleitung – Antithese 1 – Widerlegung ihrer Begründung – These 1 – Begründung – Antithese 2 – Widerlegung ihrer Begründung – These 2 – Begründung – etc. – Zusammenfassung und Fazit / Schluss

Auch sollten die Beispiele und Belege auf ihre Stichhaltigkeit und ihre Beweiskraft ebenso geprüft werden wie angeführte Zitate oder der Verweis auf Autoritäten. Generell sollte ein besonderes **Augenmerk auf Konjunktionen und Adverbien** gelegt werde, die nicht selten Gedankenschritte eines Textes anzeigen wie: Bedingungen, Einräumungen, Gegensätze, Gründe, Modalitäten, Einschränkungen, Reihungen, Folgen und Zielformulierungen:

Funktion	Konjunktionen	Adverbien
Bedingung (konditional)	wenn, falls, sofern	andernfalls, sonst
Einräumung (konzessiv)	obwohl, obgleich, wenn auch, obschon	trotzdem, dennoch
Gegensatz (adversativ)	anstatt dass, während, wo hingegen	aber, allein, doch, sondern
Grund (kausal)	weil, da, zumal	denn, darum, deswegen, deshalb, daher
Modalität (modal)	wie, wie wenn, als, als ob, als wenn, indem, dadurch ... dass, insofern ... als, je ... desto	insoweit
Einschränkung (restriktiv)	aber, nur, sondern, jedoch	
Reihung (kopulativ)	und, außerdem, ferner	ebenfalls
Folge (konsekutiv)	sodass, so ... dass	also, folglich
Ziel, Absicht (final)	auf dass, dass, damit, um ... zu	also, folglich, derartig ... dass

1.3.2 DIE REDE

Rede-situation und Redeziel

Unter den pragmatischen Texten kommt der Rede eine besondere Stellung zu. Sie zählt zu den am feinsten ausgestalteten Formen der rhetorisch ausgestalteten Kommunikation. Ausgangspunkt einer jeden Redeanalyse muss die Klärung der **Redesituation** sein, also die Beantwortung der Fragen: Warum spricht wer worüber wo zu wem und wie sieht der sozio-kulturelle und historisch-politische Hintergrund dieser Rede aus?

Unter Berücksichtigung der Redesituation und des Redeziels unterscheidet man drei Redearten:

REDEARTEN

ÜBERSICHT

Festrede (genus demonstrativum)	ausdrucksorientiert: Im emotionalen Einvernehmen zwischen Redner und Publikum wird einer Person, einer Sache, einem Anlass feierlich gedacht.
Entscheidungsrede (genus deliberativum)	handlungsorientiert: politische Rede: Mit allen zur Verfügung stehenden Mitteln wird etwas empfohlen oder abgelehnt.
Gerichtsrede (genus judiciale)	thematisch orientiert: Anklage oder Verteidigung: Es wird nur ein Aspekt, pro oder contra, berücksichtigt.

Von diesen drei Redegattungen ist die politische Rede sicherlich die interessanteste, weil komplexeste. Hier sind alle Redestrategien gefordert.

REDESTRATEGIEN

ÜBERSICHT

Aufwertung	→ Verwendung von positiv besetzten, dynamisch wirkenden Wörtern und Begriffen (Leitwörter, Hochwertwörter) → Hervorhebung, Lob und Anerkennung der Wir-Gruppe → positive Verallgemeinerungen und Betonung positiver Teilaspekte → Verwendung von gängigen Formulierungen (Schlagwörter) → Verweis auf gleichgesinnte Autoritäten
Beschwichtigung	→ Herunterspielen, Ausklammern, Tabuisieren unangenehmer Probleme → Notwendigkeit und Zwanghaftigkeit des eigenen Vorgehens betonen → Appelle an die Verantwortungsgemeinschaft
Verschleierung	→ Verwendung bewusstseinslenkender Begriffe → Sprachlenkung: ideologische Umbenennungen → Verwendung von Wörtern, deren Inhalt unklar ist (Leerwörter)
Abwertung	→ Tadel, Kritik, Verunglimpfung der Gegner auch durch Unterstellungen → Hervorhebung von behaupteten Schwächen, Fehlern und Vergehen der Gegner → Aufspaltung des Gegners: Unterteilung in Gute und Schlechte, Behauptung gravierender Meinungsverschiedenheiten → Verwendung von negativ besetzten, hinfällig wirkenden, lächerlich machenden Wörtern und Begriffen
Dramatisierung	→ emotional aufwühlendes, Angst und Befürchtungen schürendes, schicksalsträchtiges Vokabular → maßlose Übertreibungen (gern bei Zahlenwerten und Problemen)

Da die politische Rede versucht, mehr mit Sprachmitteln zu überreden als durch Argumente zu überzeugen, greift sie gern auf das Arsenal der Rhetorik zurück.

Die reine Feststellung des Vorhandenseins rhetorischer Figuren ist jedoch ebenso wertlos wie die Angabe, wie häufig ein bestimmter Buchstabe in einem Text vorkommt. Entscheidend ist, welche Funktion das jeweilige rhetorische Mittel erfüllt. Deshalb ist die nachfolgende Übersicht so geordnet, dass sie sowohl angibt, welchem sprachlichen Aspekt das jeweilige rhetorische Mittel zugeordnet werden muss, als auch benennt, welche Funktion es normalerweise in diesem Rahmen erfüllt.

RHETORISCHE FIGUREN

ÜBERSICHT

Figur	Beispiel	Definition	Funktion
			phonologisch
Alliteration	wie wundersam das Wolkenwort gewählt	Silben: auffällige Wiederholung gleicher Konsonanten in betonten Silben	*Intensivierung*
Assonanz	Am Anfang war alles wahr.	auffällige Wiederholung gleicher Vokale in betonten Silben	*Intensivierung*
Emphase	Ein M a n n steht vor dir.	besondere Betonung eines Wortes	*Intensivierung*
Onomatopoesie	Es knistert und knastert.	Lautmalerei	*Veranschaulichung*
Paronomasie	Eile mit Weile	Wortspiel durch Verbindung klangähnlicher Wörter	*Intensivierung*
			semantisch
Anadiplose	Das Leben braucht Versöhnung. Versöhnung darf nicht …	Ein Satz beginnt mit dem/den letzten Wort/Wörtern des vorherigen Satzes.	*Betonung*
Antithese	Der Wahn ist kurz, die Reu' ist lang.	Entgegenstellung von Begriffen und Gedanken	*Pointierung*
Figura etymologica	das Lernen lernen	zwei unterschiedliche Wörter gleichen Stammes	*Betonung*
Hendiadyoin	Hilfe und Beistand	inhaltlich identische Substantive	*Betonung*
Neologismus	Knabenmorgenblütenträume	Wortneuschöpfung	*Anschaulichkeit*
Oxymoron	schweigend im Gespräch vertieft; bittere Süße	zwei sich widersprechende Vorstellungen	*Humor; innere Spannung*
Pleonasmus	weißer Schimmel	Wiederholung eines charakteristischen Merkmals des Bezugswortes	*Überbetonung*
Polyptoton	Er wollte den Menschen ein Mensch sein.	Wiederholung desselben Worts in verschiedenen Flexionsformen	*Betonung*
Synästhesie	das warme Braun ihrer Stimme	Verbindung unterschiedlicher Sinneseindrücke	*Intensivierung*
Tautologie	immer und ewig Persil bleibt Persil.	inhaltlich identische Adjektive oder Satzaussage	*Betonung*
Zwillingsformel	Mann und Maus, Kind und Kegel, Tod und Teufel	zwei meist antithetische Begriffe, gern mit Alliteration	*Anschaulichkeit* *Betonung*

Figur	Beispiel	Definition	Funktion
			syntaktisch
Akkumulation	Vieh, Menschen, Stadt und Felder (Welt)	Aufzählung zu einem Oberbegriff	*Ausschmückung*
Anapher	Das Wasser rauscht / das Wasser schwoll	Wortwiederholung am Satz- oder Versanfang	*Betonung*
Asyndeton	Alles rennet, rettet, flüchtet.	Reihung von Satzteilen ohne Konjunktion	*Dynamisierung*
Chiasmus	Die Kunst ist lang und kurz ist unser Leben.	symmetrische Überkreuzstellung einander entsprechender Satzglieder	*Pointierung*
Correctio	Er ist schlau, ja sogar verschlagen.	Korrektur eines zu schwachen Ausdrucks	*Pointierung*
Ellipse	Je früher, desto besser.	unvollständiger Satz	*Hast, Unruhe*
Epipher	Doch alle Lust will Ewigkeit, will tiefe, tiefe Ewigkeit.	Wortwiederholung am Satz- oder Versende	*Betonung*
Geminatio	Mein Vater, mein Vater!	unmittelbare Wiederholung eines Wortes oder Satzteils	*Nachdrücklichkeit*
Hyperbaton	Es ist der Liebe milde Zeit.	abweichende Satzstellung **(Inversion)**	*Betonung*
Klimax	Ich kam, sah und siegte.	dreigliedrige Steigerung; umgekehrte Abschwächung: **Antiklimax**	*Pointierung*
Parallelismus	Heiß ist die Liebe, kalt ist der Schnee.	Wiederholung gleicher Syntaxabfolge	*Pointierung*
Polysyndeton	und läuft und läuft und läuft	unnötige Verbindung von Satzteilen durch Konjunktionen	*Betonung*
rhetorische Frage	Sind wir nicht alle Menschen?	Scheinfrage, die keine Antwort erwartet	*Nachdrücklichkeit*
Zeugma	Ich heiße Peter und Sie herzlich willkommen.	überraschende Zuordnung eines Prädikats zu unterschiedlichen Objekten	*Humor*

Figur	Beispiel	Definition	Funktion
			pragmatisch
Allegorie	Justitia = Gerechtigkeit	konkrete bildhafte Darstellung eines abstrakten Begriffes	*Bildlichkeit*
Allusion	Ich wundere mich nicht, dass er eine Pinocchio-Nase hat.	Anspielung	*Bildungsbeweis*
Apostrophe	Augen, verhüllt euch!	pathetische Anrede	*Emotionalisierung*
Euphemismus	Entsorgungspark = Mülldeponie	Beschönigung	*Beschwichtigung*
Hyperbel	Schneckentempo, Meer von Tränen	Übertreibung	*Dramatisierung*
Ironie	Du bist mir ein schöner Freund!	unwahre Behauptung zur Kennzeichnung des Gegenteils	*Pointierung*
Litotes	gar nicht so hässlich = recht hübsch	behutsame Bejahung durch doppelte Verneinung	*Schonung oder Betonung*
Metapher	Königin der Herzen	Vergleich ohne wie	*Bildlichkeit*
Metonymie	den ganzen Goethe lesen; ein Gläschen trinken; das Weiße Haus sagt	Ersatz eines Wortes durch eines, das zu ihm in unmittelbarer Beziehung steht	*Anschaulichkeit*
Paradoxon	Das Leben ist der Tod, und der Tod ist das Leben.	Scheinwiderspruch	*Pointierung*
Periphrase	Auge des Gesetzes = Polizei	Umschreibung	*Bildlichkeit*
Personifikation	Mutter Natur	Vermenschlichung	*Anschaulichkeit*
Symbol	Kreuz = christlicher Glaube Schwert = Krieg, Kampf	vereinbartes konkretes Sinnbild für etwas Abstraktes	*Bildlichkeit*
Synekdoche	Gemeinschaft von Tisch und Bett = Ehe	ein Teil steht für das Ganze (pars pro toto)	*Anschaulichkeit*
Vergleich	steif wie ein Stockfisch	Verknüpfung zweier Begriffe mit wie	*Bildlichkeit*

Analysebeispiel:

Analyse-Elemente	Text	Deutungs-Elemente
pathetische Festrede (Weihnachten)	**Rudolf Heß** ***An die Auslandsdeutschen*** (24. 12. 1934, Auszug)	**nationalsozialistische Radioansprache, um Auslandsdeutsche zur Heimkehr ins Reich zu bewegen**
	(…) Ich wünschte nur, dass alle Deutschen draußen das	
Emphase; Zwillingsformel; Metapher; Emphase	neue Deutschland sehen könnten im Sonntag und Alltag. Im Kleide der Bewegung, die Deutschlands Rettung wurde, marschieren die Formationen des Wiederaufbaus	politische Einführung existenzielle Dramatisierung
Wortspiel; Parallelismus; Assonanz; doppelte Zwillingsformel	im Gleichschritt des gleichen Willens über die Straßen der Großstädte, über die Anger der Dörfer. Bauern und Arbeiter, Studenten und Handwerker, sie arbeiten mit dem Spaten	Andeutung der Gleichschaltungspolitik Adressat: soziale Unterschicht
Assonanz	in der Hand im Arbeitsdienst, um deutsches Neuland zu	
Assonanz; Alliteration; Metapher; Wortwiederholung; Alliteration	schaffen und als Werkzeuge eines Willens, der Erde neue Kräfte abzuringen, Kräfte, die wirksam werden in einem kommenden Geschlecht. In ihren Lagern entwickeln die Mädchen der werdenden Generation sich zu einem neuen	Andeutung der Diktatur Betonung des Neubeginns; Andeutung der Entindividualisierung
Zwillingsformel	Typ der Frau und Mutter. Was dieses neue Volkstum ist und	
Assonanz Zwillingsformel	will und was dem Erwachsenen durch Dienst und Schulung ins Bewusstsein gehämmert wird, das nimmt das Jungvolk im Hitlerreich unbewusst in sich auf als ein selbstverständliches	Hinweis auf Indoktrination
Assonanz	Vermächtnis, das ihm eine Generation hinterlässt, die eine	
Assonanz Emphase	schwere Zeit es gelehrt hat, ein Volk zu sein. Kein Sieg der Waffen kann so groß sein, wie ihn der Führer errang, als	Nationales Mitgefühl
	er das Werden Deutschlands für den Nationalsozialismus erkämpfte.	Andeutungen der NS-ideologischen Politik

Eine Modellaufgabe zur politischen Rede zum Downloaden finden Sie unter:
https://www.bange-verlag.de/mein-ziel-abitur-deutsch-pruefungswissen-fuer-klausur-und-abitur

1.3.3 MEINUNGSBILDENDE TEXTE

Häufig tagesaktuell

Meinungsbildende Texte haben eine theoretisch-argumentative oder erörternde Sprachfunktion, nehmen in der Regel zu tagesaktuellen Problemen und Fragen Stellung und treten vor allem als journalistische Texte in Erscheinung, als Leitartikel, Kommentar, Leserbrief oder Glosse.

LEITARTIKEL, KOMMENTAR, LESERBRIEF

Inhaltliche und stilistische Kriterien

Während Leitartikel und Kommentare in der Regel von Redakteuren geschrieben werden, denen man eine professionelle Ausbildung unterstellen darf, ist dies beim Leserbrief nicht der Fall. Den Kriterien für einen professionell verfassten meinungsbildenden Text wird demnach in Leserbriefen nicht immer entsprochen.

Inhaltlich sind folgende Bausteine zu erwarten:
→ Bezugnahme zu einer tagesaktuellen Meldung, einem besprochenen Problem oder umstrittenen Thema,
→ Einordnung des Themas in einen übergeordneten Zusammenhang oder Erläuterung des thematischen Hintergrunds,
→ subjektiv argumentative Beurteilung des fraglichen Sachverhalts,
→ appellative Schlussfolgerung in Form eines Wunsches oder einer Aufforderung.

Stilistisch kann man davon ausgehen, dass ein Leitartikel und Kommentar
→ in der Sachdarstellung nüchtern bleibt, um die Zuverlässigkeit der vorgetragenen Fakten nicht zu gefährden,
→ in der Argumentation final strukturiert und wenig konzessiv ausfällt, um eine größtmögliche Effektivität zu erzielen,
→ in der Diktion um prägnante Aussagen und schlagkräftige, pointierte Begrifflichkeit bemüht sein wird, um der eigenen Stellungnahme rational und emotional Nachdruck zu verleihen.

Analysebeispiel:

Analyse-Elemente	Text	Deutungs-Elemente
Kommentar zur Kulturpolitik	**Reinhard Tschapke** ***Kunst und Macht***	**schulkulturelle Anregung für den Kanon im Deutschunterricht**
	Es gibt nicht wenige Literaturwissenschaftler in Deutschland,	
	die beim Namen Siegfried Lenz und bei der nun vor	Schreibanlass
Umgangssprache	50 Jahren erschienenen *Deutschstunde* vornehm die Nase	
problemöffnende rhetorische Frage	rümpfen. Der Grund dafür? Die viel zu gute Lesbarkeit, ja	Sachinformation
	Klarheit des Romans.	
rhetorische Frage Parenthese	Ist nur gut, was nach deutscher Tiefe aussieht und dunkel	elitäres Bewusstsein
	wirkt? Natürlich nicht, und die Leser – übrigens nicht	
Neologismus;	nur in Deutschland – haben ja allen Nasenrümpfern	
Metapher	eine donnernde Antwort erteilt: Mehr als zwei Millionen	positive literarische Wertungen
	Exemplare sind inzwischen verkauft, der Roman in mehr als	Kritik an elitärer Kultur
	20 Sprachen übersetzt. Lenz schrieb 1968 das Buch über	↕
Zwillingsformel; Assonanz; erweiterte	Kunst und Macht, über falsch verstandene Pflichterfüllung	Lesergeschmack
Zwillingsformel Assonanz	und notwendigen Widerstand. Und anders als andere	Sachinformation
	Nachkriegsromane ist die Geschichte um den jungen Siggi	Sachinformation literarhistorische
	Jepsen bis heute spannend zu lesen. Deshalb sollte die	Einordnung positive literarische
Wortspiel	*Deutschstunde* unbedingt Thema einer Deutschstunde in	Wertung; schulkulturelle Anregung
Assonanz	unseren Schulen sein – auch wenn da mehr als ein Twitter-	Anspielung auf die Kurztextigkeit von
Neologismus	Häppchen zu lesen ist.	Tweets
	(*Ostfriesischer Kurier vom 13. 8. 2018, S. 20*)	

GLOSSE

Verschiedene Bedeutungen

Die Glosse ist ursprünglich eine Bemerkung, die in einen Text hineingeschrieben worden ist. Steht sie zwischen den Zeilen, handelt es sich um eine **Interlinearglosse**, steht sie am Rand um eine **Marginalglosse (bzw. Marginalie)**. Ein **Glossar** ist demnach ein Register, in dem solche Bemerkungen zusammengetragen werden; es tritt zumeist als erläuternde Wörterliste in Erscheinung.

Journalistische Bedeutung

Die Glosse in einer Zeitung ist ebenfalls eine Bemerkung zu einer bestimmten Nachricht. Aber anders als der Leitartikel, Kommentar oder Leserbrief ist diese Sonderform in der Regel weniger umfangreich, konzentriert sich auf einen einzigen herausgegriffenen Aspekt, ist in unterhaltender Absicht bewusst, manchmal sogar zwanghaft einseitig sowie geistreich-witzig, spöttisch und ironisch gehalten und läuft gern auf eine Pointe hinaus.

Analysebeispiel:

Analyse-Elemente	Text	Deutungs-Elemente
zwei Wortfelder unter dem Oberbegriff „Ernte": Getreide vs. Bildung (Metapher)	***Reifezeit***	**satirische Glosse zum „Verfall" der Reifeprüfungen**
Assonanz, Alliteration, Parallelismus, Vergleich, Metapher, Alliteration; Wortspiel, Metapher	In dieser Zeit reifen auf den Feldern die Halme, in den Schulen die Schüler. In einer Prüfung, der Reifeprüfung, werden sie geprüft, ob sie reif sind. Reif sein ist alles. Sind alle. (…)	„Reife" als Hyperbegriff geringes Versagensrisiko
Allusion: *Hamlet*	Sein oder Nichtsein ist nicht mehr die Frage.	
Wortspiel	So beginnt mancherorts und nicht nur in den Prüfungen die Prüfung zu prüfen.	
Assonanz	Sie wird von Jahr zu Jahr fragwürdiger.	unterstellter Qualitätsverlust des Abiturs
Ellipse, Binnenreim, asyndetische Reihung, Aufzählung	Keine Frage. Für ein Leben ohne Abitur wird es künftig keine Ausrede mehr geben, kein Hadern wegen unzulänglicher Talente, keinen Protest gegen die Eltern, gegen die liebe Gesellschaft und schon gar nicht gegen die Lehrer.	das Abitur als notwendige Startqualifikation für das Berufsleben; Folge: umfängliche Angepasstheit
	Denn gerade sie sind darauf bedacht, ein Maximum von	staatliches Interesse an hohen Erfolgsquoten
Neologismus, Assonanz, Umgangssprache	Reiflingen möglichst schnell auf die Beine zu stellen. Und schon werden, wie man liest, in einer Schule mehr als	Massenprüfung mit geringer Differenzqualität
negatives Verb; iron. Allusion: Michail Sostschenko, *Satiren* Neologismen Wortspiel	fünfzig Prüflinge an einem einzigen Tag durchgedreht. Reif schneller, Genosse; denn das totale Abitur steht vor der Tür, der Reifeschein für Scheinreife.	unterstellter Qualitätsverlust des Abiturs
	(*F.A.Z. vom 28. 8. 1972*)	

REZENSION

Sonderfall des Kommentars

Die Rezension ist ein Sonderfall des Kommentars, denn er bezieht sich auf künstlerische Produkte wie Neuerscheinungen von Büchern, Filmen, CDs, DVDs oder Theater- oder Musikaufführungen. Die Rezension, umgangssprachlich auch einfach **Kritik** oder **Besprechung** genannt, verfolgt das Ziel, der Leserschaft eine erste Orientierung zu bieten. Da die zu beurteilende Sache für den Leser im Gegensatz zu der kommentierten Sache des Leitartikels oder Kommentars nicht bekannt ist, bedarf es immer eines größeren sachlich-informativen Teils, der das besprochene künstlerische Produkt zunächst einmal so neutral wie möglich vorstellt, bevor er es meinungsbildend bewertet. Wie groß dieser Anteil ist, hängt also ganz davon ab, in welchem Maße der jeweils besprochene Gegenstand als bekannt vorausgesetzt werden darf, wie dies z. B. bei klassischen Theaterstücken durchaus der Fall sein sollte. Das führt dazu, dass gute und sorgfältig erstellte Rezensionen wesentlich länger ausfallen als Leitartikel oder Kommentare. Während sich die Buchrezensionen im Wesentlichen auf die Beurteilung der Thematik, Stoffgestaltung und Schreibweise eines Buches beschränken können, bewertet die Rezension einer Theateraufführung die Gestaltung der Akustik, des Bühnenbildes, des Lichts, der Ausstattung und der Kostüme ebenso wie die Leistung der Regie und natürlich aller wesentlichen Darsteller. Von daher ist es eher selten der Fall, dass in der Schule eine vollständig ausgeführte Theaterrezension vorgelegt und behandelt wird. Sie wird zumeist um die Leistungskritik der Darsteller verkürzt.

ESSAY

„Versuch"

Der oder das Essay, ein vom Französischen *essai* = Versuch abgeleiteter Begriff, nimmt eine Sonderstellung unter den meinungsbildenden Texten ein. Es handelt sich dabei um einen umfangreicheren, thematisch völlig offenen, betont subjektiv argumentierenden Text, der sich an einen fiktiven Leser wendet. Aufgrund seiner großen Gestaltungsfreiheit sind Aufbau und Stil des Essays allgemein kaum festzulegen bzw. können stark variieren. Ein Essay kann sich an wissenschaftliche Erörterungen anlehnen, die Form einer speziellen Kritik annehmen oder auch nur ein unsystematisches Meinungsbild darbieten. Essayistische Texte sind wie ein Aufsatz im Kern erörternd, können aber auch über beschreibende, schildernde oder erzählende Passagen verfügen, in ihrer Gedankenführung aspekt- und variationsreich, sprunghaft, assoziativ und bewusst widersprüchlich angelegt sein und eine Diktion aufweisen, die von sachlich-nüchtern über ironisch-satirisch bis zu provokativ-appellativ changiert. Der Essay zeichnet sich aber durch ein letztlich anspruchsvolles kreatives Niveau aus.

Analysebeispiel:

Analyse-Elemente	Text	Deutungs-Elemente
rhetorisch argumentativer Text in Hypotaxe	**Botho Strauß** ***Anschwellender Bocksgesang*** (Auszug, 1993)	**Plädoyer für kulturelle Überlieferung**
betonende Wiederholung, betonendes Sympathetikon, figura etymologica, Personifikation, Vergleich, Assonanz	Es ist schade, ganz einfach schade um die verdorbene Überlieferung. Ja, sie verdirbt draußen vor den Toren wie eine Fracht kostbarer Nahrung, auf die die Bevölkerung	Bedauern über den kulturellen Traditionsbruch substanzielle Lebensnotwendigkeit
Wortfeld: Grenze Personifikation Insistierende Wiederholung	wegen irgendwelcher Zollstreitigkeiten verzichten muss. Die Überlieferung verendet vor den Schranken einer hybriden Überschätzung von Zeitgenossenschaft, verendet	hybrid = überheblich
Assonanz	vor der politisierten Unwissenheit jener für ein bis zwei Generationen zugestopfter Erziehungs- und Bildungsstätten,	von der Politik zu verantwortende Unwissenheit Verweis auf Bildungsengpässe
Contradictio in adjecto Allusion: NS-Zeit	Horste der finsteren Aufklärung, die sich in einem ewig ambivalenten Lock- und Abwehrkampf gegen die Gespenster einer Geschichtswiederholung	Brutstätten einer Gegenbewegung zur Aufklärung Vergangenheitsbezug, der die Überlieferung unterbrach;
Zitat	befinden: „Wehret den Anfängen!“…	Warnruf vor Rechtsradikalität
Ausruf, Alliteration, Aufforderung	Ach! Setzt selber einen brauchbaren!	Aufruf zur Innovation

Eine Modellaufgabe zu theoretischen Texten zum Downloaden finden Sie unter:
https://www.bange-verlag.de/mein-ziel-abitur-deutsch-pruefungswissen-fuer-klausur-und-abitur

1.3.4 THEORETISCHE TEXTE

Populär-wissenschaft bevorzugt

Mit theoretischen Texten sind vor allem wissenschaftliche und populärwissenschaftliche Texte gemeint. Während wissenschaftliche Texte ggf. aufgrund ihrer Fachterminologie, die einem breiten Publikum meist mehr oder weniger unbekannt sind, nur eingeschränkt in den Schulen eingesetzt werden können, bieten sich populärwissenschaftliche Texte wegen ihrer Popularisierungsmethoden allen Laien und folglich auch zur Schulverwendung an. In ihnen wird Fachwissen fachextern so vermittelt, dass es auch dem Laien verständlich und nachvollziehbar ist. Problematisch für den Rezipienten bleibt allerdings die Beurteilung, inwieweit der populärwissenschaftlich auftretende Text wirklich dem jeweiligen fachwissenschaftlichen Forschungsstand entspricht.

Inhaltliche und sprachliche Merkmale

Die Reduktion des populärwissenschaftlichen Textes erfolgt **inhaltlich** zumeist durch
→ eine stoffliche Beschränkung,
→ eine Ausweitung der Informationsdichte,
→ eine Visualisierung mittels Grafiken und Schaubildern,
→ durch eingestreute Expertenaussagen oder
→ ereignishaft dargestellte Erläuterungen von Forschungsverfahren oder Experimenten.

Sprachlich kommen diese Texte dem Leser entgegen durch
→ die Verwendung allgemeingebräuchlicher und deshalb verständlicher Wörter,
→ einen einfachen, also nicht zu hypotaktischen Satzbau und
→ die Verwendung veranschaulichender Bilder und Vergleiche.

1.4 Mediale Texte

1.4.1 MEDIALE TEXTSORTEN

Aspekt Erlebbarkeit

Unter Textsorten versteht man ganz allgemein gängige Lösungsmuster für bestimmte kommunikative Aufgaben. Sie differenzieren nicht nur die Bereiche der literarischen Texte und der Gebrauchstexte, sondern auch den Bereich der medialen Texte. Darunter sollen solche Texte verstanden werden, die ihren Schwerpunkt in der visuellen Aktion und Erlebbarkeit ihres Inhalts haben. Zwei Textsorten seien aus diesem umfangreicheren Bereich (z. B. Game-Show, Interview etc.) herausgegriffen: der Spielfilm und die Theateraufführung.

1.4.2 SPIELFILM

Mischform aus Roman und Drama

Im Gegensatz zu anderen filmischen Genres wie Naturfilm, Dokumentarfilm usw. zählt der Spielfilm zu den Formen des Erzählens. Er funktioniert im Wesentlichen so wie eine Mischform aus Roman und Drama:

- → Es gibt unterschiedliche Genres wie Liebesfilm, Kriminalfilm, Western, Horrorfilm usw.,
- → es gibt unterschiedliche dramaturgische Strukturen wie das Drama, das Melodram als betont psychologisches oder emotionales Drama, die Komödie, den Thriller als einen besonders auf Spannung setzenden Actionfilm,
- → es gibt eine Handlung, die man in ihrer vollständigen Form als **Story** (Geschichte) und in ihrer zusammengefassten Form als **Plot** (Handlung) bezeichnet,
- → es gibt den dramatischen Aufbau mit Exposition, Peripetie und Katastrophe, mit geschlossener und offener Form,
- → es gibt die erzählerischen Strukturelemente der Handlungsstränge, der Vor- und Rückblenden (**flash forward, flash back**),
- → es gibt die Formen der Zeitgestaltung mit Dehnung, Deckung (**Plansequenz**) und Raffung,
- → es gibt die Formen der Raumgestaltung mit Handlungsraum, Stimmungsraum und Symbolraum,
- → es gibt die Formen der Figurengestaltung,
- → es gibt wie bei der Theateraufführung die Inszenierung, die man beim Film **Mise en Scène** (frz. = In-Szene-Setzen) nennt,
- → es gibt Gliederungsformen wie Kapitel, Akt oder Szene, die im Film als **Sequenz** (Szenenfolge) und als Szene in Erscheinung treten,
- → und es gibt den Erzähler, hier die Kamera und ggf. das **Voiceover** (darübergelegte Stimme), falls die Stimme eines nicht sichtbaren Erzählers dem Zuschauer die sichtbare Handlung erläutert oder kommentiert,
- → der wie bei narrativen Texten unterschiedliche Möglichkeiten des Erzählens besitzt:
  - den **Mindscreen** (innere Leinwand) zur Visualisierung der Gedanken einer Figur,
  - die subjektive Kamera (physischer point-of-view = Standpunkt) erfasst das Geschehen aus der Sicht einer Figur,
  - die neutrale Kamera bemüht sich um eine distanzierte Objektivität und beobachtet Figuren in ihrer Handlungsweise von außen,
  - die allwissende Kamera kann über alles verfügen und alles kommentieren und beurteilen.

Die Bilder als Sprache

Da der Film ein eigenes Medium ist, besitzt er auch eine eigene Sprache, nämlich die von der Kamera vermittelten Bilder. Diese Sprache setzt sich wiederum aus eigenen Elementen zusammen:

KAMERAEINSTELLUNG

Einstellung	Erläuterung	Wirkung
Weit/wide shut/ Panorama	ganze Landschaften und Stadtansichten	Überblick, Gesamtatmosphäre
Totale	Übersicht über den Schauplatz	räumliche Orientierung aus der Distanz
Halbtotale	Figuren in Ganzkörpergröße	Handlungsorientierung aus der Umgebung
Halbnah/ Amerikanisch	Figurenoberkörper ab den Knien/ Hüfte (Colt-Höhe)	Figurenorientierung in Kommunikationssituationen
Nah	Figurenbrustbilder	Figurencharakterisierung durch Gestik und Mimik
Groß	Gesichter	Figurenanalyse durch Betonung der Mimik
Detail	Gesichtsteil, Teilgegenstand	Bedeutungsbeschwerung, Aufmerksamkeitsakzent

KAMERAPERSPEKTIVE

Perspektiven	Erläuterung	Wirkung
Vogelperspektive	Aufsicht: Blick von oben	Erniedrigung, Ohnmacht, Verlorenheit
Normalperspektive	Ansicht: menschliche Augenhöhe	Authentizität
Froschperspektive	Untersicht: Blick von unten	Macht, Bedrohung

KAMERABEWEGUNG

Bewegungsart	Erläuterung	Wirkung
Stand	Bewegung der Objekte	distanzierte Beobachtung
Schwenk	horizontale Bewegung nach rechts oder links	subjektive Änderung der Blickrichtung
Neigung	vertikale Bewegung nach oben oder unten	subjektive Änderung der Blickrichtung
Rollen	horizontale und vertikale Bewegung gleichzeitig	Verwirrung, Übelkeit, Schwindel
Fahrt	Bewegung der Kamera zu stehenden oder sich bewegenden Objekten: Ranfahrt, Rückfahrt, Parallelfahrt, Aufzugfahrt (per Kran o. ä.)	gesteigerte Dynamik
Zoom	scheinbare Kamerabewegung	proportionale Vergrößerung des Hintergrundes
Rundumfahrt	Einkreisung eines Objektes	dynamische Fokussierung

TON

Tonart	Erläuterung	Wirkung
On-Ton/ Synchron-Ton	menschliche Äußerungen im Bild (Dialoge)	normale Kommunikation
Off-Ton	menschliche Äußerungen außerhalb des Bildes, aber innerhalb eines Dialogs	normale Kommunikation
Voice-over	Erzählung, Erläuterung, Kommentar eines Sprechers außerhalb von Bild und Handlung	direkt an den Zuschauer sich richtende Informationen, Erläuterungen und Bewertungen
Geräusche	akustische Begleitung des Bildgeschehens als Originalton oder später unterlegt	Wirklichkeitsillusion
Musik	den Bildern nachträglich unterlegter Ton	emotionale Untermalung, Weckung und Steigerung von Gefühlen, Schaffung von atmosphärischen Stimmungen

LICHT

Lichtstil	Erläuterung	Wirkung
High-Key	hohe Szenenausleuchtung: helle, leuchtende Bilder, kräftige Farben	aktiv, positiv, freundlich, lebensfroh (Liebes- und Heimatfilme)
Low-Key	niedrige Szenenausleuchtung: dunkle, düstere Bilder, matte Farben in Blau- und Grautönungen	negativ, deprimierend, bedrohlich (Kriminal- und Horrorfilm)

GRAMMMATIK DER BILDER

Schnitt und Montage

Wenn die Einzelelemente einer Sprache zueinander in Beziehung gesetzt werden, spricht man von ihrer Grammatik. Auch die Filmsprache hat eine Grammatik. Sie besteht im Wesentlichen aus den Schnitttechniken und den Montageformen, also jenen Momenten, wo die Bilder zu Sequenzen und die verschiedenen Sequenzen miteinander verknüpft werden.

Schnitttechniken

Technik	Erläuterung	Wirkung
harter Schnitt	übergangsloser, sprunghafter Bildwechsel	Normalverfahren: wie menschliches Blinzeln
weicher Schnitt	gleitender, allmählicher Übergang von einem Bild zum nächsten in Form von:	behutsame, zuschauerschonende, milde Form: beruhigend, zeitdehnend
	→ **Schwarzblende**: Das aktuelle Bild verdunkelt sich durch Unterbelichtung (Abblende) und das nächste wird langsam hell (Aufblende).	deutliche räumliche, zeitliche oder inhaltliche Trennung
	→ **Weißblende**: Das aktuelle Bild wird durch Überbelichtung weiß und das nächste langsam dunkler.	verweist auf Irreales, z. B. auf Träume
	→ **Überblendung**: gleichzeitiges Ausblenden des aktuellen und Einblenden des neuen Bildes	Betonung der Kontinuität
	→ **Motividentität**: z. B. blauer Himmel, Wasser etc.	möglichst unmerklicher Übergang

Montagetechniken

Technik	Erläuterung	Wirkung
Erzählende Montage	Die Einstellungen folgen dem Handlungsverlauf.	unmerkliche Montage, Kontinuität
Schuss-Gegenschuss	Wechsel der Kamerapositionen bei miteinander redenden Figuren	Suggestion der unmittelbaren Beteiligung
Alternierende Montage	Montage von Einstellungen auf unterschiedliche Figuren oder Handlungen im selben Raum-Zeit-Zusammenhang	Suggestion der unmittelbaren Beteiligung
Parallelmontage	Parallele Montage zweier oder mehrerer Handlungsstränge, die räumlich und/oder zeitlich voneinander getrennt sind	Der Zuschauer weiß mehr als die Figuren.
Assoziationsmontage	Unterschiedliche und unverbundene Bilder sollen vom Zuschauer assoziativ miteinander zu einer neuen Aussage verknüpft werden.	Aktivierung der Rezipienten
Kontrastmontage	Bilder gegensätzlichen Inhalts werden einander gegenübergestellt.	Aufforderung zur Stellungnahme, Bewertung und Kritik

LITERATURVERFILMUNG

Umwandlung der Vorlage nötig

Dient Literatur – in der Regel eine Erzählung oder ein Roman, seltener ein Drama – als Vorlage für einen Film, so muss die Vorlage zunächst dem neuen Medium angepasst, d.h. in ein Drehbuch umgewandelt werden. Man spricht dann von einer **Adaption** (lat. = Anpassung). Die literarische Vorlage muss jedoch anerkannt hochwertig sein; bei der üblichen Verfilmung von Stoffen der Trivial- und Unterhaltungsliteratur spricht man nicht von Adaptionen. Es gibt drei verschieden **Formen der Adaption**:

Adaption	Erläuterung	Funktion
stofforientiert	Es werden nur einzelne Motive und Handlungselemente als literarischer Rohstoff übernommen: „nach Motiven aus…"	Der Film behauptet sich als eigenständiges, weitgehend unabhängiges Werk: Film ist Film.
illustrierend	Versuch, den literarischen Text so genau wie möglich, d.h. strukturäquivalent in Bilder umzusetzen: „werktreue/texttreue Verfilmung".	Trotz der künstlerischen Eigenständigkeit des Films steht die literarische Vorlage eindeutig im Vordergrund.
Interpretierend	Der autonome Film will zum Verständnis und zur Deutung eines literarischen Werkes beitragen oder schlicht eine subjektive Rezeptionsweise verdeutlichen. Er kann sich deshalb sinnvoll und zweckmäßig von der Vorlage lösen, um die eigene Ansicht darzustellen: „freie Adaption".	Film und Vorlage möchten kongeniale Partner sein. Jedes Werk behält seine Eigenständigkeit und künstlerische Originalität.
transformierende Bearbeitung	Der Film verfolgt eine eigene von der Textvorlage unabhängige Intention, behält aber die Figurenkonstellation und den Plot bei.	völlig eigenständiges, von der literarischen Vorlage unabhängiges Filmwerk

1.4.3 BÜHNENINSZENIERUNG EINES DRAMATISCHEN TEXTES

Literaturtheater

Wie beim Film wird auch das Theater in der Schule nur in seiner klassischen Form als Literaturtheater thematisiert. Dabei geht man von dem Grundsatz aus, dass jedes Werk der dramatischen Literatur in der Regel nicht als Lesedrama geschrieben worden, sondern für eine Aufführung angelegt ist. An einer solchen Aufführung ist heute eine Vielzahl von Personen beteiligt:

→ die **Intendanz**, die den Spielplan gestaltet und die dramatischen Werke auswählt, die zur Aufführung gelangen sollen.
→ die **Dramaturgie**, die das aufzuführende Werk und seine Hintergründe fachwissenschaftlich erschließt,
→ die **Regie**, die die Aufführung in Zusammenarbeit mit dem Dramaturgen, den Schauspielern und den Bühnenmeistereien plant und ihre Durchführung leitet,
→ das **Schauspielensemble**, das die Verkörperung der Figuren übernimmt,
→ die **Bühnenmeistereien**, die für die Lösung der gestalterischen, technischen und handwerklichen Fragen verantwortlich sind (Bühnenbild, Beleuchtung, Musik, Requisiten, Kostüme, Maske, Schreinerei, Schlosserei etc.).

Jede Inszenierung ist anders

Allein die Anzahl der verschiedenen Menschen, die sich mit dem literarischen Werk auseinandersetzen, macht deutlich, dass es wohl nie zwei Inszenierungen geben wird, die gleich ausfallen. Das fängt mit der Intention an, mit der die Intendanz den jeweiligen Spielplan akzentuieren will, setzt sich über die Interpretation des Stücks durch Dramaturgie und Regie fort und endet bei den Umsetzungsmöglichkeiten des Schauspielensembles und der Bühnenmeistereien.

Insgesamt lassen sich folgende Aufführungsstile grob voneinander unterscheiden:

AUFFÜHRUNGSSTILE

ÜBERSICHT

Klassisches Illusionstheater	(„Meininger Spielweise":) Absolute Texttreue, detailgetreue historische Ausstattung, wirklichkeitsnahe Spielweise: Streben nach einem Gesamtkunstwerk
Ausstattungstheater	Betonung der optischen Wirkung von Bühnenbild, Kostümierung, Requisite, Maske durch üppige Ausstattung
Erzähltheater	(episches Theater:) Betonung des Sprechtextes durch verfremdende Desillusionierungseffekte: argumentierendes Aufklärungstheater
Schauspielertheater	Betonung der Schauspielerpersönlichkeiten: Faszination der körperbetonten (Gestik, Mimik) Rollen-Interpretation
Regietheater	Betonung der Regieinspirationen: z. T. radikale Texteingriffe, große Umdeutungslust, Geschlechterwillkür bei der Rollenbesetzung
Postdramatisches Theater	Betonung medialer Techniken, Einbeziehung nicht-dramatischer Texte (z. B. Memoiren), Rücknahme des Sprechtheaters: Wahrnehmungserweiterung der Zuschauer

„Inszenierungsstil"

Der Begriff „Inszenierungsstil" wird zwar gern und oft verwendet, ist aber inhaltlich beliebig füllbar; ihm liegt kein System definierter Klassifikationen zugrunde. Bühneninszenierungen eines literarischen Textes lassen sich am besten im Vergleich erschließen.

Da eine Bühneninszenierung ein aktuelles Phänomen ist, kann sie nur dadurch prüfungsrelevant werden, dass man sie in Form der Aufzeichnung einer Live-Übertragung, einer Theaterinszenierung oder einer speziellen Fernsehproduktion bzw. einer schriftlich niedergelegten Besprechung (z. B. in Form einer Theaterkritik) behandelt. Bislang waren die meisten schriftlichen Prüfungsaufgaben textgestützt, d. h., der Ausschnitt einer (Video-)Aufzeichnung als materielle Grundlage einer Prüfungsaufgabe wird selten gewählt. Das ist auch dadurch begründbar, dass Theater und Fernsehen bzw. Film völlig verschiedenartig funktionierende Medien darstellen, die aus vielfältigen strukturellen und soziologischen Gründen keine angemessene Adaption zulassen. Die Rezension einer Bühneninszenierung kann jederzeit vorgelegt werden. Sie ist dann wie ein Sachtext zu behandeln.

THEATERADAPTION EINES NARRATIVEN TEXTES

Dramatisierung

Wie beim Film ist auch beim Theater das Adaptieren nicht-dramatischer Vorlagen schon seit der Antike üblich. Eine Erzählung, ein Roman oder auch ein Film wird für die Aufführung auf einer Bühne dramatisiert. Die Gründe sind unterschiedlich:

- → Mal will das Angebot des Theaters um bekannte bzw. literarisch anerkannte Bildungsgüter erweitern,
- → oder es wird in einer nicht-dramatischen Vorlage eine besonders effektive dramaturgische Struktur erkannt, die in dieser Form innovatives Potenzial hat,
- → oder man hofft ganz einfach, einen bestimmten Buch- oder Filmerfolg kommerziell auch für das Theater nutzen zu können.

Seit den 1970er Jahren haben Theateradaptionen zugenommen. Da werden bedeutende Romane von Fontane, Grass oder den großen russischen Erzählern auf die Bühne gebracht oder auch erfolgreiche Gegenwartsliteratur wie zuletzt Wolfgang Herrndorfs Jugendromanbestseller *Tschick* mit großem Erfolg für das Theater bearbeitet. Die sich in der Postmoderne wandelnde Dramaturgie, die eher eine Mischform aus narrativem und dramatischem Stil und Montagetechniken bevorzugt, kommt dieser Entwicklung entgegen. Dabei werden die Begriffe „Dramatisierung", „Adaption", „Einrichtung für die Bühne" und „Theaterfassung" nahezu synonym verwendet.

2. LITERATURGESCHICHTE VOM MITTELALTER BIS ZUR GEGENWART

2.1 Exkurs: Gedankenexperiment: Literaturgeschichte als ontogenetische Entwicklungsreihe

TIPP

Die Geschichte der deutschen Literatur lässt sich leichter begreifen und behalten, wenn man bildhaft die phylogenetische Entwicklungsreihe der Literaturepochen wie eine ontogenetische Entwicklung eines Individuums auffasst. Dabei sollen die Begriffe Individuation und Sozialisation als psychologische Hilfsbegriffe dienen.

Individuation und Sozialisation als Hilfsbegriffe

Individuation und Sozialisation sind zentrale Prozesse der menschlichen Entwicklung. In der Phase der **Individuation** nutzt der Einzelne als unabhängiges, eigenständiges Individuum seine Möglichkeiten, seine Persönlichkeit nach Maßgabe seiner Veranlagungen und Zielsetzungen zu verwirklichen. In der Phase der **Sozialisation** begreift er sich als Teil der Gemeinschaft, in der er lebt, und übernimmt in ihr nach Maßgabe seiner Individualität eine möglichst widerspruchsfreie Rolle.

„Babystadium" der Literatur

Die KMK schreibt das literarhistorische Wissen erst ab der Aufklärung vor. Gleichwohl greifen manche Länder auch auf Texte vorhergehender Epochen zurück. Deshalb stellen wir die Entwicklung der deutschsprachigen Literatur ab dem **Mittelalter** dar. In diese Zeit fallen die ersten Ansätze, sich von der Vorherrschaft des Lateinischen zu befreien und zu einer eigenen deutschen Volkssprache zu finden. Es ist sozusagen das Babystadium der deutschen Literatur, in dem man sich um den Erwerb einer eigenen Sprache bemüht. Was für das Kleinkind die Orientierung an den Eltern ist, war für die Literatur die Orientierung an den Beispielen der Antike. Das vollzog sich in der Epoche der **Renaissance**.

Kindheit

Erst im Zeitalter des **Barock** begann die deutsche Literatur konsequent die eigene Sprache zu benutzen, war gleichsam im Zustande eines Kindes. In einem solch jungen Stadium der Entwicklung ist die Persönlichkeit noch nicht entfaltet, sondern erprobt sich zaghaft im Rahmen der gesetzten Ordnungen und Regeln. Für den Barock war dies das von Kirche und Adel vorgegebene weltanschauliche Wertesystem. Ein individueller Ausdruckswille trat noch zurück hinter dem Bestreben, seine Virtuosität in der Nutzung der neu gewonnenen sprachlichen Möglichkeiten unter Beweis zu stellen, ohne die Rahmenbedingungen selbst ernsthaft in Frage stellen zu wollen.

Pubertät

Die Epoche der **Aufklärung** kann als Phase eines sich auf Logizität und Rationalität aufbauenden Selbstbewusstseins verstanden werden, in der das bestehende religiös begründete Ordnungssystem erstmalig eine eigene natur- und wesensbegründete Grundlegung erfährt, die auch Missstände und Fehlentwicklungen in dem bislang fraglos akzeptierten System offenbart. Die in diesem Zusammenhang erhobenen Anklagen drängen jedoch noch primär nach einer verstandesorientierten innersystematischen Lösung.

Es werden in dieser Zeit aber auch andere Reaktionen gezeigt: Der **Pietismus** verwendet die neuen Erkenntnisse dazu, traditionell am alten System festzuhalten und ihm eine das religiöse Gefühl vertiefende Rechtfertigung zu verleihen. Im Kontrast dazu vertändelt sich die **Anakreontik** ganz in flüchtiger Oberflächlichkeit und kokettem Spiel.

Dagegen entdeckt man im **Sturm und Drang** die Kraft der eigenen individuellen Persönlichkeit und Willensfreiheit und revoltiert nahezu pubertär gegen alle Einschränkungen der eigenen Person, die man auch in ihrer Entscheidungsverantwortung absolut setzt.

Suche nach einem Ausgleich

War der Blick bislang nahezu ausschließlich auf den Prozess der Individuation gerichtet und gipfelte er im Sturm und Drang in höchstem Autonomieanspruch, so erfährt er um 1800, vergleichbar mit der Adoleszenz, einen **Wandel der Perspektive zur Sozialisation**. Goethe und Schiller erkennen, dass die Egomanie ein Weg in die isolierende Sackgasse und den persönlichen Untergang ist, und suchen nach einem idealen harmonischen Ausgleich zwischen Individuum und Gesellschaft, zwischen Autonomiestreben, allgemeiner Menschenwürde und sozialer Vernunft. Das ist die Epoche der **Klassik**. Die von ihr idealisierten Lösungen scheitern aber an der Unvollkommenheit des Menschen und den ihn umgebenden Zuständen. Deshalb wird nach anderen Lösungsstrategien gesucht, zumal das Individuum zu kopflastig erscheint.

Betonung des Gefühls

Die **Romantik** bemüht sich in einer Systemflucht, die Möglichkeiten der Individuation durch Betonung des Emotionalen und Irrationalen zulasten der Sozialisation zu bewahren bzw. diese Sozialisation lediglich spirituell zu vollziehen. Während das **Biedermeier** versucht, das klassische Idealmodell dadurch zu retten, dass man den Kreis der Sozialisation eng auf die Familie begrenzt, ist der **Vormärz** bereit, seine Individualität kämpferisch für die Erreichung konkreter sozialer und politischer Ziele einzusetzen.

Anpassung an die Realität

Dem **Realismus** des 19. Jahrhunderts gelingt ein bedingter Ausgleich zwischen Individuation und Sozialisation, insofern die Lösung in beiderseitigen Einschränkungen und Zugeständnissen gesehen wird, deren Hauptlast jedoch der Individuation zukommt. Eine gelungene Sozialisation wird möglich, wenn man das Potenzial seiner Individuation bescheiden an die Erfordernisse der realen Gegebenheiten anpasst. Die Romane Theodor Fontanes machen deutlich, dass dieser Grundsatz für alle gesellschaftlichen Kreise anzuwenden ist.

Krise

Am Ende des Jahrhunderts werden jedoch Zweifel an der alleinigen Eigenverantwortung des Menschen für Individuation und Sozialisation laut. Im **Naturalismus** stellt man dar, dass diese Anpassung oft nicht allein vom Individuum zu leisten ist, weil die individuellen Voraussetzungen wie physische, intellektuelle und psychische Veranlagung, Erziehung und soziales Milieu dies nicht zulassen. Die zur **Jahrhundertwende** um sich greifende Skepsis erfasst, einer schweren Entwicklungskrise gleich, alle Bereiche. Zukunftsträchtige Entwicklungsmöglichkeiten für Individuation und Sozialisation sind nicht zu erkennen:

→ nicht im Rückzug auf die Individualität, infolge derer der **Impressionismus** die subjektive Wahrnehmung zum vorrangigen Maßstab macht,
→ nicht in der romantischen Flucht in die Isolation ästhetischer Spiritualität, wie sie der **Symbolismus** betreibt, und auch
→ nicht in der geniehaften und exaltierten Kraftmeierei des **Expressionismus** gegen alle Welt.

Literarische Moderne: verlorene Maßstäbe

Die immer stärker anwachsende Unüberschaubarkeit der modernen Welt, der Zusammenbruch der solide geglaubten politischen Ordnungssysteme nach dem Ersten Weltkrieg und die Beschleunigung und Dynamik der zivilisatorischen Entwicklung (Technisierung) werfen im 20. Jahrhundert mehr und schneller Fragen auf, als sich beantworten lassen. Die traditionellen Leit- und Wertmaßstäbe für die Individuation, zunächst nur angezweifelt, sind nun vollends verloren. Die gesellschaftlichen Umwälzungen vollziehen sich so turbulent, dass das Ziel einer sinnvollen Sozialisation nicht auszumachen ist. Der Mensch scheint seiner Existenz verzweifelt ausgesetzt, er erkennt höchstens noch in der Partnerbindung eine verlässliche Form der Verbindlichkeit, reagiert auf die allgemeine Verunsicherung mit pragmatischen Überlebensstrategien und klammert sich an die traditionellen oder unausgegorenen neuen Ideologien der Masse, wie es die Werke der **Neuen Sachlichkeit** schildern (Faschismus, Kommunismus).

Flucht in Ideologien der Masse

Nach der katastrophalen Verirrung in die vermeintlich neue Grundlagen schaffende Ideologie des **Nationalsozialismus**, in der sich jegliche Individuation an vorgegebenen Sozialisationsprinzipien zu orientieren hatte, ist man nach **dem Ende des Krieges** noch ratloser als zuvor. Die Impulse von außen durch die aus dem **Exil** Zurückkehrenden sind schwach, und den von den Besatzungsmächten angebotenen Werten der demokratischen Freiheit misstraut man. Die Zeiten stehen schlecht für eine störungsfreie Individuation. Zerrüttete, zerrissene, aufgelöste Familienstrukturen, überholte und unbrauchbar gewordene Leitbilder sowie fehlende neue Orientierungsmarken lassen die Menschen in einem Ordnungsvakuum allein und begründen das Scheitern der Sozialisations- oder Re-Sozialisationsversuche der Erwachsenen. Es sind weniger die unmittelbaren Folgen des Krieges, die diese Zustände definieren, als die Entwicklungsbedingungen, die schon vor dem Krieg begannen, den Menschen über den Kopf zu wachsen: die unüberschaubare Dynamik der Simultaneität, die Vereinzelung in der Masse, die dschungelhaften Verhältnisse der Großstädte und vor allem der durch den allgemeinen Vertrauensschwund verursachte Verlust an menschlicher Beziehungssicherheit. Hier setzt eine Entwicklung ein, die bis heute nicht überwunden ist: der Ersatz der Bindungsverlässlichkeit durch die betäubende Teilhaberschaft an medialer Unterhaltung und Zerstreuung.

Gescheiterte Re-Sozialisierung

Dominanz des Egoismus?

Mit der Überwindung der deutschen Teilung und der **Wiedervereinigung** gingen zudem tradierte gesellschaftliche Grundsätze verloren und sind von einem einerseits verunsicherten und andererseits gierig ergriffenen liberalisierten Egoismus verdrängt worden. Die Sozialisation zeigt die Tendenz zur Polarisierung. Hier verkümmert sie zu einer entwerteten Beliebigkeit, Gleichgültigkeit und Hilflosigkeit und wird durch markt- und konsumgerechte Trends ersetzt, dort führt sie zu egozentrischer Ignoranz und Intoleranz sowie zu einer Konkurrenz um nicht immer gerechtfertigte Macht- und Führungsansprüche. Auch die Folgen der modernen Arbeitswelt für den Menschen und ihre irritierenden und zerstörerischen Einflüsse auf dessen sozialen Beziehungen belasten permanent die Sozialisierungsprozesse.

2.2 Mittelalter (800–1500)

Bild 1: Der Sängerkrieg auf der Wartburg im 13. Jahrhundert © picture alliance / akg

ÜBERSICHT

Begriff	→ Zeitraum zwischen 476 (Untergang des weströmischen Reiches) und 1492 (Entdeckung Amerikas) → Frühmittelalter: 800–1170 → Hochmittelalter: 1170–1300 → Spätmittelalter: 1300–1500
Sozio-historische Situation	→ Zeit des deutschen Kaisertums: Karl der Große (748–814), Ottonen (919–1024), Salier (1024–1125), Staufen (1138–1256): Rittertum → Auseinandersetzung zwischen Kaiser und Papst → fünf Kreuzzüge (1096–1229)
Zeitgeist	Verschmelzung von germanischem Volkstum, Christentum und antikem Erbe: ritterliches Ethos
Themen	Heldenepos, Rittertum, Minnesang; Mystik
Repräsentanten	→ Wolfram von Eschenbach (um 1170–um 1220) → Walther von der Vogelweide (um 1170–ca. 1227/30) → Meister Eckhart (um 1260–1327)

Begriff

Unter dem Begriff Mittelalter versteht man den Zeitraum zwischen dem Untergang des weströmischen Reiches im Jahre 476 und der Entdeckung Amerikas durch Christoph Kolumbus im Jahre 1492. Dieser Zeitraum, der zehn Jahrhunderte umfasst, wird in drei Phasen untergliedert:

→ das Früh-Mittelalter von 750 bis 1170,
→ das Hoch-Mittelalter von 1170 bis 1300 und
→ das Spät-Mittelalter von 1300 bis 1500.

Sozio-historische Situation

Karl der Große

Im **Frühmittelalter** werden unter Karl dem Großen (748–814) die Grundlagen der christlich-abendländischen Kultur gelegt. Er beruft die bedeutendsten Gelehrten seiner Zeit an seinen Hof und macht die Klöster zum Mittelpunkt der Kulturarbeit. Nach Karls Tod zerfällt das Reich in Ost- und Westfranken. Unter den sächsischen und salischen Kaisern 919–1125 entwickelt sich Deutschland allmählich zur führenden Macht in Europa. In dieser Zeit bildet sich der Ritterstand heran. Der Streit um die Vorherrschaft zwischen Kaiser und Papst findet 1077 im Gang nach Canossa, in dem Heinrich IV. sich Papst Gregor VII. beugt, seinen Höhepunkt. Fünf Kreuzzüge bestimmen von 1096 bis 1229 das Hintergrundgeschehen in Europa.

Kaiser Barbarossa

Das **Hochmittelalter** steht unter dem Zeichen des staufischen Kaisertums. Unter dem Hohenstaufen Friedrich I. Barbarossa und seinem Nachfolger Heinrich VI. gelingt es eine Zeitlang, die politischen Verhältnisse zu festigen. Das Rittertum übernimmt die kulturelle Führung und manifestiert dies eindrucksvoll 1184 in einem prunkvollen Hoffest zu Mainz. Nach dem Tode Heinrichs VI. streiten sich Staufen und Welfen lange um den Thron, während sich sein Sohn Friedrich II. nach Unteritalien und Sizilien zurückzieht.

Der „Schwarze Tod"

Im **Spätmittelalter** zerfällt 1268 die kaiserliche Zentralgewalt, was zu einem Erstarken der Landesherren und Städte führt. Mit ihr zerfällt auch die höfisch-ritterliche Kultur; in Maximilian I. (Regierungszeit 1493–1519) hat sie ihren „letzten Ritter". Dieser Umbruch führt zu politischen und sozialen Spannungen, die durch die Verunsicherungen, die die Pestepidemie bzw. der „Schwarze Tod" (1348–1352) mit sich bringt, noch zusätzlich verstärkt werden. Auf der anderen Seite mündet der wissenschaftliche Auftrieb durch die Scholastik, die sich auf die Antike stützende christliche Philosophie und Theologie des Mittelalters, im Pestjahr 1348 in die Gründung der ersten Universität in Prag.

Zeitgeist

Im **Frühmittelalter** ist noch alles auf die Christianisierung der Bevölkerung ausgerichtet, die in ihrer Volkssprache mit dem Inhalt der Evangelien und dem Leben Jesu vertraut gemacht werden soll.

Rittertugenden

Im **Hochmittelalter** rückt die Tugend-Ideologie des Rittertums in den Mittelpunkt. Sie zielt auf eine Vereinigung von Welt- und Gottesdienst ab und entwickelt eine eigene Ethik. Dem Lehnswesen zugeordnet sind die Werte *êre* (Ehre) und *triuwe* (Treue), der höfischen Gesellschaft die Werte *mâze* (Disziplin, Maßhaltenkönnen), *zucht* (Selbstbeherrschung durch Erziehung), *stæte* (Charakterfestigkeit), *milte* (Barmherzigkeit), *minne* (Frauenverehrung), *froide* (heitere Lebenshaltung) und *hoher muot* (Zuversicht, Hochgestimmtsein).

Im **Spätmittelalter** verliert sich die positive und optimistische Grundhaltung des Rittertums. Hungersnöte, Städtebrände und die Pest schaffen eher eine Untergangsstimmung, in der man sich einer vertieften Frömmigkeit zuwendet. Diese sich von der kirchlichen Schulphilosophie der Scholastik abwendende Laienfrömmigkeit findet in dem Streben nach der *unio mystica* ihren Ausdruck, dem Streben nach der Vereinigung mit Gott jenseits alles Irdischen.

Themen

Heiligen-legenden

Im **Frühmittelalter** sind nahezu alle literarischen Werke mit der muttersprachlichen Unterweisung in christlichen Inhalten befasst. Hinzu treten legendenhafte Lebensbeschreibungen von Heiligen (Georgslied) oder historische Darstellungen von siegreichen Schlachten der von Gott auserkorenen Christen gegen die Heiden (Ludwigslied).

Im **Hochmittelalter** findet man eine differenzierte Thematik:

→ Die höfische Epik verarbeitet keltische und antike Sagenstoffe zu einem Idealbild ritterlicher Kultur.

Minnesang

→ Die Lyrik entwickelt aus den Liedern der Ritter unter dem Einfluss französischer Troubadoure die Minnelieder und die Spruchdichtung. Während die **Minnelieder** Ausdruck der höfischen und asketischen Frauenverehrung sind, in denen sich die Ritter freiwillig einer Ideologie des unerfüllten Dienens unterwerfen, versteht man unter der **Spruchdichtung** gesprochene, später auch gesungene Lieder, in denen entweder sentenzhafte Aussagen didaktischen Inhalts oder politische Kommentare zum Zeitgeschehen formuliert werden.

→ Die Heldenepen greifen auf germanisches Sagengut zurück.

Meistersang

Das **Spätmittelalter** äußert seine erstarkte Religiösität in Mysterien- und Fastnachtspielen und setzt die höfischen Formen des Minnesangs im **Meistersang** fort. Statt des Adels sind es jetzt vor allem Zunfthandwerker, die sich bis zum Wettsingen mit der Ausübung von Kultur befassen. Die Thematik ihrer Lieder reicht von biblisch-belehrenden über weltlichen Stoffen bis hinab zu Zech- und Spottgesängen.

Repräsentanten und Werke

Frühmittelalter

→ *Heliand* (um 830)

Altsächsisches Großepos, Beschreibung des Lebens Jesu nach den vier Evangelien in altsächsischer Sprache.

→ **Otfried von Weißenburg** (um 800 – um 870): Mönch im elsässischen Kloster. *Evangelienharmonie* (863/71)

Zusammenfassung des Lebens Jesu nach den vier Evangelien (Evangelienharmonie) in althochdeutscher (südrheinfränkischer) Sprache.

Hochmittelalter

→ **Wolfram von Eschenbach** (um 1170–um 1220):
Minnelieder (1200/05)

Parzival

Parzival (1200/10)

Höfisches Epos in mitteldeutscher Sprache. Parzival lebt nach dem Tode seines Vaters Gahmuret mit seiner Mutter Herzeloyde im Wald im Zustand der „*tumbheit*". Um ein Ritter zu werden, zieht er an den Hof des Königs Artus und erschlägt unwissentlich seinen Verwandten Ither, den roten Ritter. Gurnemanz lehrt ihn das höfische Ethos, bescheiden zu sein und wenig zu fragen. Parzival erobert die Burg der jungen Condwiramurs und heiratet sie. Auf der Suche nach seiner Mutter kommt er zur Gralsburg nach Munsalvaesche, wo er die Wunderwelt des Grals erlebt, den siechen König Anfortas jedoch nicht nach dem Grund seines Leidens fragt. Von seinem Oheim Trevrizent erfährt Parzival schließlich, dass Anfortas von seinem Leiden erlöst würde, wenn jemand ihn nach dessen Grund fragt. Nach vielen Kämpfen verkünden ihm die Artusritter, dass er zum Gralskönig bestimmt sei. Parzival erlöst jetzt Anfortas und wird dessen Nachfolger.

BEISPIEL

Nâch den' kom dü Künigîn.	Nach denen kam die Königin.
Ir Antlitze gap den Schî	Ihr Antlitz gab den Schein –
sie wahnden alle, ez wollde tagen.	Sie wähnten alle, es wollte tagen.
Man sach die Maget an ir tragen	Man sah das Mädchen an sich tragen
Pfeffel von Arabî.	Pfeffel von Arabi.
Uf einem grünen Achmardî	Auf einem grünen Achmardi
truok sie den Wunsch von Paradîs,	trug sie die Wunscherfüllung vom Paradies,
bêde, Wurzeln unde Rîs.	beides zugleich, Wurzeln und Reis.
Daz waz ein Dink, daz hieß der Grâl,	Das war ein Ding, das hieß der Gral,
Erden-Wunsches Überwal.	Erdenschatzes Überwallen
Repanse de Schoye sie hieß,	Repanse von Schoye sie hieß,
die sich der Gral tragen ließ.	Von der sich der Gral tragen ließ.
Der Gral was von sôlcher Art:	Der Gral war von solcher Art:
Wol muose ir Küsche sîn bewart;	wohl musste ihre Keuschheit sein bewahrt;
dü sîn ze Rechte sollde pflegen,	die ihn zu Recht sollte pflegen,
dü muose Falsches sich bewegen.	die musste der Falschheit sich abwenden.

(Wolfram von Eschenbach, *Parzival*, Vers 235, 15–30)

→ **Walther von der Vogelweide** (um 1170–ca. 1227/30): bedeutendster Lyriker und politischer Spruchdichter des Mittelalters, Begründer des Meistergesangs,
politische Spruchdichtung (1198–1227)

Nibelungenlied

Nibelungenlied (um 1200)

Heldenepos in mittelhochdeutscher Sprache. Siegfried wirbt um Kriemhild, die Schwester der Burgunderkönige Gunther, Gernot und Giselher. Er hilft Gunther, die Königin Brunhilde zu besiegen. In Worms wird eine Doppelhochzeit gefeiert. Als Brunhilde erfährt, dass sie in Wahrheit von Siegfried unter einer Tarnkappe besiegt worden ist, stiftet sie aus Rache Hagen an, Siegfried zu töten. Jetzt sinnt Kriemhild auf Rache. Sie nimmt die Werbung des Hunnenkönigs Etzel an und lädt ihre Brüder an Etzels Hof. Dort lässt sie die Burgunden überfallen. Nur Gunther und Hagen überleben. Als Dietrich von Bern beide gefesselt zu Kriemhild bringt, lässt sie Gunther töten und erschlägt den gefesselten Hagen mit eigener Hand. Dafür wird sie ihrerseits von Hildebrand, dem Waffenmeister Dietrich von Berns, getötet.

BEISPIEL

Mittelhochdeutsch	Neuhochdeutsch
Uns ist in alten mæren wunders vil geseit	Uns wird in alten Erzählungen viel Außergewöhnliches berichtet:
Von helden lobebæren, von grôzer arebeit	Von lobenswerten Helden, von großen Mühen,
Von fröuden, hôchgezîten, von weinen und von klagen Von küener recken strîten, muget ir nu wunder hœren sagen.	von Freuden, Festlichkeiten, von Weinen und von Klagen, Von Kämpfen kühner Krieger werdet ihr nun Bemerkenswertes erzählt bekommen.

(Anfang des *Nibelungenliedes*)

Weitere Autoren

Hartmann von Aue (1168–um 1220): *Erec* (erster dt. Artusroman, ca. 1180)

Tristan und Isolde

Gottfried von Straßburg (12.–Anfang 13. Jh.): *Tristan und Isolde* (bedeutendster Liebesroman des Mittelalters)

Wernher der Gartenaere: *Meier Helmbrecht* (gesellschaftskritische Verserzählung, 1250–1280)

Spätmittelalter

Meister Eckhart (um 1260–1327): Dominikaner, einflussreichster Mystiker und Lehrer seiner Zeit: *Mystische Schriften* (1295/1327)

2.3 Renaissance (1350–1600)

Bild 2: Renaissance-Interieur mit Spielern am Tisch von B. van Bassen, 1625 © picture-alliance / akg-images

ÜBERSICHT

Begriff	→ Renaissance (frz.) = Wiedergeburt, Wiederwachsen → Epoche zwischen 1450 und 1600
Sozio-historische Situation	→ 1453 Eroberung Konstantinopels durch die Türken → Herrschaftskampf zwischen Habsburg und Valois um Burgund → Zeit der Bauernkriege (1476, 1525) → Zeitalter der Bildung, der Wissenschaften und Entdeckungen
Zeitgeist	→ Humanismus: Streben nach freier und universaler Bildung → Reformation: Rückbesinnung der Religion auf Offenbarung und Glaube
Themen	Selbstreflexionen über Wesen und Stellung des Menschen
Repräsentanten	→ Martin Luther (1483–1546) → Hans Sachs (1494–1576) → Volksbücher: *Eulenspiegel* (um 1510), *Historia von D. Johann Fausten* (1587)

Begriff

„Wieder-geburt"

Der Begriff „Renaissance" ist französisch und bedeutet Wiedergeburt. Er taucht zuerst in Form der Wörter *rinascimento* oder *rinascita* in Italien auf, bezeichnet inhaltlich das Wiedererwachen der Hinwendung zur Antike und zeitlich die Epoche an der Wende vom Mittelalter zur Neuzeit zwischen 1450 und 1600.

Sozio-historische Situation

Struktur-wandel in ganz Europa

Die Renaissance wurde maßgeblich ausgelöst durch die Eroberung Konstantinopels (Istanbuls) durch die Türken im Jahre 1453. Das bewog viele griechische Gelehrte nach Italien zu fliehen. Historisch ist die Epoche geprägt von dem Kampf um das Erbe Burgunds zwischen den Häusern Habsburg und Valois und um die politische Vorherrschaft in Europa. Es kommt in allen Bereichen zu einem bedeutenden Strukturwandel:

- → Nationalstaaten bilden sich heraus, 1600 befreien sich die Niederlande von den Spaniern,
- → das Geldwesen entwickelt sich,
- → das Bürgertum gewinnt mit dem Aufschwung des Handels an Bedeutung (Fugger),
- → die Entdeckungen (Columbus, Vasco da Gama), die erste Weltumseglung und Kopernikus stürzen das ptolemäische Weltbild,

Aber es sind keine ruhigen Zeiten. Die Türken greifen 1529 vergeblich Wien an. Wiederholt versuchen die Bauern mit Erhebungen das „alte Recht" wiederherzustellen, d.h. die Ansprüche der feudalen Mächte auf Obereigentum an allem Boden zurückzuweisen. Aber das misslingt 1476, 1502 („Bundschuh"), 1514 („Armer Konrad") und auch im großen Bauernkrieg von 1525. Die Aufstände werden blutig niedergeschlagen, ihre Anführer (Florian Geyer) hingerichtet und die Bauernschaft stärker unterdrückt als zuvor. Die Reformation führt im Schmalkaldischen Krieg (1546/47) zu den ersten konfessionellen Auseinandersetzungen.

Zeitgeist

Mensch als Mittelpunkt

Es erwächst ein neues Lebensgefühl, in dem der Mensch selbst in den Mittelpunkt rückt; das Ideal ist der auf sich selbst gestellte, allseitig gebildete und nach Wissen strebende Mensch. Zum Vorbild wird die griechisch-römische Kultur. Diese Generallinie findet allerdings unterschiedliche Verwirklichungen:

Luthers Thesen-anschlag

Im **Humanismus** (von lat. *humanitas*: menschliche Natur, Bildung) entwickelt sich eine Bildungswissenschaft, die sich die Weltanschauung und Lebensführung der Griechen und Römer zum Vorbild nimmt und sich von der Vormundschaft der Kirche befreien will, um ungehindert und universal nach neuen Entdeckungen zu streben. Diese von Fortschrittsgläubigkeit und Optimismus getragene Aufbruchstimmung bleibt allerdings nur auf gelehrte Kreise beschränkt, die sich zudem in der Gebildetensprache Latein verständigen. Hier schlägt die Geburtsstunde der modernen Wissenschaft (Paracelsus, 1493–1541). In diese Zeit fällt die Erfindung der Buchdruckerkunst durch Johannes Gensfleisch zur Laden, gen. Gutenberg (um 1445), das Rechenlehrbuch Adam Rieses (1518), die erste Weltkarte für Seefahrer (1569) und der erste Atlas (1595) von Gerhard

Mercator, das erste anatomische Tafelwerk (1573), der planmäßige Abbau der Ruhrkohle (1590), die Gründung der ersten kirchlichen Grundschulen (1558), Gymnasien (1574) und mehr als zehn Universitäten (1457–1584).

Das 16. Jahrhundert ist auch das Jahrhundert der **Reformation**. Mit Martin Luthers Anschlag von 95 Thesen an die Tür der Wittenberger Schlosskirche im Jahre 1517 löst er eine Kirchenspaltung aus, die bald ganz Europa ergreift. Der Ablasshandel der katholischen Kirche und die seit 1486 geführten Hexenprozesse der Inquisition, die erst 1740 endgültig eingestellt werden, bewirken die Sehnsucht nach einer Religion, die sich wie der Protestantismus mehr auf Glauben und Offenbarung stützt.

Themen

Lobpreis des Lebens

Man wendet sich dem Individuum, der Nation, der Natur, dem Diesseits zu, die Religion dient dabei als alles verbindendes Band. Das drückt sich aus in der Lobpreisung des Lebens, in der Darstellung des persönlichen Empfindens von Landschaft und Naturerscheinungen. Das Bürgertum versteht, die Tradition mit dem neuen Zeitgeist zu verbinden, und zeigt in lebensklugen Belehrungen und Unterweisungen die Tendenz zur moralischen Pädagogik. In Versepen, Fastnachtsspielen und Schwänken werden mit einem heiteren Besserungsoptimismus zeitgenössische Missstände und Laster ironisch angeprangert, die bürgerliche Alltagswelt mit ihren Schwächen, Leiden und Wünschen humorvoll aufs Korn genommen und der treuherzigen Dummheit der Leichtgläubigen und Gierigen der Spiegel vorgehalten. Selbst spätmittelalterliches Gedankengut findet in unterhaltsamen Volksbüchern noch seinen Niederschlag.

Repräsentanten und Werke

→ *Das Volksbuch vom Eulenspiegel* (1515)

Schwankhafte Darstellung in pädagogischer Absicht, wie ein Handwerksbursche sich mit bäuerlichem Witz über die Städter lustig macht, indem er die Sprache wörtlich nimmt.

→ *Historia von D. Johann Fausten* (1587)

Faust befasst sich nach einem Medizin- und Theologiestudium mit Zauberei, lässt sich in einem Pakt mit dem Teufel Mephistopheles als Diener zuordnen, hat mit Helena den Sohn Justus und wird am Ende vom Teufel erdrosselt. Faust ist das warnende Beispiel für den wissens- und genusssüchtigen Renaissancemenschen.

BEISPIEL

Vnnd last Euch mein grewlichs End Euer Lebtag ein furbild vnnd er Jnnerung sein / Das jr wöllet Gott fur Augen haben / jn bitten Das Er Euch wolle Behuetten vor dess Teufgfels Lyst / vnd trueg / Ja der liebe Gott Euch nicht wölle jnn versuechung fueren.

→ **Johann von Saaz** (um 1350–um 1414): eigentl. Johannes von Tepl, Rektor einer Lateinschule und Notar

Der Ackermann von Böhmen

Der Ackermann von Böhmen (nach 1400)

Streitgespräch zwischen dem Tod und dem Ackermann, der seine Frau verloren hat. Während der Tod im Menschen nur einen „Kotfraß" sieht, hebt der Ackermann die Schönheit des Lebens hervor.

→ **Martin Luther** (1483–1546): Augustinermönch. In seiner *Bibelübersetzung* (1534) trug Luther maßgeblich zur Entwicklung der deutschen Sprache bei, indem er sich, wie er in seinem ***Sendbrief vom Dolmetschen*** (1530) darlegte, auf die kraftvolle Ausdrucksweise und anschauliche Bildhaftigkeit des Volksmundes stützte.

BEISPIEL

Man mus nicht die buchstaben inn der lateinischen sprachen fragen / wie man sol Deutsch reden / wie diese esel thun / sondern / man mus die mutter jhm hause / die kinder auff der gassen / den gemeinen man auff dem marckt drumb fragen / vnd den selbigen auff das maul sehen / wie sie reden/ vnd darnach dolmetzschen / so verstehen sie es den / vnd mercken / das man Deutsch mit jhn redet.

(Martin Luther, *Sendbrief vom Dolmetschen*)

→ **Sebastian Brant** (1457–1521): Professor der Jurisprudenz in Basel und Straßburg. Mitbegründer des oberrheinischen Humanistenkreises

Das Narrenschiff

Das Narrenschiff (1494)

Moralisches Lehrgedicht, das Menschen, Stände und Zeiterscheinungen satirisch karikiert, aber noch an der Vorherrschaft der Kirche festhält.

→ **Hans Sachs** (1494–1576): Der Nürnberger Handwerksmeister verfasste über 4000 Meistergesänge, über 200 Schauspiele, mehr als 1500 Schwänke, Fabeln und andere Schriften. Wenn diese Werke auch meist künstlerisch unbedeutend sind, ist Sachs doch der bekannteste Vertreter der bürgerlichen Literatur seiner Zeit.

2.4 Barock (1600–1720)

Bild 3: Vanitas-Stillleben von Sebastian Stosskopf, nach 1630 © picture-alliance / akg

ÜBERSICHT

Begriff	→ 1) von *Baroco* (Syllogismusbegriff), 2) von *barocco* (port.): unregelmäßig → Epoche des 17. Jahrhunderts
Sozio-historische Situation	→ Kampf der Mächte England, Frankreich, Spanien und Schweden um die Vormachtstellung in Europa, Dreißigjähriger Krieg (1618–1648): Leid, Hunger, Seuchen (Pest); England steigt zur Weltseemacht, Frankreich unter Ludwig XIV. zur Kulturmacht auf. → Absolutismus (Prachtentfaltung), Feudalherrschaft, Aufstieg des Bürgertums; Hexen- und Judenverfolgung; Missernten (Hungersnöte)
Zeitgeist	Leitbegriffe: Ordnung als Einheitsprinzip, Schicksal als Begründung der bestehenden Unterschiede; Lebenslust (*carpe diem*) und Vergänglichkeitsgedanke (*memento mori, vanitas*) bilden die antithetischen Lebensmaximen.
Themen	→ Memento-mori-Gedanke: Gedenke, dass du sterblich bist! → Vanitas-Motiv (Vergänglichkeit) → Carpe-diem-Gedanke: Nutze den Tag! → Petrarkismus: Preis der körperlichen Schönheit der Geliebten

Stil	→ Kontrasttechnik (Polarisierung, Antithetik) • semantisch: zeitlich: früher – heute – Zukunft, Diesseits – Jenseits; wertend: positiv – negativ; • begrifflich: z. B. Haus – Ruine • syntaktisch: Chiasmus • pragmatisch: Paradoxon, Oxymoron → konventionelle Bildlichkeit: Embleme (inscriptio – pictura – subscriptio), Allegorien, Topoi; Symbole, Metaphern, Vergleiche → Wiederholungen: Anapher, Parallelismus, insistierende Nennungen → Lautakzente: Assonanz, Alliteration, Klangmalerei → exaltierte Übersteigerung von Bildlichkeit und Ausdruck: Schwulst
Repräsentanten	→ Paul Gerhardt (1607–1676) → Catharina Regina von Greiffenberg (1633–1694) → Hans Jakob Christoffel von Grimmelshausen (1622–1676) → Andreas Gryphius (1616–1664) → Christian Hofmann von Hofmannswaldau (1616–1679) → Martin Opitz (1597–1639)

Begriff

Zwei Herleitungen

Für den Begriff „Barock“ gibt es zwei verschiedene Herleitungen. Die eine bezieht sich auf einen Begriff der mittelalterlichen scholastischen Logik, der als Lernhilfe und Gedächtnisstütze einen bestimmten Syllogismus beschreibt. Unter einem Syllogismus versteht man den aus zwei Prämissen logisch richtig gezogenen Schluss. Der Begriff *Baroco* bezeichnet eine fragwürdige Denkstruktur, in der aus einer allgemein positiven und einer eingeschränkt negativen Prämisse ein eingeschränkt negatives Urteil folgt (PaM ^ SoM → SoP).

BEISPIEL

Alle Pkws haben vier Räder.
Einige LKWs haben keine vier Räder.
Einige LKWs sind keine PKWs.

Unregelmäßige Perle

Während die Scholastik einen solchen Schluss zuließ, lehnten die Humanisten ihn als Regelverstoß ab. Es lassen sich zu dieser Denkfigur aber auch kompliziertere und dann sinnvolle Beispiele finden.

Die zweite Herleitung nimmt Bezug auf den portugiesischen Fachbegriff der Juweliere für eine unregelmäßige Perle: *pérola barocca.* Beide Herleitungen verweisen auf einen Verstoß gegen die gute Form oder den guten Stil.

ÜBERSICHT

BAROCK

Sozio-historische Situation

- → Kampf um die Vorherrschaft in Europa
- → Dreißigjähriger Krieg (1618–1648)
- → Leid, Hungersnöte, Seuchen (Pest), Hexen- und Judenverfolgung
- → Absolutismus: Prachtentfaltung unter Ludwig XIV.

Themen

- → *memento mori*: Gedenke, dass du sterblich bist!
- → *Vanitas*: Vergänglichkeit, Leere
- → *carpe diem*: Nutze den Tag!
- → Petrarkismus: Preis der körperlichen Schönheit

Zeitgeist

- → „Ordo"-Gedanke als Leitprinzip; „Schicksal" als Begründung der Unterschiede
- → Antithetische Lebensprinzipien:
- → Lebenslust (*carpe diem*) vs. Vergänglichkeitsdenken (*memento mori*)

Stil

- → Kontrasttechnik: Polrarisierung, Antithetik
- → verstärkte Bildlichkeit:
- → Embleme (inscriptio – pictura – subscriptio), Allegorien,Topoi, Symbole, Metaphern
- → insistierende Wiederholungen: Anapher, Parallelismus
- → extreme Übersteigerung von Bildlichkeit und Ausdruck: Schwulst

Repräsentanten

- → Martin Opitz (1597–1639): Sprachförderer, Poesie-Theoretiker
- → Paul Gerhardt (1607–1676): protest. Kirchenlieder
- → Andreas Gryphius (1616–1664): typischster Barockdichter
- → Christian Hofmann von Hofmannswaldau (1607–1676) Einführung von Marinismus und Schwulststil
- → Hans Jakob Christoffel von Grimmelshausen (1622–1676): bedeutendster barocker Erzähler
- → Catharina Regina von Greiffenberg (1633–1694): Ausdruck eines neuen Naturgefühls

Schaubild 2: Barock

Sozio-historische Situation

Dreißigjähriger Krieg

Das 17. Jahrhundert ist ein Jahrhundert der Gegensätze und der Zerrissenheit. Machtpolitische und konfessionelle Gegensätze führen zu dem aus einer Folge von Einzelkriegen bestehenden Dreißigjährigen Krieg (1618–1648). Die europäischen Mächte Spanien, Frankreich, England und Schweden kämpfen um die Vormachtstellung in Europa. Die Habsburger wollen die Einheit des Reiches retten, die Reichsstände jedoch streben nach Selbstständigkeit. Reformation und Gegenreformation stehen zueinander in einem unversöhnlichen Gegensatz. Als der Krieg mit dem Frieden von Münster und Osnabrück und der Wiederherstellung des Augsburger Religionsfriedens beendet ist, sind weite Teile des Landes verwüstet und ein Drittel der Bevölkerung gestorben. Dazu haben auch die Begleitumstände des Krieges wie Hunger und Seuchen (Pest) sowie die Verfolgungen von Juden und Hexen beigetragen. Politisch hat England sich zur Weltmacht zur See entwickelt, Frankreich ist unter Ludwig XIV. zur europäischen Kulturmacht aufgestiegen, während der deutsche Kaiser viel Macht an die Territorialstaaten hat abgeben müssen (Kleinstaaterei). Mit der Abwehr der Türken vor Wien (1683) erhebt sich Österreich zur Großmacht.

Zeitgeist

Zwischen *carpe diem* und *memento mori*

Die kulturelle Führung kehrt in dieser Zeit unter dem Einfluss des von Ludwig XIV. verkörperten Vorbildes vom Bürgertum zu den Höfen zurück. Die infolge des Krieges schärfer gewordene Spaltung der Gesellschaft wird begleitet von einer dualistischen Weltsicht und damit auch einer gegensätzlichen Grundeinstellung: Die einen frönen aufgrund der ihnen gegebenen Möglichkeiten ihrer Lebensgier und ihrem Genuss nach dem Motto ***carpe diem*** (Nutze den Tag!). Die anderen rufen sich, gefangen in Not und Elend und in dem von Kirche und Tradition gestützten Bewusstsein allwaltender Vergänglichkeit (***vanitas mundi***), das bevorstehende Ende vor Augen: ***memento mori*** (Gedenke des Todes!).

Der *Ordo*-Begriff der christlichen Weltordnung muss herhalten, die bestehenden Gegensätze zu einen, der Schicksals-Begriff der *Fortuna* die offenkundigen Unterschiede zu begründen.

Themen

Vergänglichkeitsthematik

Die Turbulenzen der Ereignisse und die Spannungen der Lebensführung liefern unendlich viel Stoff zur literarischen Aufarbeitung. In der Lyrik dominieren jenseits des religiösen Kirchenliedes zwei Themen: Das Thema des *memento mori* enthält die meist religiös begründete Mahnung, sich an ewigen, geistlichen Werten zu orientieren statt an vergänglichen weltlichen. Adressaten sind Bürgertum und einfaches Volk, dem aufgrund seiner Elendserfahrungen und seiner erzieherisch großen Bindung an Kirche und Glauben das Seelenheil einziger Besitz scheint. Zudem verdeutlicht es, dass selbst der Mächtigste sich der Gewalt des Todes nicht entziehen kann. Deshalb gehört auch die Vergänglichkeitsthematik *(vanitas)* dazu, die den Memento-Mori-Gedanken unterstützt. Das Thema des *carpe diem* formuliert die meist religionsferne Mahnung, das kurze Erdenleben lustbezogen zu nutzen. Adressaten sind oft Adlige, die sich wegen ihres materiellen Besitzes ein lustbetontes Leben leisten können.

Schelmenroman

In der erzählenden Literatur treten neben den galanten höfischen Romanen vor allem der Schäferroman und der Schelmenroman zutage. Unter einem **Schäferroman** versteht man einen in den chiffrierten Kreisen des Adels spielenden, aber für Eingeweihte leicht zu entschlüsselnden Liebesroman, in dem sich auch die Sehnsucht nach einer leidfreien Natürlichkeit ausdrückt. Ein **Schelmenroman** ist ein häufig gesellschaftskritisch angelegter Abenteuerroman, in dem es einer oft aus niedrigen sozialen Schichten stammenden Hauptfigur gelingt, sich durch Betrug, Lügen und List geschickt durchs Leben zu schlagen und ihr Glück zu machen.

Die dramatische Dichtung wird beherrscht von dem vor allem mit Märtyrerhelden christlich belehrenden, aber prunkvoll ausgestatteten **Jesuitendrama**, das so der Oper den Weg bereitet, und der diesmal durch zumeist Idealsituationen politisch belehrenden großen **Staatstragödie**.

Stil

Einheitliche deutsche Schriftsprache

Die Epoche des Barock war die erste Epoche, die eine sich auf Luthers Bibelübersetzung stützende einheitliche deutsche Schriftsprache verwendete und sich in literarischen Gesellschaften bemühte, diese Sprache nicht nur zu pflegen, sondern ihrer ästhetischen Verwendung auch lehrbare formale Grundregeln (Poetiken) zu geben. Deshalb ist z. B. barocke Lyrik keine emotional motivierte individuelle Ausdruckskultur, sondern repräsentative rhetorische **Sprachartistik**. Die Form erfährt eine Überbetonung, die Beherrschung der sprachlichen und technischen Darstellungsmöglichkeiten wird ausschlaggebend. Das führt gelegentlich zu unerträglichem Schwulst.

Sonett

Besonders in der **Lyrik** werden die Stilmerkmale des Barocks gut sichtbar. Man bevorzugt als Gedichtform das im Alexandriner verfasste klassische Sonett und die Ode. Die Liebesgedichte sind entweder dem **Petrarkismus** verpflichtet – benannt nach dem mittelalterlichen italienischen Dichter Francesco Petrarca (1304–1374), der die körperlichen Vorzüge seiner Geliebten Laura pries – oder dem Anti-Petrarkismus, wenn im Gegensatz dazu gerade die Vergänglichkeit und Hinfälligkeit der körperlichen Schönheit betont wird. Die zeitkritischen Reflexionsgedichte spiegeln die Spannungsverhältnisse der Zeit in einer **antithetischen Struktur** und malen sie in kunstvoller **Bildlichkeit** aus, die von der Metapher über die Allegorie bis zum Emblem reicht. Das **Emblem**, bestehend aus den drei Bausteinen incriptio, pictura und subscriptio (Überschrift, Bild, Lehre/Moral), wird besonders bevorzugt. Ein weiteres Hauptkennzeichen der Barocklyrik ist die **Nachdrücklichkei**t ihrer Aussagen, die durch lebhafte Lautakzente, eine insistierende Semantik und syntaktische Betonungen erreicht wird.

Repräsentanten und Werke

→ **Martin Opitz** (1597–1639): wichtiger Förderer der deutschen Sprache und Begründer poetischer Regelwerke

Buch von der deutschen Poeterey

Buch von der deutschen Poeterey (1624)

Die Dichter sollen nicht die Natur nachäffen, sondern die Wirklichkeit so darstellen, wie sie sein sollte.

→ **Paul Gerhardt** (1607–1676): bedeutendster protestantischer Dichter von Kirchenliedern, z.B. *O Haupt voll Blut und Wunden*

Geistliche Andachten (1667)

55 nicht im Stil des Barock, sondern aus persönlichem religiösen Empfinden geschöpfte eigene Kirchenlieder neben 75 Um- und Nachdichtungen.

→ **Andreas Gryphius** (1616–1664): eigentlich Andreas Greif, typischster Vertreter der Dichtung, die die barocke Welt- und Lebenseinstellung zum Ausdruck bringt.

Sonette (1643)

Absurda comica oder Herr Peter Squentz (1657)

Komödie zur Verspottung von ungebildeten Handwerkern, die ohne Verständnis zu Ehren des durchreisenden Königs den antiken Stoff von Pyramus und Thisbe betont tölpelhaft aufführen.

Horribilikribrifax oder Wehlende Liebhaber (1663)

Scherzspiel um zwei Hauptleute vom Typ des *miles gloriosus*, deren Heldenhaftigkeit als betrügerische Angeberei und Feigheit entlarvt wird. Das Stück endet mit sieben Hochzeiten.

→ **Christian Hofmann von Hofmannswaldau** (1616–1679): begabtester Autor der sog. „zweiten schlesischen Dichterschule", der den nach dem ital. Autor Giambattista Marino (1569–1625) benannten Marinismus einführt, einen von gesuchten Bildern und überkünstelter Sprache gekennzeichneten Schwulststil.

→ **Hans Jakob Christoffel von Grimmelshausen** (1622–1676):

Die Lebensbeschreibung der Erzbetrügerin und Landesstörzerin Courasche (1670)

Der Abenteuerliche Simplizissimus Teutsch

Der Abenteuerliche Simplizissimus Teutsch (1669)

Bedeutendster Barockroman, dramatisch in fünf Bücher gegliedert und sich an die Entwicklung der Parzival-Figur anlehnend, der autobiografisch und realistisch die Entwicklung eines einfältigen Bauernjungen während des Dreißigjährigen Krieges erzählt. Das Findelkind Simplizissimus wird als Zehnjähriger vom hessischen Hof des Ziehvaters durch Soldaten vertrieben und zwei Jahre lang von einem Einsiedler erzogen, schlägt sich sodann in Frauenkleidern durch, wird erst Knecht, dann mit kaiserlichem Sold „Jäger von Soest", wird gefangen, zu einer Ehe gezwungen und gelangt über Köln nach Paris, wo er erotische Abenteuer erlebt. Wien, der Schwarzwald und Moskau sind weitere Stationen auf seinem Lebensweg, auf dem er, nachdem er von seiner adligen Herkunft erfahren hat, voll Demut wieder als Gott dienender Einsiedler endet.

→ **Catharina Regina von Greiffenberg** (1633–1694): geb. Gräfin von Seyssenegg, verfasste religiöse Gedichte und Lieder in eindringlicher Sprache; sie drückt auch ein neues Naturgefühl aus.

Analysebeispiel:

Analyse-Elemente	Text	Deutungs-Elemente
Form: Sonett: zwei Quartette, zwei Terzette; umfassender Reim: abba, Schweifreim: ccdeed; Zeilenstil, Alexandriner: 6-hebiger Jambus, wechselnde Kadenz	**Andreas Gryphius** ***Thränen in schwerer Kranckheit*** (1660)	**Zusammenfassung**: Krankheit als Vorbote des Todes mahnt zur inneren Einkehr Krankheit als Prüfung
Assonanz; Hendiadyoin Assonanz, Anapher	Mir ist ich weiß nicht wie / ich seuffze für und für. Ich weyne Tag und Nacht / ich sitz in tausend Schmertzen;	lyrisches Ich = rollenhaftes Sprechen irdisches Leid als Vorboten der Vergänglichkeit
	Vund tausend fürcht ich noch / die Krafft in meinem Hertzen	
Alliteration, Assonanz	Verschwindt / der Geist verschmacht / die Hände sincken mir.	Verlust der inneren Sicherheit
negative Wortwahl Alliteration	Die Wangen werden bleich / der muntern Augen Zir	Vergänglichkeit der Schönheit
Vergleich Alliteration	Vergeht / gleich als der Schein der schon verbrannten Kertzen.	
Vergleich, Assonanz Assonanz Aufzählung, rhetorische Frage	Die Seele wird bestürmt gleich wie die see im Mertzen. Was ist dis Leben doch / was wind wir / ich und ihr?	Zentralbegriff und Zentralaussage in der Textmitte
Verbalstil in den Quartetten; Anapher Ausruf; rhetorische Frage Assonanz, Kontrast Kontrast, Metapher Parallelismus	Was bilden wir uns ein! Was wündschen wir zu haben? Itzt sind wir hoch und groß / und morgen schon vergraben: Itzt Blumen morgen Kot / wir sind ein Wind / ein Schaum /	existenzielle Grundfrage Hochmut, Gier, Eitelkeit als Schuld Vergänglichkeitsthematik
asyndetische Reihung, Naturmetaphern rhetorische Frage Kontrast Vergleich, Assonanz Nominalstil in den Terzetten	Ein Nebel / eine Bach / ein Reiff / ein Tau' ein Schatten. Itzt was und morgen nichts / und was sind unser Thaten? Als ein mit herber Angst durchaus vermischter Traum.	Vergänglichkeit sozialer Werte: Ruhm und Ehre Selbsttäuschung

2.5 Das Zeitalter der Aufklärung (1720–1785)

Bild 4: Flammarions Holzstich *Der Mensch erblickt das neue Weltbild jenseits der Himmelssphären* (1888)

Begriff

Verbesserung des sozialen Lebens

Der Begriff „Aufklärung" wurde 1691 erstmals als Sammelbegriff für eine **geistige Strömung** verwendet, die von Holland ausgehend über England und Frankreich nach Deutschland kam. Ziel dieser Strömung war es, das soziale Leben nach den Regeln der Vernunft neu zu organisieren. Die Zielsetzungen hoben darauf ab:

→ im gesellschaftlichen Zusammenleben jedem Menschen seine **Individualität** zu gewährleisten,
→ die Menschen pädagogisch durch Einsicht zu bessern und ihnen ein **positives Menschenbild** zu vermitteln,
→ politisch einen auf dem Grundsatz der Gleichheit der Menschen gegründeten **Wohlfahrtsstaat** aufzubauen, in dem jeder ein Recht darauf hat, sein Glück zu finden,
→ der wirtschaftlichen Entwicklung durch **Liberalismus** zu fördern,
→ im Bereich der Religionen jedem das Recht auf eine empfindsame, emotionale, **private Frömmigkeit** zuzugestehen und
→ historisch einen unbegrenzten **Zukunftsoptimismus** zu vertreten.

ÜBERSICHT

ZEITALTER DER AUFKLÄRUNG

Politische Situation

- → Spanische Erbfolgekriege (1701–1714)
- → zwei Schlesische Kriege (1740–1742, 1744–1745)
- → Siebenjähriger Krieg (1756–1763)
- → Friedrich der Große (RZ 1740–1786) vs. Maria Theresia (1740–1780)
- → Amerikanischer Unabhängigkeitskrieg (1775–1783)
- → Französische Revolution (1789–1795)

Wirtschaftliche Entwicklung

- → Spinnmaschine (1738), Dampfmaschine (1769), mechanischer Webstuhl (1785)
- → Aufstieg des Besitzbürgertums zur neuen sozialen Klasse

Zeitgeist

- → Humanismus der Renaissance
- → französischer Rationalismus: Descartes (1596–1650), Voltaire (1694–1778)
- → englischer Empirismus: Locke (1632–1704), Hume (1711–1776)
- → französische Staatsphilosophen: Montesquieu (1689–1755), Rousseau (1712–1778)
- → deutsche Philosophen: Leibniz (1646–1716), Wolff (1679–1754), Kant (1724–1804)

Literarische Epochen

- → 1720–1740 Aufklärung im Zeichen Gottscheds
- → 1740–1780 Empfindsamkeit / Pietismus
- → 1740–1780 Anakreontik / Rokoko
- → 1755–1770 Aufklärung im Zeichen Lessings
- → 1767–1785 Sturm und Drang

Schaubild 3: Zeitalter der Aufklärung

Die **Definition der Aufklärung** (und zugleich ihr Motto) formulierte Immanuel Kant (in: *Beantwortung der Frage: Was ist Aufklärung?*, 1784):

ZITAT

> Aufklärung ist der Ausgang des Menschen aus seiner selbstverschuldeten Unmündigkeit. Unmündigkeit ist das Unvermögen, sich seines Verstandes ohne Leitung eines anderen zu bedienen. Selbstverschuldet ist diese Unmündigkeit, wenn die Ursache derselben nicht am Mangel des Verstandes, sondern der Entschließung und des Mutes liegt, sich seiner ohne Leitung eines anderen zu bedienen. Sapere aude! Habe Mut, dich deines eigenen Verstandes zu bedienen! ist also der Wahlspruch der Aufklärung.

Sozio-historische Situation

Der Mut, sich seines eigenen Verstandes zu bedienen

Auch das 18. Jahrhundert ist eine bewegte Zeit, in der es den **europäischen Nationalstaaten** gelingt, sich zu konsolidierten und zu Großmächten aufzusteigen. In den Spanischen Erbfolgekriegen (1701–1714), an denen fast alle Länder Europas beteiligt sind, büßt vor allem Frankreich an Macht ein. **Preußen** steigt unter Friedrich II., genannt Friedrich der Große (Regierungszeit [RZ] 1740–1786), zur Großmacht auf. Der preußische König vertritt fortschrittlich einen aufgeklärten Absolutismus, in dem der König „der erste Diener des Staates" sein soll. In den zwei Schlesischen Kriegen (1740–1742, 1744/45) und dem Siebenjährigen Krieg (1756–1763) behauptet sich Preußen gegen das Österreich Maria Theresias (RZ 1740–1780). In scharfen Auseinandersetzungen kämpfen England und Frankreich um ihre Kolonien. Der Unabhängigkeitskampf der sich formierenden Vereinigten Staaten von Amerika gegen die Engländer (1775–1783) führt mit der Unabhängigkeitserklärung (1776) zur Loslösung weiter Teile Nordamerikas von der europäischen Abhängigkeit. Russland hingegen wiedererstarkt unter Katharina der Großen (RZ 1762–1796), der zweiten bedeutenden Frau auf einem europäischen Thron. Mit der Französischen Revolution von 1789–1795 wird gemeinhin das Ende der Aufklärungszeit angesetzt.

Anfänge der Industrialisierung

Wirtschaftlich verändern die Erfindungen der Spinnmaschine (1738), der Dampfmaschine (1769) und des mechanischen Webstuhls (1785) die Produktionsbedingungen erheblich und folgenreich. Durch Handel, Gewerbe und Manufakturen entsteht die neue soziale Klasse des Besitzbürgertums. Dem englischen Moralphilosophen Adam Smith (1723–1790) gelingt als erstem die Darstellung eines geschlossenen Wirtschaftssystems, mit der er für die klassische Nationalökonomie des 19. Jahrhunderts richtungsweisend wird.

Zeitgeist

Die Ursprünge der Aufklärung

Wenn vom Zeitalter der Aufklärung die Rede ist, meint man im Allgemeinen das 18. Jahrhundert. Aber wie bei allen etikettierenden Vergröberungen stimmt diese Zeitangabe nur sehr bedingt. Die Wurzeln der Aufklärung sind z. T. viel früher zu suchen. Seit der Ablösung des theozentrischen durch ein anthropozentrisches Weltbild kämpft man gegen jegliche Form der Bevormundung, komme sie von staatlicher oder kirchlicher Obrigkeit, und für einen rationalistischen und teleologischen Optimismus. Die Wurzeln der Aufklärung finden sich also schon im Humanismus der Renaissance, bei den Holländern Hugo Grotius (1583–1645) und Baruch de Spinoza (1632–1677), im Rationalismus des René Descartes (1596–1650) und Voltaire (1694–1778), im Empirismus des John Locke (1632–1704) und David Hume (1711–1776), in den staatspolitischen Schriften des Barons Charles Montesquieu (1689–1755) und Jean-Jacques Rousseaus (1712–1778), in den Philosophien eines Gottfried Wilhelm Leibniz (1646–1716), Christian Wolff (1679–1754) und schließlich in den drei Kritiken des Immanuel Kant (1724–1804).

Grund-gesetze der Vernunft

Die Aufklärung war eine **von ganz Europa gespeiste und getragene geistige Bewegung** zur Durchsetzung allgemeiner supranationaler Grundgesetze der Vernunft im gesellschaftlichen Gemeinschaftsleben.

In diese bewegte und von vielen Veränderungen geprägte Zeit fallen auch mehrere literarische Epochen:

→ 1720–1740 Aufklärung im Zeichen Gottscheds
→ 1740–1780 Rokoko / Anakreontik
→ 1740–1780 Pietismus / Empfindsamkeit
→ 1755–1770 Aufklärung im Zeichen Lessings
→ 1767–1785 Sturm und Drang

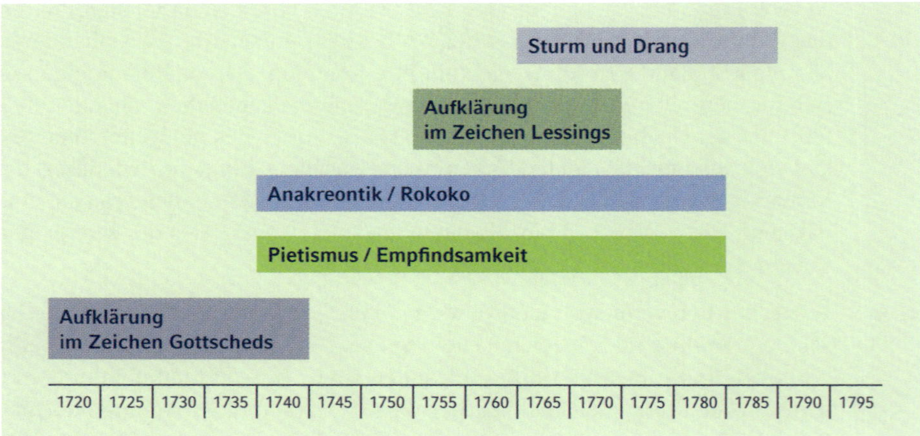

Schaubild 4: Literarische Epochen zwischen 1720 und 1785

2.5.1 AUFKLÄRUNG (1720–1770)

ÜBERSICHT

Zeitgeist	→ Phase Gottsched: Einsicht in die Vollkommenheit und sinnvolle Ordnung der Welt → Phase Lessing: Verwirklichung der reinen Sittlichkeit aus Vernunft
Themen	Erziehung, Bildung, sittliches Verhalten, Humanität, Toleranz
Stil	vernunftbetonter klarer Stil
Repräsentanten	→ Barthold Heinrich Brockes (1680–1747) → Johann Christoph Gottsched (1700–1766) → Gotthold Ephraim Lessing (1729–1781)

Zeitgeist

Die Literaturepoche: Phase I

Die literarische Epoche der Aufklärung hat zwei Phasen. Die erste, von 1720–1740, steht im Zeichen **Johann Christoph Gottscheds** (1700–1766). Gottsched ist als Professor der Poesie, später auch der Logik und Metaphysik in Leipzig, der führende Theoretiker der Dichtkunst und Literaturpapst seiner Zeit. Er wendet sich kämpferisch gegen die Verwilderungen der spätbarocken Dramatik in Form von Haupt- und Staatsaktionen bzw. Hanswurstereien. Stattdessen strebt Gottsched dem die Vernunft betonenden klassizistischen Theater der Franzosen nach, das auch von der Theater-Prinzipalin Caroline Neuber (1697–1760) und ihrer Wanderbühne verbreitet wird. So wird auch in Deutschland die Poetik des Nicolas Boileau (1636–1711), die sich auf die Schlichtheit und Formenklarheit der Antike bezieht, zunächst allen anderen literarischen Tendenzen vorgezogen. Dadurch werden Unwahrscheinlichkeiten und Wunderbarkeiten vermieden; Aufbau und Stil der literarischen Werke gewinnen an Klarheit und Deutlichkeit. Die Literatur soll auf geistreiche und anmutige Weise die Vollkommenheit und sinnvolle Ordnung der Welt widerspiegeln und zur vernünftigen und moralischen Erziehung der Menschen beitragen. Die Maxime des Horaz „prodesse et delectare“ (nützen und erfreuen) erfährt eine Wiederbelebung.

Die Literaturepoche: Phase II

Die zweite Phase der Aufklärung, von 1755–1770, steht im Zeichen **Gotthold Ephraim Lessings** (1729–1781). Als Journalist in Berlin, Dramaturg in Hamburg und Bibliothekar in Wolfenbüttel verschiebt Lessing die Akzente. Er übernimmt die Poetik Boileaus nicht ungeprüft, weist ihr in seiner *Hamburgischen Dramaturgie* (1767/68) wichtige Übersetzungsfehler aus der Antike nach und entwickelt in der Korrektur dieser Fehler das **bürgerliche Trauerspiel**, in dem die Handlung kausalpsychologisch begründet wird. Lessing löst sich von der Dogmatik der von Gottsched vertretenen Regeln und betont den Eigencharakter der literarischen Gattungen ebenso wie die Individualität des Literaten. Die Wahrheit wird zum Leitbegriff des Schreibens, sie anzustreben zur allgemeinen Intention aller vernünftigen Menschen. Das so entworfene Menschenbild definiert den Menschen als das Wesen, das aus Einsicht und in Vernunft die reine Sittlichkeit verwirklicht.

Themen

Erziehung und Bildung

Erziehung und Bildung werden als wichtige Elemente zur Entwicklung einer aufgeklärten Persönlichkeit erkannt, das Streben nach irdischem Glück nur im Rahmen eines sittlichen Verhaltens gebilligt. Das menschliche Zusammenleben baut auf der Einsichtsfähigkeit des Menschen auf und fordert zu religiöser Toleranz und Humanität auf. Fragen der Individuation und der Sozialisierung des Einzelnen, der nicht mehr besitzt als seine moralische Integrität, werden somit zu zentralen Problemen der literarischen Auseinandersetzung.

Stil

Schwulst und Pathos des Barock werden aufgegeben und weichen einem klaren, sachlichen Stil. Die Dichter dieser Zeit bemühen sich in dieser Zeit auch, die Mundarten zu überwinden und streben eine allen zugängliche deutsche Hochsprache an.

Klarheit statt Schwulst

Repräsentanten und Werke

→ **Barthold Heinrich Brockes** (1680–1747):
Irdisches Vergnügen in Gott (1721–1748)

Auf genauen sinnlichen Einzelbeobachtungen beruhendes Gedichtwerk mit dem Ziel, die Zweckmäßigkeit und Schönheit der göttlichen Schöpfung nachzuweisen.

→ **Johann Christoph Gottsched** (1700–1766):
Versuch einer kritischen Dichtkunst (1730)

An die Poetik Boileaus angelehnte Grundlegung einer neuen vernunftorientierten Dichtung.

→ **Gotthold Ephraim Lessing** (1729–1781): Literaturkritiker, Dramatiker und Dramentheoretiker

Minna von Barnhelm

Minna von Barnhelm oder Das Soldatenglück (1767)

Fünfaktiges Lustspiel in Prosa. Als am Ende des Siebenjährigen Krieges der wegen vermeintlicher Veruntreuung entlassene stolze Major Tellheim in einer Herberge aus Geldnot seinen Verlobungsring versetzt, wird er ausgerechnet von seiner Verlobten, dem sächsischen Edelfräulein Minna von Barnhelm, eingelöst, die befürchtet, ihren Freund verloren zu haben, weil der es nicht mit seiner Ehre vereinbaren kann, von einer geliebten Frau abhängig zu sein. In zwei Unterredungen gelingt es ihr, dadurch Tellheims Gefühle für ihre vorgetäuschte Notsituation zu wecken, dass sie ihm ihren, in Wahrheit jedoch seinen Ring zurückgibt. Tellheims ebenso verzweifelter wie vergeblicher Versuch, seinen Ring zurückzuerhalten, wird erst von der Ankunft von Minnas Oheim, des Grafen von Bruchsal, beendet, als Minna ihr Versteckspiel aufgibt und der Oheim das sich wiedergefundene Paar segnet. Auch der falsche Vorwurf gegen Tellheim klärt sich auf, er wird rehabilitiert.

Emilia Galotti

Emilia Galotti (1772)

Trauerspiel in fünf Akten, Prosa. Am Tage ihrer Hochzeit lässt Marinelli den Bräutigam Emilia Galottis, den Grafen Appiani, überfallen und töten und entführt sie selbst, um sie dem Prinzen von Guestalla, der ein Auge auf sie geworfen hat, auf dessen Lustschloss Dosalo zuzuführen. Aufgestachelt durch die Gräfin Orsina, der jetzt verschmähten Mätresse des Fürsten, und ermutigt von den flehenden Bitten seiner Tochter, ersticht ihr Vater Odoardo Galotti Emilia, um sie vor der Schande der Verführung zu bewahren. Der Prinz schiebt alle Schuld seinem skrupellosen Kammerherrn Marinelli zu.

Nathan der Weise

Nathan der Weise (1779)

Dramatisches Gedicht in fünf Akten, Blankvers. Während des 3. Kreuzzuges erfährt der Jude Nathan bei der Rückkehr von einer Reise, dass seine christliche Ziehtochter Recha von dem Tempelherrn Leu von Filnek, der sich in der Gefangenschaft des Sultans Saladin von Jerusalem befindet, vor dem Feuertod gerettet wurde. Dabei haben sich der Ritter und die Gerettete ineinander verliebt. Der Patriarch duldet aber keine Verbindung mit der vermeintlichen Jüdin. Der muslimische Sultan befragt seinen häufigen Geldgeber Nathan nach dem rechten Glauben. Nathan antwortet mit der Ringparabel, nach der sich die rechte Religion in ihren Taten und Werken erweist. Nach Auflösung komplizierter Familien- und Freundschaftsbeziehungen ergibt sich, dass Bluts- und Freundschaftsverhältnisse alle Hauptfiguren, gleich welchen Glaubens, miteinander verbinden. Recha entpuppt sich so als Schwester ihres Retters Leu von Filnek.

Analysebeispiel:

Analyse-Elemente	Text	Deutungs-Elemente
parabelhafte Argumentation	**Gotthold Ephraim Lessing** ***Eine Duplik*** (Auszug, 1778)	**religiös untermauertes Plädoyer für den Gebrauch des eigenen Verstandes**
parallelistischer Argumentationsaufbau: Negation – These Assonanz	Nicht die Wahrheit, in deren Besitz irgend ein Mensch ist, oder zu sein vermeinet, sondern die aufrichtige Mühe, die er angewandt hat, hinter die Wahrheit zu kommen, macht den Wert des Menschen. Denn nicht durch den Besitz, sondern durch die Nachforschung der Wahrheit erweitern	zentraler Begriff der Aufklärung Vorurteil Kant: sapere aude!: selbstgewonnene Erkenntnis
Assonanz; Ellipse	sich seine Kräfte. Worin allein seine immer wachsende Vollkommenheit bestehet. Der Besitz macht ruhig, träge stolz –	Ziel aufklärerischen Strebens
Asyndeton Gegensätze	Wenn Gott in seiner Rechten alle Wahrheit, und in seiner Linken den einzigen immer regen Trieb nach Wahrheit,	Gedankenspiel
Konjunctivus potentialis	obschon mit dem Zusatze, mich immer und ewig zu irren, verschlossen hielte, und spräche zu mir: wähle! Ich fiele ihm mit Demut in seine Linke, und sagte: Vater gib! Die reine Wahrheit ist ja doch nur für dich allein!	zu akzeptierende Bedingung und Konsequenz der menschlichen Unvollkommenheit; religiöse Unterwerfung Apotheose Gottes

2.5.2 ROKOKO / ANAKREONTIK (1740–1780)

ÜBERSICHT

Begriff	Rokoko: von franz. *rocaille* = Muschel Anakreontik: nach dem griech. Lyriker Anakreon (6. Jh. v. Chr.)
Themen	bukolische Themen: Naturromantik, Schäferidylle; Lebensgenuss: Wein, Weib und Gesang
Stil	frivole Heiterkeit, ironischer Skeptizismus
Repräsentanten	→ Christian Fürchtegott Gellert (1715–1769) → Wilhelm Ludwig Gleim (1719–1803) → Friedrich von Hagedorn (1708–1754) → Christoph Martin Wieland (1733–1813)

Begriff

Muschel

Der Begriff **Rokoko** ist aus der bildenden Kunst entlehnt, wo das französische Wort *rocaille* eine Muschel bezeichnet, die als Ornament häufig in der Spätphase des Barock Verwendung findet. In dieser Phase werden die Stilelemente des Barock artistisch ins Dekorative, graziös Zierliche und Anmutige gesteigert.

Anakreontik wird eine Lyrikerscheinung des Barock genannt, die sich in Anlehnung an den griechischen Lyriker Anakreon einem heiter tändelnden epikureischen Lebensgenuss verschreibt.

Zeitgeist

Sinnenfreudige Formschönheit

Die sorglose Lebensart des französischen Adels in eleganten Schlössern war Vorbild des Rokokos. Man umgab sich mit den Abbildern der genusshaften Götter der Antike, vor allem Bacchus, Amor und Venus und schwelgte in sinnenfreudiger Formschönheit.

Themen, Stil

Höfisches Kunstempfinden

Im **Rokoko** äußert sich vor allem ein höfisches Kunstempfinden, das sich verspielt mit Themen der Natur auseinandersetzt und in Kleinformen Naturidyllen, Schäferromantik und weltmännische Lebenskunst beschwört. Dabei spielt man durchaus gern ins Heiter-Frivole oder Ironisch-Skeptische.

Auch die **Anakreontik** befasst sich mit bukolischen Themen, greift gern auf die griechische Mythologie zurück und besingt bevorzugt Wein, Weib und Gesang.

Repräsentanten und Werke

→ **Friedrich von Hagedorn** (1708–1754): wohlhabender Hamburger Kavalier
Sammlung neuer Oden und Lieder

→ **Christian Fürchtegott Gellert** (1715–1769): beliebter und „der vernünftigste aller deutschen Wissenschaftler" (Friedrich II.)
Fabeln und Erzählungen (1746/48)

Lebensweise Verserzählungen, die Selbstbeherrschung, Genügsamkeit und Gelassenheit preisen.

→ **Johann Wilhelm Ludwig Gleim** (1719–1803):
Lieder (1744/49)

→ **Christoph Martin Wieland** (1733–1813): Erzieher der Söhne von Herzogin Anna Amalia von Sachsen-Weimar
Die Geschichte des Agathon (1767)

Entwicklungsroman, der das abenteuerliche und wechselhafte Leben des schönen Athener Jünglings Agathon schildert, der vom Sklaven des Sophisten Hippias zum Wohltäter am Hofe des Tyrannen von Syrakus aufsteigt, bis er bei seiner Rückkehr nach Griechenland zu einem unabhängig denkenden Mann mit gefestigter humaner Lebenseinstellung und gebildeter Sittlichkeit gereift ist.

Die Abderiten, eine sehr wahrscheinliche Geschichte (1774)

In dem satirischen Prosa-Roman verlegt der Autor die bunten Schilderungen bürgerlicher Torheiten und kuriosen Lächerlichkeiten, die er in Kleinstadtwelten wie Zürich, Bern, Erfurt, Weimar und Biberach wahrgenommen hat und die an die Schildbürger von Schilda gemahnen, in die griechische Stadt Abdera.

→ **Georg Christoph Lichtenberg** (1742–1799): Mathematiker, Naturforscher, Experimentalphysiker, notierte in seinen ***Sudelbüchern*** Aphorismen.

BEISPIEL

Rosen pflücke, Rosen blühn,
Morgen ist nicht heut!
Keine Stunde lass entfliehn –
Flüchtig ist die Zeit!

Trink und küsse! Sieh es ist
Heut Gelegenheit!
Weißt du, wo du morgen bist?
Flüchtig ist die Zeit!

Aufschub einer guten Tat
Hat schon oft gereut!
Hurtig leben ist mein Rat –
Flüchtig ist die Zeit!

(Johann Wilhelm Ludwig Gleim, *Rosen pflücke*)

2.4.3 PIETISMUS / EMPFINDSAMKEIT (1740–1780)

ÜBERSICHT

Begriff	**Pietismus**: vom lat. *pius* = fromm abgeleitete Bezeichnung für eine mystische Glaubensbewegung innerhalb der protestantischen Kirche zwischen 1670 und 1740 **Empfindsamkeit**: von G. E. Lessings 1768 erfundener Übersetzung des engl. Wortes *sentimental* abgeleitete Bezeichnung für eine vom Pietismus beeinflusste, aber säkularisierte gesellschaftliche Bewegung zwischen 1740–1780
Zeitgeist	dem gefühlsarmen Rationalismus der Aufklärung entgegengesetzte Phase der extremen Gefühlsbetonung
Themen	Allgegenwart Gottes in der Natur; Liebe, Freundschaft, Gefühl, Fantasie
Stil	schwärmerische Betonung und Beschreibung von Gefühlserlebnissen
Repräsentanten	→ Matthias Claudius (1740–1815) → Friedrich Gottlieb Klopstock (1724–1803)

Begriff

Gegen starre Orthodoxie

Die Bezeichnung **Pietismus** geht auf *pius*, das lateinische Wort für fromm, zurück. Sie kennzeichnet eine Strömung innerhalb der protestantischen Kirche, die sich gegen die starre rationale Orthodoxie der religiösen Lehre wandte. Der Pietismus wünschte sich ein praktisches Christentum des Herzens, in dem das subjektive Empfinden, der fantasievolle Glaube des Einzelnen und das persönliche Gotteserlebnis Maßstab und Richtschnur einer von Dogmen befreiten Religion sein sollten. Diese an die Mystik des Barock anknüpfende Bewegung hatte in Philipp Jakob Spener (1635–1705) und seinen in Frankfurt durchgeführten *collegia pietatis* genannten Erbauungsstunden ihren eigentlichen Begründer und fand besonders unter der Herrnhuter Brüdergemeinde des Grafen Zinzendorf in Schlesien ihre einflussreichste Organisation.

Verweltlichte Erscheinungsform

Die **Empfindsamkeit** ist gleichsam die säkularisierte, verweltlichte Erscheinungsform und Fortsetzung des Pietismus. Sie hatte ursprünglich in den moralischen Wochenschriften in England ihre Wurzeln und in Samuel Richardson (1689–1761) und Laurence Sterne (1713–1768) ihre bedeutendsten Vertreter. Die Bezeichnung „Empfindsamkeit" geht auf G. E. Lessing zurück, der 1768 für das englische Wort *sentimental* in L. Sternes Roman *Sentimental Journey* das deutsche Wort „empfindsam" vorschlug.

Zeitgeist

Gegenbewegung zur Aufklärung

Der Rationalismus der Aufklärung wurde vielfach als intellektuell zu einseitig empfunden, der so ersehnte Ereignisse wie eine „inneren Heilserfahrung", eine „inneren Wiedergeburt" und einen „Durchbruch der Gnade" in seiner Gefühllosigkeit behinderte. Man achtete deshalb aufmerksam auf die seelischen Vorgänge im eigenen Inneren wie auf die inneren Erfahrungen der Mitmenschen und fand so zu einer Verinnerlichung des religiösen Lebens.

Freundeskult

Aber auch jenseits der Religion wehrte man sich gegen die emotionale Sprödigkeit des Rationalismus und frönte besonders im Freundeskult einem schwärmerischen Gefühlsleben, dessen Überschwang bisweilen an eine Tränenseligkeit heranreichte. Neben dem Hallenser und dem Darmstädter Kreis war es vor allem der Freundschaftsbund des „Göttinger Hains" oder „Hainbundes", der zwischen 1772 und 1774 als Bund junger Dichter und Studenten von sich reden machte. **Friedrich Gottlieb Klopstock** (1724–1803) verband alle Strömungen zu einer besonderen Einheit. Mit seinem Aufbegehren gegen die straffe Autorität des Verstandes, seinen enthusiastischen Freundschaftsbünden und seiner Begeisterung für die unverdorbene Natur war er nicht nur der erste, der sein Dichtersein als Beruf auffasste, worin ihn ein Ehrensold des Dänenkönigs unterstützte, sondern es gelang ihm auch, wegen seiner ungebrochenen Überzeugungskraft zum pietistischen wie empfindsamen Sprachrohr seiner Zeit zu werden. So wie er die Herrlichkeit der göttlichen Schöpfung in erhabenen Empfindungen pries, so begeisterten seine leidenschaftlichen Schilderungen der Freundschaft und Liebe die Menschen seiner Zeit, sodass ihm wie einem heutigen Popstar nach seinem Tode ein von Tausenden begleitetes fürstliches Begräbnis in Hamburg zuteilwurde.

Themen

Gott, Natur und Freundschaft

Die Themen der vor allem lyrischen Werke reichten von Gott und der Natur über Freundschaft und Liebe bis zur Vaterlandsbegeisterung und mehr philosophischen Erwägungen um Tod und Ewigkeit. Der „Göttinger Hain" wiederbelebte die volksnahe Dichtung und legte der volksnahen Kunstballade den Grund.

Stil

Hymne, Ode, Lied

Der enthusiastische Grundton, die gefühlssatten Schilderungen und die mit Leidenschaft vorgetragenen Gedanken verlangten nach entsprechend angemessenen literarischen Formen. Die freirhythmische Hymne, die reimlose Ode und das volksnahe Lied wurden so zu beliebten Ausdrucksformen.

Repräsentanten und Werke

→ **Friedrich Gottlieb Klopstock** (1724–1803):
Der Messias (1748–1773)

20 Gesänge in sprachlich oft außergewöhnlichen Hexametern. Der erste Teil erzählt die Leidensgeschichte Christi, der zweite seine Auferstehung und Himmelfahrt.

Oden (1771)

Erlebnishafte Dichtungen: religiöse Oden, Freundschafts- und Liebesoden (z. B. an die als Fanny angesprochene Sophie Schmidt oder seine Cidli / Fanny genannte Frau Martha), vaterländische Oden

→ **Matthias Claudius** (1740–1815): Redakteur in Wandsbeck und Darmstadt, Mitglied des „Göttinger Hains"

Wandsbecker Bote

Wandsbecker Bote (1771–1775)

Viermal wöchentlich erscheinende von Claudius herausgegebene Zeitung

Analysebeispiel:

Analyse-Elemente	Text	Deutungs-Elemente
vierstrophige Ode (10/11-11-7-7 Silben) daktylisch, reimlos	**Friedrich Gottlieb Klopstock** ***An Cidli* (An Sie)*** (1752)	**Erweiterung des Persönlichen, Intimen zum Überindividuellen, Kosmischen** *Kosewort für seine Frau Meta
4-facher Anruf Personifikation Assonanz, Alliteration 3-facher Gegensatz: Nähe – selige – Freude Ferne – trübend – Träne	Zeit, Verkünderin der besten Freuden, Nahe, selige Zeit, dich in der Ferne Auszuforschen, vergoss ich Trübenden Tränen zu viel!	Vergangenheit Lyrisches Ich, Subjekt
3-fache Anrede Assonanz (o), Alliteration (d) Wiederholung Vergleiche Figura etymologica Assonanz (ie)	Und doch kommst du! O dich, ja Engel senden, Engel senden dich mir, die Menschen waren, Gleich mir liebten, nun lieben Wie ein Unsterblicher liebt.	Gegenwart und Imagination des Künftigen Wunsch als Feststellung Vergangenheit – Gegenwart Apotheose der Liebe: himmlische Liebe = ewig
Assonanz (ü) vier emotionale Metaphern Wortfeld Natur	Auf den Flügeln der Ruh, in Morgenlüften, Hell vom Taue des Tags, der höher lächelt, Mit dem ewigen Frühling, Kommst du den Himmel herab.	Seelenzustand: inneres Empfinden = Erscheinungsformen der Natur: „Seelen-gegenstände", keine reale Darstellung von Welt
Oxymoron: „emporgießen" Assonanz (ü), Alliteration (g), Assonanz (o) Inversion: 1-2-3-4 statt: 1-4-2-3 Figura etymologica	Denn sie fühlet sich ganz, und gießt Entzückung In dem Herzen empor die volle Seele, Wenn sie [1], dass sie geliebt wird [4], Trunken von Liebe [2], sich's denkt! [3]	Projektion seelischer Vorgänge nach außen: „emporgießen" Einheit von Gefühl und Verstand

2.5.4 STURM UND DRANG (1767–1785)

Bild 5: Leidenschaft und Rebellion, Szene aus Schillers *Die Räuber*, Salzburger Festspiele 2008
© picture alliance

ÜBERSICHT

Begriff	nach Maximilian Klingers Drama *Der Wirrwarr* (1776), dem Ch. Kaufmann den Titel *Sturm und Drang* gab
Zeitgeist	Protest- und Erneuerungsbewegung, die eine natürliche Gesellschaftsordnung anstrebt; Geniekult; Naturidealismus
Themen	Freiheit, Dominanz der Gefühlswerte
Stil	leidenschaftlich-pathetisch
Repräsentanten	→ Gottfried August Bürger (1747–1794) → Johann Wolfgang von Goethe (1749–1832) → Johann Georg Hamann (1730–1788) → Johann Gottfried Herder (1744–1803) → Jakob Michael Reinhold Lenz (1751–1792) → Friedrich Schiller (1759–1805)

Begriff

Klingers Schauspiel

Die Epochenbezeichnung folgt Friedrich Maximilian Klingers (1752–1831) gleichnamigem Schauspiel, dessen ursprünglicher Titel ***Der Wirrwarr*** (1776) von dem Winterthurer Genieapostel Christof Kaufmann durch *Sturm und Drang* ersetzt wurde.

> In dem Stück, das vor dem Hintergrund des amerikanischen Unabhängigkeitskrieges spielt, prallt der Hass zweier ausgewanderter englischer Adelsfamilien aufeinander, weil sich ihre Kinder ineinander verliebt haben.

Der Beginn der Epoche wird mit dem Erscheinen von Johann Gottfried Herders *Fragmente über die neuere deutsche Literatur* (1767) angesetzt, in denen er eine Rückkehr zur natürlichen deutschen Sprache und einen originalen zeitgenössischen Kulturbezug fordert, das Ende mit 1785, als über Goethe und Schiller die Klassik einsetzte. Nach dem hervorstechendsten Merkmal der Epoche wird sie manchmal auch „**Geniezeit**" genannt.

Zeitgeist

Protestbewegung

Der Sturm und Drang ist eine jugendliche Protest- und Erneuerungsbewegung, die gegen die rationale Grundhaltung der Aufklärung gerichtet eine neue, natürliche Gesellschaftsordnung anstrebt. Man will die Vorherrschaft der Vernunft ebenso überwinden wie Autoritäten und Traditionen, und man will dem Gefühl, der Intuition und der Fantasie grenzenlosen Raum geben. Im Zentrum steht die Forderung nach einem selbstbewussten, selbstständigen Individuum. Im Sturm und Drang verschmelzen die Impulse aus dem Pietismus und der Empfindsamkeit mit dem aus England kommenden Geniekult (Edward Young, 1683–1765; Robert Wood), die Naturbegeisterung des Schotten James Macpherson (1736–1796) mit der Naturideologie Jean-Jacques Rousseaus (1712–1778). Man beklagt den mit dem Fortschritt der Kultur einhergehenden sittlichen Verfall und proklamiert einen einfühlsamen, nahezu religiösen Naturidealismus. Dabei versteht man unter „Natur" das ursprüngliche Wesen alles Lebendigen. Dem christlichen Dogmatismus wird ein dynamischer Pantheismus gegenübergestellt, in dem das Göttliche als Kraft in der Wirklichkeit wirkt und sowohl in der Natur wie in der Kunst in Erscheinung tritt.

Pantheismus

Themen

Herz wichtiger als Verstand

Den Begriffen „Verstand" und „Vernunft" werden die Begriffe „Herz, Gefühl, Ahnung, Trieb" gegenübergestellt. Das **Genie** allein ist in der Lage, die göttliche Wahrheit und Wirklichkeit erlebnishaft und leidenschaftlich zum Ausdruck zu bringen und eine neue sittliche Weltordnung einzufordern. Es negiert scheinbar seine Zerrissenheit zwischen Realität und Anspruch und ist nicht selten Artikulation einer verzweifelten, hybriden Selbstüberschätzung. Zentrales Thema ist das Streben nach Freiheit in jeglicher Form, sei sie politischer, sozialer, individueller, emotionaler oder religiöser Art. Die pathetischen Aufrufe zum Wandel lassen sich am besten im Drama artikulieren, während die Lyrik in Liedern, Oden, Hymnen und Balladen zuvörderst subjektive Erlebnisse und Bekenntnisse formuliert.

Stil

Kraftvolle Sprache

Im Drama setzt sich der Einfluss Shakespeares durch. Der Autor wird als *alter deus,* als ein zweiter Gott begriffen, der seine Werke aus sich selbst schafft. Dem entspricht eine kraftvolle Sprache, die sich einerseits aus der Sprache des Volkes und ihrer Dichtung speist, andererseits aus den Wortneuschöpfungen und kühnen Ausdrucksformen des Genies.

Repräsentanten und Werke

→ **Johann Georg Hamann** (1730–1788): Der „Magus im Norden" (aus Königsberg) wandelte sich nach ausschweifendem Lebenswandel in Amsterdam und London in Münster zu einem philosophischen Schriftsteller, der den irrationalen Kräften wie Ahnung und Glaube ihre berechtigte Stellung im menschlichen Leben verschaffte.

→ **Johann Gottfried Herder** (1744–1803): Initiator der Sturm-und-Drang-Bewegung, der als Prediger in Riga, Mentor des jungen Goethe in Straßburg und zuletzt Generalsuperintendent und Hofprediger in Weimar auch an der Entwicklung des deutschen Idealismus wesentlichen Anteil hatte.
Fragmente über die neuere deutsche Literatur (1767/68)

→ **Gottfried August Bürger** (1747–1794): Professor für Ästhetik in Göttingen, verwildertes Genie mit unglücklichem Familienleben, entwickelte die deutsche Kunstballade im volkstümlichen Stil.
Lenore (1773)

Lenore klagt über den ungetreuen Geliebten, der aus dem Siebenjährigen Krieg nicht zurückgekehrt ist. Ihre enttäuschte Hoffnung steigert sich über Lästerei zu rasender Verzweiflung. Da holt sie der gefallene Geliebte des Nachts zu sich in seine Gruft. Schauerhafte Geisterstimmung und eine von den Elementen aufgepeitschte Natur werden klangmalerisch zu überzeugender Leserwirkung verdichtet.

→ **Johann Wolfgang Goethe** (1749–1832): Während des Jura-Studiums in Leipzig kommt es beim ausschweifenden Leben unter Rokoko-Einfluss zu einer ernsthaften Erkrankung, sodass das Studium nach einer Unterbrechung in Frankfurt erst in Straßburg abgeschlossen wird. Dort wird er nicht nur maßgeblich von Herder beeinflusst, sondern lernt auch die Sesenheimer Pfarrerstochter Friederike Brion kennen. Sein Referendariat am Reichskammergericht in Wetzlar bringt ihn wegen seiner Liebe zu der verlobten Charlotte Buff in Schwierigkeiten. Auch das Verlöbnis mit der Frankfurterin Lili Schönemann scheitert. Am 7. 11. 1775 trifft er auf Einladung des Herzogs Karl August in Weimar ein.
Sesenheimer Lieder (1771)

Gefühlvolle Schilderung der Liebeserlebnisse mit Friederike Brion.

Zum Shakespeare-Tag (1771)

Rede, in der der Einfluss Herders hinsichtlich der Genialität Shakespeares verarbeitet wird.

Götz von Berlichingen mit der eisernen Hand (1773)

Drama: Schauspiel über den Reichsritter Gottfried „Götz" von Berlichingen, das mit tradierten Theaterkonventionen bricht.

Die Leiden des jungen Werthers

Die Leiden des jungen Werthers (1774)

Autobiografisch geprägter monologischer Briefroman in zwei Teilen. Der krankhaft empfindsame Werther fühlt sich immer stärker zu Lotte, der Braut seines Freundes, die er zufällig kennenlernt, hingezogen. Der Versuch, Lotte durch die Annahme eines entfernt liegenden Amtes zu entfliehen, scheitert an den Zuständen und Verhaltensweisen der dortigen adligen Gesellschaft. Werther kehrt zu Lotte zurück, vermag seine hoffnungslose Liebe aber nicht zu ertragen und erschießt sich.

→ **Jakob Michael Reinhold Lenz** (1751–1792): einer der genialen, unglücklich veranlagten und tragischen Autoren der Zeit, der Goethe in Straßburg kennenlernte, sich mit ihm in Weimar überwarf und zum Teil von einer Geisteskrankheit gehemmt später verarmt in Moskau starb.

Der Hofmeister oder Vorteile der Privaterziehung (1774)

Komödie in fünf Akten. Der als Hofmeister (Privatlehrer) auftretende Theologiekandidat verdreht seiner Schülerin, einer Majorstochter, den Kopf, lässt sie ihre Jugendliebe vergessen und schwängert sie. Das Stück plädiert für öffentliche Schulen.

Die Soldaten

Die Soldaten (1776)

Komödie in fünf Akten. Die Galanteriewarenhändlerstochter Marie Wesener verlässt ihren Verlobten, den Tuchhändler Stolzius, um mit dem adeligen französischen Offizier Desportes eine bessere Partie zu machen. Der hat es aber nur auf ein flüchtiges Abenteuer abgesehen, diskriminiert Marie als Soldatendirne und hinterlässt ihr Schulden. Stolzius rächt den sozialen Abstieg Maries und nutzt eine Gelegenheit, Desportes zu vergiften. Die alte Gräfin de la Roche, deren Sohn auch an Marie interessiert war, hatte Marie davor gewarnt, sich über ihren Stand zu verlieben. Sie führt das Schicksal Maries, die zu ihrem Vater zurückkehrt, auf die Ehelosigkeit des Soldatenstandes zurück.

→ **Friedrich Schiller** (1759–1805): Nach der „Militärpflanzschule" auf der Solitüde bei Stuttgart und einem Medizinstudium wird Schiller dort Regimentsmedikus. Seine Erfahrungen der herzoglichen Willkür und ein Schreibverbot lassen Schiller zu Henriette von Wolzogen auf das Gut Bauerbach bei Meiningen fliehen. Eine Anstellung als Theaterdirektor am Mannheimer Nationaltheater scheitert. Nach unterschiedlichen Aufenthalten unter anderem in Weimar trifft er 1788 erstmalig mit Goethe zusammen.

Die Räuber

Die Räuber (1782)

Schauspiel in fünf Akten. Am Schicksal des Vaters offenbart sich die moralische Qualität des ungleichen Brüderpaares Franz und Karl Moor. Während der intrigante und skrupellose Franz, der Zweitgeborene, den Vater aus egoistischer Niedertracht in einem Hungerturm sterben lassen will und sich angesichts des Scheiterns seines Vorhabens selbst erdrosselt, rettet der mehrfach betrogene und zum verfemten Räuber gewordene Karl seinen Vater, der jedoch an der Erkenntnis der sozialen Rolle seines Sohnes stirbt, tötet aus Verpflichtung seiner Bande gegenüber seine ihm treu gebliebene Geliebte Amalia auf ihr Verlangen und stellt sich endlich der Obrigkeit.

Kabale und Liebe

Kabale und Liebe (Luise Millerin) (1784)

Ein bürgerliches Trauerspiel in fünf Akten. Ferdinand, der Sohn des Präsidenten von Walter, und die Musikertochter Luise Miller haben sich ineinander verliebt, was beiden Vätern aus unterschiedlichen Gründen nicht gefällt. Mit Hilfe seines Sekretärs Wurm, der selbst ein Auge auf Luise geworfen hat, leitet der Präsident, der seinen Sohn mit der Lady Milford verbinden möchte, erfolgreich eine Intrige (Kabale) ein, in deren Verlauf Luise mit der willkürlichen Gefangenschaft ihres Vaters zu einem unwahren Liebesgeständnis genötigt wird. Ferdinand, dem dieses Geständnis zugespielt wird, vergiftet erst Luise und dann sich selbst und weist alle Schuld seinem Vater zu.

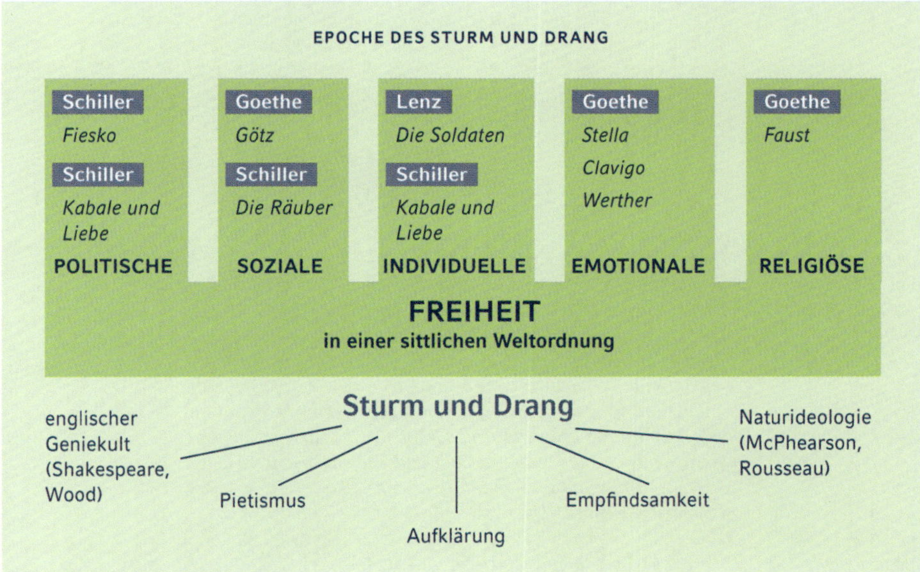

Schaubild 5: Sturm und Drang

Analysebeispiel:

Analyse-Elemente	Text	Deutungs-Elemente
	Friedrich Schiller ***Die Räuber*** (I. Akt, 2. Szene, Auszug)	**Aufbegehren gegen Verhaltensformen und Gesetze der Unfreiheit**
Schimpfwort; Neologismus Assonanz, Alliteration dynamische Verben Wortstellung Assonanz	KARL VON MOOR: Pfui! Pfui über das schlappe Kastratenjahrhundert, zu nichts nütze, als die Taten der Vorzeit wiederzukäuen und die Helden des Altertums mit Kommentationen[1] zu schinden und zu verhunzen mit Trauerspielen. Die Kraft seiner Lenden ist versiegen gegangen, und nun muss Bierhefe den Menschen fortpflanzen helfen.	Kraftlosigkeit der Gegenwart
Wiederholung	SPIEGELBERG: Tee, Bruder, Tee!	drei Beispiele für soziale Handlungs- schwäche
Aufzählung von elf Argumenten Metapher Alliteration Metapher Ellipse (fehlt: Sie) Alliteration Gegensatz Ellipse (s. o.) Gegensatz Ellipse (s. o) Gegensatz fünf Ellipsen	KARL VON MOOR: Da verrammeln sie sich die gesunde Natur mit abgeschmackten Konventionen, haben das Herz nicht, ein Glas zu leeren, weil sie Gesundheit dazu trinken müssen – belecken den Schuhputzer, dass er sie vertrete bei Ihro Gnaden, und hudeln[2] den armen Schelm, den sie nicht fürchten. Vergöttern sich um ein Mittagessen und möchten einander vergiften um ein Unterbett, das ihnen beim Aufstreich[3] überboten wird. – Verdammen den Sadduzäer[4], der nicht fleißig genug in die Kirche kommt, und berechnen ihren Judenzins am Altare – (…) Fallen in Ohnmacht, wenn sie eine Gans bluten sehen, und klatschen in die Hände, wenn ihr Nebenbuhler bankerott von der Börse geht. – – So warm ich ihnen die Hand drückte – „nur noch einen Tag" – Umsonst! – Ins Loch mit dem Hund! Bitten, Schwüre, Tränen! *Auf den Boden stampfend*. Hölle und Teufel!	Leitbegriff des SuD drei Widersprüche: Pathos, Neid vs. Widerspruch des Engagements Doppelmoral vs. Ideologischer Widerspruch Sensibilität vs. emo- tionaler Widerspruch vs. Brutalität vier Stufen der Verschuldung Mitleidlosigkeit Erregtheit
	SPIEGELBERG: Und um so ein paar lausige Dukaten –	Geld als Sozial- prestige
zwei Ausrufe Ellipse zwei Ausrufe zwei Metaphern Personifikation Gegensatz drei Metaphern Metapher Vergleich Vergleich	KARL VON MOOR: Nein! Ich mag nicht daran denken! – Ich soll meinen Leib pressen in eine Schnürbrust und meinen Willen schnüren in Gesetze. – Das Gesetz hat zum Schneckengang verdorben, was Adlerflug geworden wäre. Das Gesetz hat noch keinen großen Mann gebildet, aber die Freiheit brütet Kolosse und Extremitäten[5] aus. Sie verpalisadieren sich ins Bauchfell eines Tyrannen, hofieren der Laune seines Magens und lassen sich klemmen von seinen Winden. – Ah! dass der Geist Hermanns[6] noch in der Asche glimmte! – Stelle mich vor ein Heer Kerls wie ich, und aus Deutschland soll eine Republik werden, gegen die Rom und Sparta Nonnenklöster sein sollen. *Er wirft den Degen auf den Tisch und steht auf.*	Formen der Unfrei- heit: des Körpers und des Geistes Leid-Begriff Stagnation der poli- tischen Entwicklung Leitbegriff des SuD dreifach kritisiertes Verhalten der Angepassten politisches Ziel; Beispiele aus der Antike
	1. erläuternde Abhandlungen; 2. quälen; 3. Versteigerung; 4. jüd. Hohepriester; 5. extreme Kräfte; 6. Hermann der Cherusker historische Autorität	

2.6 Klassik (1786–1805)

Bild 6: Johann Wolfgang von Goethe in der Campagna bei Rom, Gemälde von 1787 © picture-alliance / akg

ÜBERSICHT

Begriff	abgeleitet von lat. *classicus* = höchster Rang; dann auch vollkommen, zeitlos gültig
Sozio-historische Situation	→ jakobinische Terrorherrschaft nach der Französischen Revolution → Aufstieg Napoleons, Befreiungskriege, Völkerschlacht bei Leipzig, Niederlage Napoleons bei Waterloo
Zeitgeist	→ Deutscher Idealismus (Kant): kategorischer Imperativ → Winckelmann: Schönheitsideal der Antike → Humboldt: humanistische Bildung
Themen	Grundfragen des menschlichen Lebens
Stil	gehoben, Versformen und Sentenzen bevorzugt
Repräsentanten	→ Johann Wolfgang von Goethe (1749–1832) → Friedrich Schiller (1759–1805)

Politischer Umbruch

- → vom aufgeklärten Absolutismus zum Bürgerstaat
- → Französische Revolution (1789)
  - jakobinische Terrorherrschaft (1793/1794)
  - Kaiserkrönung Napoleons (1805)
- → Friedrich der Große (Regierungszeit 1740–1786)
- → Reichsdeputationshauptschluss (1803)
- → Ende des Heiligen Römischen Reiches deutscher Nation (1806)

„Kopernikanische Umkehr"

- → Kants drei Kritiken (1781–1790)
- → Wiederentdeckung der klassischen Antike
- → Johann Joachim Winckelmann (1717–1768)

Deutsche Kleinstaaterei

- → Ständestaat: Adel (Hofgesellschaften), Klerus, aufstrebendes Bürgertum
- → Merkantilismus – kapitalistische Wirtschaft
- → Beginn der industriellen Revolution

Harmonisierung der Gegensätze

- → Organismusidee – Humanitätsideal
- → Erhabene Hochsprache

Schaubild 6: Klassik

Begriff

Lange Begriffsgeschichte

Im alten Rom wurden die Bürger, die der höchsten Steuerklasse angehörten, als *classicus* bezeichnet, d.h. sie waren materiell hervorragend gestellt. Dieser Begriff wurde dann seit dem 2. Jahrhundert nach Christus auch auf Schriftsteller angewandt und bezeichnete somit eine vorbildliche, mustergültige literarische Qualität. Der Begriff *klassisch* wurde so zum Normbegriff für die kulturelle Höchstleistung eines Volkes und zur Kennzeichnung des Höhepunktes der jeweiligen Nationalliteratur verwendet. Die Phase der Klassik in den einzelnen Nationalliteraturen ist historisch jedoch durchaus unterschiedlich anberaumt. In der deutschsprachigen Literatur ist mit dem Begriff Klassik genauer die Weimarer Klassik benannt. Man begrenzt sie einerseits durch die erste italienische Reise Goethes (1786–88) und andererseits durch den Tod Schillers (1805), denn Goethe und Schiller sind die eigentlichen zwei Repräsentanten dieser Literaturepoche.

Sozio-historische Situation

„Freiheit, Gleichheit, Brüderlichkeit"

Es ist die Zeit nach dem ersten großen eruptiven europäischen Aufbegehren gegen die feudalaristokratische Epoche des Absolutismus in Frankreich. Die Französische Revolution von 1789 resultierte aus dem Denkansatz, dass an die Stelle der überkommenen, ständisch organisierten gesellschaftlichen Strukturen solche Systeme treten sollten, die auf dem freien Willen der Individuen beruhten. In Frankreich lautete die Parole der revolutionären Bewegung: „Freiheit, Gleichheit und Brüderlichkeit".

Der Erringung der individuellen wie nationalen Freiheit galt das vorrangige Bemühen. Doch die Französische Revolution ertrank im Blut der jakobinischen Terrorherrschaft und ermöglichte Napoleons Eroberungskriegszüge in Europa, die in den Befreiungskriegen unter Friedrich Wilhelm III. erst 1813 in der Völkerschlacht bei Leipzig und dann 1815 mit Napoleons Niederlage in Waterloo ihr endgültiges Ende fanden.

Zeitgeist

Kants drei Kritiken

Die Folgen der Französischen Revolution stießen in Deutschland auf Ablehnung und nahmen der revolutionären Empörung des Sturm und Drang die Spitze. Die drei Kritiken Immanuel Kants (1724–1804) hatten

- → erstens verdeutlicht, dass das menschliche Individuum in seiner Erkenntnisfähigkeit der Wirklichkeit beschränkt ist und nur zu einer Ansicht von Welt, nicht aber zur absoluten Wahrheit fähig ist (*Kritik der reinen Vernunft*, 1781),
- → zweitens postuliert, dass es die höchste Pflicht des Einzelnen ist, das Sittengesetz zu verwirklichen und sich den Anforderungen des kategorischen Imperativs zu unterwerfen (*Kritik der praktischen Vernunft*, 1788), und
- → drittens den Eigenwert des Schönen und Erhabenen herausgestellt (*Kritik der Urteilskraft*, 1790).

Formulierungen des kategorischen Imperativs:

- → Handle stets so, dass die Maxime deines Willens jederzeit zur Grundlage einer allgemeinen Gesetzgebung werden könne.
- → Handle so, dass du die Menschheit sowohl in deiner Person als in der Person eines jeden anderen jederzeit als Zweck, niemals bloß als Mittel brauchst.

Antikes Schönheitsideal

Diese Position des **Idealismus** vertraut auf die Selbstbestimmung und Selbstvollendung des Menschen unter den Leitbegriffen des Schönen, Guten und Wahren. Das von dem Archäologen **Johann Joachim Winckelmann** (1717–1768) formulierte Schönheitsideal, das sich an der griechischen Antike orientiert und Einfalt, Ausgewogenheit und Maß verlangt, stützte diese Anschauung. Letztlich trugen auch die beiden Hauptrepräsentanten der Weimarer Klassik zur Abrundung dieser Einstellung bei. Goethe verinnerlichte auf seiner Italienreise die Ästhetik der klassischen Antike und erfuhr in seinem Umgang mit Charlotte vom Stein, der unglücklich verheirateten Gattin des Weimarer Oberstallmeisters, die Notwendigkeit der Entsagung und des Verzichts. Schiller entwickelte aus seiner Kant-Rezeption die Idee der „schönen Seele", die moralische Handlungen mit Anmut und Würde vereint, wenn sie Pflicht und Neigung zu harmonisieren versteht. Beide stimmten zudem mit Wilhelm von Humboldt (1767–1835) überein, der den Weg zur harmonischen Selbstvollendung des Menschen in einer humanitären Bildung sah und die „reine Menschlichkeit" zum humanistischen Ideal ausrief.

Themen

Allgemeingültige Themen

Die Literatur der Klassik wendet sich von der Tagespolitik und dem Alltagsgeschehen ab und den allgemeinen und grundsätzlichen Themen des Menschen zu. Man strebt nach der Gestaltung von Typischem, Gesetzmäßigem, Immergültigem und Urbildern. Es geht um Pflicht und Neigung (Goethe, *Iphigenie*), Freiheit und Zwang (Goethe, *Wilhelm Tell*), Individuum und Gesellschaft (Goethe, *Wilhelm Meister*), Schicksal und Schuld (Schiller, *Wallenstein)*, Idee und Wirklichkeit (Schiller, *Don Carlos*) und das demütige Verhältnis des Menschen zum Göttlichen.

Stil

Drama als bevorzugte Gattung

Das Drama ist die bevorzugte Gattung. Hier werden die Grundfragen des Daseins oft in Form des Ideendramas oder des Geschichtsdramas diskutiert. Dabei versteht man unter einem **Ideendrama** ein Schauspiel, in dem Figurenzeichnung und Handlungsablauf der Problem- oder Themendarstellung einer bestimmten Idee, wie z. B. der Toleranz, untergeordnet werden. Dagegen bezeichnet der Begriff **Geschichtsdrama** ein historisches Drama, das seinen Stoff an Fakten und Ereignisse der Geschichte anlehnt. Die Dramen der Weimarer Klassik sind zumeist in Versform verfasst und zeigen in ihrem Bestreben um Überzeitlichkeit die Neigung zur Sentenz. Im Bereich der narrativen Literatur herrscht der Bildungsroman vor, in der Lyrik die sogenannte Gedankenlyrik. Damit sind vor allem die großen philosophischen Gedichte Schillers gemeint, in denen das Erleben idealisierter ethischer Ideen zur Darstellung gelangt (*An die Freude, Das Ideal und das Leben* u. a.). Nicht übersehen werden sollten aber die Balladen, denen Goethe und Schiller besonders im Balladenjahr 1797 zusprachen.

Repräsentanten und Werke

→ **Johann Wolfgang von Goethe** (1749–1832): Nach seiner ersten Italienischen Reise (1786–1788) gab Goethe nahezu alle seine öffentlichen Ämter auf und widmete sich ganz der Literatur, seinen naturwissenschaftlichen Studien in den Bereichen botanische Morphologie, Zoologie, Anatomie, Optik und Farbenlehre und der Leitung des Weimarer Hoftheaters. Außerdem verband er sich mit Christiane Vulpius, die ihm den Sohn August gebar. Zu Schiller unterhielt er seit 1794 bis zu dessen Tod eine ununterbrochene Freundschaft.

Wilhelm Meisters Lehrjahre

Wilhelm Meisters Lehrjahre (1795/96)

Entwicklungs- und Bildungsroman. Der Kaufmannssohn Wilhelm Meister gründet nach schmerzlichen Erfahrungen mit der Schauspielerin Mariane, von der er einen Sohn Felix hat, und nach der Begegnung mit der eigenartigen zwölfjährigen Mignon eine eigene Theatergesellschaft, wird aber überfallen, ausgeraubt, verwundet und von einer edlen Frau gerettet. Er bringt seine Schauspieler bei dem Theaterdirektor Serlo unter und findet für sich, Mignon und Felix bei Lothario und Therese eine edle Aufnahme. Unter eigenartigen Riten wird ihm sein Lehrbrief ausgehändigt. In Lotharios Schwester Nathalie lernt er seine Retterin und spätere Frau kennen.

Iphigenie auf Tauris

Iphigenie auf Tauris (Erscheinungsjahr 1787, Uraufführung der Prosafassung 1779)

In Jamben verfasstes fünfaktiges Ideendrama zur Humanität. Iphigenie wird von der Göttin Diana vor dem Tod als Sühneopfer gerettet und als ihre Priesterin in das barbarische Land des Skythenkönigs Thoas entführt. Sie bewegt ihn, die Menschenopfer abzuschaffen, lehnt aber seine Bewerbung ab. Aus Rache befiehlt Thoas, zwei Fremdlinge, die an der Insel gestrandet sind, zu opfern. Dabei handelt es sich um ihren Bruder Orest, der wegen des Mordes an seiner Mutter von den Rachegöttinnen verfolgt wird, und dessen Freund Pylades. Wegen eines missverstandenen Orakelspruchs wollen sie das Götterbildnis der Diana rauben, Iphigenie entführen und beide nach Griechenland bringen. Da offenbart Iphigenie allen situativen Nachteilen zum Trotz Thoas die wahre Situation und bewirkt durch ihre Aufrichtigkeit, Thoas' Erlaubnis, mit Orest und Pylades nach Griechenland zurückzukehren.

Faust

Faust. Erster Teil (1808)

Doppeldrama

Gelehrtendrama. Faust, ein Universalgelehrter der Renaissance, ist an die Grenzen des zeitgenössischen Wissens gelangt. Vergeblich versucht er mit Hilfe der weißen und schwarzen Magie, das Geheimnis der Welt zu entschleiern. Da schließt er mit dem Teufel Mephistopheles eine Wette ab, in der er sein Leben für den Moment des Glücks einsetzt, dem er ewige Dauer wünscht.

Gretchendrama: Mephistos Bemühen zielt ganz auf sinnliche Lust ab. Er bringt Faust mit der 15-jährigen Margarete zusammen; doch die Liebesbeziehung verläuft tragisch: Gretchen vergiftet ahnungslos ihre Mutter mit einem vermeintlichen Betäubungsmittel, ihr Bruder fällt im Degenkampf von Fausts Hand, sie wird schwanger und ertränkt ihr Kind, um den Fehltritt zu vertuschen. Im Kerker, die Hinrichtung als Kindsmörderin vor Augen, steht sie zu ihrer Schuld und verweigert in christlicher Überzeugung eine durch Faust und Mephisto mögliche Flucht.

Die Wahlverwandtschaften

Die Wahlverwandtschaften (1809)

Roman. Wahlverwandtschaft bezeichnet in der Chemie die Fähigkeit eines Elements, eine feste Verbindung zu lösen und mit dem frei werdenden Teil eine neue Verbindung einzugehen: Das Eheglück von Eduard und Charlotte wird durch einen befreundeten Hauptmann und der jungen Verwandten Ottilie gestört. Eduard verliebt sich in Ottilie. Auch Charlotte und der Hauptmann fühlen sich zueinander hingezogen, finden aber die Kraft der Entsagung. Eduard und Ottilie hingegen verlieren die sittlichen Maßstäbe, Ottilie wird sogar schuld am Tod von Eduards und Charlottes gemeinsamem Kind. Von Schuldgefühlen verzehrt stirbt sie, Eduard folgt ihr in den Tod nach.

Weitere Dramen: ***Egmont*** (1788), ***Torquato Tasso*** (1790), ***Faust II*** (1832)
Weitere Prosa: ***Unterhaltung deutscher Ausgewanderten*** (1795), ***Wilhelm Meisters Wanderjahre oder die Entsagenden*** (1821), ***Novelle*** (1828)

→ **Friedrich Schiller** (1759–1805): Nach seiner Heirat mit Charlotte von Lengefeld erkrankt Schiller an einem Lungenleiden, muss seine Lehrtätigkeit an der Universität Jena aufgeben und lebt von fremder finanzieller Unterstützung. Er gibt die Zeitschriften *Die Horen* und den *Musenalmanach* heraus, übersiedelt 1799 nach Weimar, wo er 1802 ein eigenes Haus bezieht und in den erblichen Adelsstand erhoben wird. 1805 stirbt Friedrich Schiller.

Don Carlos

Don Carlos, Infant von Spanien (1787)

In Jamben verfasstes dramatisches Gedicht in fünf Akten, Ideendrama zu Freiheit und Weltbürgertum. Philipp II., König von Spanien, hat seinem Sohn Don Carlos die Braut Elisabeth von Valois weggeschnappt und geheiratet. Während Elisabeth Don Carlos zur Entsagung auffordert und bittet, sich um Spanien zu kümmern, will Marquis Posa, Carlos' Freund, ihn für die Freiheitskämpfe der Niederländer begeistern. Als die Hofdame Prinzessin von Eboli, die aussichtslos in Don Carlos verliebt ist, in einer Intrige auf die Verbindung der Königin Elisabeth zu Don Carlos hinweist, rettet Marquis Posa seinen Freund, indem er vorgibt, er selbst sei in die Königin verliebt, und Don Carlos eine Flucht in die Niederlande ermöglicht. Aber es kommt anders: Posa wird erschossen, Don Carlos' Fluchtplan entdeckt und er selbst der Inquisition übergeben.

Über Anmut und Würde (1793)

Ästhetische Abhandlung, in der die Anmut dem weiblichen, die Würde dem männlichen Geschlecht zugeordnet und der Begriff der „schönen Seele" definiert wird.

Über die Ästhetische Erziehung des Menschen, in einer Reihe von Briefen (1795)

Pädagogische Abhandlung, in der das Ideal einer Sittlichkeit beschrieben wird, die Pflicht und Neigung miteinander verbindet. Im Spiel wird die Möglichkeit gesehen, widerstreitende Prinzipien miteinander zu versöhnen.

Wallenstein

Wallenstein (1798/99)

Dramatisches Gedicht in drei Teilen und elf Akten: *Wallensteins Lager, Die Piccolomini, Wallensteins Tod.* In Wallensteins Lager wird die Abhängigkeit des Feldherrn von den Verhältnissen deutlich. Er will den Krieg beenden und sich selbst eine gute Stellung sichern. – Als der Wiener Hof einen Hochverrat des in den Diensten des Kaisers stehenden Wallenstein befürchtet und sein Heer verringern will, nimmt dieser Verbindung mit den Schweden auf und versucht entgegen der Order auf eigene Faust eine Lösung für Europa. Seine Freunde Illo und Terzky listen den Generalen eine Ergebenheitserklärung für Wallenstein ab. Nur Octavio Piccolomini, der Wallensteins Verrat am Kaiser voraussieht, unterschreibt nicht. Sein Sohn Max, den die Liebe mit Wallensteins Tochter Thekla verbindet, ist von Wallensteins Vorhaben entsetzt und sucht verzweifelt den Tod auf dem Schlachtfeld. – Nach langem Zögern geht der sternengläubige Wallenstein mit den Schweden ein Bündnis ein, woraufhin die Generale und Truppen unter dem Betreiben Octavios von ihm abfallen. Noch bevor die Schweden in Eger zur Unterstützung Wallensteins eintreffen, wird der von zwei Hauptleuten seines Obersten Butlers erstochen

Historische Stoffe

Weitere Dramen: ***Maria Stuart*** (1800), ***Die Jungfrau von Orleans*** (1801), ***Die Braut von Messina oder Die feindlichen Brüder*** (1803), ***Wilhelm Tell*** (1804)

Analysebeispiel:

Analyse-Elemente	Text	Deutungs-Elemente
monologartiges Entscheidungsgespräch	**Johann Wolfgang von Goethe** ***Iphigenie auf Tauris*** (Fünfter Aufzug, dritter Auftritt, Auszug)	**ethisch fundiertes Bekenntnis zur Humanität (Ehrlichkeit, Achtung des Menschen König Thoas)**
5-hebiger Jambus ohne Endreim: Blankvers	IPHIGENIE *(nach einigem Stillschweigen).*	**Gender-Leitfrage: Schwerpunkt Mann**
	Hat denn zur unerhörten Tat der Mann	
drei rhetorische Fragen	Allein das Recht? Drückt denn Unmögliches	
	Nur er an die gewalt'ge Heldenbrust?	
	Was nennt man groß? (…) Der in der Nacht	
	Allein das Heer des Feindes überschleicht,	Reflexion: zwei Definitionen im Gegensatz: Heroismus: Tollkühnheit
Vergleich	Wie unversehen eine Flamme wütend	
Assonanz	Die Schlafenden, Erwachenden ergreift,	
	Zuletzt, gedrängt von den Ermunterten,	
	Auf Feindes Pferden, doch mit Beute kehrt,	Gesetzesbrecher: Pferdedieb
rhetorische Frage, insistierende Wiederholung	Wird der allein gepriesen? Der allein,	
	Der einen sichern Weg verachtend, kühn	Wagemut
	Gebirg und Wälder durchzustreifen geht,	
Assonanz	Dass er von Räubern eine Menge säubre?	Gesetzesbewahrer
Gegensatz	Ist uns nichts übrig? Muss ein zartes Weib	
	Sich ihres angebornen Rechts entäußern,	**Genderleitfrage: Schwerpunkt Frau** Recht auf Milde, Lebensbewahrung vs. Vermännlichung: Gewalt
Assonanz	Wild gegen Wilde sein, wie Amazonen	
Vergleich	Das Recht des Schwerts euch rauben und mit Blute	
Assonanz	Die Unterdrückung rächen? Auf und ab	
Alliteration	Steigt in der Brust ein kühnes Unternehmen:	
Alliteration	Ich werde großem Vorwurf nicht entgehn,	Darstellung des eigenen Plans **Konsequenzen des eigenen Tuns**
Alliteration	Noch schwerem Übel, wenn es mir misslingt;	
Assonanz	Allein e u c h leg ich's auf die Kniee! Wenn	
	Ihr wahrhaft seid, wie ihr gepriesen werdet,	
	So zeigt's durch euern Beistand und verherrlicht	Verlagerung der Verantwortung Probe: Beweis der Ehrhaftigkeit; gegen Heimlichkeit für Rechtmäßigkeit und Offenheit
Entscheidungsvokabel	Durch mich die Wahrheit! – Ja, vernimm, o König,	
	Es wird ein heimlicher Betrug geschmiedet:	
Assonanz	Vergebens fragst du den Gefangnen nach;	
	Sie sind hinweg und suchen ihre Freunde,	
Assonanz	Die mit dem Schiff am Ufer warten, auf.	

Analyse-Elemente	Text	Deutungs-Elemente
Metrumstörung Assonanz	Der älteste, den das Übel hier ergriffen Und nun verlassen hat – es ist Orest, Mein Bruder, und der andre sein Vertrauter, Sein Jugendfreund, mit Namen Pylades.	**Beschreibung und Offenlegung des Plans** Enthüllung und Aufklärung
Assonanz Alliteration	Apoll schickt sie von Delphi diesem Ufer Mit göttlichen Befehlen zu, das Bild, Dianens wegzurauben und zu ihm Die Schwester hinzubringen, und dafür	
Alliteration Assonanz	Verspricht er den von Furien Verfolgten, Des Mutterblutes Schuldigen, Befreiung. Und beide hab' ich nun, die Überbliebnen	konkreter Plan vs. obige theoretische Erörterung
Alliteration	Von Tantals Haus, in deine Hand gelegt: Verdirb uns – wenn du darfst.	Rückbindung an Ethik und Moral

2.7 Zwischen Klassik und Romantik

Bild 7 (links): Der Lyriker Friedrich Hölderlin (1770–1843) © picture-alliance / akg
Bild 8 (Mitte): Der Schriftsteller Heinrich von Kleist (1777–1811) © dpa Bilderdienste
Bild 9 (rechts): Der Romancier Jean Paul (1763–1825) © picture alliance/akg-images

Außenseiter der Literaturgeschichte

Drei Autoren von Rang sind nicht ohne Weiteres in die Schubläden der Epochen einzuordnen, obwohl sie überwiegend in der Zeit der Weimarer Klassik lebten und schrieben: Jean Paul, Friedrich Hölderlin und Heinrich von Kleist.

Origineller Bestsellerautor

→ **Jean Paul** (1763–1825) hieß eigentlich Jean Paul Friedrich Richter. Aus ärmlichen Verhältnissen stammend, brachte er sich nach dem Studium der Theologie zunächst als Privatlehrer und Leiter einer Elementarschule durch, eher er dank seiner viel gelesenen Romane, die ihn zum beliebtesten Dichter des beginnenden 19. Jahrhunderts machten, von der Schriftstellerei leben konnte. Jean Paul, der aus dem Fichtelgebirge stammte, lebte abwechselnd in Leipzig, Hof, Weimar, Berlin, Meiningen, Coburg und schließlich mit bayerischer Hofunterstützung in Bayreuth.

Die Originalität der Romane Jean Pauls sprengt jeden herkömmlichen Rahmen. Skurrile Komik verbindet sich in ihnen mit Kritik, Gefühlsseligkeit mit Schmerz und Enttäuschung, romantische Idylle mit wuchernder Detailfülle. Ihr weiser Humor und ihre differenzierte Natur- und Seelenschilderung bilden ein Vorspiel zur Romantik. Seine bekanntesten Romane sind:

Leben des vergnügten Schulmeisterleins Maria Wuz in Auenthal (1793)
Quintus Fixlein (1796)
Blumen-, Frucht- und Dornenstücke oder Ehestand, Tod und Hochzeit des Armenadvokaten F. St. Siebenkäs (1796)

Romane, in denen Paul liebevoll das Leben kleiner, bescheidener, einsamer, stiller Menschen nachzeichnet.

Titan (1800–1803)

Erziehungsroman, der sich gegen die Selbstüberschätzung des Sturm und Drang wendet. Albano findet nach manchen Irrwegen und Reisen als regierender Fürst in der Verbindung mit der Prinzessin Idoine die Erfüllung seines Strebens und wird zu Jean Pauls Regentenideal.

Flegeljahre (1804)

Unvollendeter Roman um das ungleiche Zwillingspaar Walt und Vult, dem Schwärmer und dem Erkenner, dem der Kontrast zwischen dem italienischen und dem niederländischen Schreibstil entspricht.

Geistige Umnachtung

→ **Friedrich Hölderlin** (1770–1843): Der Sohn eines hessischen Klosterhofmeisters lernt bereits im Tübinger Stift Hegel kennen, arbeitet als Hauslehrer im Hause der Frau von Kalb, einer Freundin Schillers und Jean Pauls, und dann des Bankiers Gontard in Frankfurt, wo seine Liebe zu dessen Frau Susette zu einem schweren Zerwürfnis führt. Rastlos wandert er bis Bordeaux und kehrt geistig umnachtet von dort zurück. Unheilbar krank lebt er ab 1806 bei einem Tischler.

Die denkerische Gewalt, die tragische Zucht und die hohe Gesinnung, die vom Werk Hölderlins ausgehen, sind erst nach dem Ersten Weltkrieg erkannt worden. Seine bedeutenden, meist hymnischen Gedichte sind Gebet, Gesang und Vision zugleich.

Hyperion

Hyperion oder Der Eremit in Griechenland (1797/99)

Elegischer Briefroman, der die Euphorie, das Scheitern und die Trauer um das Ideal der politischen Freiheit nachzeichnet. Hyperion wird in Südgriechenland von seinem Lehrer Adamas für die große griechische Vergangenheit begeistert. Als junger Idealist kämpft er für die Befreiung seines Landes von den Türken. Die von ihm geliebte Diotima lehrt ihn vergeblich, sich zu bilden, statt zu schwärmen, vermittelt ihm aber die Kraft zur Tat. Sein Freund Alabanda überredet ihn zu einem übereilten Eingreifen in den griechischen Aufstand von 1770 und scheitert. Diotima stirbt, Alabanda wendet sich von ihm ab. Hyperion geht nach Deutschland, kehrt aber enttäuscht nach Griechenland zurück, wo er seitdem in resignierter Naturliebe als Einsiedler lebt.

Ruheloses Leben

→ **Heinrich von Kleist** (1777–1811): Der Sohn einer alten märkischen Adels- und Offiziersfamilie mag das Militär nicht, studiert Jura und Philosophie und findet sich nach der Lektüre Kants in seinem Pessimismus bestärkt, wendet sich der Naturideologie Rousseaus zu und will Bauer in der Schweiz werden. Er ist ruhelos auf Reisen, oft mit seiner Lieblingsschwester Ulrike, trifft Goethe, Schiller und Wieland, lebt von einer Pension der Königin Luise und nach dem Zusammenbruch Preußens zwei Jahre einigermaßen zufrieden in Dresden, ehe er nach Berlin zurückkehrt. Dort erschießt er am 21. 11. 1811 zuerst auf Wunsch die krebskranke Henriette Vogel und dann sich selbst.

Kleist stilistische Besonderheit liegt in seiner raffenden und geballten Ausdruckskraft, die manchmal wahre Satzmonster produziert. Inhaltlich dreht sich sein Werk um Probleme der Erkenntnisfähigkeit und Fragen der Schuld.

Der zerbrochne Krug

Der zerbrochne Krug (1808)

In Versen geschriebenes Lustspiel. Der Dorfrichter Adam hat bei seinem heimlichen Besuch in Evchens Zimmer, wo er von ihrem Bräutigam, dem Bauer Ruprecht, verscheucht wird, auf der Flucht einen Krug zerbrochen. Evchens Mutter klagt nun Ruprecht der Tat an. Als die Revision des Gerichtsrats Adam zur Durchführung des Prozesses zwingt, den er gern niedergeschlagen hätte, versucht er vergeblich, in Ruprecht den Täter zu finden, und verfängt sich in seinem eigenen Netz. Am Ende führt sein Schreiber Licht die Verhandlung zu Ende, während Adam flüchtet.

Michael Kohlhaas

Michael Kohlhaas (1810)

Novelle. Dem rechtschaffenen und gerechtigkeitsliebenden Rosshändler Kohlhaas werden unrechtmäßig zwei Rappen vorenthalten. Besessen kämpft er um sein Recht, macht sich in seiner Maßlosigkeit schuldig am Tode Tausender von Unschuldigen und am Niedergang von Dörfern und Städten und ruht nicht eher, bis ihm Gerechtigkeit widerfahren ist. Dass er selbst wegen seiner Taten als Landfriedensbrecher zum Tode verurteilt wird, nimmt er als Sühne willig auf sich.

Prinz Friedrich von Homburg (1810)

5-aktiges Drama in Jamben. Der nachtwandlerische Prinz von Homburg träumt in Liebe von Nathalie, der Nichte des Kurfürsten, überhört eine Order zur Schlacht von Fehrbellin (1675) und greift deshalb zu früh in die Schlacht ein. Er besiegt zwar die feindlichen Schweden, wird aber vom Kurfürsten wegen Verstoß gegen die Subordination zum Tode verurteilt. Erst als er seine Schuld und das kurfürstliche Urteil einsieht, wird er begnadigt.

Weitere Dramen: *Die Familie Schroffenstein* (1803), *Amphitryon* (1807), *Penthesilea* (1808), *Das Käthchen von Heilbronn oder Die Feuerprobe* (1808), *Die Hermannsschlacht* (1808)
Weitere Novellen: *Das Erdbeben in Chili* (1807), *Die Marquise von O.* (1808), *Das Bettelweib von Locarno* (1810)
Abhandlung: *Über das Marionettentheater* (1810)

Analysebeispiel:

Analyse-Elemente	Text	Deutungs-Elemente
freie Ode, zwei Strophen zu sieben Versen, 2-4-hebig, jambisch-trochäisch, Versbindung durch Assonanzen und Alliterationen	**Friedrich Hölderlin** ***Hälfte des Lebens*** (1803)	**melancholische Betrachtung des Jahreszeitenwechsels als Lebensmetapher**
Wortfeld der Natur	Mit gelben Birnen hänget	Herbst, erntereife Frucht = menschliches Werk
Assonanz	Und voll mit wilden Rosen	Natur im Herbst
	Das Land in den See.	terrestrische Einheit
Anrede, Symboltiere der Liebe; Personifikation	Ihr holden Schwäne,	
Alliteration, phonetisch-syntaktisches Füllwort;	Und trunken von Küssen	weiche Herbststimmung
Sexualmetaphorik, Neologisgismus; Assonanz	Tunkt ihr das Haupt	religiös-profane Einheit der Erlösung (Taufritus)
	Ins heilignüchterne Wasser.	
Gegensatz 1. vs. 2. Strophe Alliteration, Assonanz	Weh mir, wo nehm ich, wenn	Ratlosigkeit, Selbstmitleid
	Es Winter ist, die Blumen, und wo	
Gegensatz Alliteration	Den Sonnenschein	
rhetorische Frage	Und Schatten der Erde?	
Assonanzen menschliche Artefakte	Die Mauern stehn	harte Winterstimmung: Einsamkeit, Gefühlsarmut
	Sprachlos und kalt, im Winde	materielle Hinweiszeichen auf lebende Verbände:
	Klirren die Fahnen.	Identifikationszeichen

2.8 Romantik (1795–1830)

Bild 10: Abtei im Eichwald, Gemälde von Caspar David Friedrich, 1809/10 © picture alliance/akg-images

ÜBERSICHT

Begriff	romantisch = romanhaft: erfunden, unwirklich, fantastisch, überspannt; Zeitepoche zwischen dem Aufstieg Napoleons und der Julirevolution in Frankreich
Sozio-historische Situation	Napoleon von Austerlitz (1805) bis Waterloo (1815); 1806 Ende des Heiligen Römischen Reiches Deutscher Nation; 1815 Wiener Kongress
Themen	Natur, Einsamkeit, Wanderschaft
Stil	synästhetische Sinneseindrücke, romantische Ironie

Begriff

Von wildschön bis überspannt

Der Begriff Romantik leitet sich von der Gattungsbezeichnung „Roman" ab und kennzeichnet damit

→ allgemein etwas Erfundenes, Unwirkliches,
→ auf Naturerscheinungen bezogen etwas Wildschönes, Malerisches, das Gefühl Ansprechendes,
→ ins Negative gewandt später aber auch etwas fantastisch Überspanntes, nahezu Krankhaftes.

Innerhalb der Literaturgeschichte bezeichnet der Begriff die Zeitspanne zwischen Napoleons Aufstieg zur Macht und der Julirevolution in Frankreich.

Die Epoche der Romantik wird in drei Phasen unterteilt:
→ die Frühromantik in Jena und die Dichter der Befreiungskriege,
→ die Hochromantik in Heidelberg und
→ die Spätromantik in Berlin und die „Schwäbische Schule".

Sozio-historische Situation

Napoleonische Epoche

Seit 1795 tritt Napoleon Bonaparte als siegreicher Oberbefehlshaber gegen Österreich hervor, bemächtigt sich der Herrschaft, krönt sich 1804 zum Kaiser und verfolgt sein Ziel eines europäischen Imperiums. Das alte Heilige Römische Reich deutscher Nation zerbricht: Napoleon gewinnt die Dreikaiserschlacht bei Austerlitz (1805), und der Habsburger Monarch legt 1806 die deutsche Kaiserkrone nieder. Aber Napoleons Eroberungszüge gehen weiter: Er besiegt Preußen, verhängt die Kontinentalsperre gegen England, besiegt Spanien und Österreich und greift Russland an. Erst in der Völkerschlacht bei Leipzig 1813 und endgültig in der Schlacht von Waterloo (1815) wird Napoleon von den verbündeten Europäern besiegt. Die Neuordnung Europas auf dem Wiener Kongress 1815 sorgt mit der Heiligen Allianz zwar zunächst für Frieden, stellt aber andererseits die alten absolutistischen Zustände wieder her und unterdrückt die von Napoleon ausgelösten demokratisch-liberalen und nationalen Bewegungen. Die Volksaufstände in Italien und Spanien werden niedergeschlagen. In Deutschland waren die Gründung der Deutschen Burschenschaft 1815 und das Wartburgfest zwei Jahre später zwar deutliche Signale für das Streben nach nationaler Einheit, aber nach den Karlsbader Beschlüssen 1819 kommt es zur sogenannten Demagogenverfolgung.

Den Griechen gelingt 1829 mit ausländischer Unterstützung ihr Befreiungskampf von den Türken, die Belgier trennen sich 1830 von den Niederlanden ab, in Frankreich wird in der Julirevolution von 1830 der zum Absolutismus zurückkehrende Ludwig XVIII. vom Thron gejagt und durch den Bürgerkönig Louis Philippe ersetzt.

Themen

Unbewusstes und Triebhaftes

Die Themen der Romantik sind infolge ihres universellen Anspruchs sehr weit gestreut und reichen von der symbolhaften Darstellung stimmungsvoller Landschaft als äußerlicher Naturannäherung bis zu märchenhaften, z. T. albtraumhaften Fantasieschilderungen als Ausdruck der innerlichen Natur des Künstlers. Irrationales, Unbewusstes und dämonisch Triebhaftes gelangt ebenso zur Darstellung wie die seelisch wechselvollen Stimmungen des Beheimatet- und Unbeheimatetseins. Die verwendeten Motive bleiben dabei relativ überschaubar und wiederholen sich gern: Natur, Einsamkeit, Wanderschaft.

Stil

Vor allem Lyrik und Prosa

Dramatische Texte finden sich in der Romantik eher selten. Das Schwergewicht liegt auf der zum Fragment neigenden Prosa und der sprachlich einfachen, volksliedhaften Lyrik, die nicht selten in einem Text miteinander verbunden auftreten. Die Sprache zeichnet sich durch die Harmonie des Wortklangs ebenso aus wie durch synästhetische Sinneseindrücke und feine, ahnungsvolle Assoziationen. Die **romantische Ironie** ist dabei ein Mittel der Verfremdung, mit dem es dem Dichter gelingt, die Erwartungs- und Illusionshaltung des Rezipienten zu durchbrechen und auch selbst Distanz zum Text zu gewinnen.

2.8.1 FRÜHROMANTIK

ÜBERSICHT

Zeitgeist	Neue Religiosität (Schleiermacher), subjektiver Idealismus (Fichte), transzendentaler Idealismus (Schelling): transzendentale Universalpoesie (Schlegel)
Repräsentanten	→ Novalis (Friedrich von Hardenberg, 1772–1801) → Ludwig Tieck (1773–1853) → Wilhelm Heinrich Wackenroder (1773–1798)

Zeitgeist

Jena als Zentrum

Vor dem Hintergrund der enttäuschenden Gegenwart wandten sich die Menschen von der idealistischen Weltauffassung der Klassik ab und sahen in der zuletzt vernachlässigten Welt der Gefühle und der Fantasie die Kraft für einen Durchbruch in die Universalität. In der ersten Phase der Frühromantik, die sich in und um Jena konzentrierte, erfolgte im Wesentlichen die philosophische Grundlegung und theoretische Ausarbeitung der neuen Weltsicht. Der aus dem Pietismus stammende Friedrich Schleiermacher (1768–1834) definiert die Religion als die Möglichkeit, das Universum aus dem Inneren des Gemüts anzuschauen, und befördert damit eine neue Religiosität, die besonders den Katholizismus mit seiner ehrwürdigen Pracht so attraktiv macht, dass viele bedeutende Männer zu dieser Konfession wechseln. Der Jenaer Philosophieprofessor Johann Gottlieb Fichte (1762–1814) proklamiert mit seinem subjektiven Idealismus ein nahezu egozentrisches Selbstbewusstsein, sein Kollege Friedrich Wilhelm Joseph von Schelling (1775–1854) begründet im „System des transzendentalen Idealismus" eine Naturphilosophie, nach der sich der Intuition des Künstlers in der Natur die entfaltete Weltvernunft im subjektiven Erleben der kosmischen Zusammenhänge erschließt. Das alles fasst Friedrich Schlegel (1772–1829) in seinem Postulat nach einer **„progressiven Universalpoesie"** zusammen. Es geht um die Steigerung des schöpferischen Ichs ins Grenzenlose, die Synthese aller rationalen und irrationalen Kräfte und die Verschmelzung aller Gegensätze.

„Progressive Universalpoesie"

BEISPIEL

> Die romantische Poesie ist eine progressive Universalpoesie. Ihre Bestimmung ist nicht bloß, alle getrennten Gattungen der Poesie wieder zu vereinigen und die Poesie mit der Philosophie und Rhetorik in Berührung zu setzen. Sie will und soll auch Poesie und Prosa, Genialität und Kritik, Kunstpoesie und Naturpoesie bald mischen, bald verschmelzen, die Poesie lebendig und gesellig und das Leben und die Gesellschaft poetisch machen, den Witz poetisieren und die Formen der Kunst mit gediegnem Bildungsstoff jeder Art anfüllen und sättigen und durch die Schwingungen des Humors beseelen.
>
> (Friedrich Schlegel, 116. Fragment aus dem *Athenäum*, Auszug, 1798)

Frauen der Romantik

Auch andere Literaturen werden beachtet, sodass die von Schlegel und Tieck besorgten neuen Übersetzungen von Calderón, Cervantes, Dante, Hafis und Shakespeare den Horizont erweitern. In kleinen, vor allem von Frauen wie Caroline von Schlegel-Schelling in Jena und Rahel Varnhagen in Berlin geführten Salons konzentriert sich der intellektuelle Gedankenaustausch. Dorothea Schlegel, die Tochter des Aufklärers Moses Mendelssohn, und Bettina von Arnim, die Schwester Clemens von Brentanos, waren sogar selbst beachtete Schriftstellerinnen.

Repräsentanten und Werke

Liebe und früher Tod

→ **Novalis:** Friedrich von Hardenberg (1772–1801): bedeutendster Vertreter der Frühromantik, wurde nach mathematisch-naturwissenschaftlichen Studien Amtshauptmann in Thüringen und starb nach dem frühen Tod seiner 13-jährigen Verlobten Sophie von Kühn dieser, an der Schwindsucht leidend, nach.
Hymnen an die Nacht (1800)

Sechs pietistisch beeinflusste Hymnen, z. T. in rhythmischer Prosa. Vereinsamung, Todessehnsucht, mystische Vereinigung mit der Geliebten, Liebe zum Kosmos und Christus als Überwinder des Todes

Heinrich von Ofterdingen

Heinrich von Ofterdingen (1802)

Unvollendeter fantastischer Entwicklungsroman in zwei Teilen. Heinrich von Ofterdingen (Afterdingen = Metaphysik), der von den Mythen der Dichter fasziniert ist und von der blauen Blume als Sinnbild poetischer Vollkommenheit geträumt hat, wird von seiner Mutter von Eisenach nach Augsburg begleitet, wo er Klingsohr, den Meister der magischen Wissenschaft und Dichter, kennenlernt und sich in dessen Tochter Mathilde verliebt, die ihm als Inkarnation der Poesie erscheint, weil er sie im Wunder der blauen Blume geschaut hat. Der Roman bricht ab, bevor Heinrich als Spruchdichter auf der Wartburg gegen Walther von der Vogelweide und Wolfram von Eschenbach in einen Wettstreit tritt.

Weiteres Werk: ***Die Christenheit oder Europa*** (Vision einer abendländischen Universalkultur, 1799)

→ **Ludwig Tieck** (1773–1853):
Volksmärchen (1797)

Das Buch enthält das Märchendrama *Der gestiefelte Kater,* in dem der Knabe Gottlieb beim Tode des Vaters einen sprechenden Kater erbt, der ihm durch überlegenen Witz viel Glück bringt, und das Schauermärchen *Der blonde Eckbert,* in der der Ritter seine Frau Bertha ihre Lebensgeschichte erzählen lässt, in der Menschen von denen von ihnen Getöteten in ihren Träumen heimgesucht werden, bis sie dem Wahnsinn verfallen.

→ **Wilhelm Heinrich Wackenroder** (1773–1798):
Herzensergießungen eines kunstliebenden Klosterbruders (1797)

Kunsttheoretische Aufsätze. Ein Klosterbruder predigt in kleinen Aufsätzen die Andacht der Kunst und eine süddeutsch-katholische Kultur. Aus dem Gefühl der eigenen Innerlichkeit erwächst die künstlerische Inspiration.

Politische Lieder

Die **Dichter der Befreiungskriege** (1813–1815) sprachen sich vor allem gegen die Vorherrschaft Napoleons aus und stimulierten in ihren von der Romantik beeinflussten kraftvollen politischen Liedern die national-patriotischen Gefühle. Hier sind besonders der Historiker **Ernst Moritz Arndt** (1769–1860), **Maximilian von Schenkendorf** (1783–1817), der Übersetzer orientalischer Dichtungen **Friedrich Rückert** (1788–1866) und der Burgtheaterdichter **Theodor Körner** (1791–1813) zu nennen.

2.8.2 HOCHROMANTIK

ÜBERSICHT

Zeitgeist	erstrebte Einheit von Volk, Staat und Kirche nach dem Vorbild des Mittelalters
Repräsentanten	→ Clemens Brentano (1778–1842) → Joseph Freiherr von Eichendorff (1788–1857) → Jakob (1785–1863) und Wilhelm (1786–1859) Grimm → Wilhelm Müller (1794–1827)

Zeitgeist

Heidelberg als Zentrum

Ab 1805 sammelten sich in Heidelberg verschiedene Schriftsteller, die das romantische Denken und Fühlen auf allen Gebieten des Lebens durchsetzten. Sie waren weniger kritisch und theoretisch, sogar eher konservativ, aber schöpferisch. Deshalb wird diese Phase Hochromantik genannt. Man betonte die Bindung des Menschen an Volk, Staat und Kirche, befasste sich mit Geschichte, war vom idealisierten deutschen Mittelalter fasziniert und setzte die Ansätze des Sturm und Drang hinsichtlich der Erforschung der Volksdichtung fort. Clemens Brentano (1778–1842) und Achim von Arnim (1781–1831) sammelten in *Des Knaben Wunderhorn* (1806–1808) volksliedhafte Lieder vom späten Mittelalter bis zur damaligen Gegenwart, der Publizist Joseph Görres (1776–1848) gab 1807 *Die teutschen Volksbücher* heraus, und die Gebrüder Grimm ließen ihre *Kinder- und Hausmärchen* („Grimms Märchen“, 1812–1858) erscheinen, die sie in mündlichen Überlieferungen gefunden hatten.

Volkslieder und -märchen

Repräsentanten und Werke

Wende zum Katholizismus

→ **Clemens Brentano** (1778–1842): Der Sohn eines italienischen Kaufmanns und der von Goethe verehrten Maximiliane von La Roche lernt die Romantik während seines Literaturstudiums in Jena kennen, wendet sich nach unglücklich verlaufenden Ehen und nach einer Beichte ganz der Kirche zu, ehe er ziellos durch Europa streift.

Geschichte vom braven Kasperl und dem schönen Annerl (1817)

> Novelle. Die 88-jährige Großmutter des schönen Annerl berichtet dem Erzähler von dem Ulanen Kasperl, der in Annerl verliebt war. Um zu Ehre zu kommen, dient er dem Vaterland und erschießt sich deshalb am Grabe seiner Mutter, als er von den Diebereien seines Vaters und Stiefbruders erfährt. Auch Annerl hat ihre Ehre verloren, sich von einem jungen Adligen verführen lassen und ihr Kind getötet. Der Herzog begnadigt sie zwar, aber der Bote, ausgerechnet ihr Verführer, kommt zu spät und sühnt sein Vergehen durch freiwilligen Tod. Kasperl und Annerl wird schließlich ein ehrenvolles Grab zuteil.

Des Knaben Wunderhorn

Des Knaben Wunderhorn (Volksliedsammlung, 1806–1808)

→ **Wilhelm Müller** (1794–1827): wegen seiner *Lieder der Griechen* auch Griechenmüller genannt, Gymnasiallehrer und Bibliothekar.
Die schöne Müllerin (1820)

> 77 im Volkston gehaltene romantische Lieder um Natur und Wanderschaft, die vor allem durch die Vertonung Franz Schuberts volkstümlich bekannt wurden: *Das Wandern ist des Müllers Lust, Am Brunnen vor dem Tore, Im Krug zum grünen Kranze.*

→ **Joseph Freiherr von Eichendorff** (1788–1857): Der Oberschlesier kam während seines Studiums in Heidelberg mit den Hochromantikern in Berührung. Nach Wanderungen durch Deutschland und Österreich und der Teilnahme am Befreiungskrieg trat er in den preußischen Staatsdienst ein, wo er bis zu seiner Pensionierung die Stellung eines Rats im Berliner Kultusministerium bekleidete und auch Mitglied im Kreis der Spätromantiker war. Als zeitlich letzter Romantiker wurde er vor allem wegen seiner Gedichte zum bekanntesten Vertreter dieser Epoche.
Ahnung und Gegenwart (1815)

> Roman. Vor dem Hintergrund der bevorstehenden Befreiungskriege wird ein getreues und kritisches Bild der Zeit und Gesellschaft gezeichnet, die in Friedrich, der nur in der Abgewandtheit von der Welt seine Ruhe und in der Religion seine Erlösung findet, ihren Protagonisten hat.

Das Marmorbild (1819)

> Märchennovelle. Der junge adelige Dichter Florio begegnet auf einer Italienreise in Lucca dem Sänger Fortunato und dessen Schwester Bianca. Eines Nachts entdeckt er in einem Park eine Marmorstatue der Venus, die er fortan bei verschiedenen Gelegenheiten als lebende Person wiederzuerkennen glaubt, was ihn völlig verwirrt. Erst vor seiner Abreise erfährt er von Fortunato, dass der unruhige Geist der Venus junge Männer verführe, läutert sich im Gebet und gewinnt Bianca als Verlobte.

Aus dem Leben eines Taugenichts

Aus dem Leben eines Taugenichts (1826)

> Novelle. Ein Müllersohn geht mit seiner Geige auf Wanderschaft, liebt als Gärtner eine vermeintliche Gräfin, die in Wahrheit die Nichte des Pförtners ist, bei dem er in Dienst steht, macht eine Reise nach Italien und kommt nach verwirrenden Abenteuern zu einem Schloss bei Wien, wo er seine vermeintliche Gräfin heiratet.

Gedichte (1837)

> Sehnsuchts- und stimmungsvolle, aber schlicht und einfach geschriebene Texte um die Themen Natur, Liebe, Religion und Wandern unter Verwendung wiederkehrender Motive: Nacht, Wolken, Wasser, Gebirge, Paläste, Gärten, Waldhörner usw.

→ **Jakob** (1785–1863) **und Wilhelm** (1786–1859) **Grimm**: Sprachwissenschaftler und Volkskundler, ***Sammlung der Kinder- und Hausmärchen*** (1813 ff.), ***Deutsches Wörterbuch*** (1852)

2.8.3 SPÄTROMANTIK

Berlin als Zentrum

In Berlin klingt die Romantik langsam aus, weil dort der Gegensatz zwischen der Alltagsrealität und der literarischen Fantasiewelt nicht mehr zu überbrücken ist. Die Idyllik kann das Aufkommen von Zeitproblemen nicht mehr verhindern. Man trifft sich als christlich-deutsche Tischgesellschaft in der Weinstube von Lutter und Wegner am Gendarmenmarkt.

Repräsentanten und Werke

→ **Friedrich de la Motte-Fouqué** (1777–1843): stammte aus seiner französischen Emigrantenfamilie.

Undine

Undine (1811)

Prosamärchen. Die seelenlos geborene Wassernixe Undine vermählt sich trotz der Warnung ihres Oheims Kühleborn mit einem menschlichen Ritter und empfängt durch dessen Liebe eine Seele. Als der Ritter sie betrügt, raubt sie ihm mit einem Kuss das Leben und muss zu den Elementargeistern zurückkehren.

→ **Adelbert von Chamisso** (1781–1838): stammt aus einer französischen Emigrantenfamilie, kämpft gegen Frankreich, während seine Familie dorthin zurückkehrt, und nimmt aus naturwissenschaftlichem Interesse an einer russischen Expedition rund um die Welt teil.

Peter Schlemihls wundersame Geschichte

Peter Schlemihls wundersame Geschichte (1814)

Novelle. Schlemihl hat einem geheimnisvollen Alten seinen Schatten für das Glückssäckchen Fortunatus eingetauscht. Weil die Menschen ihn deswegen meiden, fühlt er sich um sein Leben betrogen. Er schlägt das Angebot des Alten, gegen die Verschreibung seiner Seele seinen Schatten zurückzuerhalten, aus, wirft das Säckchen fort, findet „Siebenmeilenstiefel" und erkundet mit ihnen rastlos die Welt, bis er endlich fern von den Menschen im Studium der Natur seine Ruhe wiederfindet.

→ **Ernst Theodor Amadeus Hoffmann** (1776–1822): universal begabter Künstler und Jurist, der seine preußischen Ämter in der napoleonischen Zeit verliert und zwischendurch Musikdirektor in Bamberg, Leipzig und Dresden ist. Sein Werk beleuchtet auch die Nachtseiten der Romantik und zeitigte besonders im Ausland nachhaltige Wirkung.

Der goldne Topf

Der goldne Topf (1814)

Märchen aus den *Phantasiestücken* (1814/15). Der linkische Student Anselmus, der die Gestalten seiner Fantasie in sein alltägliches Leben einwebt, verliebt sich unter einem Holunderbaum in eine kleine grüne Schlange, erlöst im Hause des Archivarius Lindhorst, der in Wahrheit ein Geisterfürst ist, dessen Tochter Serpentina von ihrem Schlangendasein und lebt mit ihr ein glückliches Leben.

Das Fräulein von Scuderi (1818)

Novelle aus der Sammlung *Serapionsbrüder* (1819–1821). Der ein Doppelleben führende Goldschmied Cardillac ermordet in der Nacht die Käufer der von ihm tagsüber hergestellten Schmuckstücke, weil er sich aus Gier nicht von dem Golde trennen kann.

Der Sandmann

Der Sandmann (1816)

Novelle aus der Sammlung *Nachtstücke* (1817). Der Physikstudent Nathanael hat als Kind im Laboratorium seines Vaters ein unverarbeitetes lebensbedrohliches Erlebnis: Er wird von dem alchimistischen Rechtsanwalt Coppelius misshandelt. Als sein Vater bei einem Experiment stirbt, will er dessen Tod rächen und vertieft sich in okkultes Schrifttum. In dem Wetterhändler Coppola glaubt er, einen Doppelgänger des Coppelius zu erkennen, kauft ihm aber ein Fernglas ab. Seine Liebe zu Olimpia erfährt eine tiefe Enttäuschung, als er in einer laborähnlichen Szene erleben muss, dass sie nur eine Puppe ist. Als er das Fernglas, das ihn zu dieser Liebe verleitet hat, auf seine Verlobte Clara richtet, tauchen alle Erinnerungsfetzen wieder in ihm auf und er stürzt sich vom Rathausturm.

Lebensansichten des Kater Murr nebst fragmentarischer Biographie des Kapellmeisters Johannes Kreisler in zufälligen Makulaturblättern (1819/21)

Unvollendeter Roman. Der eingebildete Kater Murr schreibt auf der Rückseite der Blätter, die die Biografie Kreislers enthalten, seine Lebenserinnerungen nieder. Der Setzer druckt versehentlich Vorder- und Rückseite hintereinander, sodass sich beide Lebensläufe und somit das Philistertum des Katers und das Künstlertum des Kapellmeisters verschlingen.

Idyllische Lyriker

Der **Schwäbische Dichterkreis** umfasst vor allem volksliedhafte und idyllische Lyriker, unter denen der Balladendichter Ludwig Uhland (1787–1862) und Gustav Schwab (1792–1850), der Nacherzähler der „Schönsten Sagen des klassischen Altertums“ (1838–1840), die bekanntesten sind.

Analysebeispiel:

Analyse-Elemente	Text	Deutungs-Elemente
3-strophiges Lied mit emblematischer Struktur, Kreuzreim, 3-hebiger Jambus, wechselnde Kadenz, Zeilenstil, drei Enjambements	**Joseph von Eichendorff** ***Mondnacht*** (1837)	**kosmische Einheit von Welt, Natur und Mensch: All-Harmonie** typischer romantischer Leitbegriff
Personifikation beschwichtigende Adjektive ein Satz: Hypotaxe; Assonanz **1. Strophe:** **metaphorische Inscriptio**	Es war, als hätt' der Himmel Die Erde still geküsst, Dass sie im Blütenschimmer Von ihm nun träumen müsst'.	Ahnung, sinnliche Empfindung Weltharmonie Frühling romantischer Leitbegriff
vier parallelistische Kurzsätze Alliteration **2. Strophe:** **deskriptive pictura**	Die Luft ging durch die Felder, die Ähren wogten sacht, Es rauschten leis die Wälder, So sternklar war die Nacht.	Sommer: Sanftmut, Gewaltlosigkeit und Anmut der Natur; romantische Leitbegriffe
ein Satz Personifikation; figura etymologica **3. Strophe:** **konsekutive subscriptio**	Und meine Seele spannte Weit ihre Flügel aus, Flog durch die stillen Lande Als flöge sie nach Haus.	romantischer Leitbegriff Gefühl der Freiheit und Ungebundenheit in heimatlicher Geborgenheit

2.9 Die Restaurationsära (1815–1850)

ÜBERSICHT

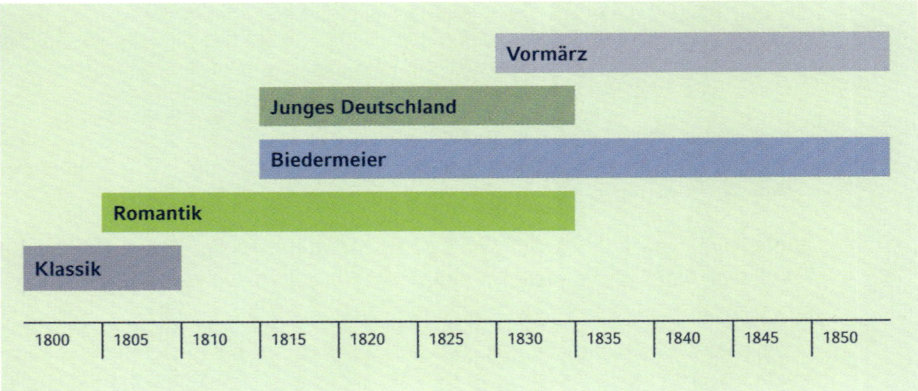

Schaubild 7: Das Zeitalter der Aufklärung

Sozio-historische Situation

Wiederherstellung der alten Ordnung

Die Zeit von 1815 bis 1848 war geprägt von der Restauration unter Führung des österreichischen Fürsten Metternich. Napoleon war bezwungen, die Heilige Allianz gegen eine erneute Kriegsgefahr war errichtet, der Wiener Kongress von 1815 hatte die alte Ordnung in Europa wiederhergestellt. Die europäischen Fürstenhäuser erwehrten sich zumeist erfolgreich gegen die überall in den Befreiungskriegen aufgekeimten nationalen und liberalen Bestrebungen. Dieser repressiven Situation war die Romantik auf ihre Art ausgewichen. Drei andere Strömungen der Zeit reagierten unmittelbar auf die herrschenden Zustände der Unterdrückung. Die einen resignierten, andere protestierten, wieder andere rebellierten. Diese drei unterschiedlichen Haltungen begründeten auch zur gleichen Zeit drei unterschiedliche literarische Epochen: das Biedermeier, das junge Deutschland und den Vormärz.

2.9.1 DAS BIEDERMEIER

Bild 11: Der arme Poet von Carl Spitzweg, 1839 © picture alliance / akg

ÜBERSICHT

Begriff	nach einer satirischen Figur: parodistische Bezeichnung für einen naiven Philister
Zeitgeist	Rückzug ins Private und Familiäre
Themen	Bescheidenheit, Mäßigung, Verzicht; Familie, Dorf, Natur
Stil	sachlich, melancholisch
Repräsentanten	→ Annette von Droste-Hülshoff (1797–1848) → Franz Grillparzer (1791–1872) → Eduard Mörike (1804–1875) → Adalbert Stifter (1805–1868)

Begriff

Das Wort „Biedermeier“ tauchte zum ersten Mal in L. Eichrodts und A. Kußmauls Sammlung *Die Gedichte des schwäbischen Schulmeisters Gottlieb Biedermaier und seines Freundes Horatius Treuherz* auf, die in den Münchenern *Fliegenden Blättern* 1855–1857 veröffentlicht wurden. Sie gehen fast wörtlich auf die unfreiwillig komischen 1845 veröffentlichten Texte des Dorfschullehrers S. F. Sauter zurück. Die Bezeichnung steht zunächst für den Typ des naiven Verseschmieds und zufriedenen Philisters, dann aber auch parodistisch für die Schwächen der Restaurationszeit allgemein.

Zeitgeist

Resignation

Rückzug ins häusliche Glück

Die Menschen des Biedermeier resignieren. Sie wollen den zerstörerischen Kräften der Französischen Revolution eine harmonische, heile Gesellschaft entgegensetzen. Sie verzichten auf die Durchsetzung freiheitlicher Ideale und streben stattdessen nach dem inneren Frieden eines beschränkten häuslichen Glücks. Das begründet einerseits eine melancholische, weltschmerzliche Grundstimmung, andererseits eine konservative Grundhaltung, die vor Umsturz und Gewalt zurückschreckt und die Traditionen ebenso ehrt wie sittliche Ideale. Verzicht, Genügsamkeit und Mäßigung sind die Tugenden, mit denen man nach verlässlichen Sicherheiten sucht. Man findet sie im Kreis der Familie und in der vom Politischen unberührten Natur. Geselligkeit, museale Natursammlungen und die Liebe zum Überschaubaren und konkreten Detail sind deshalb bevorzugte Haltungen.

Themen

Schönheit der einfachen Dinge

Familiäre und häusliche Themen werden betulich in den Blick genommen, die innere Wertigkeit des Menschen hervorgehoben und die Schönheit der einfachen Dinge entdeckt. Das Heroische ereignet sich in den Dimensionen des Alltags und vollzieht sich oft als Bekämpfung von Leidenschaften. Selten wird der Blickwinkel weiter geöffnet als über die dörfliche Gemeinschaft.

Der Bevorzugung des Kleinen, Privaten und Natürlichen entsprechen einfache Formen und ein sachlich-schlichter, bisweilen streng anmutender Stil, der jedoch das Überindividuelle, Metaphysische durchscheinen lässt. Die Sprache integriert die Alltagssprache, die Vorliebe für das Kleine äußert sich in Verkleinerungsformen und beliebten Begriffspaaren wie „sanft“ und „zart“ oder „zierlich“ und „niedlich“, die jetzt aber weniger Ausdruck einer rokokohaften Verspieltheit sind, sondern einer tiefen Demut gegenüber den Gegebenheiten der Welt.

Repräsentanten und Werke

Erst im Alter Ruhm

→ **Franz Grillparzer** (1791–1872): nach dem frühen Tod des Vaters und einem Jurastudium Beamter im österreichischen Finanzministerium, später Hofarchivdirektor und zugleich als Hoftheaterdichter tätig. Wegen Intrigen beruflich chancenlos und wegen eines Bühnenmisserfolgs verbittert, zog er sich von der Öffentlichkeit zurück. Als einer der bedeutendsten Dramatiker des 19. Jahrhunderts stellte sich sein Ruhm erst im hohen Alter ein.

König Ottokars Glück und Ende (1825)

In Jamben verfasstes fünfaktiges Trauerspiel, in dem Ottokar dem selbstherrlichen Napoleon ähnelt. Historisches Drama zum gesellschaftlichen Wert von Recht und Ordnung Der gewaltige und brutale Böhmenkönig Ottokar rebelliert gegen seinen zucht- und maßvollen Kaiser Rudolf von Habsburg, unterliegt und muss seine gewissenlose Machtgier büßen.

Weh dem, der lügt (1838)

In Jamben verfasstes fünfaktiges Lustspiel um die Idee der absoluten Wahrhaftigkeit. In germanisch-christlicher Frühzeit verspricht der gewitzte Küchenjunge Leon, den von den Germanen gefangengehaltenen Neffen des Bischofs von Tours ohne Lügen zu befreien. Aufgrund der verworrenen Zustände wird Leon ein sehr eigenes Verständnis seines Versprechens abgenötigt. Aber da alles gut geht, erhält er als Lohn die reizende Germanentochter Edrita zur Frau.

Der arme Spielmann

Der arme Spielmann (1848)

Novelle um den inneren Wert eines geringgeschätzten Menschen. Ein armer Spielmann widmet sich mit größter Hingabe, aber geringem Talent seiner Geige. Wegen seiner Unbeholfenheit und Weltfremdheit ist der einstige Sohn aus gutem Hause zwar zum verspotteten Straßenmusikanten herabgesunken, seine innere Lauterkeit und Musikbegeisterung aber adelt ihn. Er beweist seinen menschlichen Wert, als er während einer Überschwemmung in tapferer Selbstlosigkeit sein Leben opfert.

→ **Annette von Droste-Hülshoff** (eigentlich Anna Elisabeth Freiin Droste zu Hülshoff, 1797–1848): Die kränkliche westfälische Adelige von tiefer Religiosität machte auf ihren Reisen Bekanntschaft mit dem Kreis der schwäbischen Romantiker. Ihre Lyrik ist von großer Sinnlichkeit, atmosphärisch stimmungsvoller Dichte und magischer Intensität.

Die Judenbuche

Die Judenbuche. Ein Sittengemälde aus dem gebirgichten Westfalen (1842)

Novelle um die Geheimnisse der menschlichen Natur und des Gewissens. Der Hirtenjunge Friedrich Mergel wird von seinem Onkel Simon und dessen unehelichem Sohn Johannes Niemand in die zwielichtige Gesellschaft von Holzdieben gelockt. Als auf einem ländlichen Tanzfest der Jude Aaron an die Bezahlung einer Uhr mahnt, erschlägt er ihn unter einer Buche und flieht mit seinem Freund Johannes. Die Juden kaufen die Buche und verfluchen den Ort mit einer Inschrift. Als Mergel nach Jahren unerkannt an den Ort seines Verbrechens zurückkehrt, plagt ihn das Gewissen und er erhängt sich in der Buche.

→ **Eduard Mörike** (1804–1875): Pfarrer und nach Pensionierung aus Gesundheitsgründen Literaturlehrer am Stuttgarter Katharinenstift; einer der größten Lyriker und Erzähler des 19. Jahrhunderts

Maler Nolten (1832)

Tragisch endender Künstlerroman in der Tradition der Goethe'schen Bildungsromane.

Mozart auf der Reise nach Prag

Mozart auf der Reise nach Prag (1856)

Künstlernovelle, die einen Tag im Leben Mozarts schildert. Mozart und seine Frau fahren nach Prag, um der Aufführung des *Don Juan* beizuwohnen. Als sie auf dem Schloss eines kunstliebenden Grafen einkehren, wo sie mit Verehrung und Verständnis empfangen werden, nimmt Mozart Gelegenheit, die Kraft seines Genies aufleuchten zu lassen.

→ **Adalbert Stifter** (1805–1868): Der Sohn eines Webermeisters wird nach Jurastudium und mathematischen und naturwissenschaftlichen Vorlesungen erst Privatlehrer und dann Inspektor der Volksschulen in Oberösterreich, ehe er sich nach tiefen Depressionen in geistiger Umnachtung das Leben nimmt. Er leitet vom Biedermeier zum poetischen Realismus über.

Brigitta (1843)

Novelle. Obwohl Stephan Murai die innere Schönheit der äußerlich hässlichen Brigitta erkennt, ist er noch nicht reif für sie und verlässt sie und ihren gemeinsamen Sohn, als sie ihn enttäuscht verstößt. Nach Jahren – Stephan ist wieder in die Nähe von Brigittas Gut gezogen – finden sie durch zwei Ereignisse wieder zusammen: Brigitta erkrankt schwer und Stephan errettet seinen Sohn vor Wölfen.

Bunte Steine (1853)

Novellensammlung, in der die Entsagung und die Zuwendung zum Kleinen, das Alltägliche als Zentrum des Humanen und das sanfte Gesetz der sittlichen Ordnung thematisiert werden. Die Vorrede der Sammlung wird zum ersten Manifest des poetischen Realismus.

Der Nachsommer

Der Nachsommer (1857)

Bildungsroman in drei Bänden. Heinrich Drendorf gelangt auf seiner Wanderung durch das Alpenvorland an den Asperhof des Freiherrn von Risach, der ihn zum Verweilen einlädt. Heinrich ist von der mit blühenden Rosen bedeckten Frontseite des Gutshofs ebenso beeindruckt wie von dem harmonisch-kunstsinnigen Lebensstil seines Bewohners, der für alle Bereiche der Kunst und Natur reiche Sammlungen angelegt hat. Er lernt hier die Gräfin Mathilde und ihre Tochter Natalie vom Sternenhof kennen, deren maßvollen Lebensstil er bewundert. Nach vielen Jahren der Wiederkehr gesteht Heinrich Natalie seine Liebe, was nach einiger Zeit ein spätes, stilles Glück der beiden ermöglicht, an dem die Menschen der beiden Höfe sympathischen Anteil nehmen.

Weitere Autoren

Friedrich Rückert (1788–1866), Orientologe und Lyriker: *Kindertodtenlieder* (1833/34)
Karl Immermann (1796–1840), Prosaist: *Die Epigonen* (Roman, 1836)
Jeremias Gotthelf (1797–1854), Berner Pfarrer: *Die schwarze Spinne* (Erzählung, 1842)
Ferdinand Raimund (1790–1836), Wiener Lustspieldichter: *Der Alpenkönig und der Menschenfeind* (Zauberspiel, 1828)
Johann Nestroy (1801–1862): *Einen Jux will er sich machen* (Posse mit Gesang, 1842)
Nikolaus Lenau (eigentlich Nikolaus Franz Niembsch, Edler von Strehlenau, 1802–1850), Lyriker

BEISPIEL

Noch unverrückt, o schöne Lampe, schmückest du
An leichten Ketten zierlich aufgehangen hier,
Die Decke des nun fast vergessnen Lustgemachs.
Auf deiner weißen Marmorschale, deren Rand
Der Efeukranz von goldengrünem Erz umflicht,
schlingt fröhlich eine Kinderschar den Ringelreihn.
Wie reizend alles! Lachend, und ein sanfter Geist
Des Ernstes doch ergossen um die ganze Form –
Ein Kunstgebild der echten Art. Wer achtet sein?
Was aber schön ist, selig scheint es in ihm selbst.

(Eduard Mörike, *Auf eine Lampe*, 1838)

2.9.2 DAS JUNGE DEUTSCHLAND

ÜBERSICHT

Begriff	Junges Deutschland: Nach einem Ausspruch des Kieler Privatdozenten Ludolf Wienbarg aus dem Jahre 1834
Sozio-historische Situation	→ Pariser Julirevolution 1830 → Treffen auf der Wartburg (1817), Hambacher Fest (1832); Karlsbader Beschlüsse (1819)
Zeitgeist	Harmonisierung von Literatur und Politik
Themen	Liberalisierung: Presse- und Meinungsfreiheit, Emanzipation der Frau
Stil	Zweckprosa: feuilletonistischer Stil
Repräsentanten	→ Ludwig Börne (1786–1837) → Heinrich Heine (1797–1856)

Begriff

Gegen Restauration

Der Ausdruck „Junges Deutschland“ wurde zum ersten Male von dem Kieler Privatdozenten Ludolf Wienbarg zu Beginn seiner 1834 erschienenen *Ästhetischen Feldzüge* benutzt. Heute wird dieser Begriff zur Bezeichnung der Literatur angewandt, die sich von 1815 bis 1830 gegen die Restauration aussprach.

Sozio-historische Situation

Ausgelöst wurde die Bewegung von den journalistisch-literarischen Berichten über die Pariser Julirevolution von 1830. Das Treffen auf der Wartburg (1817), das Hambacher Fest von 1832 und der Sturm auf die Frankfurter Hauptwache (1833) machten deutlich, dass auch die deutschen Studenten immer radikaler nach einem politischen Liberalismus strebten.

Zensur

Da die nach der Ermordung des Dramatikers August von Kotzebues in den Karlsbader Beschlüssen von 1819 erlassenen Zensurbestimmungen drucktechnisch leicht umgangen werden konnten, beschloss der Frankfurter Bundestag 1835 ein generelles Verbot der Schriften der „jungen Literatur“. Die von diesem Verbot Betroffenen bildeten den Kreis der Schriftsteller des „Jungen Deutschland“. Erst 1842 wurde dieses Verbot wieder aufgehoben.

Zeitgeist

Kritik an Goethe und Romantik

Ziel der Jungdeutschen war keine Politisierung oder Idealisierung der Literatur, sondern eine dem Biedermeier durchaus entsprechende Tendenz zur Harmonisierung von Literatur und Politik, wobei der Literatur der Vorrang eingeräumt wurde. Man nimmt zu Goethe eine kritische Stellung ein, wendet sich bissig von der Romantik ab und erhebt Jean Paul zum vorbildhaften Genie. Dabei strebt man mehr eine literarische Demokratisierung an als eine politische.

Themen

Man betont das Subjektive, wendet sich gegen jegliche Bevormundung und Beeinflussung, lehnt deshalb sowohl den staatlichen Absolutismus wie die kirchliche Orthodoxie ab und spricht sich für Presse- und Meinungsfreiheit, die Emanzipation der Frau und eine freiere Sexualmoral aus.

Stil

Zweckprosa und Feuilleton

Die Jungdeutschen erachten zwar die Novelle als zeitgemäßeste Literaturgattung, verwenden aber hauptsächlich Formen der Zweckprosa wie Briefe, besonders Reisebriefe, Memoiren und vor allem die feuilletonistischen Möglichkeiten der Publizistik.

Repräsentant und Werke

→ **Heinrich Heine** (1797–1856): Der Sohn eines jüdischen Kaufmanns konvertierte zum evangelischen Glauben, lebte nach Studium und Promotion seit 1831 als Journalist in Paris, wo er seit 1848 wegen eines Rückenmarkleidens ans Krankenbett gefesselt war.
Reisebilder (1826–1831), Prosa
Buch der Lieder (1827)

Liedersammlung im Volksliedton, von denen viele Texte von Franz Schubert, Robert Schumann und Hugo Wolf vertont wurden.

Deutschland. Ein Wintermärchen

Deutschland. Ein Wintermärchen (1844)

Versepos, in dem der preußische Militarismus und das kleinbürgerliche Obrigkeitsdenken satirisch aufs Korn genommen werden.

Weitere Autoren

Ludwig Börne (1786–1837)
Karl Gutzkow (1811–1878)
Heinrich Laube (1806–1884)

BEISPIEL

Denk ich an Deutschland in der Nacht
Dann bin ich um den Schlaf gebracht,
Ich kann nicht mehr die Augen schließen,
Und meine heißen Tränen fließen.

(Heinrich Heine, *Nachtgedanken*, 1. Strophe, 1844)

2.9.3 VORMÄRZ

Bild 12: Hambacher Fest, der Zug auf das Schloss am 27. Mai 1832 © picture alliance / ullstein bild

ÜBERSICHT

Begriff	Vormärz: die Zeitspanne zwischen 1830 und 1848
Zeitgeist	revolutionär gestimmtes Aufbegehren gegen die Restauration
Themen	stark nationalistisch geprägte Themen
Stil	pathetisch, agitativ
Repräsentanten	→ Georg Büchner (1813–1837) → August Heinrich Hoffmann von Fallersleben (1798–1874) → Ferdinand Freiligrath (1810–1876) → Christian Dietrich Grabbe (1801–1836)

Begriff

Politisches Engagement

Unter dem Stichwort Vormärz wird allgemein die politisch engagierte Literatur, zumeist Lyrik, zusammengefasst, die zwischen 1830 und der Märzrevolution von 1848 entstanden ist.

Der Begriff Vormärz ist ein sich historisch orientierender Sammelbegriff für die mit deutlich politischer Intention schreibenden Schriftsteller, da eine gemeinsame programmatische Basis fehlt.

Zeitgeist

Man lehnte die Jungdeutschen ab, weil man ihre Hoffnung auf eine allein auf geistige Erneuerung bauende Veränderung der Verhältnisse nicht mittrug, sondern die Ansicht vertrat, dass nur ein revolutionäres gemeinsames Aufbegehren einen wirklichen Wandel bewirken könne.

Themen

Darstellungen der revolutionären Notwendigkeit, Aufrufe zum Aufstand und emotional geladene nationalistische Lyrik bestimmten die Thematik. Zur Absicherung verlagerte man die Handlung gern in ein historisches Gewand.

Stil

Agitation

Die Texte wollten nicht nur aufrütteln, sondern formulierten ihre politischen Forderungen auch durchaus agitativ. Aus heutiger Sicht erscheint vieles allzu phrasenhaft und pathetisch.

Repräsentanten und Werke

→ **Georg Büchner** (1813–1837): studierte Medizin, Naturwissenschaften und Philosophie, gründete die „Gesellschaft der Menschenrechte", betätigte sich als agitativer Revolutionär und starb als Privatdozent in Zürich. Aufgrund seiner Radikalität eine singuläre Erscheinung seiner Zeit; Namensgeber für die wichtigste literarische Auszeichnung im deutschsprachigen Raum, den jährlich vergebenen Georg-Büchner-Preis.

Der Hessische Landbote (1834)

> Radikal sozialistische Flugschrift mit der Parole: „Friede den Hütten, Krieg den Palästen!".

Lenz

Lenz (1835)

> Novellenfragment, das als präzise psychologische Studie zum Sturm-und-Drang-Dichter Jakob Michael Reinhold Lenz zeigt, wie das ohnmächtige Individuum auf das Chaos der es umgebenden Welt mit Schizophrenie reagiert. Lenz wandert durch die Vogesen zu Pfarrer Oberlin in Waldbach, fühlt sich von einer dämonischen Natur verfolgt und findet in Waldbach nur bedingt Frieden vor seinen Angstzuständen. In einem Gespräch mit dem befreundeten Dichter Christian Kaufmann entfaltet er seine literaturästhetische Theorie. Statt nach Hause zurückzukehren, begleitet er Oberlin ein Wegstück auf dessen Reise zu Lavater in die Schweiz, kehrt aber allein nach Waldbach zurück. In Fouday lernt er bei einer Übernachtung ein todkrankes Mädchen kennen, das ihn teils an seine Mutter, teils an seine Verlobte Friederike Brion erinnert. Als das Mädchen stirbt und er sie nicht wiedererwecken kann, verfällt er angesichts seiner Ohnmacht in Gotteslästerungen und glaubt am Tode des Mädchens schuldig zu sein. Nach wiederholten Selbstmordversuchen bringt man ihn nach Straßburg.

Dantons Tod. Dramatische Bilder aus Frankreichs Schreckensherrschaft (1835)

> Historisches Drama in vier Akten, das die Ereignisse vom 24.3. – 5.4.1794 mit vielen Stoffzitaten darstellt und zeigt, wie die Erkenntnis die entschlossene Tatkraft lähmt. Der von der Revolution ermüdete Danton, der sich für ein rasches Ende des Blutvergießens einsetzt, wird mitsamt seinen Anhängern von den machtintriganten Jakobinern Robespierre und St. Just des Hochverrats angeklagt und in einem Prozess zum Tode verurteilt.

Woyzeck

Woyzeck (1837)

Dramatisches Fragment ohne feste Szenengliederung. Der arme Soldat Woyzeck stellt sich zweifelhaften medizinischen Versuchen zur Verfügung und ersticht in Verzweiflung seine Geliebte Marie, als die sich mit einem repräsentativeren Tambourmajor einlässt.

→ **Christian Dietrich Grabbe** (1801–1836): Der Sohn eines Zuchthausbeamten studierte Jura, wurde Advokat, ergriff nach unglücklicher Ehe die Flucht, blieb auch als Dramatiker am Theater erfolglos und starb in Armut und Verlassenheit. Er zählt heute zu den originellsten und begabtesten Dramatikern.

Scherz, Satire, Ironie und tiefere Bedeutung (1822–27)

Nahezu absurd anmutendes Lustspiel in drei Akten voller Skepsis und Illusionslosigkeit. Der auf die Erde gekommene Teufel wird halberfroren von vier Naturhistorikern auf das Schloss des Barons von Haldungen gebracht, wo er im Kaminfeuer auftaut und die Nichte des Barons, die schöne Liddy, ihrem verschuldeten und geldgierigen Verlobten Herrn von Wernthal abkauft und dem wilden Freiherrn von Mordax unter der Bedingung weiterverkauft, zuvor dreizehn Schneidergesellen umzubringen. Der missgestaltete, aber geistvolle Herr von Mollfels rettet Liddy mit Waffengewalt vor dem Wüstling und erwirbt so ihre Hand, während der Teufel sich in einer von Schmied und Schulmeister gestellten Falle fangen lässt und von seiner Großmutter befreit und in die Hölle zurückgebracht werden muss.

Napoleon oder Die hundert Tage

Napoleon oder Die hundert Tage (1829/30)

Historisches Drama in fünf Akten, das die Phase von der Rückkehr Napoleons von Elba (1. 3. 1815) bis zur Schlacht von Waterloo (18. 6. 1815) beleuchtet und der Größe des einzelnen Heros die unterschwellige Macht des Volkes gegenüberstellt. In vielen unterschiedlichen Schlaglichtern wird die Unzufriedenheit mit den bestehenden Verhältnissen und die Hoffnung auf baldige Besserung durch die Wiederkehr des nicht unumstrittenen Kaisers Napoleon beleuchtet. Das Proletariat hat unter Führung Jouves in den Vorstädten ein jakobinisches Chaos geschaffen, muss aber zusehen, wie Napoleon in seine alten Herrschaftsformen zur Wiederherstellung seiner Macht zurückfällt und mit seiner Armee in Waterloo untergeht.

→ **August Heinrich Hoffmann von Fallersleben** (1798–1874): verlor seiner Lieder wegen sein Amt als Professor für deutsche Sprache und Literatur, wurde 1848 rehabilitiert und Bibliothekar des Herzogs von Ratibor auf Schloss Corvey; Verfasser des Deutschlandlieds.

Unpolitische Lieder (1840–42), ***Das Lied der Deutschen*** (1841)

Patriotische Gedichte

→ **Ferdinand Freiligrath** (1810–1876): zunächst von Friedrich IV. von Preußen mit einer schriftstellerischen Pension bedacht, wechselte er ins liberale Lager, verzichtete auf die Pension, emigrierte ins Ausland, wo er in London für eine Schweizer Bank arbeitete.

Ein Glaubensbekenntniß. Zeitgedichte (1844)

Gegen Persönlichkeiten des preußischen Staates gerichtete patriotische Gedichte

Analysebeispiel:

Analyse-Elemente	Text	Deutungs-Elemente
dramatischer Dialog: Einschüchterungsgespräch Wortfeld der Moral vs. Lust	**Georg Büchner** ***Dantons Tod*** (Erster Akt, ein Zimmer, Auszug, 1835)	**ironische Aufforderung zu moralischer Selbstkritik**
Ellipse; Ausruf 5-gliedriger Parallelismus 5-gliedrige Anapher Anrede Gegensatz Assonanz Floskel; Oxymoron Assonanz Assonanz; insistierende Wiederholung; rhetorische Frage	DANTON: (…) – Mit deiner Tugend, Robespierre! Du hast kein Geld genommen, du hast keine Schulden gemacht, du hast bei keinem Weibe geschlafen, du hast immer einen anständigen Rock getragen und dich nie betrunken. Robespierre, du bist empörend rechtschaffen. Ich würde mich schämen, dreißig Jahre lang mit der nämlichen Moralphysiognomie zwischen Himmel und Erde herumzulaufen, bloß um des elenden Vergnügens willen, andre schlechter zu finden als mich. – Ist denn nichts in dir, was dir nicht manchmal ganz leise, heimlich sagte: du lügst, du lügst?	moralisches Verhalten: sozial, wirtschaftlich, sexuell ironisches Fazit Vorwurf der Überheblichkeit fehlender Selbstzweifel
apodiktischer Kurzsatz	ROBESPIERRE: Mein Gewissen ist rein.	kein Selbstzweifel
metaphorische Definition Ausruf Parallelismus Anapher vier rhetorische Fragen; emphatisches Sympathetikon Aufforderung	DANTON: Das Gewissen ist ein Spiegel, vor dem ein Affe sich quält; jeder putzt sich, wie er kann, und geht auf seine eigene Art auf seinen Spaß dabei aus. Das ist der Mühe wert, sich darüber in den Haaren zu liegen! Jeder mag sich wehren, wenn ein andrer ihm den Spaß verdirbt. Hast du das Recht, aus der Guillotine einen Waschzuber für die unreine Wäsche anderer Leute und aus ihren abgeschlagenen Köpfen Fleckkugeln für ihre schmutzigen Kleider zu machen, weil du immer einen sauber gebürsteten Rock trägst? Ja, du kannst dich wehren, wenn sie dir drauf spucken oder Löcher hineinreißen; aber was geht es dich an, solange sie dich in Ruhe lassen? Wenn sie sich nicht genieren*, so herumzugehen, hast du deswegen das Recht, sie ins Grabloch zu sperren? Bist du der Polizeisoldat des Himmels? Und kannst du es nicht ebensogut mitansehn als dein lieber Herrgott, so halte dir ein Schnupftuch vor die Augen.	Relativität der Selbstkontrolle Moral als Eitelkeit und Lust Recht auf Selbstrechtfertigung Hinrichtung als Sühne und Buße Ambivalenz der Reinheit Verteidigungsfähigkeit bei persönlichen Angriffen *schämen Richter ohne Legitimation religiöse Exekutive Ironie: größere moralische Sensibilität als Gott Ratschlag

2.10 Realismus (1848–1898)

Bild 13: Eisenwalzwerk, Gemälde von Adolph Menzel, 1875 © picture alliance/Artcolor

ÜBERSICHT

Begriff	→ Darstellungsweise mit hoher Wiedererkennbarkeit, Glaubwürdigkeit und Wahrscheinlichkeit → Zeitspanne von der deutschen Revolution 1848 bis zum Sterbejahr Fontanes und Meyers 1898 → Auch: „Bürgerlicher Realismus" oder „Poetischer Realismus" (Ludwig)
Sozio-historische Situation	→ Aufstieg des Großbürgertums: Gründerjahre → Preußens kontinentale Vormachtstellung durch drei gewonnene Kriege → Einigung des Reichs, Kaiserwürde für Wilhelm I., Errichtung eines Militär- und Beamtenstaates
Zeitgeist	Ideal einer individuellen Persönlichkeit
Themen	Probleme der Gesellschaft: Alltag, Arbeit, menschliche Beziehungen
Stil	selektive und verklärte Darstellung der Wirklichkeit
Repräsentanten	→ Theodor Fontane (1819–1898) → Jeremias Gotthelf (1797–1854) → Friedrich Hebbel (1813–1863) → Gottfried Keller (1819–1890) → Conrad Ferdinand Meyer (1825–1898) → Wilhelm Raabe (1831–1910) → Theodor Storm (1817–1888)

Begriff

Ursprünglich philosophischer Begriff

Der Begriff „Realismus" ist von dem lateinischen Wort *res* = Sache, Ding abgeleitet und aus *realis* = die Sache betreffend gebildet. Es handelt sich ursprünglich um einen philosophischen Begriff, der davon ausgeht, dass die Gegenstände unserer Wahrnehmung unabhängig vom erkennenden Subjekt vorhanden sind. Seit Aristoteles' Ästhetik bezeichnet es in der Kunst eine Darstellungsweise, die eine hohe Ähnlichkeit der Abbildung mit dem abzubildenden Gegenstand aufweist (Mimesis = Nachahmung der Natur). Der Begriff besitzt demnach sowohl einen inhaltlich-thematischen wie formal-ästhetischen Aspekt. Kriterium des Realismus ist also für Gegenstände die Wiedererkennbarkeit, für Personen die Glaubwürdigkeit und für Handlungen die Wahrscheinlichkeit. Die literarische Epoche wird angesetzt von der Deutschen Revolution 1848 bis zum Sterbejahr Fontanes und Meyers 1898. Wegen der Herkunft der Autoren aus dem mittleren und kleineren Bürgertum wird die Epoche auch „**Bürgerlicher Realismus**" genannt. Otto Ludwig schlug wegen der spezifisch poetischen Darstellungsweise der Wirklichkeit die Bezeichnung „**Poetischer Realismus**" vor.

Sozio-historische Situation

Kaiserreich und Gründerjahre

Nach dem Scheitern der Revolution von 1848 wurde die zweite Hälfte des 19. Jahrhunderts bestimmt von den rasanten Entwicklungen in Handel, Gewerbe und Industrie, die in den Gründerjahren (1871–1873) ihren vorläufigen Höhepunkt erreichten. Es entstand das industrielle Großbürgertum, das sich an den Einstellungen und Lebensformen des Adels orientierte und auf der anderen Seite das Industrieproletariat, dem die gesellschaftliche Gleichstellung und damit auch der Bildungsaufstieg verwehrt blieb. Die bisherige Trägerschicht der Kultur, das Bildungsbürgertum, verlor zunehmend an Bedeutung. Politisch herrschte statt Liberalismus die Doktrin von „Blut und Eisen". Preußen erkämpfte sich mit seinen militärischen Siegen in den „Einigungskriegen" gegen Dänemark (1866), Österreich (1868) und Frankreich (1870/71) eine europäische Vormachtstellung, die 1881 durch das Dreikaiserbündnis seine Absicherung erfuhr, und errichtete nach Ausrufung des deutschen Kaiserreichs (1871) einen Militär- und Beamtenstaat, in dem unter dem Schlagwort von der „Realpolitik" (Ludwig August von Rochau, 1853) ganz pragmatisch nur noch verwirklichbare Ziele angestrebt wurden.

Zeitgeist

Mensch im Mittelpunkt

Die Entwicklungen der Zeit brachten es mit sich, dass man auf die Verfolgung idealistischer Utopien verzichtete und sich, wenn auch angesichts der politischen Ohnmacht resignativ gestimmt, der gesellschaftlichen Wirklichkeit zuwandte. **Ludwig Feuerbach** (1804–1872) rückte den Menschen in den Betrachtungsmittelpunkt, wenn er schrieb:

ZITAT

> Die Gemeinschaft des Menschen mit dem Menschen ist das erste Prinzip und Kriterium der Wahrheit und Allgemeinheit.
>
> Nur das Menschliche ist das Wahre und Wirkliche; denn das Menschliche nur ist das Vernünftige; der Mensch das Maß der Vernunft.

Man kümmerte sich folglich um die Herausbildung einer individuellen Persönlichkeit durch die Sozialisierungsinstanzen Elternhaus, Schule und Berufsbildung, rückte die Problematik der immer noch bestehenden sozialen Klassen in den Mittelpunkt und machte dem Adel seine Führungsrolle streitig.

Themen

Probleme von Alltag, Arbeit und Beziehungen

Das Hauptgewicht des Realismus lag vor allem auf dem Roman und der Novelle. So ließen sich am ehesten die von den gesellschaftlichen Verhältnissen hervorgerufenen Probleme des Alltags, der Arbeit und der menschlichen Beziehungen illusionslos beschreiben. Neben Resignation und Entsagung trat eine neue Weltgläubigkeit in Erscheinung, die der wachsenden Verstädterung und dem damit verbundenen Verfall von Glaube und Sitte eine neue Humanität entgegensetzte. Sie gründete sich auf christliche Tugenden, die Kräfte des Volkstums und einen gelassenen, überlegenen Humor. Man glaubte an die Wirklichkeit als Teil der göttlichen Weltordnung. De facto bedeutete dies eine Bestätigung des Bestehenden und einen Rückzug in den Kreis der Familie, des Privatlebens und der individuellen Probleme und Konflikte, die als scheinbar unveränderbar festgeschrieben wurden. Erst in der Spätphase ab etwa 1865 wuchs die Kritik an den ökonomischen und gesellschaftlichen Zuständen der Gründerzeit.

Stil

Nur verklärte Wirklichkeit

Es ging dem Realismus nicht darum, die Wirklichkeit im mimetischen Sinne so genau und umfassend wie möglich abzubilden. Allein der von Otto Ludwig geprägte Begriff des „Poetischen Realismus“ macht deutlich, dass man versuchte, die prosaische Realität sowohl hinsichtlich der Stoffwahl wie der dichterischen Gestaltung poetisch zu verklären. Theodor Fontane (*Realismus unserer Zeit*, 1853) erklärte:

ZITAT

> Vor allen Dingen verstehen wir nicht darunter das nackte Wiedergeben alltäglichen Lebens, am wenigsten seines Elends und seiner Schattenseiten.
>
> Der Realismus will nicht die bloße Sinnenwelt und nichts als diese; er will am allerwenigsten das bloß Handgreifliche, aber er will das Wahre.

Repräsentanten und Werke

→ **Friedrich Hebbel** (1813–1863): Der aus dem dänischen Holstein und ärmlichen Verhältnissen stammende Nordfriese schaffte es nur mit eiserner Willenskraft und der Unterstützung des dänischen Königs und ihn verehrender Frauen, sein Leben zu meistern. Sein dramatisches Werk zeigte eine Neigung zur Ausweitung ins Kosmische und einen Hang zum Historischen.

Maria Magdalena

Maria Magdalena (1844)

In Prosa verfasstes Bürgerliches Trauerspiel in drei Akten, das seine soziale Problematik an tradierte Vorurteile und ein überholtes Sittengesetz bindet. Klara, die Tochter des Meisters Anton und seiner todkranken Frau Therese, erwartet nach einem Tanzabend von dem Schreiber Leonhard ein Kind. Als Leonhard erfährt, dass keine Mitgift zu erwarten ist und Klaras Bruder Karl – allerdings zu Unrecht – des Diebstahls verdächtigt wird, zieht er seine Werbung um Klara zurück. Während einer Hausdurchsuchung stirbt Klaras Mutter und Klaras Jugendfreund Friedrich erschießt, selbst tödlich verwundet, Leonhard im Duell. Um dem Vater Schande und Demütigung zu ersparen, stürzt Klara sich vor Verzweiflung in einen Brunnen.

Weitere Dramen: ***Judith*** (1840), ***Herodes und Marianne*** (1849), ***Agnes Bernauer*** (1852)

→ **Theodor Storm** (1817–1888): Nach einem Jurastudium ließ er sich in seiner geliebten Heimatstadt Husum als Rechtsanwalt nieder und gründete dort einen Gesangverein. Während der dänischen Besetzung musste er Husum verlassen, war in Potsdam und Thüringen am Gericht tätig, ehe er 1864 als Landvogt nach Husum zurückkehrte.

Immensee (1850)

In Ich-Form geschriebene, fast lyrische Erinnerungsnovelle, in der sich die Sehnsucht nach Unerreichbarem ausdrückt. Ein einsamer alter Mann erinnert sich an seine Kinderliebe Elisabeth, mit der er eine glückliche Kindheit verbracht hat. Als sein Studium beide trennt, muss er erfahren, dass sein Schulfreund Erich das Gut Immensee übernommen hat und zwei Jahre später Elisabeth heiratet, bei der er selbst sich nicht wieder gemeldet hat. Unter großer Qual besucht er sie ein letztes Mal und geht dann auf Nimmerwiedersehn davon.

Der Schimmelreiter

Der Schimmelreiter (1888)

Altersnovelle mit gestaffelter Rahmenerzählung, die das Scheitern eines außergewöhnlichen Menschen an der Beschränktheit seiner Umgebung und den Elementarkräften thematisiert. Der technisch begabte und am Deichbau interessierte Hauke Haien wird Knecht beim alten Deichgrafen. Nach dessen Tod wird er aufgrund seiner Kenntnisse, seines Ehrgeizes, seiner Tatkraft und seiner Eheschließung mit dessen Tochter zwar selbst Deichgraf, muss sich aber den Anfeindungen vor allem des Großknechts Ole Peters erwehren. Das Glück ist nicht mit Hauke Haien. Erst wird ihm ein schwachsinniges Kind geboren, dann zerstört eine Sturmflut nicht nur seinen neuen Deich, mit dem er das dem Meer abgetrotzte Neuland schützen wollte, sondern auch seine Familie. Haien stürzt sich mit seinem Schimmel in die reißenden Fluten.

Weitere Novellen: ***Pole Poppenspäler*** (1874), ***Hans und Heinz Kirch*** (1882)

→ **Theodor Fontane** (1819–1898): In der Mark Brandenburg geboren und von französischen Flüchtlingen abstammend, war er zunächst Apotheker, dann Journalist bei der Berliner „Preußischen Kreuzzeitung", ehe der knapp 60-Jährige begann, 15 Romane zu schreiben, in denen er die gesellschaftlichen Verhältnisse seiner Zeit in ihrer Gegensätzlichkeit beschrieb.

Effi Briest

Effi Briest (1894/95)

Seelenschildernder Roman um eine adlige Ehebrecherin. Effi Briest wird von ihren Eltern mit dem wesentlich älteren Baron von Instetten verheiratet, der ihrer ganz in Konventionen erstickenden Ehe keinen Sinn gibt. Als er Jahre später durch Zufall erfährt, dass Effi ihn mit dem Hauptmann Crampas betrogen hat, tötet er diesen, ganz dem preußischen Ehrenkodex verpflichtet, in einem Duell und lässt sich scheiden. Effi wird gesellschaftlich ausgeschlossen und stirbt in einsamer Verkümmerung.

Irrungen, Wirrungen (1888)

Sozialkritischer Roman über die Unüberbrückbarkeit von Standesunterschieden. Die einfache Plätterin Lene lebt mit ihrer Ziehmutter, der Waschfrau Nimptsch, in einem Häuschen der Gärtnerei Dörr. Als sich Lene und der junge Baron Botho von Rienäcker ineinander verlieben, ist beiden klar, dass ihre Beziehung wegen des Standesunterschiedes keine Zukunft hat. Gleichwohl genießen sie ihr gegenwärtiges Glück, bis auf einer Landpartie Bothos Kameraden mit ihren Damen die Beziehung an den gesellschaftlichen Normen scheitern lassen. Botho beugt sich der Familienpflicht und heiratet aus finanziellen Gründen eine wohlhabende Cousine, Lene findet in einem älteren, ehrenhaften Laienprediger ihr spätes Glück. Botho und Lene sind beide nicht unglücklich in ihre Schicht zurückgekehrt.

Frau Jenny Treibel

Frau Jenny Treibel oder „Wo sich Herz zum Herzen findt" (1892)

Witziger Berliner Gesellschaftsroman über das bourgeoise Protzertum. Jenny Treibel, durch Heirat von einer Kolonialwarenhändlerstochter zur Kommerzienrätin aufgestiegen, hat Corinna, die gebildete und gewitzte Tochter des Professors Willibald Schmidt, zu einem Diner eingeladen. Corinna entfaltet zum Leidwesen des in sie verliebten Vetters Marcel Wedderkopp ihren ganzen Charme gegenüber dem Ehrengast des Abends, den jungen Engländer Mr. Nelson, um den ihr unterlegenen jüngsten Sohn der Kommerzienrätin, Leopold, zu beeindrucken, über dessen Heirat sie sich eine bessere gesellschaftliche Position erhofft. Als es ihr gelingt, sich mit Leopold zu verloben, hintertreibt Jenny Treibel die Beziehung wegen Corinnas Mittellosigkeit und verkuppelt ihren Sohn lieber mit der von ihr wenig geschätzten Hildegard Munk, der Tochter eines wohlhabenden Hamburger Holzhändlers. Corinna verzichtet auf Leopold und heiratet ihren Vetter Marcel, der als Archäologe und designierter Professor ganz dem Bildungsbürgertum angehört.

Weitere Romane: ***Schach von Wuthenow*** (1882), ***Cécile*** (1886), ***Stine*** (1890), ***Mathilde Möhring*** (1891), ***Die Poggenpuhls*** (1896), ***Der Stechlin*** (1897)

→ **Gottfried Keller** (1819–1890): Keller wollte ursprünglich Maler werden, wurde aber doch Schriftsteller, war 15 Jahre lang Erster Staatsschreiber der Schweizer Regierung, während er nichts schrieb, und widmete sich dann wieder seiner literarischen Berufung.

Romeo und Julia auf dem Dorfe

Romeo und Julia auf dem Dorfe (1856)

Tragische Erzählung aus dem Novellenzyklus *Die Leute von Seldwyla*. Zwei Bauern aus Seldwyla, Manz und Marti, geraten über eine von beiden betriebene schrittweise, aber unrechtmäßige Inbesitznahme eines fremden Landstreifens zwischen ihren Äckern so nachhaltig in Streit, dass sie über einen unehrenhaften Rechtsstreit beide verarmen. Darunter leiden auch ihre Kinder, Sali und Vrenchen, die sich plötzlich ineinander verlieben, aber als Verstoßene keine bürgerliche Ehe schließen können. Sie geben dennoch ganz ihrer Leidenschaft nach, tanzen ausgelassen auf einem Kirchweihfest und feiern im Kreis anderer Ausgestoßener zur Musik des schwarzen Geigers ihre private Hochzeit. Nachdem sie auf einem Schiff die Ehe vollziehen, gleiten beide am Morgen in das eiskalte Wasser.

Kleider machen Leute

Kleider machen Leute (1874)

Sozialkritische Erzählung aus dem Novellenzyklus *Die Leute von Seldwyla* über das Missverhältnis von Sein und Schein. Der arbeitslose Schneidergeselle Wenzel Strapinski aus Seldwyla wird auf seiner Wanderschaft von einer vornehmen Kutsche mitgenommen und als vermeintlich reicher polnischer Graf, was sein kostbarer Mantel zu unterstreichen scheint, in einem Wirtshaus fürstlich bewirtet. Die Amtstochter Nettchen sieht in ihm sogar ihren Märchenprinzen. Doch auf der Verlobungsfeier wird Wenzel von Seldwyler Bürgern entlarvt, flieht in die Winternacht, wird von Nettchen, die seine Arglosigkeit erkennt, gerettet und gegen den väterlichen Willen geheiratet. Wenzel rechtfertigt das Vertrauen und wird ein geachteter Tuchhändler.

Weitere Novellen: ***Die drei gerechten Kammmacher*** (1856), ***Das Fähnlein der sieben Aufrechten*** (1861)
Romane: ***Der grüne Heinrich*** (1850–1855, endgültige Fassung 1879/80), ***Martin Salander*** (1886)

→ **Conrad Ferdinand Meyer** (1825–1898): entstammt einer vornehmen Züricher Familie, studiert halbherzig Jura, obwohl er Maler werden will, und findet nach gesundheitlichen und psychischen Krisen erst spät Anerkennung als Schriftsteller.

Das Amulett

Das Amulett (1873)

Historische Novelle als Rahmenerzählung um religiöse Auseinandersetzungen. Der Protestant Hans Schadau ist in Paris am Ende des 16. Jahrhunderts als Sekretär des Admirals Coligny tätig, dem Anführer der Hugenotten. Sein Jugendfreund, der in den Diensten des Königs stehende Schweizer Gardist und Katholik Boccard, steckt ihm anlässlich eines Duells ein wunderwirksames Amulett unter, an dem der tödliche Stich des Gegners abprallt. In der Bartholomäusnacht von 1572, in der Coligny den Tod findet, rettet Boccard seinen Freund ein zweites Mal, indem er ihm in der Uniform der Schweizer Garde zur Flucht verhilft, während er selbst von einer Kugel getötet wird, die für Schadau gedacht war.

Die Versuchung des Pescara (1887)

Detailreiche historische Novelle, deren Handlung um 1525 spielt. Der Kanzler Girolamo Morone überredet Franz Sforza, den Herzog von Mailand, mit Kaiser Karl V. in Spanien zu brechen und sich einer Liga mit dem Papst und anderen italienischen Staaten anzuschließen. Als Feldherr soll der kaisertreue Fernando di Pescara gewonnen und mit der Führung eines geeinten Italiens belohnt werden. Derweilen überredet der Papst Pescaras Frau, Viktoria Colonna, sich für die Liga einzusetzen und ernennt ihren Gatten in Abwesenheit zum König von Neapel. Pescara, tödlich verwundet, lässt sich jedoch von Morone nicht in Versuchung führen, weil er im Gegenteil beabsichtigt, Italien zu unterwerfen, um seinen Landsleuten einen milderen Frieden diktieren zu können. Er nimmt Morone gefangen, erobert Mailand, setzt sich damit durch, allen an der Verschwörung Schuldigen mit Milde zu begegnen, macht sein Testament, in dem er den kaisertreuen Karl Bourbon als seinen Nachfolgert bestimmt, und stirbt.

Weitere Novellen: ***Jörg Jenatsch*** (1876), ***Der Schuss von der Kanzel*** (1878), ***Gustaf Adolfs Page*** (1882)

→ **Wilhelm Raabe** (1831–1910): Nach einer abgebrochenen Lehre als Buchhändler konnte Raabe schon früh als freier Schriftsteller von seinen Büchern leben.

Chronik der Sperlingsgasse

Chronik der Sperlingsgasse (1856)

Unter dem Pseudonym Jakob Corvinus herausgegebener Roman. Der alte und einsame Gelehrte Johannes Wacholder unterbricht die Arbeit an seinem Werk *De vanitate hominum* (Über die Vergeblichkeit des Menschen), um für ein halbes Jahr die Ereignisse der Alt-Berliner Sperlingsgasse aufzuzeichnen. Als roter Faden durch viele detaillierte Episoden dient die Geschichte um seine Jugendliebe Luise, die aber seinen Freund, den Maler Franz Ralff, geheiratet und mit ihm die Tochter Elise hat. Die wird nach dem Tode ihrer Eltern von „Onkel Wacholder" großgezogen und verheiratet sich mit dem Maler Berg.

Der Hungerpastor

Der Hungerpastor (1864)

Pyramidenhaft aufgebauter Roman über den metaphorischen „Hunger" zweier ungleicher Freunde. Der Trödlersohn Moses Freudenstein besteht aufgrund seines Lerneifers die Reifeprüfung als Bester und erbt von seinem Vater Reichtümer. Er studiert Philosophie, lässt sich in Paris als Literat nieder, konvertiert zum Katholizismus, ändert seinen Namen in Theophil Stein und endet als Spitzel der preußischen Regierung gegen verbannte Freiheitskämpfer im Ausland. Sein Jugendfreund, der Schuhmachersohn Hans Jakob Unwirrsch, studiert Theologie, wird Hauslehrer beim Herrn von Holoch, dann bei einem Fabrikanten, bis der ihn als Sympathisant hungernder Arbeiter herauswirft, schließlich als Erzieher beim Geheimrat Götz in Berlin, dessen Nichte Franziska er kennenlernt und heiratet. Als er diese Stelle durch eine Intrige seines Freundes Moses verliert, der spöttisch auf den „Hungerpastor" herabsieht, nimmt er schließlich enttäuscht die „Hungerpfarre" in dem kleinen Fischerdorf Grunzenow an der Ostsee an.

Weitere Romane: ***Abu Telfan*** (1867), ***Der Schüdderump*** (1870), ***Pfisters Mühle*** (erster deutscher Roman zur Umweltproblematik, 1884), ***Stopfkuchen. Eine See- und Mordgeschichte*** (1891)

Analysebeispiel:

Analyse-Elemente	Text	Deutungs-Elemente
Erzählbericht eines auktorialen Erzählers	**Theodor Fontane** ***Mathilde Möhring*** (Erstes Kapitel, 1891)	**Exposition: Definition des Raum-Zeit-Figuren-Systems: soziale Grundkonstellation**
wichtigster Name zuerst räumlicher und zeitlicher Realitätsbezug direkte Rede: Umgangssprache Ellipse, Wdhlg. frz. Ausdruck frz. Begriff scheinbare Unwissenheit des Erzählers frz. Ausdruck verdeckte rhetorische Frage: scheinbare Unentschlossenheit des Erzählers	Möhrings wohnten Georgenstraße 19 dicht an der Friedrichsstraße. Wirt war Rechnungsrat Schultze, der in der Gründerzeit[1] mit dreihundert Talern spekuliert und in zwei Jahren ein Vermögen erworben hatte. Wenn er jetzt an seinem Ministerium vorüberging, sah er immer lächelnd hinauf und sagte: »Gu'n Morgen, Exzellenz.« Gott, Exzellenz. Wenn Exzellenz fiel, und alle Welt wunderte sich, dass er noch nicht gefallen sei, so stand er, wie Schultze gern sagte, vis-à-vis de rien[2], höchstens Oberpräsident in Danzig. Da war er besser dran, er hatte fünf Häuser, und das in der Georgenstraße war beinah schon ein Palais, vorn kleine Balkone von Eisen mit Vergoldung. Was anscheinend fehlte, waren Keller und natürlich auch Kellerwohnungen, statt dessen lagen kleine Läden, ein Vorkostladen, ein Barbier-, ein Optikus- und ein Schirmladen in gleicher Höhe mit dem Straßenzug, wodurch die darüber gelegene Wirtswohnung jenen à-deux-mains-Charakter[3] so vieler neuer Berliner Häuser erhielt. War es Hochparterre oder war es eine Treppe hoch. Auf Schultzes Karte stand: Georgenstraße 19 I, was jeder gelten ließ mit Ausnahme Möhrings, die, je nachdem diese Frage entschieden wurde, drei oder vier Treppen hoch wohnten, was neben der gesellschaftlichen auch eine gewisse praktische Bedeutung für sie hatte.	<u>Soziales Umfeld</u> noble Adresse Titel als Sozialmerkmal Reichtum: **Geld**adel Sozialkritik Bildungselement: abgeschoben in die Provinz Geld > Amt Reichtum: Geld**adel** angeberisch nichts sozial Anrüchiges: kommerzielle Nutzung Frage des Sozialprestiges

Analyse-Elemente	Text	Deutungs-Elemente
anaphorischer Abschnittsbeginn betonende Assonanzfolge direkte Rede frz. Wortursprung Wertung des Erzähers Zitat: Novelle von Gottfried Keller	Möhrings waren nur zwei Personen, Mutter und Tochter; der Vater, Buchhalter in einem Kleider-Exportgeschäft, war schon sieben Jahre tot und war am Palmsonnabend gestorben, einen Tag vor Mathildens Einsegnung. Der Geistliche hatte daraufhin eine Bemerkung gemacht, die bei Mutter und Tochter noch fortlebte. Ebenso das letzte Wort, das Möhring Vater an seine Tochter gerichtet hatte: »Mathilde, halte dich propper[4].« Pastor Neuschmidt, dem es gesagt wurde, war der Meinung, der Sterbende habe es moralisch gemeint, Schultzes, die auch davon gehört hatten und neben dem Geld- und Rechnungsrat-Hochmut natürlich auch noch den Wirtshochmut hatten, bestritten dies aber und brachten das Wort einfach in Zusammenhang mit dem Kleider-Exportgeschäft, in dem sich der Gedankengang des Alten bewegt habe; es solle so viel heißen wie: »Kleider machen Leute«. 1. 1871–1873; 2. dem Nichts gegenüber; 3. Doppelcharakter; 4. sauber	Einführung der Familie soziale Definition über den Beruf des Mannes; kirchliche Orientierung am Protestantismus; prestigeträchtiger Begriff Ambivalenz von Innen und Außen: bürgerl. vs. großbürgerl. Werte Sozialkritik Wirkmacht der Äußerlichkeit

2.11 Naturalismus (1880–1900)

Bild 14: Der Weberzug, Radierung von Käthe Kollwitz, 1897 © picture alliance/akg-images

ÜBERSICHT

Begriff	ungeschönte Wiedergabe der Realität ohne stilistische Verfälschungen: Kunst = Natur – x (Arno Holz)
Sozio-historische Situation	→ Zeit des Imperialismus und Kolonialismus → Problem der „sozialen Frage"
Zeitgeist	Determiniertheit des Menschen durch soziale Gegebenheiten, Erbgut und Milieu
Themen	sozialkritische Themen, Bevorzugung des Hässlichen und Geringwertigen
Stil	Abbau an gattungsspezifischen stilistischen Mitteln, Betonung der Umgangssprache einschließlich Dialekt und Sprachfehlern
Repräsentanten	→ Ludwig Anzengruber (1839–1889) → Gerhart Hauptmann (1862–1946) → Arno Holz (1863–1929) → Hermann Sudermann (1857–1928)

Begriff

Unmittelbare Wiedergabe der Wirklichkeit

Unter Naturalismus versteht man zunächst einmal eine philosophische Weltanschauung, nach der grundsätzlich alles aus der Natur erklärbar ist, auch die Natur selbst. Im Bereich der Kunst bezeichnet sie einen von Frankreich (Emile Zola, Hippolyte Taine), England (Charles Darwin) und Skandinavien (Henrik Ibsen, August Strindberg) beeinflussten Stil, der eine möglichst genaue Widergabe der Wirklichkeit anstrebt und darauf verzichtet, die Unmittelbarkeit der Wiedergabe durch Stilmittel zu verfälschen. Das Kunstwerk ist „ein Stück Natur, gesehen durch ein Temperament“ (Emile Zola) oder „Natur – x“ (Arno Holz). Der Beginn des Naturalismus in Deutschland wird angesetzt mit der Literatur-Zeitschrift *Kritische Waffengänge* der Gebrüder Hart (1882).

Sozio-historische Situation

Imperialismus und „soziale Frage“

Sozio-historisch waren die letzten zwei Jahrzehnte des 19. Jahrhunderts geprägt von zwei Akzenten. Außenpolitisch war es die Zeit des Imperialismus und Kolonialismus. Deutschland gründete Kolonien in Südwestafrika, Togo, Kamerun, Ostafrika und der Südsee, errichtete Schutzgebiete in Neuguinea und kaufte die Bucht von Kiautschou. Zur Sicherung des Friedens schloss man einen Dreibund mit Österreich-Ungarn und Italien, erst 1882 geheim, dann 1887 offiziell bestätigt, und, ebenfalls geheim, einen Rückversicherungsvertrag mit Russland. Nach dem Dreikaiserjahr 1888 (Wilhelm I. – Friedrich III. – Wilhelm II.) und der Entlassung Bismarcks (1890) wurde dieser Friede aber gefährdet durch die Flottenvorlage Wilhelm II. zur Verstärkung der deutschen Kriegsmarine. Innenpolitisch kam es trotz der Sozialgesetzgebung (Kranken-, Unfall-, Alters- und Invalidenversicherung) aufgrund des rasanten Anwachsens der Großstädte zur sogenannten „sozialen Frage“ und einem Abstieg des Bürgertums in Armut und Verelendung.

Zeitgeist

Naturgesetze und Determinismus

Unter dem Einfluss der Abstammungslehre Darwins und der Milieutheorie Taines wird der Mensch gesehen als ein den Naturgesetzen unterworfenes und von den sozialen Bedingungen, Erbgut und Milieu abhängiges Wesen, dem keine Willensfreiheit mehr zugesprochen werden kann. Der einfache, seine Situation ertragende Durchschnittsmensch scheint am repräsentativsten zu sein. Andererseits glaubt man an die Möglichkeit einer naturwissenschaftlichen Weltgestaltung.

Themen

Bislang tabuisierte Themen

Da man die Wirklichkeit schonungslos ungeschminkt darstellen will, geraten vor allem jene Bereiche des gesellschaftlichen Lebens in den Fokus, die bislang ausgeklammert worden waren: das Hässliche und Niedrige, das Gemein-Obszön-Sexuelle, die Randerscheinungen des Großstadtlebens, der Säufer, die Prostituierte, die Kranken, die Geistesgestörten, der tyrannische Vater, der ausgebeutete Proletarier. So rücken **sozialkritische Themen** unter vor allem psychologisch-pathologischer Perspektive in den Mittelpunkt.

Stil

Sekundenstil

Im Drama entfallen die unrealistischen Sprechformen wie der Monolog und das Beiseitesprechen. Die Protagonisten sind überwiegend passive Helden und werden konzentriert psychologisch dargestellt. Zur Sprachgestaltung schaut man den Menschen aufs Maul, sodass der Dialekt, die restringierte Alltagssprache einschließlich aller Verstöße gegen Grammatik oder den guten Ausdruck literarisch hoffähig werden. Die Nebentexte blähen sich oft zu umfangreichen szenischen Beschreibungen auf. In der narrativen Literatur führt der Verzicht auf eine Differenzierung zwischen Erzählzeit und erzählter Zeit zum sogenannten „**Sekundenstil**". Die Texte bemühen sich vor allem, die milieuhaften Stimmungen sozialkritisch einzufangen. In der Lyrik entfallen alle künstlichen Gestaltungsformen wie Reim, Strophik und freie Rhythmik und sollen durch einen natürlichen, inneren Rhythmus (Arno Holz) ersetzt werden.

Repräsentanten und Werke

→ **Gerhart Hauptmann** (1862–1946): Ausbildung als Landwirt, wollte neben seinen literarischen Ambitionen erst Bildhauer, dann Schauspieler werden. Hatte große Erfolge mit seinen Dramen, erhielt 1912 den Literaturnobelpreis, war sogar als Präsident der Weimarer Republik im Gespräch, sprach sich später für den Nationalsozialismus und dann für die DDR-Doktrin Ulbrichts aus.

Die Weber

Die Weber (1892)

In Prosa verfasstes fünfaktiges soziales „Schauspiel aus den vierziger Jahren" über den schlesischen Weberaufstand von 1844. Die Weber liefern beim Barchentfabrikanten (Barchent = Baumwollflanell) Dreißiger ihre Waren ab; eine Erhöhung ihres kümmerlichen Lohns wird von Pfeifer, einst selbst Weber, und Dreißiger selbst rigoros abgelehnt. In der Hütte des Häuslers Ansorge herrscht bitterste Not, sodass man das protestierende Weberlied anstimmt. Auch in Welzels Gaststube singt man, aufgestachelt vom Schmied Wittig, das Weberlied und zieht auf die Straße. Im Hause Dreißiger verbittet sich der Hausherr Fragen zur sozialen Gerechtigkeit. Als der Anführer der aufständischen Weber, Jäger, abgeführt wird, bricht eine Revolte aus, im Zuge derer man Dreißigers Haus verwüstet. Die Revolte entwickelt sich zum Straßenkampf mit dem Militär, in dessen Verlauf der fromme alte Webermeister Hilse, der sich obrigkeitsgehorsam gegen den Aufstand ausspricht, von einer verirrten Kugel getötet wird.

Der Biberpelz (1893)

„Eine Diebskomödie" in vier Akten über unbestrafte Kriminalität aus Not. Die angesehene wie resolute Waschfrau Mutter Wolffen verkauft einen gewilderten Rehbock an den Spreeschiffer Wulkow, der sich einen Biberpelz gegen sein Rheuma wünscht, lässt ihren schwerfälligen Mann Julius das Holz stehlen, das ihre Tochter Leontine bei ihrem Dienstherrn Krüger zuvor nicht verräumen wollte, und entwendet des Nachts Krügers Biberpelz, um von dem Erlös ihr Häuschen abzubezahlen. Von Krügers Anzeigen fühlt sich der Amtsvorsteher von Wehrhahn belästigt, weil er lieber politische Feinde jagt wie den Privatgelehrten Dr. Fleischer, und von der Aussage Wulkows beruhigt ist, einen Biberpelz zu besitzen sei nichts Außergewöhnliches. So bleiben die Diebstähle unaufgeklärt, zumal von Wehrhahn ausgerechnet Mutter Wolffen, die „ehrliche Haut", damit beauftragt, sich einmal umzuhören.

Bahnwärter Thiel

Bahnwärter Thiel (1888)

Kurze novellistische Studie über den tragischen Ausgang einer Hörigkeit, in der Hauptmann auch bereits auf Elemente des späteren Symbolismus vorgreift. Der gewissenhafte Bahnwärter Thiel heiratet nach dem Tod seiner kränklichen Frau zur Versorgung seines Sohnes Tobias die primitiv-sinnliche Bauernmagd Lene. Aber Lene misshandelt Tobias vor allem nach der Geburt eines eigenen Kindes, bis Tobias beim Spielen von einem Zug tödlich verletzt wird. Thiel hat dieses Ereignis in einem Traum über seine erste Frau symbolisch vorausgeahnt; er erschlägt Lene und deren Kind mit einem Beil und wird in ein Irrenhaus gebracht.

Weitere Dramen: ***Vor Sonnenaufgang*** (1889), ***Florian Geyer*** (1896), ***Fuhrmann Henschel*** (1899), ***Michael Kramer*** (1900), ***Rose Bernd*** (1903), ***Die Ratten*** (1911)

→ **Hermann Sudermann** (1857–1928): Der Sohn eines ostpreußischen Bauern und Bierbrauers stammte von niederländischen Mennoniten ab, studierte nach einer abgebrochenen Apothekerlehre Geschichte und Philosophie, wurde Hauslehrer, brach das Studium ab und wechselte zur Publizistik. Seine literarischen Erfolge erlaubten ihm den Besitz des Landguts Blankensee, wo er neben seinem Berliner Stadthaus hauptsächlich wohnte.

Die Ehre (1889)

In Prosa verfasstes vieraktiges Schauspiel über die soziale Relativität des Ehrbegriffs. Der aus Indien in sein kleinbürgerliches Berliner Elternhaus zurückgekehrte Robert Heinecke fühlt sich in seiner Ehre verletzt, weil seine Eltern stillschweigend ein Verhältnis seiner Schwester mit Curt Mühlingk dulden, dem Sohn seines Chefs, in dessen Tochter Lenore er verliebt ist. Als Genugtuung nehmen die Eltern eine Geldabfindung an, während Robert zeitgleich gekündigt wird. Robert will mit einem Revolver Curt töten, wird aber von seinem Freund, dem reichen Graf von Trast-Saarberg, beruhigt. Zum Entsetzen ihrer Eltern bekennt sich Lenore Mühlingk zu Robert, aber die Verstoßung der Tochter bleibt aus, weil der Graf Robert zu seinem Sozius und Erben erklärt.

Weitere Dramen: ***Heimat*** (1893), ***Johannisfeuer*** (1900), ***Stein unter Steinen*** (1905)
Roman: ***Frau Sorge*** (1887)

Weitere Autoren

Ludwig Anzengruber (1839–1889): bedeutender Dramatiker des österreichischen Volksstücks

Arno Holz (1863–1929) und **Johannes Schlaf** (1862–1941):

Papa Hamlet

Papa Hamlet (3 Novellen, 1889), *Die Familie Selicke* (Drama, 1890)

Max Kretzer (1854–1941): *Meister Timpe* (Roman, 1888)

Analysebeispiel:

Analyse-Elemente	Text	Deutungs-Elemente
aktionsbetonte Szene mit gleichartigen expressiven Weberkommentaren	**Gerhart Hauptmann** ***De Waber – Die Weber*** (IV. Akt, Auszug, 1892)	**aufrührerische Lynchjagd der Weber nach ihren Ausbeutern**
	Jäger, Bäcker, Wittig mit einem hölzernen Eimer, Baumert und eine Anzahl junger und alter Weber kommen wie auf der Jagd nach etwas hereingestürmt, mit heiseren Stimmen durcheinanderrufend.	erregte Situation
schlesisch dialektgefärbte Sprache	JÄGER. Wo is a hin? BÄCKER. Wo is der Menschenschinder?	negative Wertung
Doppelfrage Metaphern	DER ALTE BAUMERT. Kenn mir Gras fressen, friss du Sägespäne. WITTIG. Wenn m'r 'n kriegen, knippen mer'n uf.	zwei Varianten der Armut (Bauer, Zimmermann) zwei Varianten vorsätzlicher Lynchjustiz
Assonanz Umgangssprache Metapher: Tod	ERSTER JUNGER WEBER. Mir nehmen 'n bei a Been'n und schmeißen 'n zum Fenster naus, uf de Steene, dass a bald fer immer liegenbleibt. ZWEITER JUNGER WEBER *kommt*. A is fort ieber alle Berge.	
Umgangssprache Doppelfrage	ALLE. Wer denn? ZWEITER JUNGER WEBER. Dreißicher. BÄCKER. Feifer o?	doppelte Suche
doppelte Aufforderung	STIMMEN. Sucht Feifern! Sucht Feifern! DER ALTE BAUMERT. Such, such, Feiferla, 's is a Weberschmann auszuhungern. *Gelächter.*	Selbstironie: Hinweis auf die existenzbedrohte Lage der Weber
dreifache Wortverwendung	JÄGER. Wenn mersch o ni kriegen, das Dreißicherviech … arm solla wern. DER ALTE BAUMERT. Arm soll a wern wie 'ne Kirchenmaus. Arm soll a wern. *Alle stürmen in der Absicht zu demolieren auf die Salontüre zu.*	Mensch ohne Würde revolutionäre Veränderung der sozialen Verhältnisse: Angleichung der Privilegierten an den eigenen Stand

2.12 Die Jahrhundertwende (1890–1920)

Bild 15: Ausschnitt aus *Die drei Lebensalter einer Frau* von Gustav Klimt, 1905

Mehrere Strömungen zugleich

Wie im Zeitalter der Aufklärung und zur Zeit der Restauration liegt um die Jahrhundertwende zwischen 1890 und 1920 ebenfalls eine Zeit vor, in der mehrere literarische Epochen nebeneinander Bestand haben. Allen diesen Strömungen gemeinsam sind die Abwendung vom Naturalismus, der zu diesem Zeitpunkt ausläuft, dieselbe sozio-historische Situation und Ähnlichkeiten im Zeitgeist. Es gibt keine endgültige und einheitliche Epocheneinteilung; viele Begriffe überschneiden sich inhaltlich, viele Autoren können sowohl der einen wie einer anderen Strömung zugeordnet werden.

ÜBERSICHT

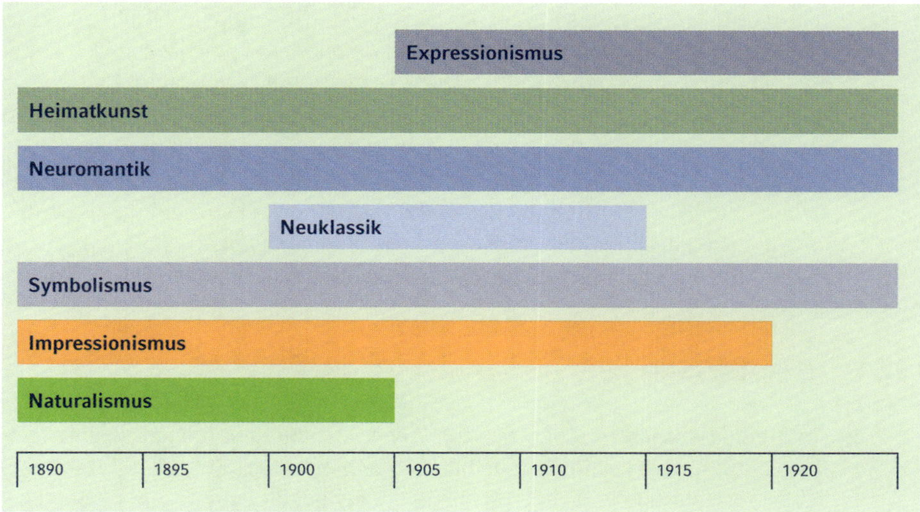

Schaubild 8: Literaturströmungen um 1900

Sozio-historische Situation

Wirtschaftsboom und außenpolitische Spannungen

Politisch fällt die Zeitspanne mit dem Kaiserreich unter Wilhelm II. (1888–1918) zusammen und ist gekennzeichnet von Hochindustrialisierung und Wirtschaftswachstum im Inland und Unruhen in den Kolonien (Boxeraufstand 1900, Herero-Aufstand 1904, Hottentottenaufstand 1904–1907, Maji-Maji-Aufstand 1906). Außenpolitisch bilden sich durch Bündnisse zwei Lager: Der Entente zwischen Großbritannien, Frankreich und Russland steht der Dreibund mit Deutschland, Österreich-Ungarn und Italien gegenüber. Das Wettrüsten der Flotten zwischen Großbritannien und Deutschland und zwei Marokko-Krisen sorgen für internationale Spannungen, die sich 1914 mit dem Ausbruch des Ersten Weltkriegs entladen.

Zeitgeist

Blick vor oder zurück?

Die Unzufriedenheit der jüngeren Generation mit der als unzeitgemäß empfunden literarischen Situation des Naturalismus führt zu ganz verschiedenen Reaktionen. Die einen richten den Blick zurück und möchten entweder Klassik oder Romantik, die ihrer Meinung nach besten Phasen der deutschen Literatur, neu beleben oder sich ganz auf das Volkstum konzentrieren. Die anderen halten nach neuen Impulsen Ausschau und nehmen Strömungen aus Frankreich (Baudelaire, Rimbaud), England (Wilde), Amerika (Poe), Skandinavien (Ibsen und Strindberg) und Russland (Dostojewski) auf. Hinzu treten noch die geistigen Impulse aus dem eigenen Land: der Pessimismus Arthur Schopenhauers, der Kulturpessimismus Friedrich Nietzsches, dem er seine Theorie des „Übermenschen“ entgegenstellt, und die pathetische Kulturideologie Richard Wagners.

Pessimismus und Dekadenz

Das alles führte über das Gefühl der *décadence* (Niedergang, Verfall) des **Fin de Siècle** und einer weltflüchtigen Introspektion und skeptischen Sprachsensibilität zur Forderung nach einem mit der Jahrhundertwende verbundenen Umbruch. Aus einer pessimistischen Grundhaltung voller Lebensmüdigkeit und Endzeitstimmung sollte ein realitätsferner Kulturoptimismus erwachsen, der wieder das Irrationale, die Metaphysik und die Mystik zuließ. Die Tür wurde aufgestoßen für ein vitalisiertes Lebensgefühl, das sich in einer Vergötterung der Kunst (*l'art pour l'art*), einer hemmungslosen Verherrlichung des exotischen und erotischen Lebens (*femme fatale*) und einer lebensreformerischen Bewegung (Jugendbewegung) zum Ausdruck brachte.

2.12.1 NEUKLASSIK

Eher wirkungslos

Die Neuklassik war von den retrospektiven Strömungen die am wenigsten wirksame Bewegung, weil sie hauptsächlich theoretisch orientiert war, die Rückkehr zur sprachlichen Formstrenge und zum inhaltlichen Ideengehalt betonte, aber keine überzeugenden oder nachwirkenden literarischen Werke zeitigte. Als ihre Hauptvertreter sind **Paul Ernst** (1866–1933) und **Wilhelm von Scholz** (1874–1969) zu nennen, die sowohl zum Verständnis des Dramas wie der Novelle wichtige Einsichten beitrugen. Als weitere der Neuklassik nahestehende Vertreter, deren Werke durchaus Beachtung fanden, gelten **Rudolf Binding** (1867–1938), **Ricarda Huch** (1864–1947) und **Stefan Zweig** (1881–1942), die das Gefühlhafte, Irrationale und Zeitlos-Allgemeine betonten.

2.12.2 NEUROMANTIK

Wunder, Märchen und Magie

Die Neuromantik wendet sich vor allem inhaltlich vom Naturalismus ab und wieder dem Wunderbaren, dem Geheimnisvollen, dem Magischen und Mystischen und damit der Antike, der Geschichte, den Märchen und Sagen, dem Traum, dem Psychischen und dem religiösen Glauben zu. Gefühl, Musikalität und Schönheit werden betont. Das Politische wird einem Mythologisierungsprozess unterworfen, der aus Wilhelm II. die Wiedergeburt eines mittelalterlichen Herrschers macht. Diese Sichtweise wird später im Nationalsozialismus wieder aufgegriffen. Der Neuromantik werden zugerechnet **Karl May** (1842–1912), **Ricarda Huch** (1864–1947), **Hermann Hesse** (1877–1962) und die Balladendichter **Lulu von Strauß und Torney** (1873–1956), **Börries von Münchhausen** (1874–1945) und **Agnes Miegel** (1879–1964).

2.12.3 DEKADENZDICHTUNG / FIN DE SIÈCLE

Genuss von Untergang und Verfall

Zu den Gegenströmungen des Naturalismus zählte auch, ihn gleichsam auszublenden und stilistisch an der Tradition des Realismus wieder anzuknüpfen. Inhaltlich war man sich der Endphase des Jahrhunderts bewusst, setzte sie mit der Lebensform und Kultur gleich und empfand einen gewissen Genuss am Untergang und Verfall.

Repräsentanten und Werke

→ **Eduard Graf von Keyserling** (1855–1918): Als Sohn baltischer Adliger in Lettland geboren, studierte er Philosophie und Kunstgeschichte, verwaltete die mütterlichen Güter und lebte bis zu seinem Tode mit drei Schwestern in München.

Wellen

Wellen (1911)

Gefühl- und leidenschaftsvoller Roman, der in einer lichtdurchfluteten Ostseekulisse spielt. Die Hauptfigur des Romans, Gräfin Doralice, die sich von dem standesgemäßen, aber manierierten Gesandten Köhne-Jasky getrennt hat, um den bürgerlichen Maler Hans Grill zu ehelichen, wird einerseits vom Adel als *femme fatale* dämonisiert, auf der anderen Seite von Lolo und Nini, Töchter des Barons von Buttlär, wegen ihrer Emanzipation verehrt. Leutnant Hilmar, Lolos Verlobter, verliebt sich in die Gräfin, die trotz ihres vitalen Ehemanns nicht glücklich ist, versucht sie vergeblich für sich zu gewinnen und geht mit einem Fischerboot während eines Gewitters unter.

→ **Thomas Mann** (1875–1955): Sohn eines Lübecker Senators; lebte als Volontär einer Feuerversicherungsanstalt, Redakteur und freier Schriftsteller in München; Nobelpreis für Literatur 1929; 1933 Emigration über die Schweiz in die USA, wo er eine Zentralgestalt der Exilliteratur war.

Buddenbrooks

Buddenbrooks. Verfall einer Familie (1901)

Kritischer, teils biografischer Gesellschaftsroman in elf Teilen über den Verfall einer hanseatischen Bürgerfamilie in vier Generationen. Johann Buddenbrook und sein Sohn Jean leiten mit Entschlossenheit die 1768 gegründete Getreidegroßhandlung in Lübeck, während ihre Frauen ein großbürgerliches Haus führen. Nach dem Tod der Eltern tritt Jeans disziplinierter Sohn Thomas in die Firma ein. Sein jüngerer Bruder Christian macht sich mit der Verehrung einer fragwürdigen Schauspielerin lächerlich, seine Schwester Tony erlebt in einem Mädchenpensionat eine glückliche Jugendzeit. Obwohl sie Morton Schwarzkopf liebt, den Sohn eines Lotsenkommandeurs, unterwirft sie sich dem Familienbeschluss und heiratet aus geschäftlichen Gründen den Hamburger Kaufmann Bendix Grünlich, der an Tony nur aus finanziellen Gründen interessiert ist. Als sich sein Bankrott abzeichnet, lässt sich Tony erneut aus Gründen „der Firma" scheiden. Wirtschaftliche Rückschläge werden durch Erbschaften ausgeglichen. Jean gelingt es, die Revolutionäre von 1848 zu besänftigen, und stirbt sieben Jahre später. Mit 29 Jahren wird Thomas Chef der Familienfirma. Er heiratet Gerda Arnoldsen, die Tochter eines wohlhabenden Amsterdamer Geschäftspartners, während sein Bruder Christian nach unstetem Leben aus Chile zurückkehrt, aber in der Firma eher stört und mit seiner Beziehung zur Theaterstatistin Aline Puvogel den Ruf der Familie schädigt. Tonys zweite Ehe mit dem Münchener Hopfenhändler Permaneder führt wegen dessen Untreue zur zweiten Scheidung. Thomas wird Vater eines Sohnes, Hanno, obsiegt in der Senatorenwahl über seinen auch wirtschaftlichen Konkurrenten Hermann Hagenström und lässt sich ein neues Haus bauen. Bankrotts von Geschäftspartnern und eigene Fehlspekulationen sorgen für wirtschaftliche Engpässe. Nach dem Tod seiner Mutter verkauft Thomas das elterliche Haus an Hagenström. Sein Sohn Hanno ist zu verzärtelt, um in seine Fußstapfen zu treten, seiner Frau Gerda sagt man ein Verhältnis mit dem Leutnant René Maria von Trotha nach. In schlechter körperlicher Verfassung stirbt Thomas infolge einer missglückten Zahnextraktion. Die Firma wird von einem Nachlassverwalter liquidiert, Gerda verkauft aus Kostengründen das neue Haus, zieht erst in eine kleine Villa und nach Hannos Typhustod endgültig zurück nach Amsterdam.

2.12.4 HEIMATKUNST

Heimatscholle und Volkstum

Der von Friedrich Lienhard begründeten Heimatkunst missfällt am Naturalismus vor allem die Thematik des Hässlichen und Schlechten und an den neuen Tendenzen deren Internationalisierung. Sie vertraut in einer Art Realitätsflucht vor einem bedrohlichen Chaos auf das Bodenständige, die gesunde Verbindung von Heimatscholle und Volkstum, Edelmut und Kraft der germanischen Völker und eine organische Weltordnung. Man konzentriert sich auf das überschaubare Gebiet des Bauernromans, der Dorfgeschichte und des Kleinstadtromans. Ohne es zu wollen, bereitet die Heimatkunst so die „Blut-und Boden-Dichtung" des Nationalsozialismus vor. Als Vertreter der Heimatkunst sind vor allem **Peter Rosegger** (1843–1918), **Hermann Löns** (1866–1914), **Ludwig Thoma** (1867–1921): *Moral* (Komödie, 1908) und **Gorch Fock** (1880–1916) bekannt.

2.12.5 IMPRESSIONISMUS

Bild 16: Sonnenaufgang von Claude Monet, 1872 © picture alliance/akg-images

ÜBERSICHT

Begriff	lat. *impressio* = Eindruck; nach Claude Monets 1885 in Paris ausgestelltem Bild *Impression – soleil levant* (Eindruck – Sonnenaufgang)
Themen	Stimmungen, flüchtige Eindrücke des Augenblicks
Stil	subjektive Darstellung sinnlicher Empfindungen
Repräsentanten	→ Max Dauthendey (1867–1918) → Richard Dehmel (1863–1920) → Eduard Graf von Keyserling (1855–1918) → Detlev von Liliencron (1844–1909) → Arthur Schnitzler (1862–1931)

Begriff

Ursprung in der Malerei

Der Begriff leitet sich vom lateinischen Wort *impressio* für Eindruck ab. Als Kennzeichnung für eine künstlerische Stilepoche geht er auf das von Claude Monet 1885 in Paris ausgestellte Bild *Impression – soleil levant* zurück, das als revolutionäre Erneuerung der Malerei betrachtet wurde. Der Begriff, der auch bald auf die Literatur angewandt wurde, bezeichnet einen Wechsel des Betrachtungs- und Darstellungsobjekts. Man bemüht sich nicht mehr, die Wirklichkeit getreu wiederzugeben, sondern den Eindruck des Künstlers, den dieser von der Wirklichkeit empfindet. Dem subjektiven Sinneseindruck, der davon ausgelösten Stimmung wird detailliert und bis in die feinsten Nuancen nachgespürt.

Themen

Flüchtige Augenblicke

Die Darstellung des flüchtigen Augenblicks, das unverbundene Nebeneinander von Realitätselementen entsprechen der pointilistischen Maltechnik. Das Bewusstsein des Schriftstellers wird zum passiven Sammelpunkt zufälliger Eindrücke, die wegen ihrer Kürze und Vereinzelung eine melancholische Grundstimmung erzeugen.

Stil

Stimmungen

Mithilfe von Lautmalerei, Synästhesien, subtil abgestimmten Adjektiven und eindrucksvollen Bildern zeichnet der Impressionist die darzustellenden Stimmungen nach, nutzt die Parataxe zur Kennzeichnung des Nebeneinanders in der Realität und bevorzugt die erlebte Rede.

Repräsentanten und Werke

→ **Arthur Schnitzler** (1862–1931): Der in Wien geborene Sohn eines wohlhabenden Medizinprofessors wurde erst Facharzt für Nervenkrankheiten, bevor er sich der Literatur zuwandte.
Der Reigen (1900)

Dialoge, die die soziale Nivellierungskraft des Sexuellen dokumentieren. Zehn Figuren: die Dirne und der Soldat, der Soldat und das Stubenmädchen, das Stubenmädchen und der junge Herr, der junge Herr und die junge Frau, die junge Frau und der Ehemann, der Ehemann und das süße Mädel, das süße Mädel und der Dichter, der Dichter und die Schauspielerin, die Schauspielerin und der Graf, der Graf und die Dirne, formieren sich zu einem Reigen.

Lieutnant Gustl

Lieutenant Gustl (1900)

Im inneren Monolog geschriebene satirische Novelle über den Ehrenkodex der k. und k.-Offiziere. Ein österreichischer Leutnant wird am Ende eines langweiligen Konzerts in der Garderobe von einem Bäckermeister als „dummer Bub" bezeichnet und an seinem Säbel festgehalten. Da der Bürgerliche nicht satisfaktionsfähig ist, beabsichtigt der sich in seiner Ehre gekränkt fühlende Offizier nach langen, quälenden Überlegungen, sich am nächsten Morgen zu erschießen. Er verbringt die Nacht panisch und sentimental im Prater und erfährt am Morgen in seinem Stammcafé, dass sein Beleidiger in der Nacht am Schlaganfall gestorben ist.

Weitere Werke: ***Anatol*** (Schauspiel, 1893), ***Der Weg ins Freie*** (Roman, 1908), ***Fräulein Else*** (Novelle, 1924)

→ **Rainer Maria Rilke** (1875–1926): gilt als Mystiker der Moderne. Nach fünf unglücklichen Jahren in einer militärischen Erziehungsanstalt studiert er Philosophie sowie Kunst- und Literaturgeschichte, macht Reisen nach Frankreich, Italien und vor allem Russland, lässt sich im Worpsweder Kreis von Jugendstilkünstlern nieder, wird Privatsekretär des Bildhauers Auguste Rodin in Paris, rückt nach Kriegsausbruch für kurze Zeit in die österreichisch-ungarische Armee ein und zieht sich später in die Schweiz zurück, wo ihm Freunde in Muzot einen Schlossturm als Wohnsitz zur Verfügung stellen.

Das Stunden-Buch (1905)

Gedichte in drei Büchern. Von einem religiösen Erlebnis ausgelöste mystisch-gebethafte Gedichte

Die Aufzeichnungen des Malte Laurids Brigge

Die Aufzeichnungen des Malte Laurids Brigge (1910)

Roman in Tagebuch-Form über einen sensiblen, aber handlungsunfähigen Dichter. Dem vornehmen dänischen Dichter Malte Laurids Brigge ist die Welt unheimlich geworden. Hinter der Fassade der Häuser von Paris spürt er den Verfall der hässlichen Großstadt, die ihm existenzielle Angst bereitet.

Weitere Werke: ***Neue Gedichte*** (1907/08), ***Duineser Elegien*** (1923)

Weitere Autoren

Max Dauthendey (1867–1918): *Ultra-Violett* (Gedichte, 1893)
Richard Dehmel (1863–1920): *Zwei Menschen* (Epos in Romanzen, 1903)
Detlev von Liliencron (1844–1909): *Poggfred* (lyrisch epische Gesänge, 1896)

Analysebeispiel:

Analyse-Elemente	Text	Deutungs-Elemente
Ich-Erzählung, Erzählbericht, Figurenrede, direkte Rede	**Rainer Maria Rilke** ***Die Aufzeichnungen des Malte Laurids Brigge***	**Abfolge von subjektiven akustischen Eindrücken (Impressionen) in einer Großstadt vor dem Einschlafen**
Ellipse, Assonanzen	Dass ich es nicht lassen kann, bei offenem	subjektive sinnliche Empfindungen:
Kurzsatz Alliteration; Personifikation; akustische Verben	Fenster zu schlafen. Elektrische Bahnen rasen läutend durch meine Stube. Automobile gehen über mich hin. Eine Tür fällt zu. Irgendwo klirrt eine Scheibe herunter, ich höre ihre großen Scherben lachen, die kleinen Splitter kichern.	Verkehrsmittel, Gegenstände (teils schon expressionistische Darstellung) vier akustische Wahrnehmungen: Menschen
Kurzsätze; Ellipse	Dann plötzlich dumpfer, eingeschlossener Lärm von der anderen Seite, innen im Hause.	
nachdrückliche Wiederholung; Ellipse	Jemand steigt die Treppe. Kommt, kommt unaufhörlich. Ist da, ist lange da, geht vorbei. Und wieder die Straße. Ein Mädchen	
wörtl. frz. Rede;	kreischt: Ah tais-toi, je ne veux plus*. Die	*Ach, schweig, ich will nicht mehr.
Assonanzen	Elektrische rennt ganz erregt heran, darüber fort, fort über alles. Jemand ruft. Leute laufen,	Verkehrsmittel Menschen;
Wiederholung	überholen sich. Ein Hund bellt. Was für eine	Tiere;
Kurzsatz Kurzsatz, Ellipse; Kyklos	Erleichterung: ein Hund. Gegen Morgen kräht sogar ein Hahn, und das ist Wohltun ohne Grenzen. Dann schlafe ich plötzlich ein.	Laute der Stadt beunruhigen, Laute der Natur beruhigen.

2.12.6 SYMBOLISMUS

ÜBERSICHT

Begriff	von gr. *symbolon* = Zeichen, Wahrzeichen; nach der französischen Stilrichtung
Stil	Stilisierung, Sprachmagie, strenge ästhetische Gestaltung
Repräsentanten	→ Stefan George (1868–1933) → Hugo von Hofmannsthal (1874–1929)

Begriff

Kunst um der Kunst willen

Der Begriff Symbolismus ist dem griechischen Wort *symbolon* für Zeichen nachgebildet und bezeichnet eine Stilrichtung, die sich von Frankreich aus in allen europäischen Literaturen verbreitete. Man löste sich strikt von der Realität und ihren politischen, gesellschaftlichen und geistigen Erscheinungen ab und propagierte eine Form der sprachlichen Abstraktion, die nicht mehr auf sinnlich Erfahrbares Bezug nimmt, sondern ganz der suggestiven Symbolkraft sprachlicher Zeichen vertraut. Diese Form des Schreibens, in der man Kunst um der Kunst willen produziert (*l'art pour l'art*), begreift man als reine, von der Wirklichkeit unverfälschte Dichtung (Mallarmé: *poésie pure*).

Stil

Der Programmatik des Symbolismus entspricht es, dass keine speziellen Themen im Vordergrund stehen, sondern die von der Sprache gegebenen Darstellungsmöglichkeiten. Im magischen Ästhetizismus strebt man nach Stilisierung, Musikalität, legt viel Wert auf strenge künstlerische Gestaltungselemente wie Reim, Rhythmus und Melodie und zielt darauf ab, mittels dieser Sprachmagie eine autonome Welt zu erschaffen, in der die Wahrheit hinter den Erscheinungen sichtbar wird.

Repräsentanten und Werke

→ **Stefan George** (1868–1933): Der Sohn eines Winzers studierte Philosophie und Kunstgeschichte, reiste durch ganz Europa, lebte ohne festen Wohnsitz, zog sich aber ganz von der Öffentlichkeit zurück und scharte zahlreiche junge Dichter und Gelehrte um sich, den sogenannten George-Kreis, die den Meister in einem exklusiven Persönlichkeitskult verehrten.

Das Jahr der Seele

Das Jahr der Seele (1897)

Leicht schwermütige Gedichte, die im Laufe der Jahreszeiten eine unglückliche Liebe beschreiben.

Der Teppich des Lebens und die Lieder von Traum und Tod, mit einem Vorspiel (1900)

Drei Teile mit jeweils 24 aus vierzeiligen Strophen bestehende Gedichte, die nacheinander Zeit, Raum und Raumzeit sprachlich betonen und den jungen, früh verstorbenen Freund Maximin in den Mittelpunkt stellen, weil sich in ihm die wiederkehrende Menschwerdung der Gottheit offenbart. Der Teppich symbolisiert die Fülle des Lebens.

→ **Hugo von Hofmannsthal** (1874–1929): Der Sohn eines Wiener Bankbeamten war schon auf dem Gymnasium literarisch tätig, habilitierte sich nach seinem Studium über Victor Hugo, machte ausgiebige Reisen durch Europa und war einer der letzten Zeugen der altösterreichischen Kultur.

Jedermann

Jedermann. Spiel vom Sterben des reichen Mannes (1911)

Dem Mysterienspiel des Mittelalters nachempfundenes Festspieldrama. Der reiche Jedermann lebt sorglos und selbstherrlich dahin, ohne an den Tod zu denken und sich auf ihn vorzubereiten. Als dieser aber während eines üppigen Gastmahls an ihn herantritt, verlassen Jedermann alle bis auf wenige, die vor Gottes Thron für ihn bitten. Über den Glauben, zu dem er mithilfe seiner alten Mutter zurückkehrt, bewahrt er seine Seele vor dem Teufel, beichtet seine Sünden und stirbt in Demut und Reue.

Der Schwierige (1921)

Dreiaktiges ironisch-wehmütiges Lustspiel über die Wiener Aristokratie. Der durch seine Kriegserlebnisse menschenscheu gewordene, aber gleichwohl anmaßend wie joviale Graf Hans Karl Bühl erlebt eine stille Romanze mit Helene Altenwyl, der es gelingt, den als schwierig geltenden Grafen von seiner tiefen Skepsis gegenüber dem Verstehen zwischen den Menschen zu befreien.

Ein Brief

Weitere Werke: ***Ein Brief*** (Chandos-Brief, 1902); Libretti zu mehreren Musikwerken des Komponisten Richard Strauß (u. a. ***Der Rosenkavalier***)

Analysebeispiel:

Analyse-Elemente	Text	Deutungs-Elemente
sieben Strophen zu zwei Versen, Paarreim mit männlicher Kadenz, 4-hebiger Jambus, Hakenstil	**Stefan George** *Das Wort* (1919)	**sprachkritische Reflexion: „Die Grenzen meiner Sprache sind die Grenzen meiner Welt." (Wittgenstein)**
symbolhafte Wörter Assonanz	Wunder von ferne und traum Bracht ich an meines landes saum	**1. Beispielfall** spirituelle Erlebnisse: Gedanken, Ahnungen, Empfindungen Land = sprachliches Festland
Assonanz, Symbol	Und harrte bis die graue norn Den namen fand in ihrem born –	Sprachzentrum des Gehirns Wort, Bezeichnung; Wortschatz
Alliteration	Drauf konnt ichs greifen dicht und stark Nun glüht und glänzt es durch die mark …	Verfügbarkeit des Gedankens, der Empfindung durch Sprache
Assonanz Assonanz	Einst langt ich an nach guter fahrt Mit einem kleinod reich und zart	**2. Beispielfall** kostbarer Einfall
Assonanz Assonanz	Sie suchte lang und gab mit kund: „so schläft hier nichts auf tiefem grund"	die Norne = das Gehirn Dafür gibt es keine Bezeichnung, kein Wort.
Assonanz	Worauf es meiner hand entrann und nie mein land den schatz gewann …	Hand = Verfügbarkeit Verlust des Einfalls
Resümee	so lernt ich traurig den verzicht: kein ding sei wo das wort gebricht.	Sprachkrise, Sprachnot: Nur das hat Realität, was sich bezeichnen lässt, wofür es einen sprachlichen Ausdruck, ein Wort gibt.

2.13 Expressionismus (1910–1925)

Bild 17: Die großen blauen Pferde von Franz Marc, 1911 © picture alliance/akg-images

Der Begriff

Kulturpolitische Protestbewegung

Der Expressionismus (1910–1925), als Begriff 1901 in Frankreich zur Kennzeichnung moderner Malerei erfunden und 1911 in Deutschland erstmals von Kurt Hiller auf die Literatur angewandt, war eine kulturpolitische Protestbewegung, die sich von Deutschland über Europa verbreitete, dort aber zum Teil unter anderen Begriffen wie Futurismus, Kubismus und Surrealismus firmierte. Der Protest richtete sich gegen den wilhelminischen Staat.

Der Expressionismus wird meist in **drei Phasen** eingeteilt:

→ den **Frühexpressionismus** zwischen 1910 und 1914, der sich vor allem aus dem pathetischen Enthusiasmus für eine Erneuerung der Welt speiste, die Gattung Lyrik bevorzugte und in der Verwendung starker Emotionen dem Sturm und Drang und der Frühromantik vergleichbar ist,

→ die **Kriegsphase** von 1914–1918, die überschattet war von Krieg und Revolution und besonders im Drama ihren Ausdruck fand, und letztlich

→ eine kurze Phase des **Spätexpressionismus** nach dem Krieg von 1918–1920, als sich zeigte, dass alle Erneuerungsversuche gescheitert waren.

Andere Literaturwissenschaftler unterscheiden inhaltlich die messianische Richtung des Strebens nach Welt- und Menschheitserneuerung von der politisch-revolutionären Strömung und einem gesellschaftsanalytischen Schwerpunkt.

ÜBERSICHT

Weltpolitische Konflikte

Imperialismus

Marokkokrisen 1905/06 und 1911, deutsche Kolonial- und Flottenpolitik

Innenpolitische Konflikte

Zunahme der sozialen Distanzen

Adel (Verwaltung, Militär) – Industriearistokratie – Besitzbürgertum – Bildungsbürgertum – Kleinbürgertum – Proletariat

Protest

gegen Obrigkeitsstaat, Machtpomp, Ausbeutung, Doppelmoral, Entfremdung, Verkitschung

Forderungen

staatliche Neuordnung, Erneuerung des Menschen, brüderliche Menschengemeinschaft, ungehemmte Kreativität

Frühexpressionismus: 1910 –1914

pathetischer, messianischer Enthusiasmus

Kriegsphase: 1914 –1918

Anti-Kriegspropaganda

Spätexpressionismus: 1918 –1920

Erneuerungsversuche

Schaubild 8: Expressionismus

Sozio-historische Situation

Krisenzeit

Das Deutsche Reich Wilhelms II. befand sich in einer doppelten Krise. Außenpolitisch war das Deutsche Reich als imperialistischer Aggressor isoliert (Marokkokrise, Kolonial- und Flottenpolitik, Agrarzölle), und innenpolitisch war die Kluft zwischen dem Adel (der Verwaltung und Militär beherrschte), der neu entstandenen Industriearistokratie, dem wirtschaftlich erfolgreichen Bürgertum, dem Bildungsbürgertum (das humanistische Ideale verfolgte) und den kaisertreuen Provinzlern einerseits und dem durch die radikale Kapitalisierung lohnabhängig gewordenen Mittelstand und dem anwachsenden revolutionsbereiten Proletariat andererseits nahezu unüberbrückbar geworden. Ende Juli 1914 begann der Erste Weltkrieg.

Zeitgeist

Hass auf Staat und Bürgerlichkeit

Der Protest richtete sich voller Hass und Verachtung speziell gegen:

→ den aufgesetzten Machtpomp der staatlichen Organe und ihre angeberische Selbstdarstellung im Obrigkeitsstaat,
→ die überhandnehmenden ausbeuterischen Kapitalinteressen,
→ den sozialen Zersetzungsprozess,
→ die bigotte Verlogenheit der geltenden Normen,
→ die subjektiven Erfahrungen der Entfremdung und Zerrissenheit,
→ die pathetische Klassikerverehrung und provinzielle Heimatdichtung.

Deshalb hatte der vorwiegend im Milieu der Großstädte beheimatete Protest zum Ziel:
- → eine notfalls revolutionäre politisch-soziale Neuordnung des Staates, die bei zunehmender Politisierung infolge des I. Weltkrieges zu Sozialismus und Anarchismus tendierte,
- → eine Verweigerung gegenüber jeder Form reaktionärer Bürgerlichkeit,
- → eine programmatische Erneuerung und Wiedergeburt des Menschen mit seiner „individuellen Seele" (Kurt Pinthus: *Menschheitsdämmerung*, 1919),
- → die Wiederherstellung der Weltharmonie durch eine brüderliche Menschengemeinschaft sowie eine neue schöpferische Kunst und Literatur zum Medium der neuen Welterkenntnis und des neuen Programms zu machen.

Stil

Kein einheitlicher Stil

Es ist zu betonen, dass es keinen einheitlichen expressionistischen Stil gibt, nicht alle dem Expressionismus zugerechneten Autoren expressiv geschrieben haben und nicht alle Autoren, die zur Zeit des Expressionismus geschrieben haben, auch repräsentativ für diese Epoche sind.

Strömungen	**melancholische Imagination** (Trakl, Stadler, Heym), **kosmische Naturpoesie** (Britting, Däubler), **visionäres Pathos** (Goll, Wolfenstein, Ehrenstein), **lakonische Montage** (Stramm), **Bürgerschreckpoesie** (Brecht, Benn, Klabund), **sozialistische Polemik** (Hermann-Neiße), **dadaistisches Experiment** (Arp, Ball, Schwitters)
Motivkreise	→ **Weltschmerz**: Apathie, Apokalypse, Leid, Melancholie, Schrecken, Traum, Trübsinn, Verfall, Weltende → **Großstadtlyrik**: Armut, Bordell, Dämmerung, Großstadt, Irrenhaus, Nacht, Vergänglichkeit → **politische Lyrik**: Aufbruch, Friede, Generationskonflikt, Grauen, Revolution, Untergang, Krieg
Stilmittel	Alliterationen und Assonanzen, kräftige Bildlichkeit, Dämonisierung, dynamische Adjektive und Verben; Elemente des Grotesken, Rauschhaften, Zynischen; Ellipse, Extreme, Farbsymbolik, Hyperbel, Kontraste, kühne Metaphorik, Montage, Neologismus, Parallelismus, Personifizierung, Reihung, Satzfetzen, Schrei, Superlative, Synästhesie, negative Wortfelder, Worthäufungen, Wortspiel

Repräsentanten und Werke

- → **Gottfried Benn** (1886–1956): Sohn eines Pfarrers, Facharzt für Haut- und Geschlechtskrankheiten, Militärarzt in beiden Weltkriegen, lebte in Berlin: ***Morgue*** (Gedichte, 1912), ***Gehirne*** und ***Die Eroberung*** (untypische Novellen, 1915).
- → **Alfred Döblin** (1878–1957): assimilierter jüdischer Schriftsteller und Psychiater, emigrierte 1933 über Frankreich in die USA, konvertierte zum Katholizismus, war nach 1945 als französischer Kulturoffizier von Deutschland enttäuscht und nahm 1953 die französische Staatsbürgerschaft an.

Die Ermordung einer Butterblume

Die Ermordung einer Butterblume und andere Erzählungen (1913)

Titelerzählung eines Sammelbandes von 12 Erzählungen. Ottfried Fischer bleibt auf einem Spaziergang mit seinem Stock an einem Unkraut hängen und köpft daraufhin voller Wut eine Butterblume. In dem austretenden Saft der Pflanze erblickt er Blut. Der Anblick wächst sich zu einem apokalyptischen Trauma aus: Er empfindet sein Verhalten der jetzt Ellen genannten Pflanze als Mord, fühlt sich von den Bäumen des Waldes verfolgt und kehrt erst in der Nacht heim. Doch Ellen bestimmt weiterhin sein Leben: Er opfert ihr Speis und Trank, schreibt ihr Geld gut, gedenkt ihres Todes am Jahrestag und pflegt sogar eine Butterblume, die er als Tochter der Ermordeten ausgibt, in einem Blumentopf in seinem Schlafzimmer. Erst als seine Putzfrau den Topf umwirft und die Scherben samt Pflanze entsorgt, fühlt er sich wieder frei.

→ **Georg Heym** (1887–1912): Sohn eines preußischen Staats- und Militäranwalts, studierte Jura, ertrank beim Eislauf in der Havel: ***Der ewige Tag*** (Gedichte, 1911).

→ **Georg Kaiser** (1878–1945): Sohn eines Kaufmanns, Buchhändlerlehre, erfolgreichster expressionistischer Dramatiker

Die Bürger von Calais (1912/13)

Von Auguste Rodins Plastik angeregtes dreiaktiges Bühnenstück über die Opferbereitschaft Einzelner für die Gemeinschaft. Der englische König Edward III. fordert 1347 von den Bürgern von Calais sechs Geiseln, um die Belagerung der Stadt aufzuheben. Es melden sich sieben Freiwillige. Als man beschließt, dass derjenige ausgeschlossen wird, der als letzter auf den Marktplatz kommt, nimmt sich Eustache zum Zeichen seiner unbedingten Opferbereitschaft das Leben. Der König begnadigt jedoch die Geiseln, weil ihm in der Nacht ein Junge geboren wurde.

Weitere Werke: ***Von morgens bis mitternachts*** (Schauspiel, 1912), ***Die Koralle*** (Schauspiel, 1917), ***Gas I und Gas II*** (Doppeldrama, 1918/20)

→ **Franz Kafka** (1883–1924): Sohn eines jüdischen Kaufmanns in Prag, Promotion zum Dr. jur., Versicherungsangestellter, starb an Tuberkulose.

Der Process

Der Prozess (posthum ersch. 1925)

Fragmentarischer, z. T. ironischer Roman über die erdrückende Last eigener und oktroyierter Schuldgefühle. Der Bankangestellte Josef K. wird eines Morgens ohne erkennbaren Grund verhaftet und steht seitdem unter Anklage. Auch der auf Drängen seines Onkels eingeschaltete Rechtsanwalt Dr. Huld vermag trotz seiner Beziehungen und Gerichtserfahrungen kein Licht in das Dunkel zu bringen. Deshalb beschließt K., seine Verteidigung selbst zu übernehmen. Als K. eines Morgens aus seiner Bank, in der sich inzwischen massive Schwierigkeiten eingestellt haben, wegen eines Geschäftsfreundes in den Dom gerufen wird, hält ihm dort der Gefängniskaplan eine Strafpredigt und erzählt ihm die Torhüterlegende. Am Ende wird Josef K. von zwei Männern abgeholt und in einem Steinbruch hingerichtet.

Die Verwandlung

Die Verwandlung (1915)

Makabre Erzählung in drei Teilen über familiäre Ausbeutung. Der Handlungsreisende Gregor Samsa wacht eines Morgens in einen Käfer verwandelt auf. Als sich der Prokurist der Firma wegen Gregors Fernbleiben bei der von Gregor unterhaltenen Familie erkundigen will, flieht er entsetzt. Da sich Gregor gegenüber niemandem artikulieren kann, übernimmt seine Schwester seine Pflege, vernachlässigt ihn aber zusehends. Bei einem Ausflug in das Wohnzimmer wird er von seinem Vater mit Äpfeln beworfen, von denen einer in seinem Körper stecken bleibt und sich entzündet. Die Familie verändert sich: Gregor verlässt sein Zimmer nicht mehr, seine Eltern und seine Schwester gehen einer Arbeit nach und man hat an drei Zimmerherren untervermietet. Als sich Gregor an einem Musikabend aus seinem Zimmer traut, kommt es zu einem Eklat. Man beschließt, Gregor zu entsorgen. Aber er kommt ihnen zuvor, verendet, befreit die Familie von sich und wird von der Putzfrau entsorgt.

→ **Ernst Stadler** (1883–1914): studierte Germanistik, Romanistik und Vergleichende Sprachwissenschaften; Professor für Germanistik in Brüssel.
Der Aufbruch (Gedichte, 1914).

→ **Carl Sternheim** (1878–1941): Bankierssohn, Studium der Philosophie, Geschichte und Literaturgeschichte, lebte als freier Schriftsteller in München.
Die Hose (1911)

Vieraktiges „Bürgerliches Lustspiel": erster Teil des Dramenzyklus *Aus dem bürgerlichen Heldenleben*, einer satirisch entlarvenden Zeichnung der versteckten Karrieristen des Wilhelminismus. Weil Luise Maske während einer königlichen Parade die Hose verliert, gewinnt ihr Ehemann so viele neue Untermieter, dass er es sich leisten kann, einen Erben zu zeugen.

Weitere Stücke: ***Die Kassette*** (1911), ***Bürger Schippel*** (1913), ***Der Snob*** (1914), ***1913*** (1915)

Grodek

→ **Georg Trakl** (1887–1914): studierte Pharmazie in Wien, seine Kriegserlebnisse an der Ostfront trieben ihn in Wahnsinn und Suizid; Lyriker, ***Grodek*** (1914).

→ **Ernst Toller** (1893–1939): Dichter und Politiker; wandelte sich vom Kriegsfreiwilligen zum Pazifisten: ***Masse Mensch*** (Drama, 1921), ***Eine Jugend in Deutschland*** (Autobiografie, 1933).

Weitere Autoren

Johannes R. Becher (1891–1958): *An Europa* (hymnische Gedichte, 1916)
Paul Boldt (1885–1921): *Junge Pferde! Junge Pferde!* (Gedichte, 1914)
Kasimir Edschmid (1890–1966): *Die sechs Mündungen* (Novellen, 1915)
Yvan Goll (1891–1950): *Der Panama-Kanal* (Gedichte, 1914)
Jakob van Hoddis (eigentl. Hans Davidsohn, 1887–1942): *Weltende* (Gedichte, 1918)
Alfred Lichtenstein (1889–1914): *Die Dämmerung* (Gedichte, 1913)
Else Lasker-Schüler (1869–1945): Gedichte, *Die Wupper* (Schauspiel, 1909)
August Stramm (1874–1915): Kriegsgedichte
Alfred Wolfenstein (1883–1945): *Die gottlosen Jahre* (Gedichte, 1914)
Paul Zech (1881–1946): *Waldpastelle* (Gedichte, 1910)

Analysebeispiel:

Analyse-Elemente	Text	Deutungs-Elemente
zwei Strophen zu je vier Versen, umarmender Reim, 5-hebiger Jambus, Zeilenstil, zwei Enjambements	**Alfred Lichtenstein** ***Punkt*** (1913)	**feststellender Analyseabschluss**
Synästhesie, Alliterationen Assonanz; Ellipse Alliteration; Assonanz, Anrede, Aufforderung	Die wüsten Straßen fließen lichterloh Durch den erloschnen Kopf. Und tun mir weh. Ich fühle deutlich, dass ich bald vergeh – Dornrosen meines Fleisches, stecht nicht so.	**1. subjektiver Zustand** neurasthenischer Ermattungszustand Endzeitgefühl Leiderfahrung
Assonanzen, Kurzsatz Neologismus; Personifikation; Ugs.; vier Kurzsätze; Personifikation	Die Nacht[a] verschimmelt. Giftlaternen[b]schein Hat, kriechend, sich mit grünem[c] Dreck beschmiert. Das Herz ist wie ein Sack. Das Blut erfriert. Die Welt fällt um. Die Augen stürzen ein.	**2. allgemeiner Zustand** Zeichen des Untergangs und der Vernichtung in Natur[a], Stadt[b], Land[c] und Mensch: Welt ist aus den Fugen; man will nichts mehr wahrnehmen.

2.14 Literatur der Weimarer Republik (1918–1933)

Bild 3: Großstadtstraßenszene, *Armor Lichtspiele* (Ausschnitt) von George Grosz, 1924 © picture alliance / dpa

ÜBERSICHT

Begriff	→ Die übergeordnete Epochenbezeichnung orientiert sich an der politischen Organisation Deutschlands zwischen 1918 und 1933. → Der Begriff „Neue Sachlichkeit" wendet sich gegen die emotionale Wucht des Expressionismus.
Sozio-historische Situation	Russische Revolution 1917, Ende des I. Weltkriegs und der Monarchien 1918, Hitlerputsch 1923, Weltwirtschaftskrise 1929
Zeitgeist	Vom Nihilismus stark beeinflusste Glaubens- und Wertunsicherheit, die für alle Ideologien und Sehnsüchte anfällig war.
Themen	Darstellung einer uneinheitlichen, widersprüchlichen Welt, die nur noch in simultanen Details erfasst werden kann, zu einer marxistisch orientierten Veränderung auffordert und sich besonders in den Nöten und Träumen der kleinen Leute spiegelt.
Stil	Stilvielfalt: traditionelle Literatur, Beginn des sozialistischen Realismus, Ende des Expressionismus im surrealistischen Dada, Literatur des Prager Kreises mit deutsch-tschechisch-jüdischem Akzent, satirisch-kabarettistische Texte, Neue Sachlichkeit
Repräsentanten	→ Bertolt Brecht (1898–1956) → Alfred Döblin (1878–1957) → Hans Fallada (eigentl. Rudolf Ditzen, 1893–1947) → Marieluise Fleißer (1901–1974) → Hermann Hesse (1877–1962) → Erich Kästner (1899–1974) → Irmgard Keun (1905–1982) → Heinrich Mann (1871–1950) → Thomas Mann (1875–1955) → Robert Musil (1880–1942) → Erich Maria Remarque (eigentlich Remark, 1898–1970)

Begriff

Viele Strömungen

Der Expressionismus gilt als letzte große literarische Epoche. Alle nachfolgenden Bezeichnungen kennzeichnen mehr oder weniger historisch oder politisch definierte Zeitabschnitte und darin enthaltene partielle Stilströmungen. Die Literatur zur Zeit der Weimarer Republik ist bereits dermaßen vielgestaltig, dass sich keine eigene Epochenbezeichnung anbietet. Lediglich die Erscheinung der „Neuen Sachlichkeit" hat sich begrifflich als Benennung einer Strömung durchgesetzt, die sich von der Wucht des Expressionismus ab- und einer nüchternen Erfassung der Wirklichkeit zuwandte.

Sozio-historische Situation

Schwieriger Neuanfang als Demokratie

Im Jahre 1917 erschütterte die russische Revolution Osteuropa, 1918 ging der Erste Weltkrieg zu Ende. Der Friede von Versailles 1919 sprach Deutschland die Kriegsschuld zu, trennte Territorien vom Reichsgebiet ab und verhängte Reparationen, die erst in der Bundesrepublik abgezahlt waren. Die Kriegsniederlage wurde von den Militärs mit der sogenannten „Dolchstoßlegende“ den in der Heimat zurückgebliebenen Juden, Ausländern, linken Intellektuellen und Sozialdemokraten angelastet. So litt die junge Demokratie von Anfang an unter den Spannungen, die von den Radikalen des rechten und linken politischen Spektrums ausgingen, die sich gegen die Demokratie aussprachen und zwei ihrer Repräsentanten ermordeten (Matthias Erzberger 1921, Walther Rathenau 1922). Wirtschaftlich hatte man sich kaum von der Inflation von 1923 erholt, in Berlin rief man aufgrund der vielen ausländischen Devisenbringer sogar die „Goldenen Zwanziger“ aus, doch die Weltwirtschaftskrise von 1929 stürzte alle in eine Not, aus der man kaum herausfinden konnte.

Zeitgeist

Verzweifelte Suche nach Orientierung

Mit dem Krieg waren auch wesentliche Grundüberzeugungen verloren gegangen. Der Nihilismus Nietzsches breitete sich aus, eine allgemeine Glaubenslosigkeit verführte zum Interesse an den unterschiedlichsten Ideologien, die mit vereinfachenden Heilsprogrammen eine Wende der politischen und wirtschaftlichen Not versprachen. Das Land war zerrissen, aufgespalten und in gleichem Maße paralysiert wie aufgeheizt.

Themen

Roman, Kabarett und Satire

Es ist vor allem der Roman, der sich dieses Zeitempfindens annimmt und die in sich zerfallene Welt spiegelt, in der man keine einheitliche Struktur mehr erkennen mag. Das Drama wird von den marxistisch orientierten Weltveränderungsideen geprägt und der schonungslosen Analyse der kapitalistisch kommerzialisierten Welt, die zur Weltwirtschaftskrise geführt hat. Das politische Kabarett und satirische Zeitschriften wie der *Simplizissimus* treten als lebendige Artikulationsorgane der Zeit- und Kulturkritik in den Vordergrund.

Stil

Boom der literarischen Gebrauchsformen

Vom Ausgang des Erste Weltkriegs ernüchtert und desillusioniert, konstatiert man sachlich registrierend oder kritisch dokumentierend die soziale und ökonomische Gegenwart, sodass **literarische Gebrauchsformen** wie die Reportage (E. E. Kisch) an Bedeutung gewinnen. Daneben behauptet sich die literarische Tradition, setzt sich die Heimatkunst fort, entstehen Werke im später „Sozialistischer Realismus“ genannten Stil, behauptet sich eine deutsch-tschechisch-jüdisch akzentuierte Literatur im sogenannten „Prager Kreis“ und artikuliert sich die ironische und satirische Kultur- und Gesellschaftskritik in den Kabaretts und satirischen Zeitschriften. In der erzählenden Literatur, die allerdings keine programmatische Gemeinsamkeit formuliert, ist deshalb der Erzählton von kühler Sachlichkeit über subjektive Erlebnishaftigkeit und humorvolle Distanz bis zur spitzen Satire breit gefächert. Kurt Tucholsky fasst kurz und despektierlich zusammen: „So kann jeder, der nicht kann.“

Neue Sachlichkeit

Großstadt, Industrie, Arbeitsleben

Mit dem Ziel der Authentizität verzichten die Autoren auf Sentimentalitäten und ausufernde Bildlichkeit, wenn sie sich der alltäglichen Lebensumstände in der Familie und am Arbeitsplatz, in Büros, Fabriken und Firmen annehmen. Zuweilen verfallen sie aber einer naiven Begeisterung für die Amerikanisierung des Lebens durch die rasanten Fortschritte der technischen Zivilisation. Großstadt, Industrie und Arbeitslosigkeit sind die bevorzugten Themen. Viele der diesem Schreibstil zuneigenden Autorinnen und Autoren sind Vertreter der zweiten Linie – derjenigen, die zu ihrer Zeit viel gelesen oder beachtet wurden, doch heute eher in Vergessenheit geraten sind. Will man den besonderen Stil der narrativen Literatur der Neuen Sachlichkeit kennzeichnen, so lassen sich folgende Stilelemente zusammentragen:

Semantik	Umgangssprache, z. T. mit Vulgarismen, Wortverkürzungen, falscher Fremdwortgebrauch
Syntax	Parataxe, Häufung von Konjunktionen; elliptischer Satzbau; grammatische Unkorrektheiten; Wortstellungsfehler
Pragmatik	Annäherung an mündliches Erzählen; assoziative Gedankenverknüpfung; Vorliebe für Wiederholungen: refrainartig, leitmotivisch, satirisch; Verwendung von Montagetechniken
Erzählperspektive	zurückgenommener auktorialer Erzähler, personaler Erzähler, monologisierender Ich-Erzähler
Stoffwahl	eigenerlebte bzw. tatsachenorientierte Ereignisse

Repräsentanten und Werke

→ **Bertolt Brecht** (1898–1956): Einflussreicher Lyriker, Dramatiker und Librettist, erst Expressionist, dann Kommunist, ging nach 1945 nach Ostdeutschland.

Die heilige Johanna der Schlachthöfe

Die heilige Johanna der Schlachthöfe (1931)

Episches Theaterstück über die Struktur kapitalistischer Krisen und die Vergeblichkeit sozialer und moralischer Kompromisse. Das Stück handelt von der dreimaligen Beziehung von Leutnant Johanna Dark, der Kommandantin der „Schwarzen Strohhüte" (Heilsarmee), zu Chicagos Fleischkönig Pierpont Mauler. Als Mauler seinen Konkurrenten Lennox durch ein Fleischüberangebot ruiniert, stehen dessen Arbeiter vor dem Elend. Johanna gelingt es nicht mehr, die Not der Ärmsten zu lindern, und bittet Mauler um Hilfe. Sie erkennt, dass die Unmoral, auf die Mauler die Lage der Arbeiter zurückführt, durch deren Armut begründet ist. Aus börsentaktischen Gründen kauft Mauler jetzt alles Fleisch auf. Als Johanna sich mit ihm überwirft, spendet er ihrer Organisation kein Geld mehr; Johanna wird entlassen. Erneut wendet sie sich an Mauler. Als sie erkennt, dass Maulers Fleischmonopol die Not nur vergrößern wird, unterstützt sie die Kommunisten, die einen Generalstreik ausrufen. Johanna fällt aber auf irreführende Medienmeldungen herein, leitet einen Aktionsaufruf aus Angst vor einem gewaltsamen Aufstand nicht weiter und verschuldet so die Niederschlagung des Streiks. Die Fleischindustrie ist gerettet, und die Arbeiter erleiden herbe finanzielle Einbußen. Johanna bricht mit der Erkenntnis, dass der Kapitalismus sich auf die Not der Arbeiter gründet, sterbend zusammen. Ihre Erkenntnis bleibt ungehört, denn die Fleischhändler sprechen sie als Märtyrerin der Mildtätigkeit heilig.

Berlin Alexanderplatz

→ **Alfred Döblin** (1878–1957): vgl. S. 166
Berlin Alexanderplatz (1929)

Montage-Roman in neun Büchern über die Schwierigkeit eines einfachen Mannes, im Leben ehrenhaft zurechtzukommen. Als der wegen des Totschlags seiner Freundin Ida verurteilte ehemalige Zement- und Transportarbeiter Franz Biberkopf nach vier Jahren die Strafanstalt Tegel verlässt, ist er vom Leben der Großstadt Berlin überfordert. Die Ostjuden Nachum und Eliser erzählen ihm die tragische Lebensgeschichte des Hochstaplers Stefan Zannovich. Zu ihnen kehrt Biberkopf nach der Vergewaltigung von Idas Schwester Minna zurück. Seine polnische Freundin Lina Przyballa unterstützt ihn beim Verkauf von völkischen Zeitungen, was ihm Ärger mit den politisch Radikalen einbringt. Deshalb verkauft Biberkopf fortan Schnürsenkel. Seine Prahlsucht hat zur Folge, dass Linas Onkel, Otto Lüders, Biberkopfs Ware raubt und er selbst zu trinken beginnt. Er erlebt das unrühmliche Ende der Diebeskarriere des Zimmerers Gerner Zeuge und scheitert bei dem Versuch, bei Minna unterzukommen, an deren Mann Karl. Er lernt den Ganoven Reinhold kennen, nimmt ihm dessen abgelegte Freundinnen Fränze und Cilly ab, wird von Pums für dessen Bande angeworben und auf der Flucht brutal aus dem fahrenden Auto gestoßen, sodass er nach dem Unfall mit dem folgenden Fahrzeug seinen rechten Arm verliert. Der Zuhälter Herbert und seine Freundin Eva halten Biberkopf aus und besorgen ihm, der sich jetzt Franz Räcker nennt, das Mädchen Sonja, das für ihn anschafft. Franz arbeitet erneut für Pums, die Bande und Reinhold; seine Freundin Mieze wird von Reinhold ermordet, weil sie sich gegen eine Vergewaltigung wehrt. Als Biberkopf bei einer Razzia von der Schusswaffe Gebrauch macht, wird er als Tatverdächtiger im Mordfall Emilie Parsunke verhaftet. Auch Reinhold wird inhaftiert und von dem Arbeitslosen Konrad für die ausgesetzte Belohnung verraten. Wegen seines Verhaltens verlegt man Franz in die Irrenanstalt Buch, wo er dem Tod begegnet, alles bereut und stirbt. Als neuer Mensch nimmt jetzt ein vom Erzähler Karl Biberkopf genannter Protagonist den Kontakt zu der von Herbert getrennten Eva wieder auf und wird Hilfsportier.

→ **Hans Fallada** (eigentl. Rudolf Ditzen, 1893–1947): Schon von Jugend an psychisch labil und drogenabhängig, kommt er wegen Unterschlagungen zweimal ins Gefängnis und führt ein schwieriges, unstetes Leben.

Kleiner Mann, was nun?

Kleiner Mann, was nun? (1932)

Zeitroman in zwei Teilen mit Vor- und Nachspiel über die alltäglichen Nöte des Kleinbürgers während der Weltwirtschaftskrise. Als Emma Mörschel, genannt Lämmchen, klassenbewusste Arbeitertochter, schwanger ist, heiratet sie den Buchhalter Johannes Pinneberg und zieht von dem Ort Platz in dessen vollgestopftes Logierzimmer nach Dacherow (Ostvorpommern). Dort muss die Beziehung geheim bleiben, weil Pinneberg fürchtet, seinen Job nur so lange behalten zu können, wie sein Chef Emil Kielholz hofft, seine Tochter Marie an ihn zu verheiraten. Als Pinneberg letztlich trotz eines Solidarpaktes unter den Angestellten gekündigt und arbeitslos wird, bietet ihm seine Mutter Mia in Berlin Stellung und Unterkunft an. Von seinem ersten Geld kauft Pinneberg eine Frisierkommode, die seine Verhältnisse deutlich übersteigt, sodass er von Jachmann, dem Freund seiner Mutter, unterstützt werden muss. Im Berliner Warenhaus Mandel, wo Pinneberg in der Herrenkonfektion als Verkäufer tätig ist, wird er vom ersten Verkäufer Heilbutt protegiert, von den Kollegen, vor allem Kessler, jedoch gemobbt. Eine schlüpfrige Kontaktanzeige seiner Mutter, durch die Pinneberg von deren Existenz als Lebedame erfährt, nötigt ihn, in eine inoffizielle Wohnung des Möbellagers Puttbreese umzuziehen. Als Lämmchen ihren gemeinsamen Sohn Horst, genannt Murkel, zur Welt bringt, werden die finanziellen Probleme immer größer. Heilbutt wird wegen Aktfotos entlassen, und der steckbrieflich gesuchte, aber spendable Jachmann versteckt sich vorübergehend bei ihnen. Infolge des innerbetrieblichen Konkurrenzdrucks verliert Pinneberg die Nerven, greift einen Kunden tätlich an und wird arbeitslos. Nach einem Jahr zieht die junge Familie illegal in ein von Heilbutt zur Verfügung gestelltes Gartenhäuschen um; Lämmchen verdient mit Näharbeiten in wohlhabenden Häusern das Nötigste, damit Pinneberg keine kriminellen Geschäfte machen muss. Jachmann kehrt nach einjähriger Gefängnisstrafe wegen Hochstapelei trotz aller Probleme zu Pinnebergs wohlhabender Mutter zurück; Pinneberg verkraftet seine Situation und seinen sozialen Abstieg nicht und findet nur noch in der Liebe zu seiner Familie Halt.

→ **Hermann Hesse** (1877–1962): Der Sohn eines deutsch-baltischen Missionars war Russe, Schweizer, Württemberger und wieder Schweizer, floh aus dem evangelischen Theologieseminar im Kloster Maulbronn, absolvierte eine Mechaniker- und Buchhändlerlehre und ließ sich später in der Schweiz nieder.

Der Steppenwolf

Der Steppenwolf (1927)

Roman. Der zur Depression neigende etwa 50-jährige Harry Haller empfindet sich als Doppelwesen: Als Mensch ist er ein schöngeistiger Bildungsbürger, als „Wolf" ein einsamer Außenseiter und politischer Revolutionär; er sehnt sich nach einer Harmonisierung beider Persönlichkeitsteile. Da es ihm nicht gelingt, will er sich an seinem 50. Geburtstag umbringen. Zuvor lernt er die androgyne Gelegenheitsprostituierte Hermine kennen und unterwirft sich ihr. Sie verkuppelt ihn mit ihrer Kollegin Maria, ermöglicht ihm auf einem ekstatischen Tanzball, sich in einem „magischen Theater" mit sich und seiner Vergangenheit auseinanderzusetzen, betört ihn in einer hermaphroditischen Rolle als Jugendfreund Hermann und löst auch durch die Einnahme von Drogen mehrfache Persönlichkeitsveränderungen bei ihm aus. Als Haller auf Hermine mit einem Messer einsticht, wird er von Mozart wegen seiner Humorlosigkeit zur Strafe des ewigen Lebens und einmaligen Ausgelachtwerdens verurteilt.

Weitere Werke: ***Unterm Rad*** (Erzählung,1906), ***Siddharta*** (Roman, 1922), ***Das Glasperlenspiel*** (Roman, 1943)

→ **Erich Kästner** (1899–1947): studierte Geschichte und Deutsch, wurde Journalist und Theaterkritiker, und seine Werke wurden zur NS-Zeit verboten.

Fabian

Fabian. Die Geschichte eines Moralisten (1931)

Satirischer Roman in 24 Kapiteln mit einem Nachwort über das Scheitern der kulturellen Moral an der wirtschaftlichen Macht. Der aus kleinbürgerlichen Verhältnissen stammende Germanist Dr. Jakob Fabian avanciert vom Adressenschreiber zum Reklamefachmann. In den Kneipen, Kabaretts, Bordellen und Künstlerateliers Berlins erlebt er alle Formen großstädtischer Degeneration. Als ihm gekündigt wird, zerbricht auch die kurzfristige Beziehung zu der Juristin Cornelia Battenberg, die sich aus Karrieregründen dem Filmindustriellen Makart anschließt. Fabians Freund Stephan Labude, Sohn eines wohlhabenden Justizrats, arbeitet an seiner Habilitationsschrift. Als sie aufgrund einer Intrige Dr. Weckherlins abgelehnt scheint, erschießt sich Labude. Fabian kehrt verzweifelt in seine Heimatstadt Dresden zurück, lehnt das Angebot einer rechtsgerichteten Zeitung ab und stirbt bei dem Versuch, als Nichtschwimmer einen kleinen Jungen aus der Elbe zu retten.

→ **Irmgard Keun** (1905–1982): Kaufmannstochter, Ausbildung zur Stenotypistin, später Schauspielerin und Schriftstellerin

Das kunstseidene Mädchen

Das kunstseidene Mädchen (1932)

Zeitroman in drei Teilen über das Scheitern eines naiven Mädchentraums vom Glamour-Girl. Die aus armen Verhältnissen stammende 18-jährige Doris, als Bürokraft bei einem Rechtsanwalt gekündigt, träumt davon, berühmt zu werden. Bereits als Statistin am Theater sieht sie sich als Künstlerin, darf auf der Bühne einen Satz sagen, weil sie sich als Geliebte des Direktors ausgibt und eine Rivalin in der Toilette einsperrt. Um repräsentieren zu können, stiehlt sie einen Fehmantel (Mantel aus Eichhörnchenfellen) und flieht nach Berlin. In Berlin schlüpft Doris zunächst bei der ehemaligen Kollegin Tilli Scherer unter, lernt die elegante Großstadtwelt kennen, schildert ihre Berlin-Impressionen dem kriegsblinden Nachbarn, Herrn Brenner, steigt zur Mätresse des Firmeninhabers Alexander auf, bis dieser verhaftet wird, und zieht anschließend zu dem Zeitungsmacher Lippi Wiesel, einem Vertreter der Elite, bis der sie an Weihnachten versetzt. Am Jahresende erfolgt der Abstieg: Sie schläft im Taxi, der Wartesaal des Bahnhofs Zoo wird ihr Zuhause. Ab Silvester lernt sie bei dem gebildeten Kleinbürger Ernst, der seine Frau nicht vergessen kann, die Grundlagen partnerschaftlichen Zusammenlebens kennen und schickt sogar ihren geliebten Fehmantel zurück. Doch als seine Frau Hanne im Frühjahr wieder zu ihm zurückkehren will, räumt sie großmütig das Feld, akzeptiert ihre mittellose Rolle und endet auf der Suche nach dem am Existenzminimum lebenden und mit seinem Bauchladen umherziehenden Karl im Wartesaal.

→ **Heinrich Mann** (1871–1950): älterer Bruder von Thomas Mann, nach langem Italienaufenthalt in München ansässig, emigrierte über die Tschechoslowakei und Frankreich in die USA, wo er auch starb.

Der Untertan

Der Untertan (1918)

Ironischer sozialkritischer Roman über den Untertanengeist des wilhelminischen Reiches. Dietrich Heßling, der Sohn eines kleinen Papierfabrikanten in Netzig, erfährt in Familie und Schule eine autoritäre Erziehung zur Duldung, Anerkennung und Bewunderung der Macht. Während seines Chemiestudiums in Berlin wird er Mitglied der nationalistischen Studentenschaft Neuteutonia und lernt dort Selbstbeherrschung, Strebsamkeit und Gehorsam. Zu seinem Bedauern wird er wegen einer Fußverletzung aus dem Militärdienst entlassen und kann so direkt nach Abschluss seiner Promotion den Betrieb des verstorbenen Vaters übernehmen. Entschieden bekämpft er die Sozialdemokratie, ist aber Opportunist genug, sich von seinem sozialdemokratischen Maschinenmeister Napoleon Fischer bei der Wahl zum Stadtrat unterstützen zu lassen. Trotz seiner Denunziation des Fabrikbesitzers Lauer, aber dank seiner Ehe mit der wohlhabenden Guste Daimchen wird er Stadtrat, Generaldirektor und gesellschaftlich anerkannter als die einflussreiche liberal gesinnte Familie Buck. Zugleich wird er in Aussehen, Verhalten und Sprache immer mehr zu einer Kopie des Kaisers. Er intrigiert erfolgreich gegen die Familie Buck und die Partei des Freisinns und soll zur Weihe eines Reiterdenkmals für Wilhelm I. die Festrede halten. Doch ein hereinbrechendes heftiges Gewitter löst die Festversammlung vorzeitig auf und Heßling muss sich unter das Rednerpult flüchten, wo er von einem Schutzmann im Vorübergehen den Wilhelmsorden überreicht bekommt. Auf dem Heimweg bewirkt sein Auftreten, dass der alte Buck stirbt.

Weitere Werke: ***Professor Unrat*** (Roman, 1905)

→ **Thomas Mann** (1875–1955): vgl. S. 157

Der Zauberberg

Der Zauberberg (1924)

Roman über die Auseinandersetzung mit den Krankheiten der Zeit in einem Sanatorium bei Davos. Entgegen der Absicht, seinen Vetter Joachim Ziemßen nur wenige Wochen im Sanatorium Berghof bei Davos zu besuchen, verbringt der junge Hamburger Kaufmannssohn Hans Castorp letztlich sieben Jahre in dieser Lungenheilanstalt des „Zauberbergs", weil er den Eindruck gewinnt, dass Krankheit den Menschen veredle. In Gesprächen mit dem an Psychoanalyse interessierten Anstaltsleiter Dr. Krokowski, mit dem humanistischen Literaten Ludovico Settembrini, mit dem asketischen, vom Judentum zum Katholizismus konvertierten und anarcho-kommunistisch gesinnten Naphta und in der Beziehung zur attraktiven 28-jährigen Russin Clawdia Chauchat, der Gattin eines höheren Beamten aus Daghestan, sowie ihrem Liebhaber, dem charismatischen niederländischen Kaffeeplantagenbesitzers Mynheer Peter Peeperkorn, setzt sich Castorp mit dem Verhältnis von Macht und Recht, Wissen und Aberglauben, Lust und Askese, Freiheit und Totalitarismus und immer wieder mit dem Tod auseinander. Der Ausbruch des Ersten Weltkrieges löst die entrückte Sanatoriumsgesellschaft auf, Castorp gelangt als einfacher Heeressoldat an die Westfront, wo er dem Erzähler verloren geht und vermutlich stirbt.

Weitere Werke: ***Tonio Kröger*** (Novelle, 1903), ***Der Tod in Venedig*** (Erzählung, 1912), ***Doktor Faustus*** (Roman, 1947)

→ **Robert Musil** (1880–1942): österreichischer Beamtensohn, studierte Maschinenbau, Philosophie und Psychologie, war Bibliothekar, Offizier und freier Schriftsteller.

Der Mann ohne Eigenschaften

Der Mann ohne Eigenschaften (1930–43)

Unvollendeter dreibändiger Schlüsselroman über die Unfähigkeit des Intellektuellen zu eindeutigen Entscheidungen. Der 30-jährige Intellektuelle Ulrich ist auf der Suche nach einem sinnvollen Dasein bislang gescheitert und hat seinen Beruf aufgegeben. Er beteiligt sich an der „Parallelaktion", in der einflussreiche Wiener Kreise vergeblich nach einer für das Thronjubiläum des Kaisers von „Kakanien" (k.u.k.-Monarchie) im Jahre 1918 würdigen Idee suchen, die dem zeitgleich stattfindenden 30-jährigen Thronjubiläum des deutschen Kaisers ebenbürtig sein soll. Als Ulrich bei der Beerdigung seines Vaters seiner verheirateten Schwester Agathe wiederbegegnet, glaubt Ulrich in einer inzestuösen Liebe zu ihr eine neue Lebensweise jenseits von Moral und gesellschaftlichen Regeln zu finden. Er sucht vergeblich nach dem „anderen Zustand", ohne ans Ziel zu finden, und zieht in den Krieg.

Weitere Werke: ***Die Verwirrungen des Zöglings Törleß*** (Erzählung, 1906)

→ **Erich Maria Remarque** (eigentlich Remark, 1898–1970): Sohn eines Buchbinders, als Soldat an der Westfront verwundet, kurze Tätigkeit als Volksschullehrer in Niedersachsen, dann freier Schriftsteller, emigrierte über die Schweiz in die USA, wo er sich 1947 einbürgern ließ.

Im Westen nichts Neues

Im Westen nichts Neues (1928)

Der in 12 Kapitel gegliederte Roman schildert aus der Sicht des jungen Soldaten Paul Bäumer die Schrecken des Ersten Weltkrieges. Aufgrund der patriotischen Reden seines Lehrers Kantorek hat Paul Bäumer sich wie seine Klassenkameraden freiwillig an die Westfront gemeldet, wo er vom Frontkämpfer Stanislaus Katczinsky lernt zu überleben. Während eines Heimaturlaubs erfährt Bäumer, wie sehr ihn der Krieg von seiner Familie entfernt hat, und kehrt zu seinen Kameraden zurück. Er wird verwundet, begibt sich nach einem Lazarettaufenthalt wieder an die Front und erlebt, wie seine Kameraden nach und nach den Gas- und Granatenangriffen zum Opfer fallen. Kurz vor Ende des Krieges stirbt auch Bäumer. Der Heeresbericht meldet an diesem Tag: Im Westen nichts Neues

Weitere Autorin

Marieluise Fleißer (1901–1974): *Mehlreisende Frieda Geier* (1931) / *Eine Zierde für den Verein* (1972)

Analysebeispiel:

Analyse-Elemente	Text	Deutungs-Elemente
Ich-Erzählung in schlichter Umgangssprache; Erzählbericht	**Irmgard Keun** ***Das kunstseidene Mädchen*** (1932)	**subjektiv beeindrucktes Bild der Großstadt, die Wert legt auf Außenwirkung bei sozialen Mängeln**
Assonanz Ellipsen	Ich bin in Berlin. Seit ein paar Tagen. Mit einer	Situationsdarstellung
	Nachtfahrt und noch neunzig Mark übrig. Damit	
	muss ich leben, bis sich mir Geldquellen bieten.	begrenzte finanzielle Mittel
Übertreibung	Ich habe Maßloses erlebt. Berlin senkte sich auf	subjektive Wertungen
Vergleich	mich wie eine Steppdecke mit feurigen Blumen.	kitschig-romantische Vorstellung
positive Adjektive und Adverbien	Der Westen ist vornehm mit hochprozentigem	Eindrücke des Lichts angeberisch, beeindruckt; unklare Diktion
Vergleich Übertreibung	Licht – wie fabelhafte Steine ganz teuer und mit	
	so gestempelter Einfassung. Wir haben hier ganz	
	übermäßige Lichtreklame. Um mich war ein	zentraler Wertebegriff *Pelzmantel aus Eichhörnchenfellen
Ellipse; Satzbeginn mit „und"	Gefunkel. Und ich mit dem Feh*. Und schicke	soziales Problem
Vergleich	Männer wie Mädchenhändler, ohne dass sie gerade	
	mit Mädchen handeln, was es ja nicht mehr gibt –	
	aber sie sehen danach aus, weil sie es tun würden,	
Wortverkürzung Ellipse	wenn was bei rauskäme. Sehr viel, glänzende	Eindrücke der Menschen und deren Kleidung
	schwarze Haare und Nachtaugen so tief im Kopf.	
Ellipse; Ausdrucksschwäche	Aufregend. Auf dem Kurfürstendamm sind viele	
	Frauen. Die gehen nur. Sie haben egale Gesichter	Uniformität mehr Schein als Sein Selbstbewusstsein
Kurzsatz	und viel Maulwurfpelze – also nicht ganz erste	
positive Wertungen	Klasse – aber doch schick – so mit Beinen und viel	Parfümwolken
	Hauch um sich. Es gibt eine Untergrundbahn, die	Eindrücke der U-Bahn
Vergleich	ist wie ein beleuchteter Sarg auf Schienen – unter	Morbidität der Großstadt schlechte Luft
Satzbruch	der Erde und muffig, und man wird gequetscht.	
Kurzsatz	Damit fahre ich. Es ist sehr interessant und geht	
	schnell.	

2.15 Literatur zur Zeit des Nationalsozialismus (1933–1945)

Bild 19: Bücherverbrennung im Mai 1933: „Aktion wider den undeutschen Geist“ © picture alliance / akg

ÜBERSICHT

Begriff	NS-Literatur	ideologische Literatur des Faschismus
	Literatur der inneren Emigration	antifaschistische Literatur der in Deutschland verbleibenden und schreibenden Schriftsteller
	Exilliteratur	Literatur der aus politischen oder moralischen Gründen vor dem Faschismus ins Ausland geflohenen und dort schreibenden und veröffentlichenden Schriftsteller
Sozio-historische Situation	Hitlers NS-Staat vom 30. 1. 1933 (Machtergreifung) bis zum 8. 5. 1945 (Ende des Zweiten Weltkriegs)	
Zeitgeist	ideologische Gleichschaltung von Politik, Gesellschaft und Kultur auf der Basis von Sozialdarwinismus, Rassenlehre und Antisemitismus	

Sozio-historische Situation

NS-Diktatur

Nach der Ernennung Adolf Hitlers zum Reichskanzler am 30. 1. 1933 und der Machtübernahme der Nationalsozialisten kam es bald zu massiven diktatorischen Eingriffen in den Bereichen Politik, Gesellschaft und Kultur. Anlässlich des Reichstagsbrands vom 27. 2. 1933 wurden bereits einen Tag später Notverordnungen erlassen, die jegliche Opposition verhinderten. Zur „Ausmerzung des undeutschen Geistes" wurde die Reichsschrifttumskammer unter der Leitung von Joseph Goebbels gebildet und unbequeme Bücher in Bibliotheken und Buchhandlungen beschlagnahmt oder gar öffentlich verbrannt (10. 5. 1933). Zugleich wurden 70 als marxistisch oder jüdisch geltende deutschsprachige Autoren in einer „Schwarzen Liste Literatur" durch die Presse öffentlich verfemt (23. 4. 1933). Die „Geheime Staatspolizei" (Gestapo) nahm ihre Arbeit auf (28. 4. 1933). Durch das Ermächtigungsgesetz (24. 3. 1933/30. 1. 1937) und die „Nürnberger Gesetze" (15. 9. 1935) wurden Macht und Ideologie abgesichert. Die Expansionspolitik Hitlers führte zum Zweiten Weltkrieg von 1939 bis 1945, der insgesamt rund 55 Millionen Menschen das Leben gekostet hat. Dem Völkermord der Nazis an den europäischen Juden fielen etwa sechs Millionen Menschen zum Opfer.

Zeitgeist

NS-Ideologie

Allein maßgebend wurde die nationalsozialistische Ideologie, die sich aus verschiedenen Theorien speiste:

→ dem Sozialdarwinismus, der, angelehnt an die Evolutionstheorie Charles Darwins, das Vorrecht des Stärkeren propagierte,
→ der Philosophie Nietzsches, die das Recht des Übermenschen propagierte, sich über die herrschende Moral hinwegzusetzen,
→ der Rassenlehre Alfred Rosenbergs, die der arischen Rasse das Führungsrecht zusprach,
→ dem Antisemitismus, die im Judentum und seinen finanziellen Strukturen die Ursache aller wirtschaftlichen und gesellschaftlichen Probleme sah und
→ der Heimatkunst, die das Glück des Einzelnen in seiner Verbundenheit mit Volk, Blut und Boden zu finden glaubte.

Wer sich dieser Ideologie nicht fügte oder ihr nicht entsprach, wurde verfolgt, gefangengenommen, deportiert, zu Tode gefoltert, in Konzentrationslagern ermordet oder flüchtete sich in den Suizid. 1933 ging wegen der folgenden Aufspaltung die formale Einheit der deutschen Literatur verloren.

2.15.1 NS-LITERATUR

„Blut-und-Boden-Dichtung“

Die Literatur im Dienste der völkischen Ideologie der Nationalsozialisten diente einerseits dem Führerkult, der völkischen Expansion und in der Form der „Blut-und-Boden-Dichtung“ der Verherrlichung des Bauerntums, andererseits der Idealisierung der nordischen Rasse und eines bedingungslos kampf- und opferbereiten Helden- und Märtyrertums. Bauern-, Siedler- und Kriegsromane sowie Gemeinschafts- und Kampflieder wurden deshalb bevorzugt, in Frauenromanen wurde das Leitbild der deutschen Frau propagiert.

Repräsentanten und Werke

Volk ohne Raum

→ **Hans Grimm** (1875–1959):
Volk ohne Raum (1926)

Der Roman wurde vom Nationalsozialismus genutzt, um seine Vorstellung vom „Lebensraum im Osten“ zu unterstützen.

→ **Hanns Johst** (1890–1978):
Schlageter (1933)

Das Adolf Hitler gewidmete Drama stilisiert den Freikorpskämpfer Albert Leo Schlageter, der während der Ruhrbesetzung (1923) von einem französischen Militärgericht zum Tode verurteilt wurde, weil er Anschläge auf militärische Verkehrsverbindungen verübt hatte, zum „Blutopfer“ für das deutsche Volk.

→ **Kuni Tremel-Eggert** (1889–1957):
Barb. Roman einer deutschen Frau (1933)

Vor Propagandakitsch strotzender Roman, der das Leben Barb Vonbergs schildert und die nationalsozialistische Vorbildrolle für Ehefrau, Hausfrau und Mutter unter der Hakenkreuzfahne zeichnet.

BEISPIEL

Das ist die Wahrheit, die mich Dir verband:
Ich suchte Dich und fand mein Vaterland.

Ich war ein Blatt im unbegrenzten Raum,
nun bist Du Heimat mir und bist mein Baum.

Wie weit verweht, verginge ich im Wind,
wärst Du nicht Kraft, die von der Wurzel rinnt.

Ich glaub an Dich, denn Du bist die Nation,
ich glaub an Deutschland, weil Du Deutschlands Sohn.

(Baldur von Schirach, *Dem Führer*, 1933)

2.15.2 LITERATUR DER INNEREN EMIGRATION

Rückzug nach innen

Unter diesem von Frank Thieß geprägten Begriff ist die nicht-nationalsozialistische Literatur zusammengefasst, die zur Zeit der NS-Diktatur in Deutschland geschrieben wurde. Die hier zu nennenden Autoren waren zumeist mit der offiziellen Kunstauffassung nicht einverstanden, schwankten manchmal zwischen Anpassung und Widerstand, zogen sich aber letztlich ins öffentliche Schweigen und die private Innerlichkeit zurück. Das war zumeist nur möglich durch eine Distanz zum Zeitgeschehen und eine Flucht in die Ästhetik. Naturlyrik mit hermetischen Bilderwelten und historische Romane, in denen Eingeweihte durchaus die verschlüsselte Gegenwartskritik zu erkennen wussten, waren die hauptsächlichsten Fluchtthemen. Viele der Autoren, die bereits die Neue Sachlichkeit ablehnten, setzten zudem die literarische Tradition von der Weimarer Republik bis zur Nachkriegszeit auf diese Weise fort. Ansonsten ist angesichts der weltanschaulich und literarisch sehr unterschiedlichen Autoren eine Einheitlichkeit in der Thematik oder des Stils ausgeschlossen.

Repräsentanten und Werke

→ **Werner Bergengruen** (1892–1964): Erzähler formvollendeter Novellen und historischer Romane, in denen sich ein religiöses Ethos ausspricht.
Der Großtyrann und das Gericht (1935)

In einem italienischen Stadtstaat der Renaissancezeit spielender Roman, in dem die frevelhafte und überhebliche Rolle des politischen Führers kritisiert wird, der durch den Opferwillen eines Färbers letztlich seine Verfehlungen einsieht und sich ehrfürchtig vor der Allmacht Gottes beugt.

→ **Ernst Jünger** (1895–1998): Weltkriegsteilnehmer, Insektenkundler und Schriftsteller
Auf den Marmorklippen (1939)

Auf den Marmorklippen

→ **Wilhelm Lehmann** (1882–1968): Naturmagischer Lyriker mit fast naturwissenschaftlicher Präzision, der jüngere Autoren wie Günter Eich und Karl Krolow beeinflusste und mit den existenziellen Erfahrungen der Natur einen trostvollen „Widerstand gegen zeitgenössische Verhältnisse" anbot.
Antwort des Schweigens (1935)

→ **Oskar Loerke** (1884–1941): Lektor des S. Fischer-Verlages, eigenwilliger Lyriker

→ **Reinhold Schneider** (1903–1958): verbreitete wegen des Schreibverbots viele seiner Schriften illegal und wurde als „Helfer Ungezählter inmitten der Barbarei" in der Nachkriegszeit mit mehreren Auszeichnungen bedacht.
Las Casas vor Karl V. (1938)

Als Kritik am Hitler-Regime konzipierter Roman, in dem anhand des Dominikanermissionars Las Casas (1474–1566), der ein Gesetz erkämpft, das die Indianer aus der Sklaverei befreit, die Parallelen zwischen der brutalen Eroberung Südamerikas durch die Spanier und Portugiesen im 16. Jahrhundert und der Expansionspolitik Hitlers und die Judenverfolgung aufgezeigt werden.

→ **Rudolf Alexander Schröder** (1878–1962): war auch Architekt und Maler und überzeugte als christlich-humanistischer Lyriker wie als Übersetzer klassischer englischer und französischer Dramen.

→ **Josef Weinheber** (1892–1945): einer der bedeutendsten österreichischen Dichter, der Lyrik in großer Formvollendung schuf.
Adel und Untergang (1934)

Vorwiegend sich auf antike und klassische Strophen beziehende Gedichte, in denen der Dichter als Erfüller einer transzendentalen Aufgabe ausgewiesen wird.

→ **Ernst Wiechert** (1887–1950): saß wegen seines Protests gegen die Festnahme des evangelischen Pfarrers Martin Niemöller im KZ, schuf auf tiefer religiöser Überzeugung aufbauende Werke, die trotz ihrer grüblerischen, fast resignierenden Schwermut das Leben bejahen.

BEISPIEL

Dies ist die Stelle, wo ein jeder zur geschichtlichen Persönlichkeit werden kann und werden muss. Es geht kein Tag hin, der nicht die Probe macht auf einen jeden; und es wird sicherlich kein Tag ausgelöscht werden, an dem diese Probe bestanden oder nicht bestanden wurde. Wie große Gaben einem Menschen vor allem als Prüfung verliehen werden: nicht damit er ausgezeichnet werde, sondern damit er zeige, wie er sie zu tragen vermag, und unter der größeren Last eine größere Überwindung aufbringe, so den Völkern ihre Größe, ihr Unglück, ihre Bestimmung. Und wenn auch diese Auferlegung Schicksal ist, das keines Menschen Kraft abzuwehren oder herabzuzwingen vermag, so bleibt doch dem einzelnen die Freiheit der inneren Haltung, die ihn zum Verantwortlichen macht.

(Reinhold Schneider, *Macht und Gnade*, Auszug, 1941)

2.15.3 EXILLITERATUR

Bild 20: „Wo ich bin, ist Deutschland!" Thomas Mann und Ehefrau Katia bei ihrer Ankunft inin New York 1937
© picture-alliance / akg-images

Schwierige Existenzbedingungen

Unter Exilliteratur wird die Literatur der aus politischen oder moralischen Gründen vor dem Faschismus ins Ausland geflohenen und dort schreibenden und veröffentlichenden Schriftsteller verstanden. Der Begriff hat sich gegenüber dem der „Emigrantenliteratur" durchgesetzt. Mehr als 2000 Schriftsteller verließen nach 1933 Nazi-Deutschland. Als Exilländer kamen zunächst die deutschen Nachbarländer mit den Zentren Wien, Prag, Amsterdam und Paris in Frage. Mit dem Vordringen der deutschen Truppen wendete man sich häufig über die Zwischenstationen Schweiz, Spanien oder England nach Südfrankreich, Palästina, USA, Argentinien, Chile, Brasilien und Mexiko. Zwei Grundhaltungen lassen sich unter den Exilanten unterscheiden: Die einen sind bei ihrem Schreiben politisch motiviert und verfassen bewusst regimekritische Schriften, die anderen halten sich von der Tagespolitik weitgehend fern. Beiden Gruppen gemeinsam sind das Bewusstsein, mit der Fortsetzung einer humanistisch geprägten Kulturtradition das „andere und bessere Deutschland" zu repräsentieren, und der Kampf mit den Exilbedingungen: das Arrangement mit der Fremde, der materielle Existenzkampf, der Verlust der heimatlichen Sprachumgebung und der potenziellen Leserschaft. Das Spektrum der im Exil produzierten Literatur war ganz entsprechend seiner Produktionsbedingungen ausgesprochen inhomogen.

Repräsentanten und Werke

- **Johannes R. Becher** (1891–1958): Der anfängliche Expressionist war als Sozialist und später Kommunist in Moskau Redakteur der *Internationalen Literatur / Deutsche Blätter* und wurde nach 1945 in der DDR zum politischen Zweck-Dichter. Von ihm stammt der Text der DDR-Hymne *Auferstanden aus Ruinen*.

- **Bertolt Brecht** (1898–1956): war Dramaturg in Berlin, emigrierte in die Schweiz, nach Skandinavien, Russland und die USA, entschied sich 1947 für eine Rückkehr nach Ost-Berlin. Er war als sozialistischer Gesellschaftskritiker einer der maßgebenden Theaterschriftsteller des 20. Jahrhunderts.

Mutter Courage und ihre Kinder

Mutter Courage und ihre Kinder. Eine Chronik aus dem dreißigjährigen Krieg (1941)

Episches Theaterstück in zwölf Bildern, in dem die Tragik und Sinnlosigkeit des Krieges zum Ausdruck kommt. Die Marketenderin Anna Fierling versucht einerseits am Krieg zu profitieren und andererseits ihre drei Kinder, den mutigen Eilif, den ehrlichen Schweizerkas und die stumme Kattrin, heil durchzubringen. Ersteres gelingt ihr durch geschickten Wechsel der verfeindeten Fronten, aber ihre Kinder vermag sie nicht zu beschützen: Schweizerkas wird erschossen, weil er versucht, die Regimentskasse zu retten, Eilif wird für Plünderung und Schändung, für die er einst ausgezeichnet wurde, jetzt hingerichtet, und Kattrin wird erschossen, weil sie die Stadt Halle durch Trommelschläge vor einem feindlichen Überfall gewarnt hat.

Der gute Mensch von Sezuan. Ein Parabelstück (1943)

Das Stück verdeutlicht die Bedingungen, unter denen es die gesellschaftlichen Verhältnisse erlauben, „gut zu sein und doch zu leben". Drei Götter kommen auf die Erde, um nach einem guten Menschen zu suchen, der die göttlichen Gebote erfüllt. Sie glauben ihn in Shen Te zu finden, durschauen aber in ihrer Weltfremdheit die Erfordernisse des irdischen Existenzkampfes nicht, der auch Shen Te nötigt, sich in einer Doppelrolle als brutaler Geschäftsmann zu behaupten.

Leben des Galilei

Leben des Galilei (1943)

Stück in 15 Szenen. Mit dem Bau eines Fernrohrs beweist Galileo Galilei das heliozentrische Weltsystem und ruft das päpstliche Collegium Romanum auf den Plan, das seine Forschungsergebnisse zwar bestätigt, aber ihn mithilfe der Inquisition zwingt, seine Lehre zu widerrufen, um den Glauben und die Position der katholischen Kirche nicht zu gefährden. Er darf zwar unter Aufsicht sein Werk vollenden, verfehlt aber sein eigentliches Ziel, dem menschlichen Fortschritt zu nützen.

- **Lion Feuchtwanger** (1884–1958): wanderte in die USA aus und schrieb psychoanalytische Geschichts- und Großstadtromane.

- **Oskar Maria Graf** (1894–1967): beschrieb das Leben von Kleinbauern und Proletariern, bevor er nach New York auswanderte.

- **Heinrich Mann** (1871–1950): Der Bruder von Thomas Mann emigrierte ebenfalls in die USA, kritisierte den Nationalsozialismus scharf und war ein pessimistischer Spötter der Gesellschaft seiner Zeit.

- **Thomas Mann** (1875–1955): Der Sohn eines Lübecker Senators erhielt 1929 den Nobelpreis für Literatur, lebte seit 1939 wohlhabend in den USA, bevor er in die Schweiz nach Europa zurückkehrte. Er ist einer der bedeutendsten Romanschriftsteller der ersten Hälfte des 20. Jahrhunderts, der sich vor allem mit dem Untergang des Bürgertums und den Grenzen des deutschen Nationalcharakters auseinandersetzte.

→ **Anna Seghers** (eigentlich Netty Radványi, 1900–1983): emigrierte als Mitglied der KPD über Frankreich nach Mexiko und kehrte 1947 in die DDR zurück. Sie kämpfte aktiv gegen den Nationalsozialismus und blieb ihrer kommunistischen Grundhaltung auch in der Nachkriegszeit treu.

Das siebte Kreuz

Das siebte Kreuz. Roman aus Hitlerdeutschland (1942)

Roman aus 127 Einzelabschnitten, der dazu ermutigen will, dem Regime Widerstand zu leisten. Aus dem Konzentrationslager Westhofen sind sieben Gefangene entkommen, weshalb der Lagerkommandant sieben Kreuze errichten lässt. Tatsächlich werden aber nur sechs Entflohene wieder eingefangen. Das siebte Kreuz bleibt leer, weil der Mechaniker und Kommunist Georg Heisler dank der moralisch begründeten Unterstützung einfacher Leute dem feinmaschigen Netz des Polizeiapparats in die Freiheit entkommt.

→ **Franz Werfel** (1890–1945): war Verlagslektor in Leipzig, emigrierte 1938 über Frankreich in die USA. Er war einer der bedeutendsten österreichischen Expressionisten, der auch als pazifistischer Lyriker hervortrat.

Der veruntreute Himmel (1939)

Halb fiktionaler, halb autobiografischer Roman. Die Magd Teta lässt, um sich ihr ewiges Seelenheil zu sichern, einen jungen Verwandten von ihrem Geld Theologie studieren. Als sie nach Jahren erkennt, dass sie um ihr Geld geprellt und um ihr Ziel betrogen wurde, findet sie auf einer Pilgerfahrt nach Rom zu wahrer Frömmigkeit.

→ **Stefan Zweig** (1881–1942): ging über London nach Brasilien, wo er sich aus Verzweiflung über die politischen Verhältnisse das Leben nahm.

Schachnovelle

Schachnovelle (1941)

Die Novelle stellt dar, wie sensible Intelligenz einem kalten automatenhaften Denksystem unterlegen ist. An Bord eines Passagierdampfers von New York nach Buenos Aires spielen zwei geniale Schachspieler gegeneinander. Der eine ist der überhebliche Weltmeister Mirko Czentovic, der sich für das großzügige Honorar eines Millionärs zur Verfügung gestellt hat. Der andere, der zufällig an Bord befindliche österreichische Emigrant Dr. B., der sich als Gestapohäftling zur Erhaltung seiner Überlebens- und Widerstandskraft 150 Schach-Meisterpartien so lange einprägte, bis er sie auswendig und blind spielen konnte und er sich aufgrund der Schizophrenie, gegen sich selbst zu spielen, ein gefährliches Nervenfieber zuzog. Nach der ersten Partie, die Dr. B. gewinnt, löst die zweite Partie erneut das Nervenfieber aus, sodass er die Partie abbricht, um nie wieder ein Schachbrett anzurühren.

BEISPIEL

Dieser Wind der fremden Kontinente
Bläst mir noch die Seele aus dem Leib.
Nicht das Eis lähmt mir das frostgewohnte
Und die Schwüle nicht das lang entthronte
Herz, das leer ist wie ein ausgeweintes Weib.

Dieser Wind der fremden Kontinente
Hat den Atem einer andern Zeit.
Andre Menschen einer andern Welt geboren,
Mag's erfrischen. Ich bin hier verloren
Wie ein Waldtier, das in Winternächten schreit.

(Guido Zernatto (1903–1943), *Dieser Wind der fremden Kontinente*)

2.16 Trümmerliteratur in „Trizonesien" (1945–1949)

Bild 21: Blick auf die kriegszerstörte Berliner Tauentzienstraße und Kaiser-Wilhelm-Gedächtniskirche, um 1945

ÜBERSICHT

Begriff	Der Begriff „Trümmerliteratur", der sich auf die Situation in Deutschland bezieht, stammt von Heinrich Böll.
Sozio-historische Situation	Aufteilung des Deutschen Reiches in vier Besatzungszonen; Gründung der Bundesrepublik Deutschland und der Deutschen Demokratischen Republik 1949
Zeitgeist	Allgemeine Werteverunsicherung, Tendenz zum Nihilismus, Bewusstsein einer „Verratenen Generation"
Themen	Krieg, Verstrickung in Schuld und Verbrechen, Bestandsaufnahme der Gegenwart
Stil	nüchtern konstatierend
Repräsentanten	→ Wolfgang Borchert (1921–1947) → Heinrich Böll (1917–1985): *Wanderer, kommst du nach Spa…* (Erzählungen, 1950) → Günter Eich (1907–1972) → Carl Zuckmayer (1896–1977)

Begriff

Leben in den Besatzungszonen

Der Ausdruck „Trizonesien“ stammt von dem von Karl Berbuer 1948 geschriebenen Karnevalslied *Wir sind die Eingeborenen von Trizonesien* ab. Weil noch keine deutsche Nationalhymne vorhanden war, übernahm das Lied teilweise deren Funktion, hatte aber, wie der Name bereits sagt, nur für die Besatzungszonen der drei Westmächte Gültigkeit.

Zwei Begriffe haben sich zur Bezeichnung der Literatur der ersten Nachkriegsjahre eingebürgert. Der Begriff **„Trümmerliteratur“** stammt von Heinrich Böll und bezieht sich auf den damaligen Zustand der Zerstörung. Die Deutschen hatten nicht nur den Krieg verloren, sondern auch ihren Staat, ihre Wirtschaft, ihre verbindlichen Normen und ihr Selbstbewusstsein, viele zudem ihre Heimat und ihren Besitz. Deshalb trifft dieser Begriff zu. Der von Wolfgang Weyrauch geprägte Ausdruck **„Kahlschlagliteratur“** steht in der Nähe desjenigen von der „Stunde Null“, die auf den völligen Neubeginn in Deutschland hinweisen sollte. Einen solchen völligen Neubeginn hat es jedoch nie geben.

Sozio-historische Situation

Langsamer Wiederaufbau

Nach dem sechs Jahre andauernden verheerenden Zweiten Weltkrieg und der Aufteilung des Deutschen Reichs in vier Besatzungszonen vollzog sich in den von den Westmächten kontrollierten Teilen der langsame Prozess des Wiederaufbaus. Dazu trug die Währungsreform von 1948 ebenso bei wie die Luftbrücke anlässlich der Blockade von Berlin.

In Bonn konstituierte sich der „Parlamentarische Rat“ zur Ausarbeitung einer Verfassung, und im April 1949 schlossen die Westmächte ihre drei Zonen zur Trizone zusammen. Mit der Gründung der Bundesrepublik Deutschland am 23.5.1949 und der Deutschen Demokratischen Republik am 7.10.1949 ist die Spaltung Deutschlands vollzogen. Das Leben wurde ganz bestimmt von den überlebensnotwendigen Erfordernissen des Tages, von Vertriebenen und Flüchtlingen aus den deutschen Ostgebieten, von Kriegsheimkehrern sowie den Schwarzhändlern und deren Opfern.

Zeitgeist

Christliche Werte und Existenzialismus

Aufgrund des plötzlichen Vakuums an verbindlichen moralischen Normen erfolgte eine Rückbesinnung auf die Situation vor 1933. Man zog sich auf die traditionellen vom christlichen Glauben bestimmten Werte als letzte feste und verlässliche Größe zurück. Zugleich öffnete man sich den bislang verschlossen gebliebenen Einflüssen des französischen Existentialismus, für den Jean-Paul Sartre die Selbstverantwortung des Menschen in absoluter Freiheit und Albert Camus das würdevolle Ertragen der Absurdität des Lebens propagierten. Diejenigen, die ihre Kindheit und Jugend während des Krieges verbringen mussten, empfanden sich als „verratene Generation“.

Themen

Krieg, Schuld und Heimkehr

Selbstverständlich waren der Krieg, die Verstrickung in Schuld und Verbrechen, die Heimkehr aus dem Krieg und die Bestandsaufnahme der Gegenwart die vorherrschenden Themen.

Stil

Kurzgeschichte

Die Literatur nach 1945 wurde zunächst bestimmt von den Schriftstellern der „Inneren Emigration", weil sie nun endlich die Bücher veröffentlichen konnten, die sie schon während der NS-Zeit geschrieben hatten. Sie knüpften auch stilistisch an die Zeit vor 1933 an, sodass ihre Werke zeitfern erschienen, zumal sie auf Idealisierungen und poetische Verklärungen ausgerichtet waren. Dagegen wandte sich die jüngere Generation, die erst jetzt zu schreiben begann, alles generell unter einen Ideologieverdacht stellte und deshalb einen Traditionsbruch bevorzugte, der sich ganz den Realitäten zuwandte. Besonders die Kurzgeschichte erschien unter dem Einfluss von Ernest Hemingway als eine geeignete Ausdrucksform und war der „Stolz der deutschen Nachkriegsliteratur" (M. Reich-Ranicki). Diese jüngere Generation fand ihr Sprachrohr in der von Hans Werner Richter gegründeten losen Schriftstellervereinigung „**Gruppe 47**", die schnell an Einfluss gewann.

Gruppe 47

Repräsentanten und Werke

→ **Wolfgang Borchert** (1921–1947): erst Buchhändler, dann Schauspieler, brachte die Stimmungen und Empfindungen der Zeit in seinem schmalen Werk wohl am authentischsten zur Sprache.

Draußen vor der Tür

Draußen vor der Tür. Ein Stück, das kein Theater spielen und kein Publikum sehen will (1947)

Das erst Hör-, dann Schauspiel in fünf monologischen Prosaszenen thematisiert als wichtigster Beitrag zur Trümmerliteratur das erbarmungslose Ausgestoßensein eines Russlandheimkehrers. Der Kriegsheimkehrer Beckmann muss feststellen, dass er von seiner Frau nicht mehr erwartet wird, weil sie sich inzwischen anders orientiert hat. Vergeblich versucht Beckmann bei einer anderen Frau, seinem ehemaligen Oberst und einem Kabarettdirektor Unterschlupf zu finden. Selbst die Elbe lässt seinen Selbstmordversuch nicht zu. Hoffnungslos und ausgestoßen muss Beckmann allein weiterleben.

→ **Carl Zuckmayer** (1896–1977): Offizier im I. Weltkrieg, dann Dramaturg in Kiel, emigrierte aus Österreich, wo er ansässig war, über Zürich in die USA, wo er eine Farm bewirtschaftete, und kehrte nach 1945 in die Schweiz zurück.

Des Teufels General

Des Teufels General (1946)

Drama in drei Akten, das zunächst als Darstellung der Einsicht einer ideologischen Verirrung, später als Verharmlosung des Nationalsozialismus verstanden wurde. Der Fliegergeneral Harras, eine Nachbildung des Fliegergenerals Udet, genießt wegen seiner militärischen Erfolge Narrenfreiheit und kann trotz seiner Weigerung, der Partei beizutreten, ungestraft sowohl über die „miesen Typen" des Regimes herziehen wie seiner Freundin, der gefeierten Operettendiva Olivia Geiß, dabei helfen, einen jüdischen Chefarzt außer Landes zu bringen. Als sich herausstellt, dass der zunehmende Absturz der Kampfflugzeuge der Sabotage seines Chefingenieurs Oderbruch zuzuschreiben ist, eines idealistischen Widerstandskämpfers, wählt Harras mit einer defekten Maschine bewusst den Freitod.

Weitere Werke: ***Der Hauptmann von Köpenick*** (Schauspiel, 1931)

BEISPIEL

Ein Mann kommt nach Deutschland.

Und da erlebt er einen ganz tollen Film. Er muss sich während der Vorstellung mehrmals in den Arm kneifen, denn er weiß nicht, ob er wacht oder träumt. Aber dann sieht er, dass es rechts und links von ihm noch mehr Leute gibt, die alle dasselbe erleben. Und er denkt, dass es dann doch wohl die Wahrheit sein muss. Ja, und als er dann am Schluss mit leerem Magen und kalten Füßen wieder auf der Straße steht, merkt er, dass es eigentlich nur ein ganz alltäglicher Film war, ein ganz alltäglicher Film. Von einem Mann, der nach Deutschland kommt, einer von denen. Einer von denen, die nach Hause kommen und die dann doch nicht nach Hause kommen, weil für sie kein Zuhause mehr da ist. Und ihr Zuhause ist dann draußen vor der Tür. Ihr Deutschland ist draußen, nachts im Regen, auf der Straße.

Das ist ihr Deutschland.

(Wolfgang Borchert, *Draußen vor der Tür*, Auszug, 1947)

Weitere Autoren

Ilse Aichinger (1921–2016)
Heinrich Böll (1917–1985): *Wanderer, kommst du nach Spa…* (Erzählungen, 1950)
Günter Eich (1907–1972)
Elisabeth Langgässer (1899–1950)
Wolfdietrich Schnurre (1920–1989)

BEISPIEL

Dies ist meine Mütze,
dies ist mein Mantel,
hier mein Rasierzeug
im Beutel aus Leinen.

(…)

Dies ist mein Notizbuch,
dies ist meine Zeltbahn,
dies ist mein Handtuch,
dies ist mein Zwirn.

(Günter Eich, *Inventur*, 1. und siebte/letzte Strophe, 1947)

2.17 Die Literatur der Bundesrepublik (1949–1989)

2.17.1 DIE 1950ER JAHRE

Bild 22: Endlich ist alles wieder zu haben: Besucher der X. Deutschen Industrie-Ausstellung 1959 in Berlin

Sozio-historische Situation

Kalter Krieg

Außenpolitisch wird das Jahrzehnt beherrscht vom sogenannten „Kalten Krieg“ und dem atomaren Wettrüsten, die beide in der Kuba-Krise (Oktober 1962) ihren Höhepunkt finden. Innenpolitisch kommt es in der Ära des ersten deutschen Bundeskanzlers Konrad Adenauer (RZ 1949–1963) ab 1952 zum Wiederaufbau, 1954 zur Anerkennung der Bundesrepublik als einzigem rechtmäßig entstandenen deutschen Staat und zum sogenannten „Wirtschaftswunder“. Die Bundesrepublik wird Mitglied der Westeuropäischen Union (1954), der NATO (1955) und der Europäischen Wirtschaftsgemeinschaft (1957) und führt die allgemeine Wehrpflicht ein (1956).

Zeitgeist

Aufschwung statt Aufarbeitung

In der Phase der Etablierung der neuen Bonner Republik kommt es zu einer Wiederherstellung der gesellschaftlichen Verhältnisse, ohne dass eine tiefgreifende und breite Aufarbeitung der Vergangenheit vorgenommen worden wäre. Dadurch befinden sich noch viele ehemalige Nationalsozialisten in gehobenen Posten von Regierung und Verwaltung. Auch die zweifellos noch vorhandenen Leiden und Folgen des Krieges werden von dem wirtschaftlichen Aufschwung überdeckt und erstickt. Alle Zeichen stehen auf Aufschwung, Fortschritt und Wohlstand.

Themen

Vergangenheitsbewältigung

In der Literatur bemüht man sich eher um eine Aufarbeitung und Bewältigung der Vergangenheit, setzt sich kritisch und sorgenvoll mit der stürmischen Entwicklung der Republik und ihren fraglichen Entscheidungen (Wiederbewaffnung, Wiederaufrüstung, Eintritt in die NATO) auseinander, formuliert einen moralischen Protest und besteht „nonkonformistisch" auf einer Position der künstlerischen Autonomie. Von einer einheitlichen literarischen Strömung oder Stilrichtung kann trotzdem keine Rede sein.

Repräsentanten und Werke

→ **Alfred Andersch** (1914–1980): vor 1933 Funktionär der Kommunistischen Partei, desertierte 1944 zu den Amerikanern, war nach dem Krieg Rundfunkredakteur.
Sansibar oder der letzte Grund (1957)

Roman über die Entscheidungsfreiheit des Individuums. Der Kommunist Gregor, der inzwischen an seiner Partei zweifelt, hat im Herbst 1937 dem Fischer Knudsen im Ostseehafen Rerik politische Instruktionen zu überbringen. Es gelingt ihm nach vielen Widerständen, Knudsen dazu zu bewegen, im Auftrag des Pfarrers Helander sowohl die Skulptur „Der lesende Klosterschüler" (Ernst Barlach) nach Skillinge in Schweden vor den Nazis in Sicherheit zu bringen als auch die junge deutsche Jüdin Judith Levin. Der 15-jährige Schiffsjunge Knudsens träumt zwar von Sansibar als dem letzten Grund einer Flucht, kehrt aber mit Knudsen nach Deutschland zurück. Der unheilbar kranke Pfarrer Helander erschießt einen der SA-Männer, die ihn wegen der Skulptur verhaften wollen, und wird von der SA liquidiert.

→ **Ingeborg Bachmann** (1926–1973): österreichische Lyrikerin und Prosaistin
Die gestundete Zeit (1953)

Hermetisch verfasste Flucht- und Abschiedsgedichte, die vor dem Hintergrund der mörderischen Vergangenheitsgeschichte (Einmarsch der Hitlertruppen in Österreich, II. Weltkrieg) anhand einer beschädigten Natur die Ratlosigkeit der Menschen aufzeigen und ihre Unfähigkeit, eine humanere Gesellschaft zu schaffen.

→ **Paul Celan** (1920–1970): geboren im nordrumänischen Czernowitz als Sohn deutschsprachiger Juden, überlebte der Lyriker anders als seine Familie den Holocaust, und nahm sich 1970 vermutlich das Leben.
Mohn und Gedächtnis (1952)

56 hermetisch verfasste Gedichte zu Holocaust und Shoa in feierlichem Rhythmus und düsteren, surrealistischen Bildern; darunter auch: *Todesfuge*

BEISPIEL

Schwarze Milch der Frühe wir trinken sie abends
wir trinken sie mittags und morgens wir trinken sie nachts
wir trinken und trinken
wir schaufeln ein Grab in den Lüften da liegt man nicht eng
Ein Mann wohnt im Haus der spielt mit den Schlangen der schreibt
der schreibt wenn es dunkelt nach Deutschland dein goldenes Haar Margarete
er schreibt es und tritt vor das Haus und es blitzen die Sterne er pfeift seine Rüden herbei
er pfeift seine Juden hervor lässt schaufeln ein Grab in der Erde
er befiehlt uns spielt auf nun zum Tanz (...)

(Paul Celan, *Todesfuge*, 1. Strophe)

Der Besuch der alten Dame

→ **Friedrich Dürrenmatt** (1921–1990): Schweizer Schriftsteller; studierte Germanistik, Philosophie und Naturwissenschaften.

Der Besuch der alten Dame (1956)

Tragische Komödie in drei Akten über die Käuflichkeit der Moral. Die Millionärin Claire Zachanassian bietet bei einem Besuch ihrer vom Ruin bedrohten ehemaligen Heimatstadt eine millionenschwere Stiftung an, falls die Stadt den Krämer Alfred Ill, ihren Jugendgeliebten, der bei dem Vaterschaftsprozess ihres unehelichen Kindes falsch geschworen und sie so ins Elend und zur Auswanderung genötigt hat, aus Gerechtigkeit umbringt. Zunächst lehnen die Bürger das Angebot aus Menschlichkeit ab, erliegen aber schließlich der Verführung, zumal Ill selbst in Anerkenntnis seiner Schuld das Opfer auf sich nimmt und den Wohlstand der Gemeinde ermöglicht.

Homo faber

→ **Max Frisch** (1911–1991): Schweizer Schriftsteller und Architekt; lebte in Berlin, New York und im Tessin.

Homo faber (1957)

Ein Romanbericht über das Verhältnis von Technik und Natur sowie Zufall und Schicksal. Auf dem Flug von New York nach Venezuela trifft der Schweizer Ingenieur Walter Faber auf Herbert Hencke, den Bruder seines alten Studienfreundes Joachim. Nachdem die Maschine in der mexikanischen Wüste notlanden muss, begleitet Faber Herbert in Guatemala auf der Suche nach dessen Bruder, wo sie Joachim erhängt auffinden. Um seiner Freundin Ivy auszuweichen, fährt Faber mit dem Schiff von New York nach Europa. Auf der Überfahrt verliebt er sich in die junge Elisabeth, die er Sabeth nennt, macht ihr an seinem 50. Geburtstag einen unbeantwortet bleibenden Heiratsantrag, begleitet sie schließlich auf ihrer Reise nach Athen zu ihrer Mutter und schläft mit ihr. Er erfährt, dass Sabeth die Tochter seiner jüdischen Jugendfreundin Hanna ist, die er einst zwar vor den Nazis rettete, aber dann schwanger verließ, nachdem man sich auf eine Abtreibung geeinigt hatte. Als Vater nennt Sabeth Joachim Hencke. Am Strand von Akrokorinth kommt es zu einem tragischen Unfall, als Sabeth erst von einer Schlange gebissen wird und dann auf den Hinterkopf stürzt. Faber bringt sie nach Athen ins Krankenhaus, wo er von Hanna erfährt, dass Sabeth seine Tochter ist. Als Sabeth an den Sturzfolgen stirbt, plant Faber Hanna zu heiraten, unternimmt zuvor aber noch eine Reise nach New York, Caracas und Havanna, beschließt, sein Leben zu ändern, und gibt seinen Posten bei der UNESCO auf. In Athen muss er sich einer Magenkrebsoperation unterziehen.

Biedermann und die Brandstifter. Ein Lehrstück ohne Lehre (1958)

Stück in sechs Szenen mit einem Vorspiel in der Tradition des epischen Theaters um die falsche bürgerliche Anpassung und Anbiederung an Diktatoren. Der Haarölfabrikant Gottlieb Biedermann gewährt dem Ringer Josef Schmitz und dem Oberkellner Wilhelm Eisenring Obdach auf seinem Dachboden, lädt sie zum Essen ein und schützt sie sogar vor der Polizei, indem er deren Benzinfässer als Haarwasserfässer ausgibt, während er seinem ehemaligen Angestellten Knechtling in einer Notlage nicht hilft, sodass dieser Selbstmord begeht. Obwohl seine Gäste, zu denen ein Dr. phil. hinzukommt, sich offen als Brandstifter präsentieren, reicht Biedermann ihnen auch noch Streichhölzer in der irrigen Hoffnung, durch diese Verbrüderung der Vernichtung seines Hauses und seiner Familie zu entkommen.

Weiterer Roman: ***Stiller*** (1954)

→ **Günter Grass** (1927–2015): Steinmetzlehre, Studium der Bildhauerei und Grafik, freier Schriftsteller, Wahlkämpfer für Willy Brandt, unzählige Literaturpreise, Nobelpreis für Literatur 1999

Die Blechtrommel

Die Blechtrommel (1959)

In diesem Roman erzählt die Hauptperson ihre Lebensgeschichte bis zum dreißigsten Lebensjahr und spiegelt die deutsche Geschichte zwischen 1930 bis 1950. Der im Kleinbürgermilieu Danzigs aufwachsende Oskar Matzerath stellt mit drei Jahren sein Wachstum ein und protestiert mit seiner weißroten Kindertrommel gegen die Erwachsenenwelt. Der infantile Zwerg zeugt mit seiner späteren Stiefmutter ein Kind und durchläuft seine Lebensstationen vom Künstler eines Fronttheaters über Steinmetz, Aktmodell, Jazzschlagzeuger bis zum Insassen einer Heil- und Pflegeanstalt, wo er seine Erinnerungen niederschreibt.

→ **Uwe Johnson** (1934–1984): Germanistik-Studium in Rostock, ehe er 1959 nach Westdeutschland übersiedelte.

Mutmassungen über Jakob

Mutmassungen über Jakob (1959)

Dieser Roman beschäftigt sich mit der deutschen Teilung und deren Folgen für die Menschen, die im Herbst 1956 zu beiden Seiten des Eisernen Vorhangs leben. Dass der 28-jährige Jakob Abs, der vom Rangierer zum Reichsbahnbeamten aufgestiegen ist, auf dem Gelände des Dresdner Bahnhofs von einer Lokomotive überfahren wird, löst Erinnerungen an und Mutmaßungen über sein Leben aus. Hauptmann Rohlfs, ein Mitarbeiter des militärischen Abschirmdienstes der DDR, beschattet Jakob, seit dessen Mutter und dessen Freundin Gesine in den Westen geflohen sind. Als Gesine, die inzwischen bei der NATO arbeitet, Jakob und ihren Vater Heinrich Cresspahl in der DDR besucht, versucht er vergeblich, sie abzuwerben, hofft auf eine freiwillige Entscheidung für den Sozialismus und gestattet Jakob sogar, Gesine in den Westen zu begleiten. Im Gegensatz dazu lässt er den in Gesine verliebten Universitätsassistenten Dr. Jonas Blach wegen staatsfeindlichen Verhaltens verhaften. An dem Tag, als Jakob vom Westen enttäuscht in die DDR zurückkehrt, kommt er bei dem mysteriösen Unfall ums Leben.

→ **Wolfgang Koeppen** (1906–1996): wurde berühmt mit seiner Roman-„Trilogie des Scheiterns" (*Tauben im Gras, Das Treibhaus, Der Tod in Rom*).

Tauben im Gras

Tauben im Gras (1951)

Roman in 110 Episoden und 92 Erzählblöcken, der in einer filmischen Montagetechnik eine Bestandsaufnahem des Tagesgeschehens vom 20. Februar 1951 in einer Großstadt der bundesdeutschen Nachkriegsgesellschaft schildert. Fünf Ereigniskreise mit sieben Hauptfiguren werden miteinander verknüpft: Es geht um den Schauspieler Alexander, seine orgienliebende Frau Messalina und die religionssüchtige Gouvernante ihrer vernachlässigten Tochter Hillegonda, den in einer Krise steckenden Schriftsteller Philipp, der den amerikanischen Kollegen Edwin interviewen soll, und seine Frau Emilia, den US-Sergeant Washington Price und seine deutsche Frau Carla, die ihre Schwangerschaft beenden lassen will, den amerikanischen Steueranwalt Christopher Gallagher, der seinem Sohn Ezra das Herkunftsland seiner jüdischen Frau zeigt, und dem schwarzhäutigen US-Soldaten Odysseus Cotton, der von der Prostituierten Susanne erst bestohlen und dann als vermeintlicher Mörder seines Begleiters Joseph verfolgt wird.

Weitere Autoren

Heinrich Böll (1917–1985): Literaturnobelpreisträger, *Dr. Murkes gesammeltes Schweigen* (Erzählungen, 1958)
Martin Walser (geb. 1927): *Halbzeit* (Roman, 1960)

Analysebeispiel:

Analyse-Elemente	Text	Deutungs-Elemente
auktorialer Er-Erzähler, Perspektivwechsel	**Wolfgang Koeppen** *Tauben im Gras* (Auszug, 1951)	**Einführung des dunkelhäutigen US-Soldaten**
Perspektive Odysseus amerik. Verweis Aufzählung: Hypotaxe Anapher Alliteration beschreibende Adjektive Kurzsatz Wortwiederholung, Vergleich Anapher, Assonanz insistierende Wortwiederholung. Anapher Asyndeton Perspektive Josef Inversion Gegensatz Asyndeton amerikan. Verweis insistierende Wortwiederholung	*Night-and-day*. Odysseus sah herab auf die rote Mütze des Dienstmannes, auf das vielbefleckte brüchige Tuch, er sah den militärisch grade über Brille und Auge gesetzten Mützenschirm, er sah die Messingnummer, erkannte die müden Schultern, die schäbige Wolle des Rockes, die ausgefransten Bänder der Schürze und erblickte schließlich ein Bäuchlein, kaum wert, es zu erwähnen. Odysseus lachte. Er lachte wie ein Kind, das schnell Bekanntschaft schließt, er empfand, kindlich, den Alten als altes Kind, als Spielgefährten der Straße. Odysseus freute sich, er war gutmütig, er begrüßte den Gefährten, er gab ihm etwas ab aus seiner augenblicklichen Fülle, gab ihm etwas von der Siegerposition, ließ ihm den Koffer: die Musik, die Stimme, sie hing in des alten Dienstmannes Hand. Tapfer, ein kleiner schmächtiger Schatten, schritt Josef neben der hohen breiten Gestalt des Soldaten über den Bahnhofsplatz. Aus dem Koffer gellte, knarrte, quietschte es: Limehouse-Blues. Josef folgte dem schwarzen Mann, er folgte dem Befreier, dem Eroberer, folgte der Schutz- und Besatzungsmacht in die Stadt.	Beschreibung des Dienstmanns Josef Mensch und Material sind strapaziert und verbraucht. Charakterisierung Odysseus': freundliches unkompliziertes Gemüt Beschreibung des Soldaten Odysseus Verweis auf die sozialen und machtpolitischen Differenzen der Zeit Kofferradio und Musik als Symbol der freien Welt der farbige Odysseus als Besatzungssoldat der USA

2.17.2 DIE 1960ER JAHRE

Bild 23: Demonstrierende Studierende 1967, unter ihnen Fritz Teufel und Rainer Langhans © picture alliance

Sozio-historische Situation

Gesellschaftliche Umbrüche und Unruhen

Dieses Jahrzehnt wird bestimmt von großen Unruhen, Veränderungen und Umbrüchen. Der Flutkatastrophe an der deutschen Nordseeküste (1962) entspricht eine Welle von 1,3 Millionen DDR-Flüchtlingen. Die außenpolitische Anerkennung der Republik äußert sich in dem „Vertrag über deutsch-französische Zusammenarbeit" (1963), dem Staatsbesuch des US-Präsidenten John F. Kennedy (1963) und der britischen Königin Elizabeth II. (1965). Innenpolitisch sorgen die Spiegel-Affäre (1962), der Wechsel der Kanzlerschaft von Adenauer zu seinem Wirtschaftsminister Ludwig Erhard (1963), die Wahl des politisch belasteten Kurt Georg Kiesinger zum Kanzler einer Großen Koalition (1966), die Protestdemonstrationen gegen den Schah-Besuch in Berlin, bei dem der Student Benno Ohnesorg von einem Polizisten erschossen wird (1967), das Attentat auf den sozialistischen Studentenführer Rudi Dutschke und der heftige, von „Sit-ins" begleitete Streit um die Notstandsgesetzgebung (1968) sowie schwere Studentenunruhen in Frankfurt (1969) für andauernde politische und gesellschaftliche Unruhe.

Zeitgeist

Jahrzehnt der Politisierung

Es ist eine Zeit des Aufbegehrens gegen die unbewältigte Vergangenheit, das unreflektierte Wohlstandsdenken, der zunehmenden Abkehr von einem selbstsüchtigen bürgerlichen Establishment und der Hinwendung zu einer stärkeren sozialen Verantwortlichkeit. Mit seinem gesellschaftlichen und politischen Engagement ist es ein in jeder Hinsicht politisiertes Jahrzehnt, das auf nahezu allen Bereichen nach Reformen schreit.

Stil

Dokumentartheater und konkrete Poesie

Während auf der einen Seite die eher traditionellen moralischen Ermahnungen fortgesetzt werden, die Gruppe 47 als Folge der Studentenbewegung im Jahre 1968 ihre letzte Tagung abhält, versucht man in der Dortmunder **„Gruppe 61"** und dem **„Werkkreis Literatur der Arbeitswelt"** auch die Arbeiterschaft für die Literatur zu gewinnen, indem man verstärkt auf ihre gesellschaftlichen Verhältnisse eingeht. Das Dokumentartheater macht Fakten und Materialien zur realistischen Grundlage ihrer geschichts- und gesellschaftskritischen Analysen. Die Lyrik nimmt einerseits wesentlich an der Politisierungstendenz teil und ruft in knappem, präzisem Stil und nüchterner Sprache zu Verweigerung und Protest auf und lenkt andererseits mit der **„konkrete Poesie"** und deren artistischen Konstellationen das Bewusstsein auf die Sprache, ihre Möglichkeiten und Grenzen.

Repräsentanten und Werke

→ **Franz Josef Degenhardt** (1931–2011): Rechtsanwalt, Liedermacher, Schriftsteller
Spiel nicht mit den Schmuddelkindern (1965)

antibürgerliche Protest- und Oppositionslieder zu meist tagespolitischen Ereignissen.

→ **Friedrich Dürrenmatt** (1921–1990): Schweizer Schriftsteller, Dramatiker und Maler

Die Physiker

Die Physiker (1962)

Klassisch strukturierte Komödie in zwei Akten über die Unmöglichkeit, die Gefahr einer ideologischen Zerstörung der Welt zu verhindern. In ihrem privaten Nervensanatorium betreut Frau Dr. Mathilde von Zahnd drei irre Physiker: Ernst Albrecht Ernesti (vorgegeben Einstein, wirklich Eisler), Herbert Georg Beutler (vorgegeben Newton, wirklich Kilton) und Johann Wilhelm Möbius, dem der König Salomon erscheint. Drei Krankenschwestern müssen sterben, weil sie entdeckt haben, dass die Physiker gar nicht irre sind, sondern zwei ideologisch verfeindete Kernphysiker-Agenten auf der getarnten Jagd nach der von Möbius entdeckten Weltformel. Der hat sich aus Verantwortung freiwillig ins Irrenhaus zurückgezogen, um nicht von der Politik missbraucht zu werden, hat alle Unterlagen verbrannt und überzeugt seine beiden Kollegen von der Notwendigkeit dieser Weltflucht. Frau Dr. Zahnd aber, die im Namen des Königs Salomon nach der Weltherrschaft strebt, hat heimlich alle Manuskripte des Möbius kopiert und ist dabei, sie auswerten zu lassen. Gebunden durch ihre Morde sehen die drei Physiker keinen anderen Ausweg, als sich in die Gegebenheiten zu fügen.

→ **Hans Magnus Enzensberger** (geb. 1929): Lyriker, Essayist
landessprache (1960)

Zeitkritische und reflektierende collagenhaft verfasste Gedichte gegen das Aufstiegsdenken der bourgeoisen Wohlstandsgesellschaft und ihrer rücksichtlosen, sich selbst bespiegelnden Euphorie.

→ **Eugen Gomringer** (geb. 1925): bolivianisch-schweizerischer Schriftsteller
33 konstellationen (1960)

33 Texte im Stil der konkreten Poesie.

BEISPIEL

schweigen schweigen schweigen
schweigen schweigen schweigen
schweigen   schweigen
schweigen schweigen schweigen
schweigen schweigen schweigen

(Eugen Gomringer, *schweigen*, 1957)

→ **Erich Fried** (1921–1988): österreichischer Lyriker, Übersetzer, Essayist
und Vietnam und (1966)

und Vietnam und

„Partisanenstrophen aus dem Kampf gegen die Verdunkelung des Bewusstseins durch die Kriegsberichte der großen Informationsapparate" (H. Kesting)

→ **Max Frisch** (1911–1991): Schweizer Schriftsteller und Architekt
Andorra (1961)

Stück in zwölf Bildern über rassistische Vorurteile. Andri, dem vorgeblichen Pflegesohn des Lehrers Can, der ihn vor den „Schwarzen" gerettet haben will, ist rundum dem Vorurteil seiner Andersartigkeit ausgesetzt: Sein Lehrherr, der Tischler, macht ihn zum Sündenbock für die Fehler anderer, der Soldat misshandelt, der Arzt beleidigt ihn, und selbst der Pater fördert den Dissozialisationsprozess, indem er Andri auffordert, sich in seiner Andersartigkeit anzunehmen. Als ihm die Hand Barblins, der Tochter des Lehrers und in Wahrheit seine Halbschwester, verwehrt bleibt, nimmt er die ihm aufgedrängte Rolle an. Als die „Schwarzen" in Andorra einmarschieren, wird er in der großen Judenschau „identifiziert" und zur Hinrichtung abgeführt. Sein Vater erhängt sich, Barblin verfällt dem Irrsinn und weißelt die Fassaden der andorranischen Häuser.

→ **Peter Handke** (geb. 1942): österreichischer Schriftsteller und Übersetzer, Literaturnobelpreisträger 2019
Kaspar (1968)

Stück über die manipulative Macht der Sprache. Kaspar (Kaspar Hauser) hat Kindheit und Jugend von Menschen isoliert in einem Keller verbracht und erlernt die Sprache erst im Erwachsenenalter von „Einsagern". Diese bringen in diesem Sozialisierungsprozess durch Spracherwerb Kaspar nicht nur Wörter und Begriffe bei, sondern auch die in Redewendungen und Phrasen vorhandenen Vorurteile. Zwar lernt Kaspar zunächst seine Dingwelt begrifflich zu ordnen und zu beherrschen, gerät aber zunehmend in eine gedankliche Abhängigkeit: „Ich will einmal ein solcher werden wie schon einmal ein anderer gewesen ist." Am Ende verfügt er zwar über Sprache, hat aber nichts mehr zu sagen.

BEISPIEL

Ich habe mich gemacht. Ich habe mich zu dem gemacht, was ich bin. Ich habe mich verändert. Ich bin ein andrer geworden. Ich bin für meine Geschichte verantwortlich geworden. Ich bin für die Geschichten der andern mitverantwortlich geworden. Ich bin eine Geschichte unter andern geworden. Ich habe die Welt zu der meinen gemacht. Ich bin vernünftig geworden.

(Peter Handke, *Selbstbezichtigung*, Auszug, 1967)

Der Stellvertreter

→ **Rolf Hochhuth** (geb. 1931): Dramatiker des Dokumentartheaters
Der Stellvertreter. Ein christliches Trauerspiel (1963)

Fünfaktiges Drama in freien Rhythmen über die Mitverantwortung des Papstes gegenüber der Judenverfolgung durch die Nazis. Der Jesuitenpater Ricardo Fontana scheitert bei dem Versuch, Papst Pius XII. dazu zu bewegen, sich öffentlich gegen die Judenvernichtung durch die Nazis auszusprechen. Er geht mit den in Rom verhafteten italienischen Juden nach Auschwitz, um im freiwilligen Märtyrertum das wahre Christentum in der Nachfolge Jesu zu bezeugen. Der Tod in der Gaskammer wird ihm zwar zynisch verweigert, aber er wird erschossen, als er einem jüdischen Lagerinsassen zur Flucht verhelfen will.

Die Deutschstunde

→ **Siegfried Lenz** (1926–2014): Schriftsteller
Die Deutschstunde (1968)

Der Roman mit Rahmenerzählung erzählt anhand eines Vater-Sohn-Konfliktes die Folgen eines politisch verkrampften Pflichtbewusstseins. Siggi Jepsen, der Arrestant einer Jugendstrafanstalt, muss in einer Einzelzelle unter verschärften Bedingungen einen Aufsatz über das Thema: „Die Freuden der Pflicht" schreiben. Darin schildert er den Konflikt mit seinem Vater, einem Polizisten im schleswig-holsteinischen Dorf Rugbüll, in der Behandlung des von den Nazis mit einem Arbeitsverbot belegten Malers Hansen (Abbild Emil Noldes). Während der Vater aus Obrigkeitsgehorsam und Prinzipientreue das Verbot auch noch nach Ende der Naziherrschaft und seiner Absetzung strikt überwacht, verbündet sich sein Sohn mit dem Maler und versteckt dessen Bilder auch dann noch, als sie nach dem Krieg in einem Museum ausgestellt werden. Dieser Diebstahl hat ihn ins Gefängnis gebracht. Der von ihm geschriebene Aufsatz führt zu seiner vorzeitigen Entlassung.

Die Ermittlung

→ **Peter Weiss** (1916–1982): deutsch-schwedischer Autor, Maler und Experimentalfilmer
Die Ermittlung. Oratorium in elf Gesängen (1965)

Im Stil des dokumentarischen Theaters verfasstes Theaterstück über den Auschwitzprozess von 1963–1965. Anhand von Gedächtnisprotokollen der Gerichtsverhandlungen und aus den Prozessberichten der Tagespresse gewonnenen und bearbeiteten Materialien wird das Verhör von 18 angeklagten Personen der Verwaltung des ehemaligen Konzentrationslagers Auschwitz konzentriert nachgezeichnet.

Weitere Autoren

Elias Canetti (1905–1994): Schriftsteller, Aphoristiker, Literaturnobelpreisträger, *Die Blendung* (Roman, 1936), *Die Befristeten* (Drama, 1964), *Die Provinz des Menschen* (Aufzeichnungen, 1973)
Uwe Johnson (1934–1984): *Das dritte Buch über Achim* (Roman, 1961)
Martin Sperr (1944–2020): *Jagdszenen aus Niederbayern* (Drama, 1966)

Analysebeispiel:

Analyse-Elemente	Text	Deutungs-Elemente
sprachlich reduziertes, asymmetrisches Streitgespräch	**Martin Sperr** ***Jagdszenen aus Niederbayern*** (Zwölfte Szene, Auszug)	**Normen und Zwänge angesichts einer intertextuellen Problemsituation: uneheliches Kind**
Anapher, Assonanz Ausrufesätze Ausrufesätze Alliteration Assonanz	ABRAM: Ich will dich nicht! Ich will kein Kind! Ich will auch nicht für ein Kind sorgen! Ich will dich nicht! TONKA: *schreit*: Ja! Ja! Du willst mich nicht! Ich dräng mich dir nicht auf! Mir wird schlecht, wenn ich dran denk. – *Wild*:	Egoismus, Abneigung, Verantwortungslosigkeit
formelhafter Ausruf rhetorische Frage Kurzsatz Assonanz	Einen Menschen, wie dich, so einen will ich gar nicht mehr gern haben. – Mein lieber Herr und Heiland, wie hab ich denn bis jetzt gelebt? – Ich krieg ein Kind. – Du kannst gar nicht anders zu mir sein, weil nichts drin ist in dir, du hast kein Gefühl für andere Leut. – *Sie sieht ihn nicht an*: Du musst mich heiraten. Das Kind braucht einen Vater. Es soll später,	Abneigung Ende der Zuneigung Vorwurf der Gefühlskälte sozialer Zwang soziale Norm
Sprach- und Argumentationslosigkeit	wenn es groß sein wird, allen sagen können: Ich hab einen Vater. Mich musst du halt mitnehmen. *Beide schweigen.* ABRAM: Ich kann dich nicht heiraten. *Beide schweigen.*	„Kollateralschaden"
Wiederholung	Ich kann dich nicht heiraten.	
Assonanzen Alliterationen, rhetorische Frage	TONKA: Solang ich dich geliebt hab, war ich dir gut genug. Das hat dir gut getan, dass dich jemand liebt, was?	Verhaltensnorm
Alliteration Befehlssatz	ABRAM: Wisch dir doch endlich die Semmelbrösel weg. Geh!	ablenkende Bagatelle Abweisung

2.17.3 DIE 1970ER JAHRE

Bild 24: Terrorangst: Fahndung nach Baader-Meinhof-Terroristen 1972 © picture alliance/AP Images

Sozio-historische Situation

Wirtschaftskrise und Terrorismus

Mit dem Beginn der Kanzlerschaft Willy Brandts (1969) und seiner auf Versöhnung bedachten Ostpolitik setzte eine Phase der außenpolitischen Entspannung ein. Es kommt 1970 zu Verträgen mit der Sowjetunion, Polen und nach dem Transitabkommen (1971) mit der DDR 1972 zum Grundlagenvertrag zwischen beiden deutschen Teilstaaten. Aber diese Ostpolitik ist nicht unumstritten, sodass das Land innenpolitisch nicht zur Ruhe kommt: zwei Wirtschaftskrisen (1971 und 1973) mit Streiks, Preissteigerungen, Kurzarbeit und Entlassungen schaffen ebenso Besorgnis wie die Ölkrise (1973); der Terror der Baader-Meinhof-Bande erschüttert das Land (1972–1975); Willy Brandt muss nach der „Guillaume-Affäre" die Kanzlerschaft an Helmut Schmidt abtreten (1974), die Arbeitslosigkeit in der Republik steigt weiter an (1975).

Zeitgeist

Beschäftigung mit sich selbst

Die Entspannungspolitik in der Außen- und die Terroranschläge der RAF in der Innenpolitik hatten eine Tendenzwende in der gesellschaftlichen Einstellung zur Folge. Man distanzierte sich zunehmend vom politischen Leben und konzentrierte seine beibehaltene skeptische Grundhaltung auf sich selbst: stellte seine Identität in Frage, suchte nach einer politisch und geschichtlich neuen und räsonierte sensibel über die eigene Individualität.

Themen

Neuer Subjektivismus

Der Rückzug zu individuellen Erfahrungen förderte das autobiografische Schreiben, die Reflexion um die wenig veränderte Rolle der Frau, einen „**Neuen Subjektivismus**" in der Darstellung der Welt und eine stärkere Betonung der Alltagserfahrungen.

Repräsentanten und Werke

→ **Heinrich Böll** (1917–1985): Literaturnobelpreisträger

Die verlorene Ehre der Katharina Blum

Die verlorene Ehre der Katharina Blum oder: Wie Gewalt entstehen und wohin sie führen kann (1974)

Erzählung über staatliche und mediale Gewalt sowie die Erscheinungsformen der Terrorfahndung und der journalistischen Treibjagd. Die Wohnung der 27-jährigen Wirtschafterin Katharina Blum wird am Tag, nachdem sie sich auf einer Karnevalsfeier in den fälschlicherweise wegen mörderischen Bankraubs verdächtigten Ludwig Götten verliebt hat, von der Polizei gestürmt und sie selbst verhaftet und verhört, weil sie Götten zur Flucht verholfen haben soll. Das Boulevardblatt ZEITUNG manipuliert die Tatsachen, stellt Vermutungen als Fakten dar, deutet Zeugenaussagen um, sodass Katharina als langjährige Mittäterin erscheint, und bedrängt sogar ihre kranke Mutter so, dass diese am Folgetag stirbt. Daraufhin lädt Katharina den verantwortlichen Reporter Werner Tötges unter dem Vorwand, ihm nach der inzwischen erfolgten Verhaftung Göttens ein Interview geben zu wollen, zu sich und erschießt ihn, nachdem er zudringlich geworden ist. Dann fährt sie zuerst ziellos durch die Stadt und stellt sich schließlich der Polizei.

→ **Peter Handke** (geb. 1942): nach einem Jurastudium Leben als freier Schriftsteller, viele Reisen und Wanderungen in aller Welt, unangepasstes Engagement für slawische Balkanvölker, Literaturnobelpreis 2019.

Wunschloses Unglück (1972)

Halb-autobiografischer Roman über das Leben seiner durch Suizid gestorbenen Mutter Maria und ihr typisches Frauenschicksal in der österreichischen Provinz in der ersten Hälfte des 20. Jahrhunderts. Weil sie von ihrem Vater unterdrückt wird, verlässt Maria mit 15 Jahren das Elternhaus, wird Hauptköchin in einem Hotel, wird schwanger und heiratet zur Versorgung einen von ihr ungeliebten deutschen Soldaten. Als der aus dem Krieg heimkehrt, wohnt Maria bei ihm und seiner neuen Partnerin in Untermiete, wird von ihm geschlagen und treibt die nächsten zwei Kinder ab. Sie zieht mit ihrem Mann nach Österreich und lebt dort ärmlich in einer Hassliebesbeziehung. Allmählich wird sie nervenkrank, depressiv und tablettenabhängig. Auch ihr Sohn Peter kann ihr nicht helfen. Schließlich bringt sie sich mit ihren Tabletten um.

→ **Brigitte Schwaiger** (1949–2010): unterrichtete in Mallorca und Madrid Deutsch und Englisch, arbeitete dann als Schauspielerin, Regieassistentin und freie Schriftstellerin.

Wie kommt das Salz ins Meer (1977)

Authentisch-realistischer, nüchtern verfasster Roman gegen die individualitätsbedrohenden Normen der bürgerlichen Gesellschaft. Die Ich-Erzählerin schildert die Hochzeitsvorbereitungen auf dem Lande mit ihrem Mann Rolf, Hochzeit und Hochzeitsreise, ihre alltägliche Rolle als Haus- und Ehefrau, die Nutzlosigkeit ihres Medizin- und Germanistikstudiums, die Funktion des Hundes Blitz als Kindersatz, die Normalität der Verlogenheit in Bezug auf ihr Verhältnis mit Albert, das Geständnis ihres Ehebruchs, den Fall in eine valiumgestützte Melancholie, die Abtreibung ihres Kindes, die Scheidung von Rolf und die Rückkehr in ihr Elternhaus.

→ **Botho Strauß** (geb. 1944): arbeitete als Journalist und dramaturgischer Mitarbeiter; freier Schriftsteller.
Trilogie des Wiedersehens (1977)

Dreiteiliges Theaterstück über die kommunikative Entfremdung und gesellschaftliche Isolation des Individuums. In dem Stück ohne Handlung demaskieren sich die Besucher einer Vernissage in inhalts- und belanglosen Small-Talk-Gesprächen, die von zeitgemäßen Redewendungen und Floskeln getragen werden.

→ **Martin Walser** (geb. 1927): nach Kriegsgefangenschaft, Studium und Promotion war er erst Mitarbeiter am Süddeutschen Rundfunk, dann freier Schriftsteller, unternahm ausgedehnte Reisen durch die USA und lehrte dort auf zahlreichen Gastprofessuren.

Ein fliehendes Pferd

Ein fliehendes Pferd (1978)

Novelle über den Konflikt zweier unterschiedlicher Lebensentwürfe. Der fast 50-jährige Stuttgarter Studienrat Helmut Halm hat sich ganz in sein Bildungsschneckenhaus zurückgezogen, wo er erfolglos an der Erstellung zweier Bücher werkelt. Während des alljährlichen Urlaubs am Bodensee trifft er mit seiner Frau Sabine auf seinen ehemaligen Schulkameraden Klaus Buch und dessen Frau Helene, die beide braungebrannt und hyperaktiv ab sofort die gemeinsame Urlaubsgestaltung bestimmen, was Helmut widerwillig, aber angepasst erduldet. Nur als Klaus ein durchgegangenes Pferd einfängt, hegt er Bewunderung für das Tier. Während einer gemeinsamen Segelpartie der beiden Männer fällt Klaus infolge eines Unfalls über Bord und wird vermisst. Helene enttarnt die Scheinhaftigkeit der erfolgreichen Buchschen Welt. Als der totgeglaubte Klaus plötzlich in der Tür steht, reist man ab, ohne sich noch etwas zu sagen.

Weitere Autoren

Thomas Bernhard (1931–1989)
Ingeborg Drewitz (1923–1986)
Peter Härtling (1933–2017)
Franz Xaver Kroetz (geb. 1946)
Christoph Meckel (geb. 1935)
Peter Schneider (geb. 1940): *Lenz* (Novelle, 1973)
Gabriele Wohmann (1932–2015)

Analysebeispiel:

Analyse-Elemente	Text	Deutungs-Elemente
auktorialer Er-Erzähler, indirekte und wörtliche Rede aus einer Figurenperspektive	**Martin Walser** ***Ein fliehendes Pferd*** (Auszug, 1978)	**weltanschauliche Überzeugungsarbeit, sein Leben flexibel und abenteuerlich zu gestalten**
indirekte Rede	Er, Klaus Buch, habe, ohne sich im Geringsten in Helmuts Angelegenheiten einmischen zu wollen, das Gefühl, als	Antagonist der Novelle
umgangssprachliche Floskeln	könne es Helmut gut tun, wenn er hier endlich mal klar Schiff machen, die Brücken abbrechen und in eine neue	Protagonist der Novelle ungenaue, oberflächliche Schlagwörter
ungekennzeichnete wörtliche Rede Ellipse Gegensatz	Welt aufbrechen würde. Das Leben bedarf des Reizes, sagte Klaus Buch, sonst erlischt es. Bei Lebzeiten. Verstehst du, das ist anders als beim Ethischen oder Moralischen, das existiert einfach so, das Geistige, das kann vielleicht seine Spannung aus sich selbst erzeugen, ich weiß das nicht so genau, da bist du der Experte. Ich	Lebensprinzip: challenge and response festgelegte, unabänderliche Normen Gegensatz der Lebensprinzipien Lehrer für Philosophie
vierfache insistierende Wortwiederholung dreifache Wortwiederholung	dagegen weiß, dass das Lebendige den Stoß braucht. Das Lebendige braucht überhaupt das ganz Neue. Dem Lebendigen kann nichts neu genug sein. Je neuer, desto	Leitbegriffe der vitalistischen Weltanschauung Buchs
Ellipse Begriffsidentifikation	lebendiger. Die total unvorhersehbare Reaktion, verstehst du, das ist das Leben.	abenteuerlich

2.17.4 DIE 1980ER JAHRE

Bild 25: Feiernde Menschen nach dem Fall der Mauer am 10. November 1989 © picture alliance/dpa

Sozio-historische Situation

Ökologisches Bewusstsein

Mit der verstärkten Übersiedlung von Schriftstellern aus der DDR verstärkt sich wieder das historische Bewusstsein. Der Eintritt der Grünen in die Bundespolitik und das Reaktorunglück von Tschernobyl (1986) fördern vorübergehend das ökologische Bewusstsein. Mit Beginn der Ära des Bundeskanzlers Helmut Kohl (1982–1998) stagniert jedoch die Politik und wächst der Reformstau. Mit seinen Reformprogrammen Perestroika und Glasnost leitet Michail Gorbatschow in der Sowjetunion eine politische Wende ein, die nicht nur zur deutschen Wiedervereinigung 1990 führt, sondern auch zu weitreichenden Auflösungserscheinungen im ehemaligen Ostblock.

Zeitgeist

Menschliche Extreme

Die neue Subjektivität setzt sich in der Spielart fort, dass das Augenmerk verstärkt auf ungewöhnliche, grenzwertige bis abnorme Züge menschlicher Individualität gerichtet wird.

Repräsentant und Werk

→ **Patrick Süskind** (geb. 1949): nach einem Geschichtsstudium und verschiedenen Gelegenheitsarbeiten freier Schriftsteller und Drehbuchautor

Das Parfüm

Das Parfüm (1985)

Parabelhafter Roman über Machtstreben, Totalitarismus und Massenwahn. Der 1738 als Sohn einer Fischverkäuferin geborene Jean-Baptiste Grenouille, ein hässlicher und einzelgängerischer Gnom ohne eigenen Körpergeruch, besitzt die geniale Fähigkeit, beliebig viele Düfte zu identifizieren, von weitem wahrzunehmen und im Gedächtnis zu speichern. Im Dienst eines Parfümeurs kreiert er einen absoluten Zauberduft aus den letzten Ausdünstungen von ihm ermordeter Jungfrauen. Als er, seiner Taten überführt, zum Schafott gebracht wird, gelingt es ihm zwar, mit diesem Parfüm die Zuschauer in einen Taumel zu versetzen und freizukommen, fällt aber den vor Verzückung hysterischen Massen in einer kannibalischen Orgie zum Opfer.

Weitere Autoren

Thomas Bernhard (1931–1989): *Heldenplatz* (Schauspiel, 1988)
Günter Grass (1927–2015): *Die Rättin* (Roman, 1986)
Ulla Hahn (geb. 1945): *Herz über Kopf* (Lyrik, 1981)
Sten Nadolny (geb. 1942): *Die Entdeckung der Langsamkeit* (Roman, 1983)

Analysebeispiel:

Analyse-Elemente	Text		Deutungs-Elemente
vier Strophen à vier Verse, halber Kreuzreim (xaxa), 2-4-hebig: freirhythmisch, fehlende Interpunktion, Hakenstil	Ulla Hahn *Ars Poetica* (1981)		**postmoderne ästhetische Reflexion in Gedichtform**
lyrisches Ich Kontrast lyrisches Wortfeld Assonanz gebrochene Zeilen Reim: Allusion: *Lobet den Herren*	Danke ich brauch keine neuen Formen / ich stehe auf festen Versesfüßen und alten Normen / Reimen zu Hauf	*betonte Versanfänge*	Ablehnung poetischer Innovationen Widerspruch zwischen Aussage und Text
musikalisches Wortfeld Assonanzen (i) Metapher Reim; Assonanz (o)	zu Papier und zu euren Ohren / bring ich was klingen soll klingt mir das Lied aus den Poren / rinnen die Zeilen voll	*Wechsel von betonten und unbetonten Versanfängen*	visuelle und akustische Präsentation Dominanz der Akustik körperliche Inspiration
Assonanz, Alliteration Alliteration, Assonanz Assonanz (i) Allusion: Heinrich Heine, *Loreley*	und über und drüber und drunter und drauf und dran und wohlan und das hat mit ihrem Singen die Loreley getan.	*unbetonte Versanfänge*	spielerisches Gestaltwerdung der Musik; textuelle Ungeordnetheit

2.18 Literatur der DDR (1949–1989)

2.18.1 DIE PHASE DES AUFBAUS (1949–1961)

Bild 26: Arbeiter des VEB Waggonbau Ammendorf 1959, wo auch die Schriftstellerin Christa Wolf im Rahmen des „Bitterfelder Weges" arbeitete © picture alliance/ullstein bild

Sozio-historische Situation

Verstaatlichung und Kollektivierung

Nach der Reform des Bodens, der Schule, der Justiz und der Industrie erfolgte 1949 die Staatsgründung der DDR unter Wilhelm Pieck und Otto Grotewohl. Mit der Übernahme des stalinistischen Systems der UdSSR erfolgten die Verstaatlichung des Privateigentums, die Einführung einer zentralen Planwirtschaft und die Installation der politischen Führungsrolle der SED. Der Beitritt zum Warschauer Pakt und die Gründung der Nationalen Volksarmee schlossen den Anschluss an den Ostblock ab. Unter Walter Ulbricht konsolidierte sich die stalinistische Grundstruktur, wurden die Landwirtschaft kollektiviert, mit dem Passgesetz die Republikflucht unter Strafe gestellt und mit dem Mauerbau (1961) die Fluchtwege in den Westen abgesperrt.

Zeitgeist

„Sozialistischer Realismus"

Das sowjetische Vorbild wird auch für die Kulturpolitik der DDR verbindlich, der **„Sozialistische Realismus"** zur Kunstdoktrin erhoben. Die Aufbruchsstimmung unterstützt die staatlichen Vorhaben, die Literaturschaffenden sind aber niemals frei. Der wachsende Unmut am niedrigen Lebensstandard und den harten Arbeitsbedingungen artikuliert sich im Aufstand des 17. Juni 1953, wird aber von den Sowjets niedergeschlagen. Eine kurze Phase der Liberalisierung wird nach den gescheiterten Aufständen in Ungarn und Polen wieder zurückgenommen. Nicht linientreue Autoren werden verhaftet und zu Haftstrafen verurteilt. In Bitterfeld wird beschlossen, der Intellektualisierung der Literatur unter dem Motto **„Greif zur Feder, Kumpel"** entgegenzuwirken. Der **Bitterfelder Weg** soll eine sozialistische Arbeiterdichtung entstehen lassen.

Themen / Stil

Geschönte Wirklichkeit

Es wird ein breites optimistisches Bild vom Sozialismus gezeichnet, in dem alle auftretenden Schwierigkeiten vom Sozialismus überwunden werden.

Repräsentant und Werk

→ **Bruno Apitz** (1900–1979): war als Kommunist selbst in mehreren KZs inhaftiert, arbeitete nach dem Krieg als Dramaturg, Journalist und freier Schriftsteller in der DDR.
Nackt unter Wölfen (1958)

Als ein polnischer Gefangener des KZs Buchenwald ein Kind in einem Koffer ins Lager schmuggelt, gefährdet dies die Arbeit der dort wirkenden kommunistischen Widerstandsgruppe, weil niemand das Kind gefährden will und es immer wieder anderswo versteckt werden muss. Es kommt zu starken Konfrontationen zwischen den standhaft schweigenden Kommunisten, die immer wieder vor schwierige moralische Entscheidungen gestellt sind, und den sie verfolgenden, in ihrer Persönlichkeit sehr unterschiedlichen SS-Wächtern. Schließlich befreien die Kommunisten sich selbst mittels selbst gebauter und eingeschmuggelter Waffen und befreien die inhaftierten Kollegen ebenso wie das Kind.

Weiterer Autor

Heiner Müller (1929–1995): *Der Lohndrücker* (Drama, 1956)

BEISPIEL

Manchen Monat braucht der Tischlerlehrling, bis ihm das erste festgefügte und wohlgeformte Möbelstück gelingt. Und wie viel Fleiß und Schweiß, wie viel Wissen, wie viel beharrliche und zielstrebige Arbeit braucht der Bergmann, bis der Berg ihm seine Schätze schenkt. Gebirge tauben Gesteins bedecken den fündigen Ort. Schreiben ist wie Bergmannsarbeit. Tief in die Stollen des Lebens eindringen muss der Schriftsteller; im geringsten Querschlag schürfen und dabei das Ganze nicht aus dem Auge verlieren, zutage fördern, was verborgen keimt. Der sozialistische Schriftsteller ist seinem Volk, seiner Zeit, ist dem Leben verantwortlich; und Verantwortung ist kein leichtes Gepäck.

(Werner Bräunig, *Greif zur Feder, Kumpel*, 1959)

2.18.2 DIE PHASE DER ANKUNFT (1961–1975)

Bild 27: Die DDR-Politiker Margot Honecker und Egon Krenz sowie „Junge Pioniere" 1981 bei einer Denkmals-Einweihung © picture alliance / akg-images

Begriff

Ankunft im Alltag

Die Bezeichnung für diese Phase der DDR-Literaturgeschichte folgt dem Titel des Kurzromans *Ankunft im Alltag*, den Brigitte Reimann (1933–1973) 1961 veröffentlichte und der die Erlebnisse dreier Abiturientinnen in einer Arbeiterbrigade schildert.

Sozio-historische Situation

Stabilisierung und zaghafte Liberalisierung

Mit dem Mauerbau (1961) erfolgte eine Stabilisierung der DDR. Zwar werden DDR-Rentnern jetzt Westreisen gestattet, aber auf der anderen Seite erhöhen der Hausarrest des Systemkritikers und Chemieprofessors Robert Havemann, das Berufsverbot gegen Wolf Biermann und die Verfolgung der Sympathisanten des Prager Frühlings den Druck innerhalb des Landes. Doch das neue ökonomische System und die unter Erich Honecker einsetzende zunehmende außenpolitische Anerkennung der DDR – Transitabkommen (1971) und Grundlagenvertrag mit der BRD (1972), Aufnahme in die UNO (1973), Unterzeichnung der Schlussakte von Helsinki (1975) – bewirken eine spürbare Liberalisierung.

Zeitgeist

Biermann-Ausbürgerung

Die von Honecker initiierte Aufhebung aller künstlerischen Tabus und die Abkehr vom sozialistischen Realismus suggeriert allerdings ein falsches Gefühl von Freiheit. Der von Wolf Biermann wie von anderen laut vertretene Ruf nach politischen Veränderungen führt zur Ausbürgerung Biermanns.

Repräsentanten und Werke

→ **Hermann Kant** (1926–2016): einer der bekanntesten Schriftsteller und höchsten Parteifunktionäre der DDR
Die Aula (1965)

Ein mit ironischen Charakteren bestückter Roman über die Anfänge der Arbeiter-und-Bauern-Akademien. Aufgrund der Bitte, anlässlich der Schließung der auch von ihm besuchten Arbeiter-und-Bauern-Fakultät die Festrede zu halten, erinnert sich der Journalist und Kritiker Robert Iswall an die Anfänge, als er sich mit seinen ebenfalls aus Proletarierkreisen stammenden Kommilitonen Gerd Trullesand, Jakob Filter und Karl-Heinz Riek mit Fleiß, Energie und Leistungswille gegen den arroganten Dünkel ihrer akademischen Dozenten durchgesetzt hatte. Andererseits belastet ihn eine Intrige, mit der er einst seinen Freund Trullesand in die Ehe als Voraussetzung für einen siebenjährigen China-Aufenthalt zum Studium der Sinologie und damit als Konkurrent außer Landes getrieben hat. Ein klärendes Gespräch zwischen beiden nach all den Jahren ergibt, dass Trullesand ihm dafür sogar dankbar ist. Schließlich wird Iswalls Rede aus dem Festprogramm gestrichen, weil man keinen Rückblick betreiben wolle, sondern einen Blick in die Zukunft.

→ **Ulrich Plenzdorf** (1934–2007): Drehbuchautor und Schriftsteller
Die neuen Leiden des jungen W. (1972)

Die neuen Leiden des jungen W.

Ursprünglich als Filmszenario geschriebene und als Bühnenstück ein Jahr zuvor uraufgeführte gesellschaftskritische Erzählung über das Leben eines jugendlichen rebellischen Außenseiters. Nachdem sein Vater den fünfjährigen Edgar Wibeau verlassen hat, wächst er unter der Erziehung seiner linientreuen Mutter nicht ganz freiwillig zu einem Musterschüler heran. Nach einem Streit mit seinem Lehrmeister Fleming flieht der 17-jährige Edgar mit seinem Freund Willi von Mittenberg nach Berlin, wo er, nachdem Willi heimkehrt, in einer verlassenen Gartenlaube neben dem Kindergarten in Berlin-Lichtenberg unterschlüpft. Hier verliebt er sich in die dort arbeitende Charlie und räsoniert über sich und sein Verhältnis zu Charlie sowie ihrem konservativen Verlobten und späteren Mann Dieter. Seine zumeist schnoddrig formulierten Gedanken teilt er per Tonband seinem Freund Willi mit und setzt sie immer wieder zu Zitaten aus Goethes *Die Leiden des jungen Werthers* in Beziehung. Da Edgars Bewerbung an der Kunsthochschule abgelehnt wird, nimmt er eine Arbeit als Anstreicher an. Beim Versuch, seinen Kollegen Addi und Zaremba mit einer selbstgebauten nebellosen Farbspritze zu imponieren, wird er bei der Inbetriebnahme des Geräts durch einen Stromschlag getötet.

→ **Christa Wolf** (1929–2011): Hauptvertreterin des DDR-Romans, erst systemkonforme, dann systemkritische, aber bis zum Schluss systemüberzeugte Autorin
Der geteilte Himmel (1963)

Der geteilte Himmel

Die 19-jährige Rita Seidel hat auf einem Dorffest Manfred Herrfurth kennen und lieben gelernt. Während sie später ein Lehrerseminar besucht, in einer sozialistischen Brigade des Waggonbauwerks Ammendorf arbeitet und sich wiederholt der Diskrepanz zwischen sozialistischer Theorie und Praxis ausgesetzt sieht, verliert der als Chemiker arbeitende und von der Partei für seine Entwicklungsvorschläge abgelehnte Manfred den Glauben an den Erfolg des Sozialismus und geht nach Westberlin. Vergeblich versucht Rita ihren Freund zur Rückkehr zu bewegen. Da werden ihre Lebenskreise durch den Mauerbau endgültig getrennt. Zurück in Halle unternimmt Rita einen Selbstmordversuch und wacht im Krankenhaus auf.

Weitere Autoren

Jurek Becker (1937–1997): *Jakob der Lügner* (Roman, 1968)
Wolf Biermann (geb. 1936): Liedermacher und Lyriker
Johannes Bobrowski (1917–1965): *Levins Mühle* (Roman, 1964)
Günter de Bruyn (geb. 1926): *Buridans Esel* (Erzählung, 1968)
Sarah Kirsch (1935–2013): Lyrikerin
Günter Kunert (geb. 1929): Lyriker
Irmtraud Morgner (1933–1990): *Leben und Abenteuer der Trobadora Beatriz* (Roman, 1974)
Brigitte Reimann (1933–1973): *Franziska Linkerhand* (Roman, 1974)
Erwin Strittmatter (1912–1994): *Ole Bienkopp* (Roman, 1963)

BEISPIEL

Bilde alle Sätze mit wir.

Auch in den Wüsten,
auch in den Träumen, –
auch in den Finsternissen.
Alle Sätze
bilde mit WIR.

Heinz Kahlau, *Alle Sätze*, 1968

2.18.3 DIE PHASE DER ABKEHR (1976–1989)

Bild 28: Massenprotest gegen die SED-Politik in Ost-Berlin am 4. November 1989 © dpa – Report

Sozio-historische Situation

Zunehmende Repressionen und Zensur

Die Ausbürgerung Biermanns hatte eine große Protestwelle unter DDR-Schriftstellern zur Folge. Man zwingt die Unterzeichner eines offenen Briefes, entweder den Protest zurückzunehmen, verfolgt sie durch die Stasi oder legt ihnen die Ausreise aus der DDR nahe. Acht der zwölf prominentesten DDR-Autoren wechseln in den Westen. Die Repressalien steigen und bewirken eine intellektuelle Auszehrung der DDR. Selbst als Gorbatschow in dem Vorbild-Bruderstaat UdSSR richtungsweisende Reformen einleitet, beharrt man in der DDR auf der Durchführung der Zensur.

Zeitgeist

Abkehr der Bevölkerung

Der Widerstand in der Bevölkerung wächst mit der Verschlechterung der wirtschaftlichen Situation. Die Beteiligung von Friedens-, Umwelt- und Menschenrechtsaktivisten an offiziellen Demonstrationen nimmt zu. In Leipzig kommen bei den sogenannten Montagsdemonstrationen bis zu einer halben Million Menschen zusammen. Nicht alle sind für ein Ende der DDR, wie es nach der Grenzöffnung 1989 im Oktober 1990 durch den Beitritt der DDR zur Bundesrepublik Fakt wird, sondern halten einen Fortbestand des Staates als sozialistische Alternative zur BRD für möglich.

Repräsentanten und Werke

→ **Christoph Hein** (geb. 1944): Dramaturg und Autor an der Volksbühne in Ostberlin
Die Ritter der Tafelrunde (1989)

Parabelhaftes anachronistisches Ideendrama über das Ende einer erfolg- und zukunftslosen Ideologie. Die Tafelrunde um den alten König Artus zerfällt. Gawein und Lancelot suchen seit langem den Gral vergeblich. Gawein zieht es vor, im Chastell Merveille im Schloss der hundert Frauen zu bleiben und Obstbauer zu werden, Lancelot kehrt gealtert zurück und ist dem Schweigen verfallen. Orilus scheitert bei dem Versuch, die alte Ritterschaft durch ein Turnier neu zu beleben. Seine Frau Jeschute schläft mit Mordret, Artus' Sohn. Keie verteidigt verzweifelt das alte System, aber Mordret lehnt einen Zweikampf mit ihm als überholt ab. Er glaubt nicht mehr an den Gral. Der Redakteur Parzival, der sich der Liebe der jungen Kunneware entzieht, wird von Lancelot darin bestätigt, dass die Idee der Tafelrunde beim Volk unbeliebt sei. Ginevra, die ihren Gatten Artus mit Lancelot betrogen hat, sitzt an dem Tisch der Ritter, Mordret gar auf dem „Stuhl des Auserwählten". Am Ende gesteht Artus das Scheitern der Runde ein und Mordret bereitet alles dazu vor, das Mobiliar der Tafelrunde in ein Museum zu überführen.

→ **Reiner Kunze** (geb. 1933): Sohn eines Bergarbeiters, systemkritischer freier Schriftsteller, Dissident, wechselte 1977 in den Westen.
Die wunderbaren Jahre (1976)

Heimlich in die BRD verbrachter und nur hier veröffentlichter Sammelband von zumeist kurzen Prosatexten. Kunze wendet sich gegen das der Jugend oktroyierte Feindbild, gegen die Verunglimpfung der Kreativität als Unfug, gegen die Unterdrückung jeglichen abweichenden Verhaltens, zu dem bereits die Religionsausübung gehört, und, am Beispiel der Tschechoslowakei, gegen die fehlende Solidarität der DDR-Bevölkerung zur Durchsetzung von Reformen.

→ **Monika Maron** (eigentl. Monika Eva Iglarz, geb. 1941): nahm den Namen ihres Stiefvaters, des späteren DDR-Innenministers Karl Maron an, arbeitete als Fräserin, Regieassistentin und Reporterin, ehe sie 1976 als freie Schriftstellerin tätig wurde. Sie verließ 1988 die DDR und kehrte 1992 wieder nach Berlin zurück.

Flugasche

Flugasche (1981)

Nur im Westen erschienener systemkritischer Schlüsselroman über die Umweltverschmutzung im Braunkohlegebiet um Bitterfeld. Die 30-jährige Ostberliner Journalistin Josefa Nadler scheitert mit ihrem Vorhaben, eine Reportage über das gesundheitsschädigende Braunkohlekraftwerk in Bitterfeld zu schreiben, an der Zensur, weil sie statt einer geschönten und der Partei gefälligen eine wahrheitsgetreue Reportage verfasst. Als ihr wesentlicher Informant, der Heizer Hordriwitzka, bei einem Verkehrsunfall stirbt, schreibt sie an den Ministerrat der DDR in der naiven Annahme, dass die Verhältnisse besser wären, wenn die Regierung von ihnen wüsste, und setzt sich so offenen Anfeindungen und Repressalien aus. Sie zieht sich immer mehr zu ihrem Freund Christian zurück, bis sie schließlich kündigt. Während die Partei noch den Parteiausschluss Josefas berät, wird das umstrittene alte Kraftwerk geschlossen.

→ **Christa Wolf** (1929–2011); siehe S. 209 dieses Bandes.

Kassandra

Kassandra (1983)

Als Erzählung herausgegebener mythologischer Roman über Gewaltstruktur des Patriarchats und die Unterdrückung des Matriarchats. Von der Geburt des Paris bis zur Vorbereitung der Hinrichtung Kassandras wird die Geschichte vom Untergang Trojas erzählt. Auf der einen Seite wird die verlogene Macht- und Gewaltstruktur des von Priamos und Achill repräsentierten patriarchalischen Systems dargestellt, auf der anderen Seite in der Schilderung der von Arisbe geführten Gesellschaft am Berg Ida der Gegenentwurf eines Matriarchats aufgezeigt, das aufgrund seiner Solidarität, Intuition und Lebensklugheit humaner wirkt.

Weitere Autoren

Günter de Bruyn (geb. 1926): *Märkische Forschungen* (Erzählung, 1978)
Stefan Heym (1913–2001): *Collin* (Roman, 1979)
Erich Loest (1926–2013): *Es geht seinen Gang oder Mühen in unserer Ebene* (Roman, 1977)
Heiner Müller (1929–1995): *Germania Tod in Berlin* (Schauspiel, 1971)

BEISPIEL

Sie verlangten von ihm, vergiss diesen Namen, und es war der Name seines Vaterlandes, sie säten Hass und verlangten, trage ihn in deinem Herzen, sie verlangten Gehorsam, Keuschheit und Demut, den Jubel bei Tagesanbruch, die Blindheit auf einem Auge, sie verlangten von ihm, sie langten nach ihm, und er hörte ihnen zu mit langgezogenen Ohren, sie verlangten, sage nur das, was wir dir sagen, und er machte den Mund auf, endlich, und sprach nicht wie ihm ihr Schnabel gewachsen war, sondern voller Begierde, aber sie hörten ihm nicht zu, sie verlangten von ihm, das verlangen wir, und da verdoppelte sich sein Verlangen um das Vierfache ihrer Wahrheit, unaufhörlich, unbezähmbar, wild.

(Bernd Jentzsch, *Das Verlangen*, 1978)

Analysebeispiel:

Analyse-Elemente	Text	Deutungs-Elemente
Erzählbericht eines Ich-Erzählers	**Volker Braun** ***Hinze-Kunze-Roman*** (West: 1985, Ost: 1990)	**poetologische Reflexion über das Verhältnis von Individuum und Gesellschaft**
	Die Frage nach dem gesellschaftlichen Interesse ist zweifellos die fruchtbarste für die Literatur, und ich finde	Thema und Problem
Zwillingsformel	es wohltuend und ermutigend, dass sie immer wieder gestellt wird. Dies kommt mir nicht von ungefähr in den	
veränderte Floskel	Sinn. Ich habe es mit der Buttermilch eingesogen in den Hungerjahren. Glückliche Umstände, die mich bildeten, unter denen auch der abstrakte Begriff, mangels greifbarer Dinge, materielle Wucht bekam.	Hinweise auf die Kriegs- und Nachkriegsjahre; Schulung des abstrakten Denkens; Zeit der Entbehrungen
pejorative Personifikation	Die Gesellschaft, ein armes, aber gesprächiges Luder, saß immer mit am Tisch (wie jetzt am Schreibtisch),	öffentliche Kontrolle „Schere im Kopf" Staat vor Individuum
anaphorisches Wortspiel	sie verlangte, dass man an sich selbst dachte, indem man an sie dachte, indem man an sich dachte; es wurde nur problematisch, wo sie einem das Denken abnahm.	Bevormundung
Metapher für Gesellschaft, staatl. Ordnung	Da stimmte dann alles in der Stube überein, nur man stand draußen. Aber ich verplaudere mich.	Harmonie der Gesellschaft vs. individuelle Isolation
Zitat	Die Literatur ist eine Angelegenheit des Volkes, sagt Kafka. Es lebt,	
Correction zur Betonung	genauer: es lebe die Übereinstimmung der persönlichen und gesellschaftlichen Interessen,	Wunsch!
	ich erkläre mich damit einverstanden.	Bestätigung des Wunsches

2.19 Literatur in der Berliner Republik (ab 1989)

Sozio-historische Situation

Von den 1990er Jahren an fanden auch international eine Reihe markanter Veränderungen statt:

Politische Umbrüche

→ Mit der Auflösung der UdSSR im Jahre 1991 zerfiel auch der ehemalige Ostblock. Das ehemalige Kernland der UdSSR, Russland, strebt unter seinem Präsidenten Putin aber wieder die alte Machtposition an (Krimkonflikt).

→ Um das wiedervereinigte Deutschland erstarkte die **Europäische Union** und begann im Sinne eines gesamteuropäischen Einigungsprozesses eine Osterweiterung, sodass sie seit 2014 nun 28 Mitgliedsstaaten zählt. Diese enorme Vergrößerung des Binnenmarkts fördert den Handel und das Wachstum der Industrie, schafft aber auch soziale und politische Probleme, die sich auf die Demokratisierung der Länder negativ auswirken und den nationalen Egoismus nähren.

Terrorangst

→ Die zunehmende Islamisierung des Nahen Ostens führte zu einer wachsenden Spannung zwischen islamischen und nichtislamischen Staaten. Wiederholte Terroranschläge in vor allem westlichen Ländern, allen voran der Anschlag vom 11. September 2001 auf die beiden Türme des World Trade Centers mit rund 3000 Toten, schüren eine Atmosphäre der Bedrohung und Angst und führen aufgrund der sich verfeinernden Kontroll- und Sicherheitssysteme zu einer Einschränkung früherer Freiheiten. Die Antiterrormaßnahmen führten zudem zu Kriegen in Afghanistan und dem Irak, die innerislamischen Konflikte zu Bürgerkriegen im Libanon, Jemen und in Syrien.

Digitalisierung, Globalisierung, soziale Spannungen

→ Die mit dem Ausbau der IT-Technik sich beschleunigende internationale Verflechtung auf allen Gebieten führt zu einer vor allem wirtschaftlichen Globalisierung, was wiederum die Monopolisierung des kapitalistischen Wirtschaftssystems fördert. Die Folgen sind ein Anwachsen der Kluft zwischen Arm und Reich, steigende Arbeitslosigkeit vor allem bei Jugendlichen und eine ansteigende Migrationsbewegung, auch aufgrund zunehmender Umweltprobleme (Klimaerwärmung u. a.): Die Menschen fliehen aus unsicheren Ländern aus Angst vor Tod, Hunger sowie mangelnden Existenz- und Bildungschancen und schaffen in den Zielländern Unterbringungs-, Finanzierungs- und Integrationsprobleme.

→ Die von einer Immobilienkrise in den USA ausgelöste **Weltwirtschaftskrise** 2008/09 sorgte für eine nachhaltige Verunsicherung in der Finanzwirtschaft, von der man sich bis heute noch nicht vollständig erholt hat.

Zeitgeist

Folgen der Wiedervereinigung

Die durch die Wiedervereinigung ausgelösten Gefühle der Befreiung, des Neustarts und der Zukunftshoffnung haben sich gesamtgesellschaftlich kaum erfüllt. Die wirtschaftlichen Ungerechtigkeiten bei der Wiedervereinigung, die damit einhergehende Behinderung des Angleichungsprozesses führt zu mangelnder Identifikation, erhöhter Arbeitslosigkeit, Umsiedlungen und Rechtsradikalität. Die Kosten des Aufbaus Ost hat einen infrastrukturellen Entwicklungsstau im Westen zur Folge. Die Agenda 2010, 2003 von der Regierung Schröder initiiert, hat zwar einen positiven Effekt für die Beschäftigungszahlen, verschärft jedoch die soziale Problematik. Der Zuwanderungsstrom von Migranten unter Merkel steigert diese Problematik noch einmal.

Abkehr von der Gesellschaft

In einer solchen zunehmend ernster werdenden Situation nimmt die Bereitschaft der Bevölkerung zum politischen Engagement ab, ohne das meist ehrenamtlich ausgeübte gesellschaftliche Engagement zu vernachlässigen, und die Neigung zu, sich in eine virtuelle Welt oder die vermeintlich heile Welt der Familie zu flüchten. Man sucht die Lösung in einem selbst gesponnenen Kokon (Cocooning). Jenseits dieser Schutzwände herrschen Existenzangst, Angst vor Kindes- und Altersarmut, skeptischer Pessimismus und die Suche nach einer auch ideologisch radikalen Schnelllösung. Das führt einerseits zu einer ignoranten Passivität und andererseits zu einer auch vor Gewalt nicht zurückschreckenden Radikalität. Die zunehmende Rolle der Bundesrepublik als Einwanderungs- und Zufluchtsland bringt es mit sich, dass immer häufiger zumeist zweisprachige Menschen aus anderen Herkunftsländern nicht nur ihre persönliche Migrationsgeschichte vortragen, sondern auch aus ihrer Sicht die gesellschaftliche Situation in diesem Lande beleuchten und zu einem weltoffeneren, kosmopolitischen Klima beitragen. Das sorgt auch für Verunsicherungen: Eine objektive Weltsicht scheint nicht mehr möglich, die Suche nach geeigneten Lebensentwürfen wird immer unübersichtlicher und schwieriger, weil sich immer mehr Werthierarchien auflösen.

Stil

Dominanz des Romans

Es fällt auf, dass in der Gegenwartsliteratur die erzählenden Texte, vor allem Romane dominieren. Die Veröffentlichungen im Bereich der Lyrik mögen auch zahlreich sein, erreichen wegen ihrer geringen Auflage von bestenfalls wenigen tausend Exemplaren aber nur selten eine breite Öffentlichkeit und fallen zumeist erst in Anthologien auf. Das Drama steckt in einer Krise, weil die Medien Film und Fernsehen für viele Dramatiker interessanter sind. Drehbücher werden aber, von ganz wenigen Ausnahmen abgesehen, nicht gelesen. Deshalb hat sich die Bühne gewandelt. Einerseits produziert sie Stücke, die bekannte Schauspiele in einem neuen Licht erscheinen lassen, weil sie mit anderen Texten aus Tagebüchern, Briefen etc. konfrontiert werden. Andererseits greift sie auf z. T. fragwürdige Dramatisierungen von bekannten erzählenden Texten zurück, indem sie etwa Theodor Fontanes Roman *Effi Briest* oder Wolfgang Herrndorfs Jugendroman *Tschick* für die Bühne bearbeitet. Während die einen darin eine Konzentration auf die zu Grunde liegenden Konflikte und die dramatischen Figurendialoge erkennen, bedauern die anderen dies kulturelle Steinbruchverfahren als Werkentstellung oder gar -verstümmelung. So reduziert sich die zeitgenössische Dramatik nahezu auf die jährliche Vorstellung neuer Stücke während der Mühlheimer Theatertage, deren Wettbewerb am häufigsten von den gesellschaftskritischen Stücken der Österreicherin Elfriede Jelinek gewonnen wurde.

Bei den vielen verschiedenen Strömungen der zeitgenössischen Literatur ist es schon schwer, thematische Tendenzen herauszuschälen; stilistische Trends auszumachen, ist geradezu unmöglich. Der historische Abstand ist zu gering, um verlässliche Wertungen vorzunehmen. Das trifft auf die Auswahl der Themen ebenso zu wie auf die der Autoren und Werke. Literaturpreise und Verkaufserfolge verweisen vielleicht auf den mehrheitsfähigen Geschmack einer Zeit, sagen aber wenig aus über die literarische und ästhetische Qualität und die Nachhaltigkeit eines literarischen Werks in der kulturellen Erinnerung.

ÜBERSICHT

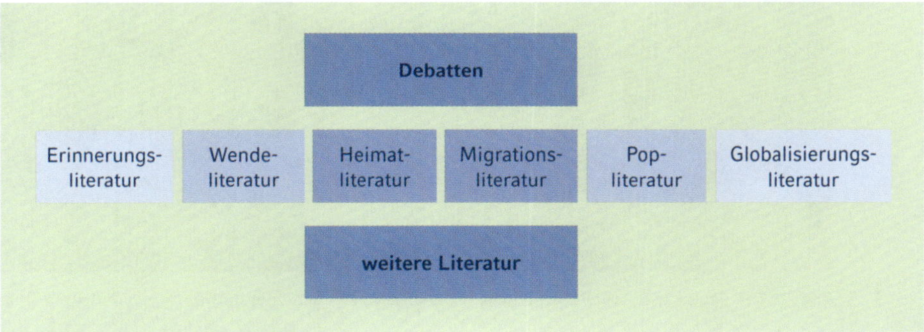

Schaubild 10: Übersicht Gegenwartsliteratur

2.19.1 DEBATTEN

Bild 29: Der deutsche Schriftsteller Günter Grass erhält 1999 den Literaturnobelpreis © dpa – Fotoreport

Literaturstreit um Christa Wolf

Immer wieder gab es gesellschaftliche Themen und politische Auffassungen von Schriftstellern, die zu öffentlichen Debatten reizten und nicht selten von der Öffentlichkeit als Skandal empfunden wurden:

→ Mit der ersten Veröffentlichung nach der Wende löste **Christa Wolf** mit ihrer Erzählung *Was bleibt* (1990) eine politische Diskussion aus, weil sie in der Erzählung die Ich-Erzählerin als eine von der staatlichen Überwachung verfolgte Schriftstellerin darstellt, die Autorin selbst aber sich trotz aller Selbstzweifel und Selbstkritik für eine Fortsetzung des sozialistischen Experiments der DDR und ihrer Literatur aussprach. Während ihre Verteidiger die mediale Treibjagd gegen die Autorin verurteilten, war die Mehrheit der Kritiker sich in der Auffassung einig, dass Wolf aufgrund ihres opportunistischen Verhaltens ihre moralische Integrität verloren habe, da sie angesichts ihrer besonders bevorzugten und repräsentativen Stellung der Verantwortung gegenüber Staat und Gesellschaft nicht gerecht geworden sei.

Stasi-Enthüllungen

→ **Wolf Biermann** deckt 1991 in seiner Rede zur Verleihung des Büchner-Preises auf, dass der DDR-Autor **Sascha Anderson** über Jahre hinweg im Dienst der DDR-Staatssicherheit Schriftstellerkollegen bespitzelt hat. Während die einen die Anklage als „postsozialistischen Zirkus“ (Durs Grünbein) abtaten oder Anderson gar wegen der damals herrschenden Situation in Schutz nahmen, beklagten die anderen das zutage getretene „Leichengift der Stasi“ (Karl Corino), das den Blick auf die DDR-Literatur verändere.

Walsers Paulskirchenrede

- 1998 sorgte die Dankesrede Martins Walsers zur Verleihung des Friedenspreises des Deutschen Buchhandels (Paulskirchenrede) für einen Eklat, als er den Umgang mit der Erinnerung an den Holocaust als Instrumentalisierung kritisierte, indem er auf die „Auschwitzkeule“ verwies, mit der man allzu schnell jegliche Argumentation, hier die zum Berliner Holocaust-Denkmal, erschlage. Der Vorsitzende des Zentralrats der Juden, Ignatz Bubis, warf ihm daraufhin „geistige Brandstiftung“ vor.
- 2006 löste Günter Grass erneut eine Debatte um die moralische Integrität des Schriftstellers aus, als er verspätet seine verschwiegene Mitgliedschaft in der Waffen-SS gestand. Empfindlich reagierte die Öffentlichkeit auch 2012 auf das von ihm veröffentlichte Gedicht *Was gesagt werden muss*, weil er in ihm Israel der Kriegstreiberei beschuldigt. Empört warf man dem Autor antisemitische Hetze vor, weil man – wie auch heute noch oft – nicht zwischen dem Judentum als Religion und Israel als politischem Staat differenzierte.

2.19.2 WENDELITERATUR

Ostalgie?

Nach der Wiedervereinigung Deutschlands befasst man sich zunächst mit den Umständen und Folgen der sogenannten Wende (Wendeliteratur) und der Vergangenheit der DDR. Dazu zählen vor allem folgende Romane und Erzählungen, denen nicht selten ein Flair der „Ostalgie“ (Nostalgie des Ostens) anhaftet.

Repräsentanten und Werke

- **Volker Braun** (geb. 1939): einer der bedeutendsten Dramatiker der DDR
  Lustgarten. Preußen. Ausgewählte Gedichte (2000)

- **Thomas Brussig** (geb. 1964): ostdeutscher Schriftsteller und Drehbuchautor
  Helden wie wir (1995, Roman)

  Helden wie wir

  Der Stasi-Mitarbeiter Klaus Uhltzscht bringt die Mauer mit seinem enorm erigierten Penis zu Fall.

  Am kürzeren Ende der Sonnenallee (1999, Roman)

- **Wolfgang Hilbig** (1941–2007): Lehre, Dienst in der Nationalen Volksarmee der DDR, diverse Tätigkeiten, ab 1979 freier Schriftsteller
  Das Provisorium (2000, Roman)

  Der Roman schildert Hilbigs eigene Westerfahrung zwischen 1985 und 1990: Der Alkoholiker C. besitzt zwar ein Ein- und Ausreisevisum für die DDR, kann aber an keinem Ort beider deutscher Staaten leben.

- **Günter Kunert** (1929–2019): Schriftsteller, der in besonderer Weise das Verhältnis der beiden deutschen Staaten beleuchtet.
  Mein Golem (1996, Gedichte)

- **Reiner Kunze** (geb. 1933): Schriftsteller, Übersetzer und DDR-Dissident
  ein tag auf dieser erde. gedichte (1998)

Simple Stories

→ **Ingo Schulze** (geb. 1962): Armeedienst, Studium der Klassischen Philologie, Dramaturg in Altenburg, freier Schriftsteller in Berlin
Simple Stories (1998, Episodenroman)

In gebrochenen Biografien wird davon berichtet, wie der Osten zunehmend verwestlicht und der Ostbevölkerung die Identifikation mit der neuen Situation nicht gelingt.

→ **Lutz Seiler** (geb. 1963): Baufacharbeiter, Studium der Germanistik, Mitherausgeber der Literaturzeitschrift *moosbrand*, Leiter des Literaturprogramms im Peter-Huchel-Haus, Los-Angeles-Aufenthalt
Kruso (2014, Roman)

Der Germanistikstudent Edgar Bendler, genannt Ed, verdingt sich nach dem Unfalltod seiner Freundin auf der Insel Hiddensee, von wo aus immer wieder Fluchtversuche über die Ostsee unternommen werden, als Tellerwäscher und lernt dort Alexander Krusowitsch, genannt Kruso, kennen, den Sohn eines sowjetischen Generals, der wie eine Erlöserfigur mit fragwürdigen Ritualen die Fluchtwilligen dazu bringt, ihre Pläne aufzugeben. In einem Epilog, der in der Zeit nach der Wende spielt, berichtet Ed von dem vergeblichen Versuch, das Schicksal der Schwester Krusos aufzuklären, da Kruso selbst inzwischen verstorben ist.

Der Turm

→ **Uwe Tellkamp** (geb. 1968): Wehrdienst in der Nationalen Volksarmee der DDR, wegen politischer Unzuverlässigkeit Verlust des Studienplatzes in Medizin. Medizinstudium in Leipzig, New York und Dresden, Unfallchirurg, Schriftsteller
Der Turm (2008, Roman)

Das sich am traditionellen Bildungsroman orientierende Werk schildert im Rahmen einer detaillierten Gesellschaftsdarstellung der DDR, wie Christian Hoffmann in Kindheit, Jugend und Armee zahlreiche Verbildungen erfährt. In der Figur des Meno Rohde und dessen Tagebuchaufzeichnungen konfrontiert der Autor das Erzählte immer wieder mit Zweifeln.

Weitere Autoren

Günter de Bruyn (geb. 1926): *Vierzig Jahre. Ein Lebensbericht* (1996, Roman)
Erich Loest (1926–2013): *Nikolaikirche* (1995, Roman)
Monika Maron (geb. 1941): *Stille Zeile Sechs* (1991, Roman)
Sven Regener (geb. 1961): *Herr Lehmann* (2001, Roman)
Eugen Ruge (geb. 1954): *In Zeiten des abnehmenden Lichts* (2011, Roman)

BEISPIEL

die täter – so hört man – sind nicht
nur bereit ihren opfern
voll zu verzeihen nein mehr noch

sie sind entschlossen
die vergangenheit ruhen zu lassen
den blick nach vorne zu richten
& mit ihren opfern gemeinsam
einen neuen anfang zu wagen.

gänzlich unbelastet von ihren
früheren taten

(Yaak Karsunke, *zur schönen aussicht*, 1990)

2.19.3 ERINNERUNGSLITERATUR

Bild 30: Besucher des Holocaust-Mahnmals in Berlin 2010 © picture alliance/Ulrich Baumgarten

Arbeit am kollektiven Gedächtnis

Immer häufiger wird der Blick zu einer Art Bestandsaufnahme oder subjektiven Vergewisserung rückwärtsgewandt, als gelte es, ein kollektives Gedächtnis in einer Zeit zu schaffen, in der infolge des Aussterbens von Zeitzeugen der Strang der mündlichen Tradition abzureißen droht. Das gilt besonders für die Literatur, die sich mit der Kriegs- und Nachkriegszeit befasst.

Repräsentanten und Werke

→ **Günter Grass** (1927–2015): siehe S. 193 dieses Bandes.

Im Krebsgang

Im Krebsgang (2002)

Komplexe und detailreiche Novelle zur Wahrheitsfindung und zur Täter-Opfer-Diskussion im Rahmen der Vergangenheitsbewältigung, erzählt von Paul, dem Sohn der Tulla Pokriefke aus der „Danziger Trilogie". 1936 wird der Landesgruppenleiter der NSDAP Wilhelm Gustloff von David Frankfurter erschossen. Das nach diesem „Helden" der Partei benannte und mit über zehntausend Menschen an Bord befindliche Truppentransportschiff zur Evakuierung der ostpreußischen Bevölkerung wird am 30.1.1945 vor der pommerschen Küste von einem sowjetischen U-Boot unter Kommandant Marinesko durch drei Torpedos versenkt. Exakt zu diesem Zeitpunkt erblickt der Erzähler auf der *Wilhelm Gustloff* das Licht der Welt und wird im Gegensatz zu den fast neuntausend Menschen, die den Tod finden, samt seiner Mutter gerettet. Konrad („Konny"), Pauls rechtsnationalistisch denkender Sohn, setzt sich unter dem Namen Wilhelm mit dem philosemitischen Wolfgang Stremplin unter dem Namen David im Internetchat mit dem Untergang der *Gustloff* auseinander. Man trifft sich, und Konrad erschießt Wolfgang, weil der auf den Sockel des Gustloff-Denkmals spuckt. Er wird trotz seiner Unbelehrbarkeit wegen Totschlags zu sieben Jahre Jugendhaft verurteilt. Noch bevor er entlassen wird, taucht im Internet eine Adresse auf, die Konnys Verhalten feiert. Der Roman schließt mit den Sätzen: „Das hört nie auf. Nie hört das auf."

→ **Bernhard Schlink** (geb. 1944): deutscher Jurist und Schriftsteller; Sohn einer Professorenfamilie, Professor für ordentliches Recht in Bonn, Frankfurt und Berlin

Der Vorleser

Der Vorleser (1995)

Dreigliedriger Roman über eine ungleiche Liebesbeziehung und das Problem des Umgangs mit Nazi-Tätern. Dadurch, dass sie ihm hilft, kommt es zwischen der 36-jährigen Straßenbahnschaffnerin Hanna Schmitz und dem 15-jährigen Michael Berg zu einer ungleichen Beziehung, in der der Liebesakt nach dem Baden und das Vorlesen zu einem festen Ritual werden. Als sich Michael mehr seinen Alterskameraden und vor allem Sophie zuwendet, verschwindet Hanna überraschend nach Hamburg. Sieben Jahre später trifft Michael während seines Jurastudiums bei einem Prozessbesuch Hanna als angeklagte Wärterin eines Außenlagers in Auschwitz wieder. Im Prozessverlauf wird Michael klar, dass Hanna unschuldig ist, aber alle Schuld auf sich nimmt, um ihren Analphabetismus zu verschleiern. Michael greift in den Prozess aber nicht ein, um Hannas Würde zu wahren, sodass sie als Hauptschuldige zu lebenslänglicher Strafe verurteilt wird. Sieben Jahre später, Michaels Ehe ist inzwischen gescheitert, tritt er mit Hanna in Kontakt und schickt ihr Vorlesekassetten, mit deren Hilfe Hanna lesen und schreiben lernt. Er beantwortet ihre Schreiben aber nicht. Bevor Hanna nach 18 Jahren entlassen wird, bereitet Michael auf Bitten der Gefängnisleitung alles für Hannas Resozialisierung vor, doch als er sie am Entlasstag abholen will, erfährt er, dass sie sich erhängt und ihn zu ihrem Nachlassverwalter bestimmt hat. Er soll ihr Erspartes der Prozesszeugin übergeben, doch da diese ablehnt, übergibt man das Geld an eine jüdische Organisation zur Bekämpfung des Analphabetismus.

→ **Robert Seethaler** (geb. 1966): österreichischer Schriftsteller, Drehbuchautor und Schauspieler

Der Trafikant (2012)

Roman. Der 17-jährige Franz Huchel wird von seiner Mutter von einem kleinen Örtchen am Attersee zu Otto Trsnjek in dessen Zeitungs- und Tabakwarenladen (Trafik) nach Wien in die Lehre geschickt. Dort freundet er sich mit dem Stammkunden Sigmund Freud an. Als er sich unglücklich in die böhmische Varieté-Tänzerin Anezka verliebt, kann ihm aber auch der große Psychoanalytiker nicht helfen. Der nach dem Anschluss Österreichs herrschende Nationalsozialismus bringt erst Otto Trsnjek und später auch Franz um, nachdem er Freud noch ins Exil nach London verabschieden kann. Einzig die in jeder Hinsicht anpassungswillige Anezka überlebt.

→ **Arno Geiger** (1968): österreichischer Schriftsteller, studierte Deutsche Philologie, Alte Geschichte und Vergleichende Literaturwissenschaft.

Unter der Drachenwand

Unter der Drachenwand (2018)

Roman. Der verwundete Soldat Veit Kolbe verbringt 1944 ein Jahr lang am Mondsee unter der Drachenwand im Salzkammergut seinen Genesungsurlaub. Dort lernt er die Lehrerin eines Mädchenlagers, Margarete Bildstein, die Schülerin Annemarie Schaller, genannt Nanni, die Darmstädterin Margot mit ihrer Babytochter Lilo und den Brasilianer genannten Bruder seiner Hauswirtin Trude Dohm kennen. Die denkbare Beziehung Veits zur Lagerlehrerin Margarete erstarrt in beiderseitiger Verlegenheit. Nanni stürzt zu Tode, als sie sich im Winter allein auf die Drachenwand aufmacht; Veit gibt die an sie gerichteten Liebesbriefe später an ihren Freund Kurt Ritler zurück. Er rettet den Brasilianer vor einer zweiten Zuchthausstrafe, indem er seinen Onkel, den Mondseer Postenkommandanten, erschießt. In der verheirateten Margot findet er eine realistisch denkende gleichwertige Lebenspartnerin, muss sie aber verlassen, als er wieder zur Ostfront einberufen wird. Der sich aus den personalen Erzählungen Veits, Briefen von Kurt Ritler und Margots Mutter sowie Tagebuchaufzeichnungen des flüchtigen Juden Oskar Meyer zusammensetzende Roman wird bestimmt von sehr detaillierten allgemeinen und individuellen Darstellungen der Ereignisse, Zustände und Verhältnisse, wie sie von den Personen, auf die die Nachbemerkungen verweisen, in Darmstadt, Wien, Mondsee und Budapest im Jahre 1944 erlebt und empfunden wurden.

Weitere Autoren

Ulla Hahn (geb. 1945): *Das verborgene Wort* (2001), *Aufbruch* (2009), *Spiel der Zeit* (2014), *Wir werden erwartet* (2017)
Herta Müller (geb. 1953): *Atemschaukel* (2009)
W. G. Sebald (1944–2001): *Die Ausgewanderten* (1992), *Austerlitz* (2001)
Uwe Timm (geb. 1940): *Die Entdeckung der Currywurst* (1993)
Guntram Vesper (geb. 1941): *Frohburg* (2016)
Martin Walser (geb. 1927): *Ein springender Brunnen* (1998)

Rückblick auf 1968

Aber auch die Ereignisse der 1968er Jahre, die Zeit der Studentenbewegung, finden in der literarisch fiktiven Erinnerung eine Neubetrachtung:

→ **Jürgen Link** (geb. 1940): em. Professor für Literaturgeschichte und Diskurstheorie in Bochum und Dortmund
Bangemachen gilt nicht. Auf der Suche nach der Roten Ruhr-Armee. Eine Vorerinnerung (2008)

In mehreren „Zukunftssimulationen" wird die mögliche und faktische Entwicklung einer Gruppe von Achtundsechzigern aus dem Ruhrgebiet zu einem kollektiven Lebensbericht.

Die Erfindung der Roten Armee Fraktion

→ **Frank Witzel** (geb. 1955): Schriftsteller; Zeichner und Musiker
Die Erfindung der Roten Armee Fraktion durch einen manisch-depressiven Teenager im Sommer 1969 (2015)

Aus der Sicht eines 13-Jährigen wird eine fantastische Geschichte der Bundesrepublik nachentworfen.

Weitere Autoren

Ralf Rothmann (geb. 1953): *Stier* (1991)
Uwe Timm (geb. 1940): *Der Freund und der Fremde* (2005)

BEISPIEL

Die Vergangenheit als Rolle. Es gibt wenig in unserem Bewusstseins- oder Benehmenshaushalt, was so sehr Rollencharakter hat wie die Vergangenheit. Dass Menschen mit unangeglichenen Vergangenheiten zusammenleben könnten, als die Verschiedenen, die sie auch durch ihre Vergangenheit sind, ist Wunschdenken. In Wirklichkeit wird der Umgang mit der Vergangenheit von Jahrzehnt zu Jahrzehnt strenger normiert. Je normierter dieser Umgang, um so mehr ist, was als Vergangenheit gezeigt wird, Produkt der Gegenwart. Es ist vorstellbar, dass die Vergangenheit überhaupt zum Verschwinden gebracht wird, dass sie nur noch dazu dient, auszudrücken, wie einem jetzt zumute ist beziehungsweise zumute sein soll. Die Vergangenheit als Fundus, aus dem man sich bedienen kann. Nach Bedarf.
(Martin Walser, *Ein springender Brunnen*, 1998)

2.19.4 MIGRATIONSLITERATUR

Multikulturelle Literatur

Immer häufiger äußern sich Autoren, die außerhalb der deutschen Grenzen geboren sind oder außerdeutsche Wurzeln haben. Während die einen Deutsch schon als Muttersprache erworben haben, sind andere der deutschen Sprache erst später in Deutschland begegnet. Hier wird auch literarisch deutlich, dass Deutschland ein multikulturelles Land geworden ist.

Repräsentanten und Werke

→ **Wladimir Kaminer** (geb. 1967): russisch-deutscher Schriftsteller und Kolumnist; Ausbildung zum Toningenieur für Theater und Rundfunk, Studium der Dramaturgie, Auswanderung in die DDR

Russendisko

Russendisko (2000)

Halbbiografische Erzählungen. Kaminer wandert 1990 mit einer Eisenbahnfahrkarte von Moskau nach Berlin aus. Das Leben der Großstadt schlägt ihn in seinen Bann: Er lernt seine Frau Olga kennen, erfindet die Russendisko, einen Musikstil, der russische Volksmusik mit modernen Elementen mischt, und bringt sich selbst die deutsche Sprache bei. Die Erzählungen erfassen mit neugierigem Blick die Skurrilitäten der Hauptstadt, wie sie sich ihm anhand verschiedenster Personen und Situationen darbieten, und schildern die Probleme, vor die sich Migranten bei der Eingliederung in die deutsche Gesellschaft gestellt sehen.

→ **Terézia Mora** (geb. 1971): deutschsprachige ungarische Schriftstellerin; Studium der Hungarologie und Theaterwissenschaft, Ausbildung zur Drehbuchautorin

Alle Tage (2004)

Großstadtroman. Interkulturelle Tragödie des Sprachgenies Abel Nema, der wegen der Abweisung des Geliebten Ilja aus Jugoslawien geflohen ist, in Berlin aber nie heimisch wird, obwohl er bei verschiedenen Menschen Aufnahme und Unterkunft findet und intellektuelle und kulturelle Unterstützung erfährt. Abel beherrscht zwar zehn Sprachen fließend und arbeitet als Übersetzer, versagt sich aber fast jegliche Kommunikation, obwohl das Großstadtleben ihn vielfacher Turbulenzen aussetzt.

→ **Rafik Schami** (geb. 1946): eigentl. Suheil Fadél, syrisch-deutscher Schriftsteller; in Damaskus Studium der Mathematik, Chemie und Physik, 1970 Flucht über Libyen in die BRD

Sami und der Wunsch nach Freiheit (2017)

Jugendroman. Nach seiner Flucht aus Syrien erzählt Scharif in Deutschland von seiner engen Freundschaft zu Sami und ihren gemeinsamen, nicht ungefährlichen Abenteuern in den Gassen von Damaskus. Sami erträgt kein Unrecht und zieht sich deswegen viele Narben zu; wegen seiner Liebe zu Josephine setzt er sogar sein Leben aufs Spiel. Der alte, Laute spielende Postbote Elias steht den Jungen mit Rat zur Seite. Im Verlaufe ihrer Schul- und Studienzeit werden die Jungen immer mehr mit dem diktatorischen System des Landes konfrontiert, opponieren im Untergrund gegen den Staat, bis der Beginn der Revolution die beiden auseinanderreißt und sich die Spur Samis verliert.

Weitere Autoren

Katja Petrowskaja (geb. 1970): *Vielleicht Esther* (2014)
Feridun Zaimoglu (geb. 1964): *Leyla* (2006)
Saša Stanišić (geb. 1978): *Herkunft* (Roman, 2019)

BEISPIEL

Sie saßen in der Berliner Wohnung, und sie kamen sich vor, als wären sie allein auf der Welt. Aber die Welt blieb, was sie war.
Wie müssen uns zurechtfinden, sagte Sabine.

Sie hörten von allen Seiten das Wort „Anpassen“, und sie wehrten sich dagegen. Jede Kleinigkeit machte sie nervös. Sie redeten, und mit jedem Satz suchten sie sich vor dem Aufbrausen zu bewahren. Sie erzählten sich ihre täglichen Erlebnisse, sie verglichen. Es war ein Abenteuer, bei dem sie Haupthelden waren und zugleich Zuschauer. Sie suchten es auszuhalten.

(...)

Erst durch den Weggang zeigte sich überdeutlich auch die Heimatlosigkeit im Deutschen. Das Deutsche war bloß aus der Entfernung eine Sicherheit gewesen. Sich am Deutschen festhaltend, lebte er in der rumänischen Fremde. Und jetzt, in Deutschland? Niemand ist des Anderen Sprache.

(Richard Wagner, *Begrüßungsgeld*, 1989)

2.19.5 POPLITERATUR

Lesernaher Erzählstil

Die Popliteratur ist geprägt von einem neuen, unbekümmerten und lesernahen Erzählstil, der sehr stark vom Journalismus beeinflusst ist, sich der aktuellen Popmusik und Jugendkultur verbunden fühlt und in seinem Realismus nicht selten Tabus verletzt. Mit Mitteln der Gegenwart wird eine kritische Diagnose der eigenen Zeit versucht.

Repräsentanten und Werke

→ **Judith Hermann** (geb. 1970): abgebrochenes Studium der Germanistik und Philosophie, Journalistenschule, Schriftstellerin

Sommerhaus, später

Sommerhaus, später (1998)

Erzählband. Die zumeist in Berlin angesiedelten und sprachlich reduzierten Erzählungen zeigen unfertige, beziehungsunfähige Personen der „Generation Golf“, die sich mit ihren Zufallsbekanntschaften und Spontanreaktionen orientierungslos einem Leben der Unverbindlichkeit ausgesetzt sehen und nicht wissen, wie sie ihre Sehnsüchte verwirklichen sollen.

→ **Christian Kracht** (geb. 1966): Schweizer Schriftsteller, Drehbuchautor und Journalist; wuchs in der Schweiz, USA, Kanada und Südfrankreich auf, berichtete aus mehreren asiatischen Ländern, lebt in Los Angeles.

Faserland

Faserland (1995)

Roman in acht Kapiteln über eine dekadente Deutschlandreise von Sylt nach Zürich. In Sylt feiert der betuchte Erzähler mit drei anderen eine wilde Strandparty, fährt mit dem Zug nach Hamburg-Altona, besucht den flüchtig bekannten Nigel in seiner luxuriösen Wohnung und nimmt auf einer gemeinsamen Party erstmals Speed. Weil der Freund am nächsten Morgen mit Sexspielchen beschäftigt ist, nimmt der Erzähler von Hamburg nach Frankfurt einen Flieger, in dem er durch sein Verhalten die Mitreisenden provoziert. In Frankfurt stiehlt er seinem jetzt reichen ehemaligen Klassenkameraden aus Salem dessen Jacke. Mit dem Zug fährt er nach Heidelberg, wo er auf einer Party Nigel wiederfindet, der sich Drogen gespritzt hat. Mit Rollo, einem alten Freund, fährt er nach München, wo sie die Bar wegen einer Schlägerei mit Neonazis verlassen. In Rollos Porsche reisen sie nach Meersburg am Bodensee weiter, um auf dem Anwesen der steinreichen, aber zerrütteten Familie Rollos Geburtstag zu feiern. Als Rollo in Selbstmitleid ausbricht, fährt der Erzähler mit dessen Porsche nach Zürich, wo er liest, dass Rollo im Drogenrausch ertrunken ist. Er selbst lässt sich von einem Mann in dessen Ruderboot über den See rudern.

→ **Benjamin von Stuckrad-Barre** (geb. 1975): Schriftsteller, Journalist, Moderator; bekennender, jetzt abstinenter Alkohol- und Kokainsüchtiger

Soloalbum

Soloalbum (1998)

Jugend- und Adoleszenzroman. Als den 20-jährigen, im Präsens berichtenden Ich-Erzähler seine Freundin Katharina verlässt, stürzt er sich in ein chaotisches, dynamisches Tröstungsprogramm von Partys, Drogen, Flirts und Affären, immer auf der planlosen und vergeblichen Suche nach Selbstverwirklichung und Glück. Die 28 kurzen Kapitel sind mit Songtiteln der Band *Oasis* überschrieben.

Weitere Autoren

Sibylle Berg (geb. 1962): *Ein paar Leute suchen das Glück und lachen sich tot* (1997)
Karen Duve (geb. 1961): *Regenroman* (1999)
Rainald Goetz (geb. 1954): *Irre* (Roman, 1983); *kontrolliert* (Roman, 1988); *Rave* (Erzählung, 1998); *Abfall für Alle. Roman eines Jahres* (Internet-Tagebuch, 1999)
Katharina Hacker (geb. 1967): *Die Habenichtse* (2006);
Alexa Hennig von Lange (geb. 1973): *Relax* (1997)
Felicitas Hoppe (geb. 1960): *Hoppe* (2012)
Benjamin Lebert (geb. 1982): *Crazy* (1999)
Charlotte Roche (geb. 1978): *Feuchtgebiete* (2008), *Schoßgebete* (2011)

BEISPIEL

Wenn mir jetzt einer sagt, Koks ist nicht gut, dann spinnt der. Mit geht's nämlich gut und zwar richtig. Mir geht es so gut, dass ich jeden abknutschen könnte. Ich steh hier mit Barb an der Bar. Wir sind weitergezogen. Barb hatte recht, im Café um die Ecke hängen nur Idioten ab. Das schockt echt nicht. Hier ist es lässiger. Hier hängt kein einziger Idiot rum, und darum geht es uns wieder gut. Koks und keine Idioten. Das ist genau die richtige Kombi.

(Alexa Hennig von Lange, *Relax*, 1997)

2.19.6 GLOBALISIERUNGS- VS. HEIMATLITERATUR

Die wirtschaftliche und kommunikative Globalisierung ist auch vor der Literatur nicht stehen geblieben. Das spiegelt sich in der Reiseliteratur wider, die auf der Suche nach den letzten Reservaten der Ursprünglichkeit bevorzugt in unzivilisierte und neu zu entdeckende Landstriche der Erde führt, bzw. versucht, den Grundlagen und Voraussetzungen dieser **Globalisierung** nachzuspüren.

Repräsentanten und Werke

→ **Wolfgang Herrndorf** (1965–2013): deutscher Schriftsteller; studierte Malerei, arbeitete als Illustrator und Autor; beging wegen eines bösartigen Gehirntumors Suizid.

Tschick

Tschick (2010)

Jugendroman über eine ungewöhnliche Freundschaft. Der 14-jährige Maik Klingenberg ist in seiner Klasse ein Außenseiter und wird Psycho genannt, weil er in einem Aufsatz ehrlich über seine alkoholkranke Mutter berichtet hat. Auch der russische Spätaussiedlerjunge Andrej Tschichatschow, genannt Tschick, ist ein Außenseiter. Da feststeht, dass Maik die großen Ferien allein verbringen muss, nimmt er die Einladung Tschicks an, mit einem gestohlenen Lada Niva seinen Großvater in der Walachei zu besuchen. Auf ihrer planlosen Odyssee lernen sie die gleichaltrige Isa Schmidt kennen, die ihre Schwester in Prag besuchen möchte, sich aber dann doch eher für einen Reisebus entscheidet. Im Braunkohleabbaugebiet treffen sie auf den senilen Horst Fricke, der ihnen von seinen traumatischen Erinnerungen berichtet. Nach einem selbstverschuldeten Unfall und einem unglücklichen Zufall hat Tschick ein Gipsbein, sodass Maik fahren muss. Nach einem erneuten Unfall mit einem Viehtransporter kommt es zu einer Gerichtsverhandlung, in der Tschick alle Schuld auf sich nimmt. Als die Schule wiederbeginnt, ist Maik plötzlich auch bei den Mitschülerinnen gefragt. Er darf Tschick besuchen, den man in einem Heim untergebracht hat, und hilft unter den verständnislosen Augen der Nachbarn und der Polizei seiner Mutter dabei, das hauseigene Mobiliar im Swimmingpool zu versenken.

→ **Daniel Kehlmann** (geb. 1975): Studium der Philosophie und Germanistik, Rezensent und Essayist verschiedener Zeitungen und Zeitschriften, Poetikdozenturen in Mainz, Wiesbaden und Göttingen

Die Vermessung der Welt

Die Vermessung der Welt (2005)

Historischer doppelbiografischer Roman, der die fiktive Begegnung zwischen dem Mathematiker Carl Friedrich Gauß und dem Naturforscher Alexander von Humboldt darstellt, die jeder für sich eine eigene Art der Welterschließung verfolgen; der erste theoretisch-abstrakt, der zweite praktisch-empirisch auf einer Südamerika-Expedition. Aus der wechselnden Perspektive beider Wissenschaftler vorgetragene anekdotenhafte Episoden werden achronistisch miteinander montiert, um die Gegensätzlichkeiten in den Gemeinsamkeiten zu betonen. Während sich beide Protagonisten in Respekt wechselseitig voreinander verneigen, weist der Autor darauf hin, dass Humboldts Verhaltensweisen koloniale Expansionsbestrebungen ermöglicht und gefördert hat.

Weitere Autoren

Christian Kracht (geb. 1966): *Imperium* (2012)
Ilija Trojanow (geb. 1965): *Der Weltensammler* (2006)

Im Gegensatz dazu scheint der moderne **Heimatroman** zu stehen, der sich bewusst einer globalen Perspektive verschließt, um gerade im verengten geografischen Raum die universellen Strukturen des Menschlichen umso deutlicher vor Augen heben zu können.

Repräsentanten und Werke

→ **Dörte Hansen** (geb. 1964): Studium ausgefallener europäischer Sprachen, Linguistikpromotion, Schriftstellerin und Journalistin
Mittagsstunde (2018)

Roman. Der Kieler Hochschullehrer der Archäologie Ingwer Feddersen verlässt seine Wohngemeinschaft, wo seine Beziehung zur Architektin Ragnhild stagniert, und kehrt in sein nordfriesisches Geestdorf Brinkebüll zurück, um während eines Sabbatjahres seine Großeltern Ella und Sönke zu pflegen. Ingwer vergleicht seine dörflichen Erinnerungen mit den seit der Landvermessung in den 1960er Jahren einsetzenden und sich beschleunigt entwickelnden Veränderungen, im Zuge derer sich alle ländlichen und dörflichen Strukturen aufgelöst haben.

→ **Saša Stanišić** (geb. 1978): gebürtiger Bosnier, seit 1992 in Deutschland, Studium in Heidelberg und am Deutschen Literaturinstitut Leipzig, Schriftsteller
Vor dem Fest (2014)

Universeller Dorfroman, der einerseits die regionale Geschichte mit ihren lokalen Begebenheiten hervorhebt und sich damit der Globalisierungstendenz verweigert, andererseits aber auch auf die kulturelle Vernetztheit des Dorfes hinweist. Vor dem alljährlichen Annenfest im fiktiven uckermärkischen Dorf Fürstenfelde wird das Heimatmuseum aufgebrochen, sodass sich Figuren aus der bis ins 16. Jahrhundert zurückreichenden Dorfchronik mit ihren Anekdoten, Geschichten und Mythen wiederbeleben und unter die Dorfbevölkerung mischen. Aus dieser ragen Ulli, der in seiner Garage eine Kneipe eingerichtet hat, der ehemalige Postbote Dietmar Dietz und die Archivarin der Dorfchronik, Frau Schwermuth, besonders hervor.

→ **Juli Zeh** (geb. 1974): Jurastudium, promovierte Europa- und Völkerrechtlerin, Verfassungsrichterin in Brandenburg, längere Aufenthalte in New York und Krakau.
Unterleuten
Unterleuten (2016)

In dem fiktiven brandenburgischen Dorf Unterleuten angesiedelter Gesellschaftsroman, der das nostalgisch verbrämte kulturelle und konservative Selbstbewusstsein seiner Bewohner konfrontiert mit den Veränderungen, die die sich ausweitende Überformung durch städtische und globale Denkweisen und Strukturen mit sich bringt, wird anhand ökologischer, ökonomischer und politischer Konflikte aus der Perspektive der Zugezogenen die Brüchigkeit der Idylle bis in die Katastrophe gesteigert.

Weitere Autorin

Petra Piuk (geb. 1975): *Toni und Moni oder: Anleitung zum Heimatroman* (2017, zynischer Roman)

BEISPIEL

Die Politik interessierte sich nicht die Bohne für Unterleuten – warum sollte sich Unterleuten für Politik interessieren? Im Dorf gab es keine Geschäfte, keinen Arzt, keinen Pfarrer, keine Post, keine Apotheke, keine Schule, keinen Bahnhof – es gab nicht einmal Kanalisation.
(Juli Zeh, *Unterleuten*, 2016)

2.19.7 WEITERE LITERATUR

Einige Erscheinungen auf dem Literaturmarkt waren sehr erfolgreich, obwohl sie keinem Trend richtig zugeordnet werden können:

→ **Durs Grünbein** (geb. 1962): Lyriker, Essayist und Übersetzer; Studium der Theaterwissenschaft, freier Mitarbeiter verschiedener Zeitschriften, Reisen durch Europa, Südostasien und die USA
Schädelbasislektion (1991)

Die Gedichte beleuchten die Gegenwart aus einer geradezu archäologisch zu nennenden Perspektive der DDR, beziehen ihre Bildwelten aus den vor allem neurologisch orientierten Naturwissenschaften und präsentieren ein Ich, das seine Selbst- und Sprachsicherheit verloren hat.

→ **Robert Schneider** (geb. 1961): österreichischer Schriftsteller, arbeitete als Fremdenführer und Organist.

Schlafes Bruder

Schlafes Bruder (1992)

Roman über das von Neid geprägte tragische Schicksal eines genialischen Außenseiters. Im Bergbauerndorf Eschberg lebt Anfang des 19. Jahrhunderts Elias Alder als von seiner Mutter abgelehntes Kind stark isoliert. Wegen seiner außergewöhnlichen musikalischen Begabung wird er im Dorfe Organist und Lehrer. Als sein Freund Peter den heimischen Hof anzündet, verrät er ihn nicht. Peter aber hintertreibt Elias' Liebe zu seiner Cousine Elsbeth, indem er sie mit dem Bauernsohn Lukas verheiratet. Elias' gelbe Augen werden jetzt grün und er verfällt in Depressionen. Der Feldberger Domorganist Goller lässt Elias zwar am Orgelfest teilnehmen, schickt ihn aber aus Konkurrenzangst wieder heim. Aus unerfüllter Liebe zu Elsbeth nimmt sich Elias im Alter von 22 Jahren auf der Rückreise mit giftigen Tollkirschen das Leben. Peter verrät nichts, begräbt Elias und führt fürderhin ein braves Leben.

→ **Peter Stamm** (geb. 1963): Schweizer Journalist und Schriftsteller; Buchhalter, abgebrochenes Anglistik- und Psychologie-Studium
Agnes (1998)

Roman einer Beziehung in 36 kurzen Kapiteln. Der Erzähler, der an einem Sachbuch über amerikanische Luxuseisenbahnwagen arbeitet, lernt in der Bibliothek von Chicago die an ihrer Dissertation arbeitende Physikerin Agnes kennen. Sie verlieben sich ineinander und ziehen zusammen. Der Erzähler beginnt auf Agnes' Bitten hin, eine Geschichte über sie zu schreiben, die sich bald zur fantastischen Vorstellung einer gemeinsamen Zukunft entwickelt. Als sie schwanger ist, möchte sie das Kind abtreiben und verlässt den Erzähler. Nach einer Fehlgeburt kehrt Agnes zu ihm zurück, lässt ihn aber seine Agnes-Geschichte weiterschreiben, als würde das Kind leben. Als er von einer Silvestereinladung heimkehrt, ist Agnes verschwunden, hat aber den bislang vor ihr geheim gehaltenen Schluss der Geschichte gelesen: Sie ist im Schnee liegend erfroren.

→ **Urs Widmer** (1938–2014): Schweizer Schriftsteller und Übersetzer; studierte Germanistik, Romanistik und Geschichte; Verlagslektor, freier Schriftsteller, Kritiker und Dozent.

Top Dogs

Top Dogs (1996)

Offene Wirtschaftstragödie in Form des epischen Theaters. Eine Gruppe aus acht entlassenen Topmanagern, die sich von ihrem Beruf, ihrem Privatleben und sich selbst völlig entfremdet haben, versucht mit der New Challenge Company ihre Lebenskrise zu überwinden und einen neuen Job zu finden. Bis auf eine Projektleiterin scheitern alle, weil sie von ihren Leitwerten Macht, Einfluss, Prestige und Geld nicht lassen können.

Analysebeispiel der zeitgenössischen Literatur:

Analyse-Elemente	Text	Deutungs-Elemente
Ich-Erzählerin, raffende Erzählzeit, Erzählbericht; parataktische Satzreihen lakonische Sprache	**Judith Hermann** ***Sommerhaus, später*** (1998)	**Diskriminierung und Ausgrenzung der sozialen Unterschicht durch eine kulturelitäre Clique**
	Wir saßen mit ihm da rum, in den Gärten und Häusern von	nach Einheit und
Parallelismus, Epipher	Leuten, mit denen wir nichts zu tun hatten. Arbeiter hatten	Harmonie strebendes Gruppenverhalten
	da gelebt, Kleinbauern, Hobbygärtner, die uns hassten und	
Kurzsatz Neologismus	die wir hassten. Den Einheimischen gingen wir aus dem	übertriebene Störwirkung
	Weg, schon an sie zu denken machte alles kaputt. Es passte	Drogenkonsum
Lakonismus	nicht. Wir klauten ihnen das „Unter-uns-sein“, entstellten	
	die Dörfer, Felder und noch den Himmel, das kriegten sie	Wiederbelebung
Symbolbegriff	mit, an der Art und Weise, wie wir da umhergingen im	des Freiheitsgefühls der amerik. Hippie-
Asyndeton	Easy-Rider-Schritt, die abgebrannten Jointstummel in die	Bewegung der 1960er Jahre
	Blumenrabatten ihrer Vorgärten schnippten, uns anstießen,	
	echauffiert. Aber wir wollten da sein, trotz allem. In den	
Kurzsatz	Häusern rissen wir die Tapeten runter, entfernten Plaste und	Zerstörung der
	Elaste, Stein machte das; wir saßen im Garten, tranken Wein,	DDR-Kultur Anspielung auf
	guckten blöde auf Baumgruppe in Mückenschwarm und	Gemäldetitel Kulturdiskussion
	redeten über Castorf und Heiner Müller und Wawerzineks	einer kulturellen Oberschicht
	letzten Absturz in der Volksbühne. Wenn Stein genug	Ausgrenzung
Kurzsatz; Parallelismus	gearbeitet hatte, setzte er sich zu uns. Zu sagen hatte er	von Stein
Alliteration:	nichts. Wir nahmen LSD, Stein nahm es auch. Toddi taumelte	Sehnsucht, Fantasie,
Akzentuierung Symbolfarbe	ins Abendlicht, faselte bei jeder Berührung etwas von „Blau“.	Kälte
Asyndeton	Stein lächelte übertrieben heiter und schwieg. Er bekam	dekadentes Verhalten
	ihn nicht hin, unseren spitzfindigen, neurasthenischen,	Anpassung durch
Vergleich	abgefuckten Blick, obwohl er sich darum bemühte; meist sah	Imitation
	er uns an, als ob wir auf einer Bühne agierten.	

3. SPRACHE UND KOMMUNIKATION

3.1 Sprache

Ferdinand de Saussure

Wenn man sich grundsätzlich mit Sprache auseinandersetzt, gilt es, zunächst den Begriff zu klären. Das hat der französischsprachige Schweizer Linguist Ferdinand de Saussure (1857–1913) in einer bis heute akzeptierten Weise getan. Er hat den Begriff „Sprache" in drei Begriffe aufgespalten:

Begriff	Erläuterung	Anwendung
langage	die universelle neuronale menschliche Fähigkeit zu sprechen: **Sprachvermögen**	die bei jedem Menschen biologisch angelegten Sprachvoraussetzungen: Sprachzentrum im Gehirn, Kehlkopf mit Stimmbändern (Produktion), Gehör (Rezeption)
langue	das sich historisch entwickelnde überindividuelle Sprachsystem: **Sprache**	Deutsch, Englisch, Französisch, Spanisch etc.; das eigene **Sprachwissen** um die Strukturen dieses Systems: **Sprachkompetenz**
parole	das Sprechen, die individuelle Sprachverwendung: **Sprachgebrauch**	die bei jedem Menschen unterschiedlich entfaltete Fähigkeit, ein Sprachsystem praktisch zu beherrschen: **Sprachperformanz**

Grundfragen

Wie bei jedem Begriff, den es phänomenal zu klären gilt, stellen sich zudem drei Grundfragen:

→ Wie kommt der Mensch zur Sprache?
Die Antwort darauf geben uns die Erkenntnisse zum **Spracherwerb**.

→ Woraus besteht Sprache, und wie ist sie aufgebaut?
Das führt zur **Zeichentheorie**, zum Zeichensystem und zur Beschreibung des **Sprachsystems**.

→ Wie funktioniert Sprache, wozu gebraucht man sie und was leistet sie?
Diese Frage wird von der **Kommunikationstheorie** und den Untersuchungen zur **Sprachentwicklung** behandelt.

Weiterführende Fragen

Letztlich bleiben noch zwei Fragenbereiche übrig, die sich auf einer Metaebene mit Sprache befassen:

→ Welchen Stellenwert besitzt Sprache im Rahmen unseres Erkenntnisvermögens?
Diese philosophische Frage beschäftigt sich mit dem **Verhältnis von Sprache, Denken und Wirklichkeit**.

→ Wo sind die Grenzen der Sprache, wie sehen sie aus, und gibt es auch Fehlentwicklungen der Sprache?
Das sind die Grundfragen, die von der **Sprachkritik** und der **Sprachskepsis** behandelt werden.

3.1.1 SPRACHERWERB

TIPP

Spracherwerb kann unter zwei verschiedenen Perspektiven betrachtet werden: Spracherwerb der Menschheit (**Phylogenese**) oder Spracherwerb des einzelnen Menschen (**Ontogenese**). Die Frage nach dem Ursprung der Sprache ist also jene der Phylogenese; die der Ontogenese ist die Frage nach dem individuellen Spracherwerb und der Sprachentwicklung. Zu beiden Fragenkomplexen haben sich unterschiedliche Theorien herausgebildet.

PHYLOGENETISCHER SPRACHERWERB: URSPRUNG DER SPRACHE

Interdisziplinäre Forschung

Etwa sechstausend Sprachen und zigtausend Dialekte werden von den Menschen auf unserer Erde gesprochen. Aber die Frage nach dem Ursprung aller Sprachen, nach dem Ursprung der Sprache schlechthin, ist weiterhin ungeklärt und heute Gegenstand interdisziplinärer Forschungen der Linguistik, Paläoanthropologie, Anthropologie, Neurologie, Genetik, Anatomie, Evolutionsbiologie und Kognitionspsychologie.

Grenze von Mensch und Tier

Erklärungsversuche hat es allerdings schon immer gegeben, weil man in der Entstehung der Sprache die Grenze vermutete, die den Menschen vom Tier trennt. Diese Erklärungsversuche werden wissenschaftlich ernsthaft diskutiert, seit Leibniz 1710 in seiner lateinischen Schrift *Kurze Schilderung der Erwägungen zur Herkunft der Völker, die sich am ehesten aus dem, was die Sprachen zu erkennen geben, ableiten lässt* eine Auseinandersetzung über den Ursprung der Sprache angestoßen hat.

Sprachursprungstheorien

ÜBERSICHT

Deduktive Theorien		
Gottgegebenheit	religiöser Ansatz	J. P. Süßmilch (1756)
rationalistische Theorie der angeborenen Ideen	→ anthropologischer Ansatz: Folge von Besonnenheit und Reflexion → kognitiver Ansatz: Folge der Entwicklung des Denkens → linguistischer Ansatz aufgrund sprachlicher Universalien	J. G. Herder: *Über den Ursprung der Sprache* (1772) J. Grimm: *Über den Ursprung der Sprache* (1851) N. Chomsky: *Aspects of the Theory of Syntax* (1965)
Empirische Theorien		
Nachahmungs-Theorie (Wau-wau-Theorie)	onomatopoetischer (lautmalerischer) Ansatz	É. B. de Condillac (1746)
Naturlauttheorie (Aua-Theorie)	emotiv-interjektionaler Ansatz: instinktgesteuerte Gefühlsausdrücke	J.-J. Rousseau: *Essai sur l'origine des langues* (1755)
Dada-Theorie	gestischer Ansatz	R. Paget (1930)
Hauruck-Theorie	arbeitspsychologischer Ansatz: lautliche Begleitung von Arbeitsrhythmen	A. R. Luria (1970)

Empirische Theorien		
Holistische Theorie	Äußerung zur Erfassung komplexer Situationen, evtl. entstanden aus Gesang und Tanz	O. Jespersen: *Die Sprache, ihre Natur, Entwicklung und Entstehung* (1922)

Einmal oder mehrmals entstanden?

Eine wichtige Frage bestand zudem darin, ob anzunehmen sei, dass die menschliche Sprache raumzeitlich betrachtet nur einmal entstanden sei (**Monogenese**), dass es also eine Ursprache (**Protosprache**) geben müsse, oder dass sie sich an verschiedenen Orten und zu verschiedenen Zeiten jeweils und dann unterschiedlich herausgebildet habe (**Polygenese**). Von der Annahme, dass aufgrund einer Ursprache alle Sprachen miteinander verwandt seien (H. Pedersen: nostratische Hypothese), ist man heute abgerückt. Auch hat sich keine primitive Sprache gefunden, die dem Ursprung der menschlichen Sprache nahestünde.

Anatomische, physiologische und kognitive Sonderentwicklung

Man geht heute davon aus, dass man die Sprache als Zeichensystem zu verstehen hat, das sich entwickeln konnte aufgrund der anatomischen und physiologischen (Absenkung von Kehlkopf und Gaumensegel, Sensibilisierung des Gehörs) sowie neuronalen und kognitiven **Sonderentwicklung des Menschen** (Hirnvergrößerung und Entwicklung eines Sprachzentrums, Kontrolle der Sprechmotorik). Die Frage, ob die Sonderentwicklung des Menschen durch die Entwicklung von Sprache ausgelöst wurde oder ob sie erst die Bedingungen der Möglichkeit von Sprache schuf, ist aus heutiger Sicht müßig.

Zunehmende Abstraktion

Die ersten Ansätze vor zwei bis sieben Millionen Jahren sind vermutlich aus lautlichen Äußerungen **indexikalischen** Charakters entstanden, d.h., sie verweisen unmittelbar auf das Bezeichnete, sei es eine Empfindung wie Schmerz, Freude usw. oder eine Geste, die die optische Information akustisch erst begleitete und dann ersetzte. Später haben sich dann vermutlich **ikonische Zeichen** entwickelt, bei denen der Lautkörper auf einen bestimmten Gegenstand oder ein bestimmtes Wahrnehmungsphänomen verweist. Dies, stellt man sich vor, mag sich zunächst lautmalerisch vollzogen haben, bis die Lautfolge durch zunehmende Abstraktion **symbolischen** Charakter annahm, also auf reiner Zuordnungsabmachung beruhte. Die Entwicklung der Sprache bis zu dem uns heute geläufigen kompletten Niveau mit Wortschatz und Grammatik war frühestens vor 125.000 Jahren, spätestens aber vor 50.000 Jahren abgeschlossen, als sich der Homo sapiens aufmachte, sein Stammgebiet in Afrika zu verlassen.

Sozialer Aspekt

Sprache ist somit ein **kulturelles Erbe** der Menschheit, das sich stets im Wandel befindet und durch den Kontakt der Menschen untereinander am Leben erhalten wird. Aber auch die Umkehrung scheint zuzutreffen, wie brutale Versuche an Neugeborenen in entfernter Vergangenheit gezeigt haben: Ohne Sprache – wie immer sie auch in Erscheinung treten mag – ist der Mensch einer Qualität beraubt, die ihn wesentlich definiert. Die soziale Mithilfe bei der Entwicklung sprachlicher Fähigkeiten trägt also auch wesentlich zur Entwicklung des Individuums bei.

EXKURS: JOHANN GOTTFRIED HERDER, *ABHANDLUNG ÜBER DEN URSPRUNG DER SPRACHE* (1772) – AUSZÜGE AUS I. TEIL, 1. UND 2. ABSCHNITT

Zum Autor

Entdecker des Volkslieds

Johann Gottfried Herder (1744–1803), in Ostpreußen als Sohn eines pietistischen Kantors und Volksschullehrers geboren, war einer der wesentlichen Wegbereiter für die Entwicklung der bedeutendsten deutschen Literaturepochen. Nach autodidaktischer Bildung durch eine örtliche Pfarrbibliothek und dem Studium der Medizin, Theologie und Philosophie in Königsberg ließen vor allem die Erfahrungen einer Seereise von Ostpreußen nach Nantes und auf dem Landwege über Paris, Amsterdam und Hamburg nach Eutin sowie einer Italienreise als Begleiter des holsteinischen Prinzen in ihm die Erkenntnisse wachsen, deren Vermittlung ihn bedeutend machte. Herder erkannte die besondere Ästhetik der gotischen Baukunst und als einer der ersten die Bedeutung Shakespeares. Er rezipierte Jean-Jacques Rousseaus Kulturkritik, entdeckte die natürliche Ästhetik in den von ihm gesammelten *Volksliedern* (1778/79) und übertrug den Gedanken einer organischen Entwicklung auf Sprache, Nationalkultur und Geschichte. Damit beeinflusste er nicht nur nachhaltig den jungen Goethe, mit dem er 1770 in Straßburg zusammentraf, sondern wurde zum Anreger von Sturm und Drang, Klassik und Romantik. Herder starb, nach einer Goethe verdankten Hofkarriere in Weimar, zuletzt verbittert und vereinsamt aufgrund der Ablehnung seines ambitionierten philosophischen Spätwerks.

Daten zum Text

Textsorte	sprachphilosophische Abhandlung (zwei Teile)
Entstehungszeit	1769–1770
Erscheinungsjahr	1772, Berlin bzw. 1789
Thema	Begründung des Ursprungs der Sprache aus der Reflexionsfähigkeit als biologische Sonderbegabung des Menschen

Zur Textentstehung

Herders Abhandlung über den Ursprung der Sprache entstand als Siegerbeitrag der für das Jahr 1770 von der Berliner Akademie der Wissenschaften und ihrem Präsidenten Pierre-Louis de Maupertius ausgelobten, französisch formulierten Preisaufgabe: „Sind Menschen, ihren natürlichen Fähigkeiten überlassen, imstande, Sprache zu erfinden und wenn ja, mit welchen Mitteln sind sie dazu gekommen?“. In seiner 1772 erstmalig sehr fehlerhaft und 1789 berichtigt veröffentlichten Schrift bezieht Herder vor allem Stellung zu den bereits veröffentlichen Aussagen des Franzosen Condillac und des Deutschen Süßmilch.

Inhalt

1. Teil: „Haben die Menschen, ihren Naturfähigkeiten überlassen, sich selbst Sprache erfinden können?“

„Schon als Tier hat der Mensch Sprache“

„Schon als Tier hat der Mensch Sprache“, so beginnt Herder seine Ausführungen. Er verweist darauf, dass nach einem Naturgesetz der Mensch, dem Tiere ähnlich, seine Empfindungen sprachlich artikuliere, aber das mache nicht die Wurzeln der menschlichen Sprache aus. Herder wendet sich damit gegen die von dem französischen Philosophen Étienne Bonnot de Condillac 1746 vor der Akademie vertretene Auffassung der französischen Aufklärung, Sprache sei aus der Nachahmung tierischer Laute entstanden. Condillacs Theorie müsse nach Herder einen sprachlosen Zustand der Menschen annehmen und werde daher dem spezifisch menschlichen Charakter der Sprache mit einer schlichten Graduierung zur tierischen Lautung nicht gerecht. Auch Rousseaus Auffassung lehnt Herder ab, weil auch dieser französische Philosoph mit seinem vergleichbaren Ansatz die Menschen zu Tieren degradiere. Andererseits verwirft Herder jedoch ebenfalls die 1756 vom Berliner Theologen Johann Peter Süßmilch aufgestellte These, dass die Sprache göttlichen Ursprungs sein müsse, weil Sprache und Denken sich wechselseitig voraussetzten und alle natürlichen Sprachen auf der gleichen perfekten Entwicklungsstufe stünden. Hier führt Herder an, dass damit die Sprache der Empfindungen nicht geklärt werde. Herder begründet einen anthropologischen Ansatz, wenn er die Notwendigkeit menschlicher Sprache auf den umfassenden Wirkungskreis des Menschen zurückführt und ihn damit von den Tieren abgrenzt. Der Mensch ist nicht wie das Tier instinktgesteuert, sondern durch seinen Verstand charakterisiert, durch seine **„Besonnenheit“ bzw. „Reflexion“**. Mit dieser besonderen verfügbaren Kraft habe sich der Mensch durch Abstraktion von sinnlichen Eindrücken und durch Vergleich von Merkmalen die Wörter geschaffen. In der Fiktion einer Urszene präsentiert Herder diesen Sprachgewinn anhand des Blökens eines Schafes, um bildhaft zu verdeutlichen, wie die Besonnenheit Wörter als Erinnerungszeichen zu sinnlichen Eindrücken schafft. Herder lehnt noch einmal die Nachahmungstheorie wie die Vertragstheorie zum Ursprung der Sprache ab. Hinsichtlich des Verhältnisses von Denken (Reflexion) und Sprache wendet er sich gegen die von Süßmilch geforderte Dominanz des Denkens als göttliche Setzung und spricht sich für die **Einheit von Sprache und Denken** aus: „ratio et oratio“. Er begreift das Denken als den inneren und die Sprache als den äußeren Erkennungscharakter des Menschen.

Anthropologischer Ansatz

„ratio et oratio“

Im dritten Abschnitt geht Herder auf die Elemente der Sprache ein. Er sieht die Sprache entwickelt aus Tönen, klingenden Verben und Nomen. Deshalb weist er auch dem **Gehör** die Mittelstellung zwischen den Sinnen des Gesichts und Gefühls zu als dem der Seele und der Sprache zugeordneten Sinn. Je älter und ursprünglicher eine Sprache ist, desto enger sei noch die Analogie der Sinne, die Verbindung von Gefühl und Wort, desto vielfältiger die Synonymie (inhaltliche Übereinstimmung von verschiedenen Wörtern), desto geringer die Abstraktion und desto dürftiger die Grammatik.

Gegen religiöse Erklärungsversuche

Herder wendet sich mit seiner Abhandlung gegen die traditionellen religiösen Erklärungsversuche des Sprachursprungs und eröffnet eine rationale Erklärung, in der er die französische empiristisch-kommunikative Nachahmungstheorie ersetzt durch eine **anthropologische Begründung**. Obwohl nicht frei von Schwächen und Widersprüchen ist seine mit unzähligen anschaulichen Bildern und Vergleichen durchsetzte, sehr emotionale Argumentationsweise reich an Faktennachweisen in Form von Sprachvergleichen, Sprachbeispielen und geo-kulturellen Analysen der Sprachvölker. Herder hat den Ursprung der Sprache, den Zeitpunkt der Spracherfindung, historisch zwar keineswegs bewiesen, aber, anders als seine theoretischen Gegner, erstmals auf den engen und wichtigen **Zusammenhang von Sprache, Denken und Wirklichkeit** verwiesen.

ONTOGENETISCHER SPRACHERWERB: SPRACHENTWICKLUNG (ONTOGENETISCHER SPRACHERWERB: ERWERB DER MUTTERSPRACHE IM BABYALTER)

Entwicklung der einzelnen Sprachmodule

Phonologie	prälinguistische Phase („Lallphase"): Beginn beim Wechsel von Vokallauten und einfachen Verschlusslauten vom vorderen zum hinteren Mundbereich und von stimmhaften zu stimmlosen Konsonanten: m vor n, b vor p, d vor t, g vor k
	Abschluss der Lautentwicklung: 4. Lebensjahr
Morphologie	Analogbildungen, regelmäßige Bildungen vor unregelmäßigen
Syntax	Einwortsatz – Zweiwortsatz – komplexe Konstruktionen Abschluss des Syntaxerwerbs durch interne Regelbindungsprozesse: 10.–12. Lebensjahr
Semantik	abhängig von der Konfrontationsintensität und Differenzqualität der gehörten Sprache

Spracherwerbstheorien

Theorie	Vertreter	Beschreibung	Kritik / Gegenargumente
Behaviorismus, Empirismus	B. F. Skinner C. E. Osgood	Nachahmungstheorie: Imitation und Verstärkung (Belohnung), Eltern reagieren positiv oder negativ auf kindliche Sprachäußerungen	→ Erwachsenensprache wird von Kindern nur unwesentlich imitiert. → Kreativität der Kindersprache bleibt unberücksichtigt. → Mensch und Tier werden unterschiedslos gleichgesetzt.
Interaktionismus	J. Brunner C. Snow	Spracherwerb durch progressive soziale Interaktion zwischen Mutter und Kind, abhängig von Entwicklungsstand	keine Erklärung, nur Beschreibung der Erwerbsbedingungen

Theorie	Vertreter	Beschreibung	Kritik / Gegenargumente
Nativismus **Innativismus** **Mentalismus**	N. Chomsky J.J. Katz	Nachahmung reicht nicht aus; Kind lernt syntaktische Regeln und begrenzten Wortschatz, bildet daraus neue Sätze; genetisch determinierter Spracherwerb: angeborene Ideen, Universalien	keine Betrachtung der Psychologie des Spracherwerbs, der Sprachverarbeitung und der Sprachevolution; Reduktion auf Syntaxerwerb
Kognitivismus **Konstruktivismus**	J. Piaget Genfer Schule G. Lakoff R. Langacker	Spracherwerb als Folge der (genetisch determinierten) kognitiven Entwicklung, Frage nach den jeweils notwendigen Denkleistungen	Spracherwerb lässt sich nicht monokausal aus kognitiver Entwicklung herleiten.
Konnektivismus	G. Siemens	Wechseleinfluss der sprachlichen Module, Mensch als vernetztes Individuum, Lernen als Verbindung verschiedener Informationsquellen (Knoten)	beschreibt nur den intellektuellen Vorgang, liefert keine Erklärung.

Fazit: Eine eindeutige und allgemein anerkannte Theorie des Spracherwerbs existiert nicht. Sie wird vermutlich so lange umstritten bleiben, bis geklärt ist, wie unser Gehirn im Hinblick auf Sprache und Denken funktioniert.

3.1.2 SPRACHE ALS ZEICHENSYSTEM

Inhalts- und Ausdrucksseite

Alle Sprache basiert auf Zeichen. Auch darauf hat Ferdinand de Saussure aufmerksam gemacht. Das sprachliche Zeichen hat einen bilateralen Charakter, insofern es eine Lautfolge mit einer Vorstellung, also einem Denkinhalt, in Verbindung bringt. Es verfügt somit über eine **Inhaltsseite**, das Bezeichnete **(Signifikat)**, und eine **Ausdrucksseite**, dem Bezeichnenden oder der Bezeichnung **(Signifikant)**.

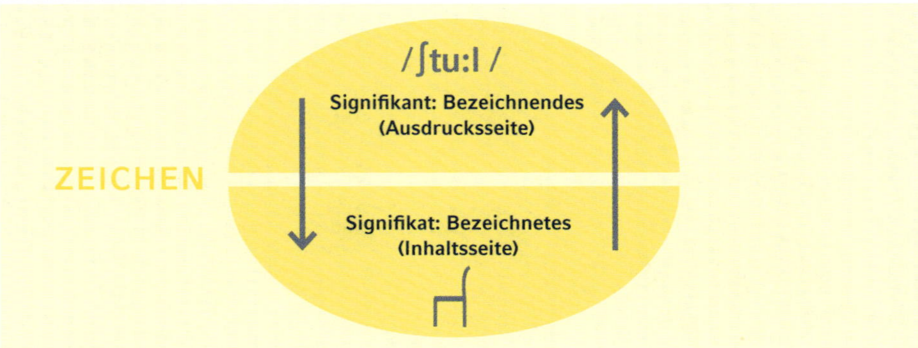

Schaubild 11: Ausdrucks- und Inhaltsseite des Sprachzeichens

Die Beziehung zwischen Inhalt und Ausdruck ist dabei willkürlich gewählt und beruht auf Konvention und Tradition. Ein Zeichen kann unterschiedliche Bedeutungen annehmen: seine ursprüngliche Grundbedeutung (das **Denotat**) und die Bedeutung, die ihm in seiner jeweiligen sprachlichen Umgebung zukommt (das **Konnotat**):

Sprachliches Zeichen	Verwendung	Bedeutung
Denotat	Die Blätter sind schon grün.	Die Blätter haben die Farbe des mit dem Wort Grün bezeichneten Farbspektrums.
Konnotat	Der Junge ist noch grün hinter den Ohren.	Der Junge ist noch unreif.

Das Sprachsystem

Jede Sprache kann über vier Ebenen erfasst und beschrieben werden:

Ebene	Erläuterung	Analysefunktion
phonetisch	Lautebene: Bedeutung der kleinsten bedeutungsunterscheidenden Laute (nicht Buchstaben!: Schach = drei Laute)	Assonanz, Alliteration, Reim
semantisch	Wortebene: Bedeutung, die der Verwendung der gebrauchten Wörter zukommt	Neologismus, Wortfelder usw.
syntaktisch	Satzebene: Bedeutung, die der Art des Satzbaus zukommt	Aussage-, Frage-, Ausrufesatz; Parataxe, Hypotaxe, Ellipse; Anapher, Parallelismus, Epipher usw.
pragmatisch	Gebrauchsebene: Absicht und Wirkung einer Aussage	sprachliches Bild, Ironie usw.

Sprachnormen

In mehreren Ebenen verfügt die Sprache über Normen, die ihre willkürliche Veränderung verhindern und damit eine verlässliche Verständigungsgrundlage schaffen:

→ Die **Phonologie** legt fest, welche vom Menschen produzierbare Laute in einer Sprache bedeutungsunterscheidend sein sollen – also z. B. im Deutschen kein englischer th-Laut – und welche Lautvarianten zugelassen sind – also z. B. die Variante, im Wort *neige* das /g/ einmal wie in *Garten* und das andere Mal wie in *Genie* auszusprechen.

→ Die **Morphologie** legt fest, welche kleinsten bedeutungstragenden Lauteinheiten (Morpheme) den inhaltlichen Kern eines Wortes bilden sollen, z. B. /arbeit/, und welche Lauteinheiten Zusatzbedeutungen anheften dürfen, z. B. *um-arbeit-en* = Verändern+Wortkern+Verb

→ Die **Lexematik** legt fest, welche Wörter als Bestandteil der Sprache anerkannt werden. Der jeweils aktuelle Katalog der Wörter einer Sprache findet sich im Wörterbuch. Für die deutsche Sprache ist der DUDEN das maßgebliche Lexikon.

- → Die **Grammatik** legt die Wortarten in ihrer Funktion und Flexibilität (Deklination und Konjugation) fest und die Grundsätze des Satzbildung.
- → Die **Orthografie** letztlich legt fest, wie bei Benutzung der Schriftsprache die Wörter und Sätze einschließlich der Interpunktion richtig geschrieben werden. Hier besteht zurzeit das Problem, dass mehrere Autoren und Zeitungen die 2007 neu eingeführten Rechtschreibregeln nicht oder nur teilweise übernommen haben und weiterhin die traditionelle Schreibweise bevorzugen. Das kann zu Verwirrungen und Irrtümern führen.

3.2 Kommunikation

3.2.1 KOMMUNIKATIONSTHEORIE

Was leistet Sprache?

Kommunikation, das ist die Antwort auf die Frage, was Sprache leistet. Wie Kommunikation mittels der Sprache funktioniert, ist wiederholt untersucht und immer wieder anders beschrieben worden. Der deutsche Mediziner, Psychologe und Philosoph **Karl Bühler** (1879–1963) beschreibt die Kommunikation in seinem **Organon-Modell** wie folgt:

Organon-Modell der Sprache

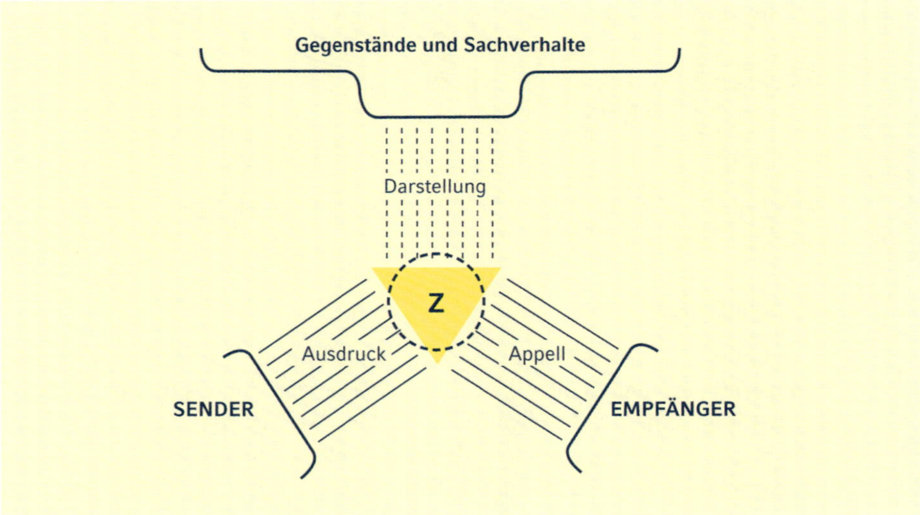

Schaubild 12: Das Organon-Modell nach Karl Bühler

Vier Funktionen der Sprache

Dieses Modell hebt die Dreidimensionalität des sprachlichen Zeichens hervor: Im Zeichen drückt der Sender einen Sachverhalt aus, der als Signal an einen Empfänger gerichtet ist. Von diesem Modell abgeleitet sind die vier **Funktionen der Sprache**:

→ Die **darstellende Funktion** bezieht sich auf den Inhalt einer Mitteilung,
→ die **expressive Funktion** auf den Sender, soweit er sich mit seinen Meinungen und Empfindungen in der Mitteilung ausdrückt,
→ die **appellative Funktion** auf den Empfänger, dessen Verhalten durch die Mitteilung beeinflusst werden soll und
→ die **ästhetische Funktion**, mit der die Sprache auf sich selbst als System verweist.

Der Psychologe und Kommunikationsforscher Friedemann **Schulz von Thun** (geb. 1944) hat das Organon-Modell um eine psychologische Beziehungsdimension erweitert und damit die ästhetische Funktion der Sprache durch eine soziale Funktion ersetzt. Sein Kommunikationsquadrat unterscheidet die Selbstoffenbarung des Sprechers, den Sachinhalt der Information, den an den Empfänger gerichteten Appell und die Beziehungsseite, in der das Verhältnis der Kommunikationspartner zueinander zum Ausdruck kommt:

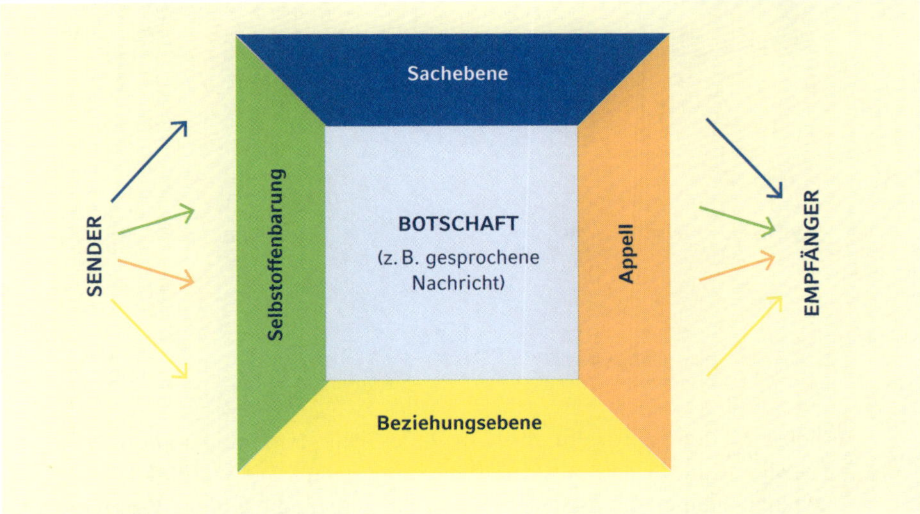

Schaubild 13: Die Erweiterung des Organon-Modells nach Friedemann Schulz von Thun

3.2.2 KOMMUNIKATIONSMODELL

Denkt man diese Ansätze weiter und berücksichtigt weitere den Kommunikationsvorgang beeinflussende Faktoren, so gelangt man zu vielleicht folgendem Kommunikationsmodell:

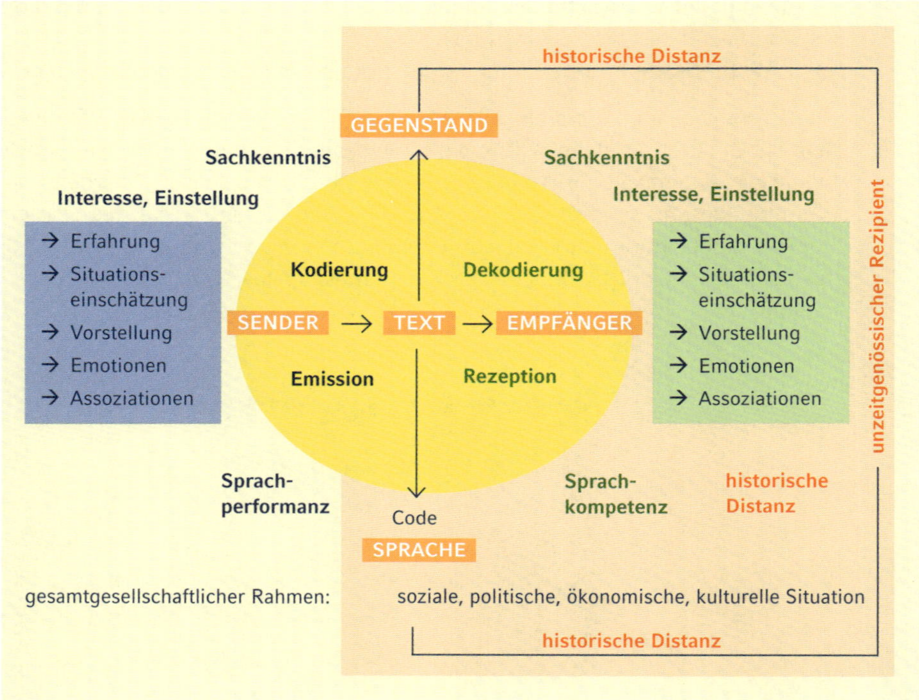

Schaubild 14: Kommunikationsmodell

Dieses Modell beschreibt aber nur die verbale Kommunikation. Der österreichische Therapeut und Kommunikationswissenschaftler **Paul Watzlawick** (1921–2007) hat neben die mündlich verbale Kommunikation, die er die **digitale Kommunikation** nennt, noch die **analoge**, d.h. nonverbale **Kommunikation** gestellt, die sich in Gesten und Mimik äußert. Diese nichtsprachliche Kommunikation spielt allerdings bei schriftlichen Texten keine Rolle.

3.2.3 TEXT-KOMMUNIKATION

MODELL DER TEXTEXTERNEN KOMMUNIKATION DER TEXTAUFNAHME

Wendet man sich der Kommunikation zu, die zwischen Autor und Leser eines literarischen Textes entsteht, so ergeben sich über die Aspekte der normalen mündlichen Kommunikation hinaus weitere bemerkenswerte Aspekte.

Drei Prozessphasen

Kein literarisches Werk entsteht isoliert von äußeren Einflüssen oder wird isoliert von äußeren Einflüssen rezipiert. Als Kommunikationsobjekt ist es selbst Bestandteil einer Kommunikation, die sich in drei Prozessphasen gliedern lässt:

→ den **Prozess der Texterzeugung** vor der Veröffentlichung, in der der Autor im Mittelpunkt steht (Autor-Text),
→ den **Prozess der Textaufnahme**, in der der Rezipient (= Leser) im Mittelpunkt steht (Text-Rezipient) und
→ den **Prozess der Textwirkung**, in der die durch das literarische Werk vermittelte Kommunikation zwischen Autor und Rezipient in den Fokus rückt (Autor-Rezipient).

Unter Berücksichtigung möglichst vieler Faktoren kann man folgendes Modell der textexternen Kommunikation der Textaufnahme erstellen:

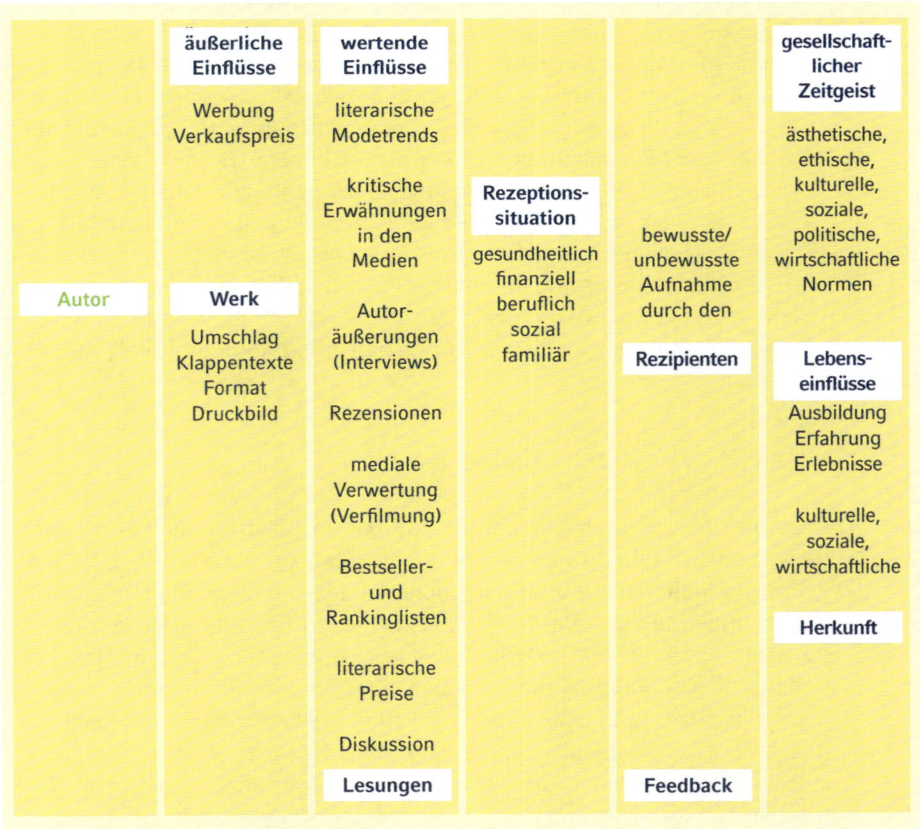

Schaubild 15: Modell der textexternen Kommunikation der Textaufnahme

VERHÄLTNIS VON AUTOR UND REZIPIENT

Verhältnisformen zwischen Autor und Rezipient

Ausgehend von diesem Modell ist es zunächst möglich, Besonderheiten in der Kommunikation zwischen Autor und Rezipienten zu verorten und in ihrem jeweiligen Bedingungsgefüge zu analysieren. Selbstverständlich sind diese Besonderheiten nicht generalisierbar, sondern können nur anhand einer speziellen Publikation nachvollzogen werden. Generalisierbar ist lediglich das prinzipielle Verhältnis von Autor und Rezipient:

→ **kongruentes Verhältnis**: Der Rezipient stimmt dem Werk in Inhalt, Form und Intention zu. Autor und Rezipient bestätigen sich wechselseitig in ihren weltanschaulichen und ästhetischen Einstellungen.
→ **teilkongruentes Verhältnis**: Der Rezipient stimmt einem Werk in Inhalt, Form und Intention nur teilweise zu. In der Folge ergibt sich eine in der Regel wohlwollende, sachliche Diskussion, bei der der Autor den vorgebrachten Einwänden entweder einsichtig, streitend oder ablehnend gegenübertreten kann. Eine Akzeptanz der Kritik kann z. B. zu Werkveränderungen bei späteren Auflagen führen.
→ **teilinkongruentes Verhältnis**: Der Rezipient lehnt ein Werk in Inhalt, Form und Intention überwiegend ab. Es ergibt sich vielleicht ein engagierter bis heftiger Disput über die Ablehnungsgründe, an dem der Autor beteiligt sein kann.
→ **inkongruentes Verhältnis**: Der Rezipient lehnt ein Werk vollkommen oder grundsätzlich ab aufgrund unvereinbarer Gegensätze in den weltanschaulichen, politischen, sozialen, kulturellen und/oder ästhetischen Einstellungen. Das hat in der Regel zur Folge, dass die Kommunikation gestört ist und Autor und Rezipient sich bestenfalls wechselseitig ignorieren. Fühlt sich der Rezipient sogar in seinen z. B. ethischen oder religiösen Grundeinstellungen verletzt, kann es zu einem gesellschaftlichen Skandal kommen, in dessen Verlauf Autor und Werk diskriminiert werden.

LESEN ALS FORM DER KOMMUNIKATION

Unilaterale Kommunikation

Die Autor-Rezipienten-Kommunikation ist ein umstrittener Begriff innerhalb der **Rezeptionsästhetik.** Er geht von der Vorstellung aus, dass unabhängig von allen textexternen Einflüssen, die auf Produktion und Rezeption eines literarischen Werkes einwirken, innerhalb des literarischen Textes eine Kommunikation zwischen Autor und Rezipient stattfindet, die erst durch den Lesevorgang realisiert wird. Das kann nur eine **unilaterale Kommunikation** sein; denn sie ist aus der Position des sendenden Autors nachvollziehbar, kann jedoch für die Position des Rezipienten nicht eingenommen weden, weil seine Kommunikationsakte während der Rezeption den Autor nicht (oder nur ausnahmsweise, etwa in Form von Leserbriefen oder Rezensionen) erreichen. Falls alle textexternen Kommunikationswege ausgeschlossen sein sollen, mag sich in ihm durch den Lesevorgang lediglich eine Vorstellung von dem Autor, seiner Denkweise und seinen Einstellungen herausbilden **(impliziter Autor)**. Insofern ist nur die Betrachtung interessant, wie der Autor über sein Werk auf den Rezipienten einwirkt, d. h. welche Kommunikationsstruktur dem jeweiligen Werk eingeschrieben ist.

Mittel, mit denen Autoren auf Leser (ein-)wirken

Wie bei jeder Kommunikation müssen bestimmte Inhalte im Text sprachlich so formuliert sein, dass sie für einen Rezipienten verständlich sind. Dabei kann die Art und Weise der Formulierung, der literarische Stil, bereits segmentierende Wirkung für die Leserschaft haben, insofern er sich nur an das Leserklientel einer bestimmten ästhetischen Beheimatung richtet bzw. nur einen bestimmten Leserkreis anspricht. Unabhängig vom verwendeten Schreibstil hat der Autor innerhalb seiner Textaussagen unterschiedliche Möglichkeiten der Leseransprache. Er kann die Rezipienten direkt ansprechen, also im Drama über eine der Figuren, in erzählenden Texten über den Erzähler und in lyrischen Texten über das lyrische Ich, und ihnen so **Leseanweisungen, Lese- und Verständnishilfen** geben, er kann dies aber auch indirekt tun, indem er **Steuerungselemente** in den Text einschreibt, die dessen Wirkstruktur bestimmen. Als Steuerungselemente eignen sich vor allem die **Figuren** mit ihren Aussagen und die **Erzeugung von Emotionen**. Diese Wirkstruktur kann man in Abhängigkeit von der Vorstellungsbindung sehen, die der Autor durch Zusammenhang, Anschaulichkeit, Genauigkeit, Detailliertheit und Konsequenz seiner Darstellung beim Rezipienten erreicht, womit er ihn zur Identifikation mit dem Dargestellten einlädt oder sogar zwingt. Während der Leseprozess sukzessiv erfolgt, geschieht die Leserlenkung aber selten linear, sodass der Rezipient seine Erwartungen immer wieder korrigieren muss. Letztlich kann die Lesersteuerung während des Rezeptionsprozesses so weit gehen, dass der Autor den Rezipienten nicht nur in seiner Vorstellung bindet, sondern ihm durch Erläuterungen und Kommentare selbst die Wertung des Dargestellten abnimmt bzw. vorschreibt. Je stärker diese Leselenkung erfolgt, umso **passiver** vollzieht sich die Rezeption. Umgekehrt ist es aber auch möglich, dass der Autor auf solche steuernden Strukturelemente weitgehend verzichtet oder es dem Leser nicht nur ermöglicht, z. B. durch die Verwendung von Ironie, eine Distanz aufzubauen, sondern durch Mehrdeutigkeiten, Unbestimmtheiten oder Darstellungslücken den Rezipienten einlädt, wenn nicht sogar nötigt, diese ungenau oder nicht definierten Stellen der Darstellung selbst zu konkretisieren, zu vervollständigen oder zu füllen. Man spricht dann von **Inferenzen**, also von aus dem Kontext erschlossenen Informationen. So kommt es zu einer **aktiven Rezeption**, in deren Verlauf der Leser seine eigenen Vorstellungen einbringt, die in Abhängigkeit von den jeweiligen soziografischen Bezügen und sozialen wie individuellen Dispositionen des Rezipienten unterschiedlich ausfallen. Da kann schon das Geschlecht des Rezipienten ausschlaggebend sein oder auch das Maß der Lesekontinuität. Denn bei jeder Unterbrechung des Lesevorgangs muss nach unterschiedlich langer Zeit die Leseerinnerung aktiviert werden. Lesepausen wirken sich aber in der Regel so aus, dass die Leseerinnerung im Sinne einer Stilisierung der Erinnerungsinhalte komprimiert wird, also eine Reduzierung auf die vermeintlichen Grundstrukturen erfolgt. Das bringt notwendigerweise Verschiebungen innerhalb der Leseerinnerungen und vielleicht sogar der rezeptionalen Akzentuierungen mit sich. Verstärkt wird dieser Verlust des Gelesenen durch die möglicherweise situativ begründeten unterschiedlichen Dispositionen des Lesevorgangs. Die Unterschiedlichkeit der Rezeption hat wiederum zur Folge, dass das Verständnis des Textes unterschiedlich ausfallen kann, wenn nicht ausfallen muss. Das ist der Grund für die **unvermeidbare Unterschiedlichkeit der Interpretationen.** Diese Unterschiede werden umso größer, je unterschiedlicher die Horizonte der Rezipienten untereinander und die zwischen Autor und Rezipient sind, z. B. durch eine historische

Ständige Korrektur der Erwartungen

Der Leser als Mit-Erschaffer des Werks

Warum jeder ein Werk anders liest

Distanz. Die Grenze der adäquaten Verstehbarkeit eines Textes liegt sicherlich dort, wo der innere Zusammenhalt seiner Strukturen nicht mehr erkennbar ist und auch vom Leser nicht mehr angemessen hergestellt werden kann.

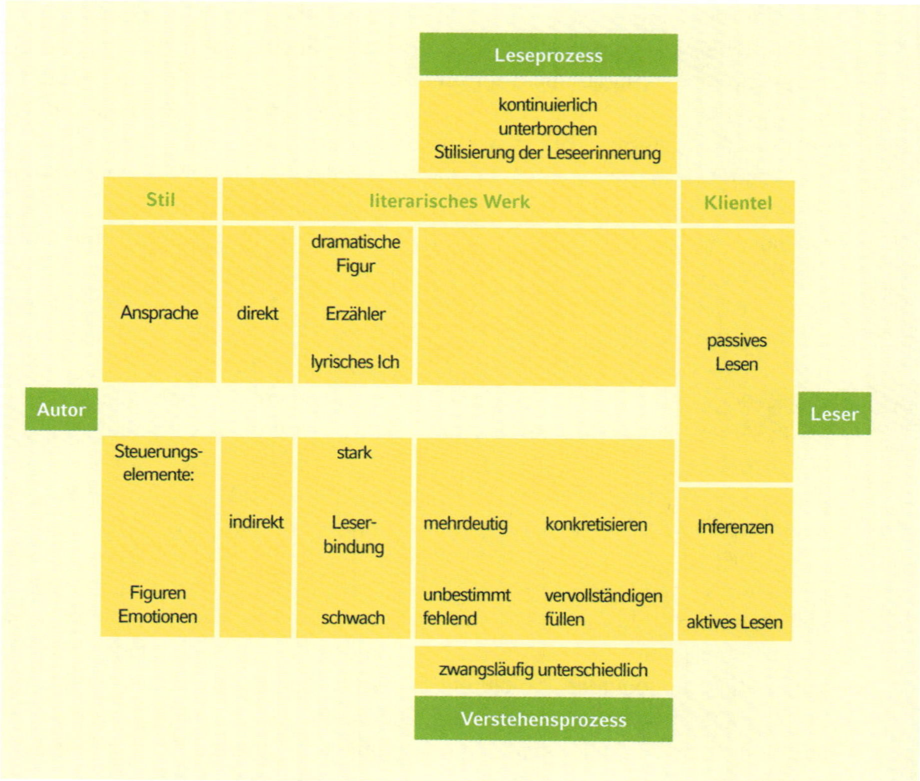

Schaubild 16: Autor-Rezipienten-Kommunikation

LESEN ALS ERFAHRUNGSPROZESS

Literarische Wertung vs. subjektive Nabelschau

Generell hat der Prozess des Lesens für den Rezipienten zur Folge, dass er sich in der Auseinandersetzung mit einem literarischen Werk in seiner zeitgenössischen Positionierung erkennt und nach Maßgabe des gelesenen Werks zu einer **kritischen Selbstverortung** geführt wird. Die Konfrontation der fiktionalen Welt eines literarischen Werkes mit der eigenen subjektiven Welt im Leseprozess ist somit ein Erfahrungsprozess, der einer doppelten Interpretation unterliegt: der des literarischen Werkes und der des eigenen Standpunktes. Damit sind auch die Extrempunkte der Rezeptionsästhetik definiert: Auf der einen Seite ist es die **literarische Wertung**, auf der anderen eine in Bezug auf das literarische Werk wertlose subjektive Nabelschau.

Erwartungshorizont

Zum Schluss sei noch auf den Begriff „Erwartungshorizont" eingegangen. Fraglos ist kein Leseprozess ohne einen Erwartungshorizont des Lesers denkbar. Fraglos ist aber auch, dass dieser Erwartungshorizont lediglich für die reflektierte Selbstbeobachtung des Lesers von Interesse ist und nicht ausschlaggebend sein kann für das dem Text angemessene Textverständnis oder dessen Interpretation. Es ist ein nur zu häufig begangener Fehler, den Erwartungshorizont zu Rezeptionsbeginn oder nach der ersten flüchtigen Lektüre eines Textes ohne Rücksicht auf die im Text enthaltenen Strukturen zur Grundlage einer Deutung zu machen (wer gibt schon gerne zu, dass sein Vor-Urteil irrig war). Erst aus der möglichst aufmerksamen Analyse des Textes kann sich in Verbindung mit angemessenen eigenen Vorstellungen eine tragfähige Textdeutung entwickeln.

3.3. Sprachentwicklung

3.3.1 SPRACHGESCHICHTE

Indogermanische Sprachfamilie

Die deutsche Sprache, wie wir sie heute kennen, ist das Ergebnis eines jahrtausendelangen Entwicklungsprozesses. Vergleichende Sprachforschungen haben ergeben, dass sich wegen ihrer Verwandtschaft viele der weltweit etwa 6500 Sprachen zu Sprachfamilien zusammenfassen lassen. In Europa sowie in Südwest- und Südasien dominiert aufgrund von Völkerwanderungen die Indogermanische Sprachfamilie, der etwa 220 Sprachen mit insgesamt mehr als 2,5 Milliarden Sprechern zugeordnet werden. Diese indogermanische Sprachfamilie wird in neun Sprachgruppen aufgeteilt, wovon die deutsche Sprache zu den etwa 330 Millionen Muttersprachlern umfassenden Germanischen Sprachen rechnet, genauer zu den westgermanischen Sprachen. Sie ist nach dem Englischen mit rund 100 Millionen Muttersprachlern die am zweithäufigsten gesprochene Sprache dieser Gruppe und ist in acht Ländern vertreten.

Aber auch die deutsche Sprache selbst unterlag und unterliegt einem Entwicklungsprozess, der sich in mehreren Stufen vollzogen hat.

Sprachstufe	Zeitraum	Beispiel
Althochdeutsch	750–1050	Thõ quam boto fona gote, engil ir himile (*Da kam ein Bote von Gott, ein Engel vom Himmel.*) (Otfrieds *Evangelienbuch*, um 865)
Mittelhochdeutsch	1050–1350	Ein ritter sô gelêret was daz er an den buochen las swas er dar an geschriben vant der was Hartman genant. (Hartmann von Aue, *Der arme Heinrich*, 1190)
Frühneuhochdeutsch	1350–1650	Latein ich vor geschriben hab Das war ein Yeden nicht bekandt. Jetzt schrey ich an das vatterlandt, Teutsch nation in irer sprach (Ulrich von Hutten, *Clag und Vermanung*, 1520)

Sprachstufe	Zeitraum	Beispiel
Neuhochdeutsch	1650 – heute	Es ift bekandt, dafs die Sprach ein Spiegel des Verftandes, und dafs die Völcker, wenn Sie den Verstand hoch fchwingen, auch zugleich die Sprache wohl ausüben, welches der Griechen, Römer und Araber Beyfpiele zeigen. (Gottfried Wilhelm Leibniz, *Unvorgreiffliche Gedanken, betreffend die Ausübung und Verbesserung der Teutschen Sprache*, um 1697)

Hoch- und niederdeutsches Sprachgebiet

Neben dieser Entwicklung des Hochdeutschen besteht auch noch das **Niederdeutsche** und Friesische in seinen vielfältigen oft regional bestimmten Erscheinungsformen, das vielfach als **Plattdeutsch** bezeichnet wird. Hierbei handelt es sich um eine Vorstufe des Hochdeutschen, das bestimmte Lautentwicklungen (2. Lautverschiebung im 6.–7. Jhdt.), die von Süden nach Norden vorangeschritten sind, nicht mitvollzogen hat. Die Grenze zwischen dem hochdeutschen und dem niederdeutschen Sprachgebiet wird von der sogenannten Benrather Linie gebildet. Auch das Niederdeutsche hat sich weiterentwickelt, und zwar vom Altsächsischen (800–1150) über das Mittelniederdeutsche (1150–1600) – damals die Sprache der Hanse – zum Neuniederdeutschen (ab 1600), das nach 1650 allerdings keine Schriftsprache mehr ist, sondern nur noch in Dialekten fortbesteht.

BEISPIEL

Ja, ja! So was 't nich ümmer. – Wer up Stunn's mit ne witte Lin' tau Stadt führt un sin por Buddeln Schampagner drinkt, den sin Vader satt maeglicher Wis' bi Lüttjedünn, un sinen Lintaegel bünn Mudder mit en Strumpenband tausam. As de Schepel Weiten, grot Mat, virtwis up de Landstrat för sößteihn Gröschen an de Daglöhners tau Swinfauderss uthaekert, un 'ne ganze Fuhr Hawern tau Rostock gegen en Haut Zucker ümtuscht würd – ach! dunn was 't slimm in Land Meckelnborg.

(Fritz Reuter, *Ut mine Stromtid*, 1862)

3.3.2 SPRACHWANDEL

Jede natürliche, lebende Sprache ist mit der Zeit auch dem Wandel unterworfen, und zwar die gesprochene Sprache eher als die geschriebene. Die Gesamtentwicklung einer Sprache wird in ihrer Sprachgeschichte dokumentiert.

Entstehung der deutschen Sprache

Die deutsche Sprache zählt zu der großen **indoeuropäischen Sprachfamilie**, die in Europa neben den germanischen Sprachen auch die romanischen und slawischen Sprachen umfasst. Das heutige Deutsch war und ist in seiner Entwicklung vielfachen fremden Einflüssen ausgesetzt, seien sie politischer, sozialer oder kultureller Natur, die ihre Spuren hinterlassen haben, vor allem:

→ dem Lateinischen als römischer Besatzungssprache zu Beginn unserer Zeitrechnung,
→ dem Französischen als führender Kultursprache des 18. Jahrhunderts
→ und heute dem Angloamerikanischen und Englischen als globaler Verständigungssprache.

Wird eine Sprache hinsichtlich eines solchen historischen Veränderungsprozesses untersucht, spricht man vom **diachronen** Ansatz.

Andererseits entstehen aber auch zur gleichen Zeit in den überaus heterogenen Gruppen der Sprachgemeinschaft auf allen Ebenen des Sprachsystems unterschiedliche Sprachvorlieben und -tendenzen, die einer neuen Phase der Sprachgeschichte den Grund legen können. Eine Untersuchung solcher zur gleichen Zeit bestehenden Sprachunterschiede nennt man eine **synchrone** Verfahrensweise.

Zur Untersuchung des Sprachwandels haben sich mehrere Theorien herausgebildet:

SPRACHWANDELTHEORIEN

Theorie	Beschreibung	Kritik/Beurteilung
Stammbaumtheorie	Jede Sprache ist aufzufassen als Zweig einer Sprachfamilie, die wiederum gemeinsam einem Sprachstammbaum zugehören.	Grundlagenwissen
Superstrat-Theorie (superstrat: darübergestreutes)	Eine Sprache übernimmt in einer Unterlegenheitssituation Bestandteile der Sprache des überlegenen Volkes (Transferenzen).	Interessant für Latinismen, Gallizismen (18./19. Jh.) und Anglizismen (20. Jh.)
Substrat-Theorie (substrat: daruntergestreutes)	Eine dominante Sprache übernimmt Elemente der ihr unterlegenen Sprache.	Interessant für regionalsprachliche Varietäten (z. B. Übernahme von „Kanaksprak" in die deutsche Hochsprache)
Wellentheorie	Zwischen verwandten Sprachen kommt es immer wieder zu Wechseleinflüssen.	Interessant z. B. für den Einfluss des Deutschen auf das Angloamerikanische bzw. Englische
Stadialtheorie (stadial: stufenweise)	Jede Sprache entwickelt sich organisch in Stadien von einfacher zu komplexer Struktur.	Umkehrtendenz in heutiger Sprache beobachtbar: Pragmatismus (Telegrammstil, SMS-, Comic-Sprache)
Theorie der unsichtbaren Hand	Sprachwandel vollzieht sich evolutionär, d. h. ungeplant und unbeabsichtigt (Trampelpfadtheorie).	

TRANSFERENZ („ENTLEHNUNG")

Assimilation oder Nichtassimilation

Der Begriff Transferenz bezeichnet alles Lehngut einer Sprache, also allgemein alle Formen der Übernahme von fremdsprachlichen Elementen (phonetischer, orthografischer, morphologischer, semantischer oder syntaktischer Art) in eine Muttersprache. Diese Übernahmen können assimiliert, d. h., an die Muttersprache angepasst, oder nichtassimiliert sein. Während die assimilierten Formen (z. B. Fenster → fenestra) schnell ihren Fremdcharakter verlieren und z. B. zu Lehnwörtern werden, bleibt bei nichtassimilierten der Fremdcharakter erhalten (Fremdwort). Am auffälligsten und häufigsten geschieht das im Bereich der Semantik.

Semantische Transferenzen differenziert man nach folgenden Formen von Lehnbildungen:

Begriff	Erläuterung	Beispiel
Lehnbedeutung	Bedeutungserweiterung eines muttersprachlichen Wortes durch Einfluss einer Fremdsprache	„Realisieren": eigentl. verwirklichen; Bedeutungserweiterung: wahrnehmen
Lehnschöpfung	Neuschöpfung eines muttersprachlichen Wortes unabhängig vom fremdsprachlichen Wort	Symbol (aus dem Griech.: etwas Zusammengefügtes) → Sinnbild
Lehnformung	→ Bildung eines neuen muttersprachlichen Begriffs in Abhängigkeit vom fremdsprachlichen Wort	
	→ Lehnübertragung: Lehnformung in assimilierter Form	Patria → Vaterland
	→ Lehnübersetzung: Lehnformung in Glied-für-Glied-Übersetzung	steam engine → Dampfmaschine
Scheinlehnwort	muttersprachliche Neubildung eines Wortes, das seine fremdsprachliche Herkunft nur vortäuscht	Mobile (engl.) → Handy (dt.)

HAUPTELEMENTE DES MODERNEN SPRACHWANDELS

- → **Transferenzen** treten im heutigen Gegenwartsdeutsch vor allem aus dem Angloamerikanischen auf in den Bereichen Wissenschaft, Technik, Sport, Mode, Musik und Medien. Häufig begründen sich diese Transferenzen nicht nur dadurch, dass die verwendeten Begriffe Internationalismen, also wie fachsprachliche Termini technici übersetzungslos in allen Sprachen verankert sind (z. B. „Videoclip", „App"), sondern vor allem durch das Prestige des Angloamerikanischen in diesen Bereichen. Mit der Verwendung verbindet der Sprecher nicht selten Vorstellungen von Selbstwert, Macht, sozialem Ansehen und Aufstieg. Fragwürdig wird es dann, wenn fremdsprachlichen Ausdrücken ein völlig anderer Sinn unterlegt wird (z. B. „public viewing": Leichenschau [engl.] vs. öffentliches Fernsehen, Rudelgucken).
- → Die **Mischung von Groß- und Kleinbuchstaben** dient sehr subjektiven Hervorhebungen.

Orientierung an Lautsprache

- → Der Stil der Chats und Internet-Foren, gern mit dem unzutreffenden Begriff des **Parlando-Stils** bezeichnet, mit seiner sich an der Lautsprache orientierenden Schriftlichkeit wächst mehr und mehr auch in den normalen Sprachgebrauch hinein. Merkmale dieses Stiles sind Veränderungen am Wortkörper (Metaplasmen) durch Weglassungen am Wortanfang, in der Wortmitte oder am Wortende oder durch Zusammenziehung und Verschmelzung zweier Wortkörper (Kontraktion).

Syntaktisch äußert sich dieser Stil vor allem in Auslassungen von Satzteilen, die in feuilletonistischen Kurz- oder sogar Einwortsätzen („Eben.“) ihre Vorläufer haben. Das lässt sich aber auch schon unter die Tendenz zur Abbreviation fassen.

→ **Abbreviationen** (Abkürzungen) bestimmen nicht nur in der deutschen Sprache den zeitgenössischen Sprachwandel. Sie treten vorwiegend im mündlichen und medialen Sprachgebrauch als Ausdruck der Ökonomie, des Pragmatismus und der Gruppenzugehörigkeit in folgenden Formen auf:

Abbreviationen

Bezeichnung	Beschreibung	Beispiel
Akronym	meist in Großbuchstaben geraffte Folge von Initialbuchstaben	ARD, CDU, LKW, IC, AB
Sigle, Emoticon (Smiley)	neudefinierte kleine Bildzeichen	☺ ☹
Symbol	Einzelwörter werden durch Begriffszeichen ersetzt.	&, %, Ziffern: 4teilen
Kurzwort	→ Kopfwort → Doppel-Kopfwort → Schwanzwort → Rahmenwort → Verbalsubstantiv	Auto, Foto, Uni, Prof, Perso Trafo, Kita, Hiwi, Modem (*Mo*dulator + *Dem*odulator) Trockner, Bus, Rechner Brunch (*Br*eakfast + L*unch*), Motel (*mo*torist's ho*tel*) Tanke, Flieger, Denke
Inflektiv	phonologisch beeinflusstes synthetisches Wort	stöhn, blabla, krächz
Metaplasmus **Elision (Auslassung)**	Veränderung des Wortkörpers → Aphärese: am Anfang → Synkope: in der Mitte → Apokope: am Ende	 raus; ne ← eine gehn nich, sonder
Ellipse	Satzverkürzung	Mach ich.
Kontraktion (Synalöphe)	Zusammenziehung zweier Wörter	hasse ← hast du

Zuletzt wurde die sich immer stärker in den digitalen Bereich verschiebende schriftliche Kommunikation (E-Mail, SMS, Twitter, Messaging-Apps wie WhatsApp) durch sog. **Emojis** revolutioniert, die 1999 vom japanischen Kommunikationsdesigner Shigetaka Kurita entwickelt wurden. Dabei steht das *E-* für Bild und *moji* für Charakter. Ziel der Entwicklung dieser einfachen Bildzeichensprache, bestehend aus modernen Ikons in hieroglyphischer Aneinanderreihung, ist es, ein global einheitliches visuelles Verständigungsmedium zu schaffen, das von allen Menschen der Erde verstanden werden kann, ohne eine neue Sprache erlernen zu müssen (wie z. B. die Weltkunstsprachen Ito oder Esperanto).

3.3.3 MEHRSPRACHIGKEIT

Hochsprache und Dialekt

Man muss echte Multilingualität, in der Regel Bilingualität, also die alltägliche Verwendung von zwei ethnisch unterschiedlichen Sprachen, von der Diglossie, der Verwendung von zwei Varietäten derselben ethnischen Sprache, unterscheiden. Von **Diglossie** würde man also sprechen, wenn neben der normierten Hochsprache noch eine andere Sprachform benutzt wird, die sich im Niveau deutlich von der Hochsprache unterscheidet, wie z. B. der Dialekt. Umgangssprache, Jugendsprache, Soziolekt oder Idiolekt würden in ihrer relativ geringen Differenz zur Hochsprache nicht ausreichen, um von einer Diglossie zu sprechen. Anders ist es bei dem Szenejargon der „Kanaksprak“ [2], der besonders von Migranten benutzten Mischsprache aus Deutsch und Elementen des Türkischen und der Balkansprachen (**„Türkendeutsch“**, **„Kiez-Deutsch“**). Hier liegen auf unterschiedlichen Ebenen so gravierende Abweichungen vor, dass es bereits einer besonderen Beherrschung dieser subkulturellen Kiez-Sprache bedarf. Das ist auch daran feststellbar, dass es Bestrebungen gibt, diese Sprachvarietät nicht abzuwerten, sondern als interkulturelle Kontaktsprache und Multi-Ethnolekt anzuerkennen, weil sie als sekundärer (d. h. nachgeahmter) oder sogar tertiärer (d. h. sich in den Medien spiegelnder) Ethnolekt auf die Ursprungssprache zurückwirkt (z. B. Übernahmen der „Kanaksprak“ in die Hochsprache).

Echte Bilingualität

Echte Bilingualität ist häufig bei Kindern von Migranten oder verschiedensprachigen Eltern gegeben. Selten werden dabei beide Sprachen vollständig in Wort und Schrift beherrscht, zumeist dominiert eine. Die Identitäts- und die Kontrastivhypothese beleuchten unterschiedliche Probleme der Bilingualität. Nach der Kontrastivhypothese bereitet beim Erwerb einer Zweitsprache das Lernen unterschiedlicher Elemente besondere Schwierigkeiten, während identische Elemente leicht erlernbar sind. Dagegen geht die Identitätshypothese davon aus, dass es für den Erwerb keine Rolle spielt, welche Sprache zuerst erlernt wurde. Neuere Forschungen belegen jedenfalls, dass Bilingualität das Gehirn in den Bereichen des Hippocampus und des Cortex verändert und verbessert im Hinblick auf logisches Denken, Simultanität (Multitasking), Auffassungsschnelligkeit, und die Entwicklung von Konfliktlösungsstrategien. [3] Die Erforschung dieses Phänomens ist bei Weitem noch nicht abgeschlossen.

Erlernte Mehrsprachigkeit

Erlernte Mehrsprachigkeit durch den Erwerb einer Fremdsprache z. B. in der Schule gewinnt in einer globalisierten Welt zunehmend an Bedeutung. So ist es im vereinten Europa ein seit 2003 in Barcelona erklärtes Ziel, dass in absehbarer Zeit jeder Bürger Europas neben seiner Muttersprache zwei weitere Sprachen beherrschen soll. Als Vorteile der so erlernten Mehrsprachigkeit werden immer wieder folgende vier Aspekte (von Claudia Maria Riehl) vorgetragen:

→ „**Der kognitive Aspekt**: Mehrsprachigkeit fördert ein differenziertes Bewusstsein von Sprache, z. B. das metasprachliche Bewusstsein und andere Fertigkeiten, die auch das Erlernen weiterer Sprachen erleichtern. Sie schult außerdem differenziertes Denken.

---

2 Diese Wortschöpfung geht wahrscheinlich auf den deutschen Autor türkischer Herkunft Feridun Zaimoglu zurück (*Kanak Sprak – 24 Mißtöne vom Rande der Gesellschaft*, 1995).

3 The Power of the bilingual Brain, Time, Vol. 182, Nr. 30 vom 29. 07. 2013, S. 26–29.

→ **Der psychologische Aspekt**: Für viele Menschen ist die Herkunftssprache (‚Muttersprache‘) ein Symbol ihrer Identität. Die Anerkennung der Muttersprache hebt das Selbstbewusstsein der Sprecher, das ist v. a. wichtig für Sprachen, die in unserer Gesellschaft bislang noch wenig Prestige besitzen.
→ **Der pragmatische Aspekt**: Mehrsprachige haben eine differenziertere Sicht auf die Welt. Sie lernen durch die Brille der anderen Sprache andere Sichtweisen kennen und sind daher flexibler im Handeln. Ein Beispiel: Manche Sprachen drücken ein und denselben Sachverhalt ganz verschieden aus: z. B. wenn ich vom Regen durchnässt bin, sage ich auf Italienisch *sono tutta bagnata* ‚ich bin ganz gebadet‘. Oder es gibt viele Redensarten, die kulturelle Vorstellungen wiedergeben: Im Deutschen ist die Galle vor allem ein Sitz von Wut. Man sagt *mir läuft die Galle über, mir kommt die Galle hoch*. Im Türkischen ist damit vor allem Hunger verbunden. Man sagt *safra bastirmak* (‚Galle drücken‘): ein bisschen etwas essen, um den Hunger zu unterdrücken usw.
→ **Der kulturelle Aspekt**: Mehrsprachige, besonders Angehörige von Sprachminderheiten, haben eine Brückenfunktion als Vermittler zwischen verschiedenen Kulturen. Sie sind in verschiedenen Sprachen und Kulturen zuhause und können diese an uns vermitteln.“[4]

3.4 Sprachsoziologie

SPRACHEBENEN UND -VARIETÄTEN

Unter dem Begriff Sprachvarietäten versteht man die synchron nebeneinander bestehenden, aber unterschiedlichen Erscheinungsformen einer Sprache, die man unter dem Begriff Sprachebenen wie folgt differenziert:

Sprachebene	Beschreibung	Verwendung
Gehobene Sprache Dichtersprache	elitäre, gewählte Semantik	Kunststil oder kultureller Imponierstil: Literatur
Standardsprache Allgemeinsprache Hochsprache	überregional, mit semantischer, orthografischer und grammatischer Reglementierung vor allem bei der schriftlichen Kommunikation	Normsprache der sozial und kulturell herrschenden Oberschicht: Kommunikationsmedien
Umgangssprache	ungezwungene, mündlich allgemein benutzte Alltagssprache	Normalbürger
Regionalsprache	regional mundartlich gefärbte mündliche Umgangssprache	Identifikation und Gemeinschaft stiftende Sprache, z. B. Ruhrgebietssprache

4 Zit. nach: Claudia Maria Riehl: *Die Bedeutung von Mehrsprachigkeit*, http://www.phil-fak.uni-koeln.de/fileadmin/zsm/Bedeutung_von_Mehrsprachigkeit-1.doc (Stand: Juli 2019).

Sprachebene	Beschreibung	Verwendung
Gemeinsprache Vulgärsprache	im Vokabular meist derbe, grammatikalisch oft restringierte mündliche Sprachverwendung in oft diskriminierender Absicht	Emotionsausgleich; z. T. auch soziale Unterschicht
Mundart	regional traditionell verwendete alte Sprachform mit meist eigener Semantik und Grammatik	kulturelle Tradition, z. B. Friesisch, Kölsch, Niederdeutsch (Plattdeutsch), Bayerisch
Fachsprache	wissenschaftliche Sprache mit fachlich besonders differenzierter, oft fremdsprachlicher Begrifflichkeit: „Fachchinesisch"	differenzierte Spezialverständigung, z. B. Sprache der Medizin, Psychologie etc.
Ethnolekt	spezielle Sprachverwendung einer fremden ethnischen Gruppe	Migrations- und Ghettosprache, z. B. „Kanaksprach"
Soziolekt Jargon	Sprachvorlieben einer sozialen Gruppe im Rahmen der Hochsprache: Jugendsprache, geschlechtsspezifische Sprachverwendung	Mittel der sozialen Distanzierung und Gemeinschaftsbildung, z. B. Männersprache, Frauensprache, Jugendsprache
Idiolekt	individuelle Sprachverwendung	

Beim Ethnolekt gilt es in Deutschland drei Ebenen zu unterscheiden: Zu dem dargestellten primären Ethnolekt treten inzwischen auch der **sekundäre Ethnolekt** auf, der zumeist als unterhaltende Nachahmung des primären Ethnolekts Verwendung findet, und der **tertiäre Ethnolekt**, der in den Medien gespiegelte sekundäre Ethnolekt, der auf die gesamte Sprachgemeinschaft einwirkt.

JUGENDSPRACHE

Kennzeichen

Die Jugendsprache ist ein wesentlicher, sich historisch immer wieder verändernder Soziolekt. Er kennzeichnet sich unabhängig von der jeweils sprechenden Gruppierung zumeist durch:

→ besondere Gruß- und Anredeformen: „Alter", „Digger" (Dicker), „Tussi"
→ Verwendung einer Sonderlexik:
  - Neologismen (Wortneuschöpfungen): „alken" = sich hemmungslos betrinken
  - lexikalische Mutation (Wortveränderung): „Randalo" = Schlägertyp
  - lexikalische Abbreviationen (Vereinfachungen): „Proggi" = Programm
  - semantische Entlehnungen aus anderen Sprachen: „chillen" = entspannen, abhängen
  - Internationalismen (fremdsprachliche Anleihen): „beachen" = am Strand liegen
  - phonologische Germanisierung (klangliche Eindeutschung): „abcoolen" = sich beruhigen
  - semantische Variationen (Bedeutungsverschiebung): „Bonsai" = kleingewachsener Junge
  - semantische Addition (Bedeutungserweiterung): „fett" = voll in Ordnung
  - semantische Subtraktion (Bedeutungsverengung): „Looser" = Versager

- semantische Paradoxa (Bedeutungsumkehrung): „Massage“ = Prügel
- kreative Wortspiele: „labundig“ = lebenslustig

→ Verwendung gemeinsprachlicher Ausdrucksformen: „Fressbrett“
→ Verbalisierung von Substantiven: „müllen“ = dummes Zeug reden
→ stark expressive, oft superlativ übersteigerte Adjektive: „megageil“
→ Hyperbeln (Übertreibungen): „hunderttausend Leute“
→ metaphorische (bildhafte) Ausdrucksweise: „Münzmallorca“ = Solarium
→ häufiger Gebrauch abtönender Füllwörter: „irgendwie“, „oder so“
→ Verwendung von Abbreviationen: „türlich“ = natürlich
→ elliptische Syntaxverwendung: „klaro“ = versteht sich von selbst
→ nachdrückliche Bestätigung: „ehrlich“, „echt ey“
→ Rückversicherungsfloskeln: „weißt du“

Von „knorke“ bis „cool“

Besonders bei Fragen der Wertung ist die Jugendsprache lexikalisch-semantisch aktiv, also bei Äußerungen der Wertschätzung oder Geringschätzung (z. B.: „knorke“, „tofte“, „jovel“, „spitze“, „klasse“, „super“, „geil“, „cool“ [in etwa historische Abfolge]; „grottig“, „sich einen Fetten machen“ = sich drücken) oder zum Ausdruck der Verwunderung oder Unzufriedenheit („ich denk, mich knutscht ein Elch“).

Jugendsprache ist zunächst abwertend betrachtet als „Halbstarken-Chinesisch“ stigmatisiert worden, ehe sie über „Teenagerdeutsch“ und „Schülerdeutsch“ als Jugendsprache auch wissenschaftlich ernst genommen wurde. Heute wird der Collage-Stil der Jugendsprache, der nach innen Solidarität und nach außen Distinktion vermittelt und sich einerseits aus der Mediensprache und andererseits aus der eigenen Sprachhaltung speist, als Quelle kultureller Entwicklungen betrachtet.

GENDERLEKT

Männersprache, Frauensprache?

Die Frage nach dem Genderlekt, der Frage nach der Männer- bzw. Frauensprache, ist im Wesentlichen keine Frage nach der Sprachdifferenz zwischen den Geschlechtern, als vielmehr die Frage nach einer geschlechtergerechten Sprache. Seit den 1970er Jahren des vergangenen Jahrhunderts sind im Rahmen der Emanzipationsbestrebungen der Frau Klagen über den Sexismus in der Sprache formuliert und zur Erlangung der auch sprachlichen Gleichberechtigung Forderungen aufgestellt worden, die den gängigen Maskulinismen in der deutschen Sprache den Kampf angesagt haben. Daraus haben öffentliche und amtliche Stellen ihre Lehren gezogen und bemühen sich heute in vielfacher Weise um Sprachgerechtigkeit. Dies geschieht überwiegend entweder durch die **Verdeutlichung** der beiden Geschlechter, indem man beide Geschlechtsgruppen direkt anspricht (Doppelanrede: „Schülerinnen und Schüler“) oder dadurch, dass man sich um eine **neutrale Ausdrucksweise** bemüht, was häufig bereits durch Pluralbildungen vollzogen werden kann („Studierende“ statt: Studenten, „alle, die zur Wahl berechtigt sind“ statt: jeder Wahlberechtigte; „Es ist nicht bekannt, wer das Werk verfasst“ hat statt: der Verfasser des Werks ist unbekannt; „Beratung der Kundschaft“ statt: Kundenberatung). 2018 beschäftigte sich der Rat für deutsche Rechtschreibung mit dem sogenannten **Gendersternchen bzw. Genderstern**, bei dem unter Verwendung des Sterns nach dem Wortstamm eine geschlechterbewusste Sprache erzeugt werden soll (z. B. „Besitzer*in"), sprach aber noch keine Empfehlung für dessen Verwendung aus. In der Praxis findet er jedoch immer häufiger Verwendung und ist z. B. bei Dokumenten des Berliner Senats seit 2017 Norm.

3.5 Sprachphilosophie

3.5.1 VERHÄLTNIS VON SPRACHE – DENKEN – WIRKLICHKEIT

Theorie-stammbaum

Die modernen Medien haben den bereits von Herder im 18. Jahrhundert angesprochenen Problemkreis um **Sprache, Denken und Wirklichkeit** noch weiter zugespitzt, zumal die durch die gewachsenen Zugriffsmöglichkeiten erweiterte Freiheit des individuellen Bewusstseins durch die immer stärker einwirkenden Vorgaben der neuen Einflüsse bedrohter erscheint als zuvor. Hinsichtlich des Verhältnisses von Sprache und Denken lässt sich folgender Theorie-Stammbaum erstellen:

SPRACHTHEORIEN

ÜBERSICHT

Theorie	Erklärung	Vertreter
Monistische Theorien	Sprache und Denken sind eins.	J. G. Herder, M. Müller, F. Mauthner, G. Lukács
Dualistische Theorien	**Dominanztheorien:** → Denkdominanz (kognitionstheoretischer Ansatz): Das Denken (Kategorien) beeinflusst Wahrnehmung und Sprache.	J. Piaget, N. Chomsky
	→ Sprachdominanz (linguistischer Ansatz): Die Sprache beeinflusst Wahrnehmung und Denken (Linguistisches Relativitätsprinzip).	W. v. Humboldt, J. B. Watson, B. L. Whorf, E. Sapir
	Interdependenztheorie (neurolinguistischer Ansatz): Sprache und Denken stehen in einem Wechselverhältnis.	G. Patzig, L. S. Wygotski, D. Spanhel, A. Schaff

3.5.2 EXKURS: AKTUALITÄT DER SAPIR-WHORF-HYPOTHESE

„Vernunft ist Sprache"

Die Sprachdominanztheorie, die davon ausgeht, dass die Sprache Wahrnehmung und Denken beeinflusst, hat eine mindestens bis zur Aufklärung zurückreichende Geschichte. **Johann Georg Hamann** (1730–1788) begreift in seiner posthum erschienenen, gegen Kant gerichteten Schrift *Metakritik über den Purismus der Vernunft* (1800), die Sprache als „einzigen und letzten Organon und Kriterion der Vernunft" und formuliert knapp: „Vernunft ist Sprache".

„Worte erwecken Gedanken“

Sein Schüler **Johann Gottfried Herder** (1744–1803) gewinnt mit seiner *Abhandlung über den Ursprung der Sprache* (1772) eine für das Jahr 1770 von der Berliner Akademie der Wissenschaften ausgelobte Preisaufgabe, in der er zwar erstmalig den Spracherwerb des Menschen auf dessen eigene Entwicklung zurückführt, aber die Auffassung Hamanns von der Vorrangstellung der Sprache gegenüber dem Denken teilt, wenn er behauptet, „man erweckt eben Gedanken durch Worte“.

Sprachlicher Idealismus

Im Gegensatz zu Hamann geht **Wilhelm von Humboldt** (1767–1835) zwar vom Transzendentalen Idealismus Immanuel Kants aus. Aber in seiner Schrift *Über die Verschiedenheit des menschlichen Sprachbaues und ihren Einfluss auf die geistige Entwicklung des Menschengeschlechts* (1836) gelangt Humboldt ebenfalls zu einer Sprachauffassung, die der Sprache gegenüber dem Denken das Primat einräumt. Man kann diese Sprachauffassung „Sprachlichen Idealismus“ nennen, weil Humboldt analog zu Kant unterstellt, dass die Dinge der Wirklichkeit selbst nicht erfassbar seien, sondern nur durch eine sprachlich vorstrukturierte Wahrnehmung. Erst wenn die Sprache die Wirklichkeit durch Begriffe verfügbar gemacht hat, kann das Denken mit diesen Begriffen operieren und sich die Wirklichkeit erschließen, so Humboldt. Anders formuliert: Der Mensch kann von der Wirklichkeit das nicht erkennen, was er nicht benennen kann. Unter Verwendung von aristotelischen Begriffen bezeichnet Humboldt mit „Ergon“ den begrifflichen Bestand einer Sprache und mit „Energeia“ die wirklichkeitsschaffende Kraft der Sprache. Sprache ist nach Auffassung Humboldts als dynamischer Prozess die „äußerliche Erscheinung des Geistes der Völker; ihre Sprache ist ihr Geist und ihr Geist ihre Sprache, man kann sich beide nie identisch genug denken.“ [5] Zum Verhältnis zwischen Sprache und Denken formulierte er eindeutig: „Die Sprache ist das bildende Organ des Gedanken(s).“ [6] Später teilten sowohl der deutsch-jüdische Philosoph **Ernst Cassirer** (1874–1945) als auch der während der NS-Zeit mit dem Reichssicherheitshauptamt zusammenarbeitende Sprachwissenschaftler **Leo Weisgerber** (1899–1985) Humboldts Auffassung von der Sprache als dem Mittel, mit dem uns erst die Erschließung der Wirklichkeit gelingt.

Ethnologie

Mit dem in die USA emigrierten deutsche Anthropologen **Franz Boas** (1858–1942) setzt der ethnologische Zweig der Sprachtheorie ein. Als Ergebnis seiner Studien formulierte Boas 1920: „The categories of language compel us to see the world arranged in certain definite conceptual groups which, on account of our lack of knowledge of linguistic processes, are taken as objective categories and which, therefore, impose themselves upon the form of our thoughts.“ [7] In seinem Werk *Race, Language and Culture* (1940) stellt er fest, dass eine Kultur nicht von ihrer Sprache eingegrenzt werden könne. Boas gelangt dabei zu der Schlussfolgerung, dass das Denken die Sprache beeinflusse, dass aber „alle Sprachen umfangreich und komplex genug (sind), um der Vielfalt menschlichen Denkens gerecht zu werden.“ [8]

---

5 Wilhelm von Humboldt: *Ueber die Verschiedenheit des menschlichen Sprachbaues und ihren Einfluss auf die geistige Entwicklung des Menschengeschlechts*. In: Ders.: Werke in fünf Bänden. Hrsg. von A. Flitner und K. Giel. Bd. 3: Schriften zur Sprachphilosophie. Darmstadt: Wissenschaftliche Buchgesellschaft, 1963, S. 414 f.

6 Ebd., S. 426.

7 J. A. Lucy: *Language Diversity and Thought. A Reformulation of the Linguistic Relativity Hypothesis*. Cambridge, 1992, S. 15.

8 Zitiert nach: Joachim Funke: *Sprache und Denken: Einerlei oder Zweierlei? Einige Überlegungen aus Sicht der Psychologie*. Vortrag am Psychologischen Institut der Universität Heidelberg vom 18. 11. 1999, S. 7; https://www.psychologie.uni-heidelberg.de/ae/allg/mitarb/jf/Funke_1999_Sprache&Denken.pdf (Stand: Juli 2019).

Steuert Sprache das Denken?

Sein Schüler **Edward Sapir** (1884–1939), ein von Litauen aus in die USA emigrierter Sprachwissenschaftler und Ethnologe, kehrt allerdings diese Einstellung um. In seiner Schrift *Language: An Introduction to the Study of Speech* (1921) behauptet Sapir, die Denkprozesse des Menschen seien durch die Eigenheiten der Sprache strukturiert und bis zu einem gewissen Grad sogar von ihr gesteuert. Die Unterschiedlichkeit der Sprachen weise geradezu darauf hin, dass sie eine unterschiedliche soziale Wirklichkeit widerspiegelten. Sapir betont dabei allerdings den pragmatischen Charakter der Sprache, die die Wirklichkeit je nach Bedarf und Notwendigkeit auffasse. Er formuliert alles in allem jedoch sehr vorsichtig und behauptet im Gegensatz zu Humboldt weder eine Identität von Sprache und Denken, noch glaubt er, mit einer Mehrsprachigkeit könne sich die Wahrnehmung der Wirklichkeit erweitern. Er betont vielmehr, dass keine Sprache die Realität richtiger abbilde als eine andere, weil es eben keine objektive Wahrheit der Realität gebe. Deshalb hält er es auch durchaus für wahrscheinlich, dass zwischen zwei Sprachen das Problem der Unübersetzbarkeit auftreten könne.

Linguistisches Relativitätsprinzip

Wesentlich radikaler ist im Gegensatz dazu die Einstellung seines Schülers **Benjamin Lee Whorf** (1897–1941). Als ausgebildeter Chemieingenieur war Whorf eigentlich Brandverhütungsingenieur bei einer Versicherungsgesellschaft und interessierte sich zunächst nur als Hobby für ausgefallene Sprachen. Als Sapir einen Lehrstuhl in Yale erhielt, besuchte Whorf Kurse bei ihm, ließ sich zur Untersuchung von amerikanischen Indianersprachen animieren und wurde so zu einem linguistischen Laien – ohne Diplom. Seine Untersuchung der Sprache der im Navajo-Reservat in Arizona lebenden Hopi-Indianer, die er in seinem erst 1950 veröffentlichten Aufsatz *An American Indian Model of the Universe* (1936) niederlegte, führte Whorf später zur Formulierung seines linguistischen Relativitätsprinzips. Als Ergebnisse seiner Untersuchungen findet er 1936 heraus, dass die Hopi-Sprache zwar in der Lage ist, in einem pragmatischen und operationalen Sinne alle beobachtbaren Phänomene des Universums richtig zu beschreiben.

Das Weltbild der Hopi-Indianer

Aber die Weltanschauung der Hopi sei, gemessen an unserer, der in den sogenannten SAE-Sprachen („Standard Average European") vorhandenen Weltanschauung, unmathematisch und linguistisch eine andere. Die Hopi-Sprache besitze keine Begriffe für unsere kosmischen Grundkomponenten von Raum und Zeit, weil sie zwei anderen Grundkomponenten folge, den objektiven Fakten und der subjektiven Meinung, sodass sie gar keine Begrifflichkeiten für Raum und Zeit benötige.

Der Einstein der Sprache?

Innerhalb der nächsten zehn Jahre entwickelt Whorf dann sein linguistisches Relativitätsprinzip, mit dem er sich in verschiedenen Aufsätzen und Vorträgen vornehmlich an ein Laienpublikum wendet und als begabter Redner auch manches im Sinne eines besseren Verständnisses vergröbert und übertreibt. Seine Theorie wird zumeist nach dem Sammelband *Sprache – Denken – Wirklichkeit. Beiträge zur Metalinguistik und Sprachphilosophie* (1956, dt. 1963) zitiert. Die Begrifflichkeit der linguistischen Relativitätstheorie lehnt sich dabei nicht nur an die Spezielle Relativitätstheorie Albert Einsteins von 1905 an, sondern auch an das ethnologische Relativitätsprinzip von Franz Boas, nach dem zahlreiche Institutionen, Wertungen und Emotionen kulturspezifisch, also nur den Mitgliedern je einer bestimmten Kultur zugänglich oder verbindlich seien.

Grammatik bestimmt Denken

Whorf schreibt, dass der zunehmende Vergleich verschiedener Sprachen die Linguisten herausfinden ließ, „dass das linguistische System (mit anderen Worten, die Grammatik) jeder Sprache nicht nur ein reproduktives Instrument zum Ausdruck von Gedanken ist, sondern vielmehr selbst die Gedanken formt."[9] Verschiedene Grammatiken führten demnach zu verschiedenen Arten der Produktion von Gedanken. Die Realität werde nicht nach Kategorien wahrgenommen, die aus der Realität stammten, sondern nach denen, die das jeweilige linguistische System vorgebe, das selbst in einem langen Prozess einer kulturellen Übereinkunft entstanden sei. Jeder Sprachteilnehmer sei zwangsläufig an das linguistische System seiner Sprache gebunden. Eine Freiheit im Umgang mit der Realität wachse demnach erst mit der Beherrschung mehrerer linguistischer Systeme (Mehrsprachigkeit). Das bringt Whorf zu der Formulierung seines Relativitätsprinzips, „das besagt, dass nicht alle Beobachter durch die gleichen physikalischen Sachverhalte zu einem gleichen Weltbild geführt werden."[10] Die relativ große Übereinstimmung in dem von den europäischen Sprachen produzierten Weltbild führt Whorf auf die Nähe der indoeuropäischen Sprachen zueinander und die gemeinsam gewachsene Kultur zurück. Die Tatsache, dass sich in den Wissenschaften auch bei außereuropäischen Wissenschaftlern keine anderen Termini fänden, begründet Whorf damit, dass man sich der europäischen Sichtweise unterworfen habe. Deutlicher werde diese Divergenz, „dass Sprachen die Natur in vielen verschiedenen Weisen aufgliedern"[11], erst, wenn man Sprachen miteinander vergleicht, die sich mehrere tausend Jahre lang unabhängig voneinander entwickelt haben.

Kennen Eskimos viele Wörter für Schnee?

Whorf leitet seine leidenschaftlich vorgetragenen Überlegungen nicht aus übergeordneten Theorien ab, sondern stützt sich bei der Begründung seiner These argumentativ fast ausschließlich auf die Ergebnisse seiner Untersuchungen der Hopi-Sprache, vor allem auf deren, wie er behauptet, andere Raum-, Zeit- und Mengenauffassung. Als darüber hinausgehende Argumente führt er die Verschiedenheit der Farbeinteilungen und -bezeichnungen bei unterschiedlichen Sprachen an. Berühmt wurde Whorfs Behauptung, die Sprache(n) der Inuits (Eskimos) hätte(n) – im Unterschied etwa zu den europäischen Sprachen – zahlreiche Begriffe für unterschiedliche Formen von Schnee.

Kritik an Whorfs Thesen

Whorfs Gedankengang scheint zunächst logisch und stringent zu sein. Bei näherer Betrachtung stellt man allerdings fest, dass dieser Eindruck wesentlich auf seinem Geschick basiert, wissenschaftliche Argumente durch manipulative Rhetorik zu ersetzen. So stützen sich seine Tatsachenbehauptungen und apodiktisch formulierten Aussagen weniger auf Argumente als auf sprachpsychologische Mittel, mit denen eine logische Dynamik lediglich suggeriert wird. Hinzu kommt, dass Whorf auch vor emphatischen Überredungsgebärden und insistierenden Wiederholungen nicht zurückschreckt. Trotz aller Vagheit seiner Ausführungen erreicht er so bei vielen Lesern zwar eine emotionale Affirmation, aber letztlich keine rationale Überzeugung. Wenn Whorf darauf vertraut, dass der Leser in der Lage ist, die vorhandenen logischen Lücken zu schließen, setzt er doch implizit voraus, dass das Denken eben jene Gedanken zu formen vermag, die die Sprache an dieser Stelle aus logischen Gründen zu formen versagt, womit er seiner eigenen Theorie widerspricht. Zudem: Falls der Leser der Theorie Whorfs wirklich in den Bahnen zu denken gezwungen wäre, die ihm das vorgeformte Sprach-

---

9 Benjamin Lee Whorf: *Sprache – Denken – Wirklichkeit. Beiträge zur Metalinguistik und Sprachphilosophie*. Reinbek bei Hamburg: Rowohlt, 1963, S. 12.
10 Ebd.
11 Ebd.

material des Textes vorzeichnet, dürften Whorfs Ausführungen auch nicht kritisch hinterfragt werden können.

Nachweis von Fehlern

Als Nicht-Sprachwissenschaftler ist Whorf darüber hinaus eine Reihe von Fehlern unterlaufen. So hat er zum Beispiel aus Ermangelung eines längeren Forschungsaufenthaltes das meiste Untersuchungsmaterial mit Hilfe eines einzigen, dazu noch in New York lebenden Hopis ermittelt. Der Münsteraner Sprachwissenschaftler Helmut Gipper, ausgerechnet ein Schüler Leo Weisgerbers, fand 1972 bei der Überprüfung der Whorfschen Hopi-Untersuchung heraus, dass das Hopi zwar eine andere Zeitauffassung als die europäischen Sprachen hat, aber durchaus in der Lage ist, Zeitvorstellungen zum Ausdruck zu bringen. Hier wie auch bei anderen Untersuchungen Whorfs zeigen sich vielfältige Mängel in der wissenschaftlichen Methodik, die bereits bei der Definition der Begriffe „Sprache“ und Denken“ ansetzt. Auch Whorfs Unterstellung, die grammatischen Strukturen müssten nachweisbare Entsprechungen im außersprachlichen Verhalten haben, hat keine Bestätigung gefunden. Hinsichtlich der unterschiedlichen sprachlichen Farbeinteilung der Völker stellte man – allerdings erst 1973 – fest, dass die neurophysiologischen Voraussetzungen des Menschen auf der ganzen Welt zu einer gleichen Farbwahrnehmung führen, das wahrgenommene Farbspektrum aber je nach Bedarf der Völker unterschiedlich sprachlich gegliedert ist. Selbst die Behauptung von der lexikalischen Vielfalt des Inuit zur Bezeichnung von Schnee entpuppte sich als Mythos: Die Eskimos unterscheiden im Grunde nur fallenden von liegendem Schnee, andererseits steht selbst im Deutschen mit den Begriffen wie Flocken, Pulver, Firn, Harsch etc. mehr als nur ein Wort für Schnee zur Verfügung. Letztlich hat die Flut der seit Whorf angestrengten Untersuchungen ergeben, dass nicht nur die Phänomene der Welt von allen Menschen und nahezu in allen Sprachen nach den gleichen Kriterien klassifiziert und differenziert werden, sondern auch bei abstrakten Begriffen eine hohe Übereinstimmung festzustellen ist. Unterschiede sind dabei nicht auf sprachliche, sondern auf kulturelle Faktoren zurückzuführen.

Manipulation in Politik und Werbung

Damit ist der sich auf die Strukturverschiedenheit der Sprachen stützende Sprachdeterminismus Whorfs in seiner extremen Form als unhaltbar widerlegt. In seiner abgeschwächtesten Form allerdings sind die Erkenntnisse Whorfs nicht bestreitbar: Die Sprache vermag durchaus auf unser Denken Einfluss zu nehmen, wessen man sich auch zu allen Zeiten in Politik und Werbung wirksam bedient, indem man durchaus erfolgreich versucht, Bewusstsein und Denken mit Mitteln der Lenkung und Manipulation von Sprache zu steuern.

Konsequenzen für den Schulunterricht

Die Konsequenzen der Sapir-Whorf-Hypothese, die eigentlich nur eine Whorf-Hypothese ist, waren vielschichtig. Bereits kurz nach Veröffentlichung in den 1950er Jahren erlebte die Theorie eine etwa zehnjährige Blütezeit, auch in Deutschland. Sie hatte z. B. zur Folge, dass vorübergehend bei der Versetzung ein „Mangelhaft“ in Deutsch nicht ausgeglichen werden konnte, weil nach Whorfs Theorie jemand nicht „richtig denken“ könne, wenn die Leistungen in der Muttersprache nicht hinreichten.

In den nächsten zwei Jahrzehnten ließ das Interesse an Whorfs „linguistischem Relativitätsprinzip“ jedoch in dem Maße nach, in dem das Wissen an den sprachlichen Universalien wuchs. Hier drehte man die Perspektive Whorfs nach dem Prinzip „Linguistic relativity presupposes linguistic universals“ (Eve und Herbert Clark, 1978) um: Statt nach Unterschieden in den verschiedenen Sprachen zu suchen, erforschte man jetzt ihre Gemeinsamkeiten. Joseph Greenberg (1915–2001) und Floyd Lounsbury (1914–1998) gelang es in den 1970er Jahren durch eine Untersuchung von 30 Sprachen 45 sprachliche Universalien herauszufinden, wie man jene Eigenschaften nennt, die allen menschlichen Sprachen gemeinsam sind. In diese Epoche fällt auch die Theorie Noam Chomskys (geb. 1928), die – ausgehend von der Annahme angeborener sprachlicher Ideen – davon ausgeht, dass alle Sprachen eine gemeinsame „Tiefenstruktur" besitzen, eine Art Universalgrammatik. Diese Hypothese erwies sich zwar als ebenso wenig haltbar wie die von dem Ukrainer W. M. Illytsch-Switytsch (1934–1966) und dem Russen Aharon Dolgopolsky (1930–2012) postulierte „Ursprache", die sie als das „Nostratische" bezeichneten. Immerhin brachte Chomskys Annahme aber den Italiener Luigi Luca Cavalli-Sforza (1922–2018) zu der These, man könne die nachgewiesenen Universalien als Relikte einer gemeinsamen Ursprache betrachten. So ist seit Whorf gerade für den Bereich der grammatischen Strukturen, wo er hauptsächlich die Strukturverschiedenheit der Sprachen zu erkennen meinte, ein Großteil der sprachlichen Universalien nachgewiesen worden. Gleichwohl ist die Diskussion um Whorfs Theorie nie abgerissen.

Gemeinsame Tiefenstruktur?

3.6 Grenzen der Sprache

3.6.1 SPRACHKRITIK, SPRACHSKEPSIS, SPRACHNOT

Unter **Sprachkritik** versteht man im Allgemeinen die wertende Auseinandersetzung mit der geltenden Norm und der aktuellen Verwendung einer Sprache. Ein aktuelles Beispiel dafür wäre die bis heute anhaltende Kritik an der Einführung einer neuen deutschen Sprachnorm durch die Rechtschreibreform zwischen 1996 und 2006. In der Regel beziehen sich sprachkritische Äußerungen und Veröffentlichungen auf die Veränderungen, Tendenzen und Auffälligkeiten im aktuellen Sprachgebrauch und alle Formen der Sprachlenkung, die das Denken und die Einstellung der Sprachteilnehmer beeinflussen sollen und die meist politisch motiviert sind. Dazu gehören:

- → offizielle Sprachregelungen in Bezug auf Einzelbegriffe mit meist wertender Intention (so waren nach 1949 in der Bundesrepublik für die DDR Begriffe wie „Zone", „Mitteldeutschland" oder „sogenannte DDR" üblich; anderes Beispiel: „Fremdarbeiter" – „Gastarbeiter" – „ausländischer Arbeitnehmer"),
- → die Definitionsbegrenzung (verordnete Begriffseinengungen: z. B. NS-Zeit: „Propaganda", „Reichsminister für Volksaufklärung und Propaganda"),
- → die Tabuisierung (Verbot, Meidung von Einzelwörtern) und
- → der Euphemismus („Freistellung" für Entlassung).

Sprachpurismus

Sprachkritik richtet sich auch auf die Verwendungsgeschichte („Dirne", „geil") und den Missbrauch einzelner Wörter.

Sinn dieser Kritik ist zumeist die Warnung vor einem oder der Hinweis auf einen Sprachwandel mit dem Ziel, den Bestand der Muttersprache zu pflegen und diesen vor für unangemessen gehaltenen Veränderungen zu bewahren (Sprachpurismus).

Hier ist zwischen der wissenschaftlichen Sprachkritik und ihrer populärwissenschaftlichen Tochter, die oft eher Unterhaltungscharakter hat, zu unterscheiden. So finden sich auf dem Buchmarkt diverse populär gehaltene Stilratgeber (z. B. von Bastian Sick: *Der Dativ ist dem Genitiv sein Tod*).

Sprachskepsis ist kein wissenschaftlicher Terminus, sondern ein literarhistorischer und bezeichnet die am Ende des 19. Jahrhunderts aufkommenden Formen des Zweifels an der Leistungsfähigkeit der Sprache (vgl. den Zusammenhang von Sprache-Denken-Wirklichkeit). Daraus erwuchs auch die Sprachnot.

Sprachnot ist ebenfalls kein linguistischer Begriff. Er bezieht sich wie der Begriff Sprachskepsis auf eine besondere sprachkritische und literarische Situation zu Ende des 19. Jahrhunderts, in der Autoren ein Problem darin sahen, ihrer individuellen Sicht der Wirklichkeit und ihren vermeintlich neuartigen Gedanken mittels einer allgemeinen, verbrauchten, konventionellen und in ihren Nuancen bereits belasteten Sprache angemessenen Ausdruck verleihen zu können. Auslöser für diese Verunsicherung war neben dem Siegeszug der Naturwissenschaften mit ihren Fachsprachen v. a. der Aufstieg des Massenmediums Tageszeitung. Man fürchtete in dieser Krise, mit seiner Ausdrucksabsicht an den bereitstehenden Standardisierungen, Worthülsen und Denkschablonen zu scheitern, und ersehnte neue Ausdrucksformen. In diesen Zusammenhang ist der Chandos-Brief von Hugo von Hofmannsthal zu stellen.

3.6.2 EXKURS: HUGO VON HOFMANNSTHAL, *CHANDOS-BRIEF* – IN AUSZÜGEN

Der Autor

Krise um das Jahr 1900

Der österreichische Schriftsteller Hugo von Hofmannsthal (1874–1929) entstammte einer multikulturellen, aber verarmten Aristokratenfamilie. Als exzellenter Schüler machte er schon früh mit Gedichten von sich reden, studierte in Wien Jura und französische Philologie, promovierte 1898 und reichte 1901 sogar seine Habilitationsschrift ein. Dann entschied er sich überraschend gegen den akademischen Lehrberuf, heiratete, wurde freier Schriftsteller und veröffentlichte Dramen und Erzählungen. Um 1900 fiel er in eine Krise, weil er an den ihm verbleibenden Ausdrucksmöglichkeiten der Sprache verzweifelte. In diesem Zusammenhang verfasste der 28-jährige Hofmannsthal seinen autobiografisch gefärbten *Brief des Lord Chandos an Francis Bacon* (auch: *Ein Brief*).

Daten zum Text

Textsorte	Fiktiver Brief: Reflexion
Entstehungszeit	Sommer 1902
Erscheinungsort	18./19. 10. 1902, *Der Tag* (Berliner Tageszeitung)
Einordnung	Fin de Siècle
Thema	Krise des sprachlichen Ausdrucks; poetologisches Manifest der Poesie

Inhalt

Verlust der Einheit

Der fiktive 26-jährige Philip Lord Chandos, jüngerer Sohn des Earl of Bath, entschuldigt am 22. August 1603 gegenüber seinem geistigen Mentor Francis Bacon sein literarisches Schweigen mit einer zweijährigen Schaffenskrise. Er blickt auf seine erfolgreichen Veröffentlichungen als 19-Jähriger und seine Eindrücke auf einer Venedigreise als 23-Jähriger zurück und erinnert sich seiner vor Schaffenslust trunkenen Pläne, über Heinrich VIII. zu schreiben sowie Fabeln, mythische Erzählungen und eine Sammlung von Sentenzen und Reflexionen unter dem Titel *Nosce te ipsum* (Erkenne dich selbst) zu verfassen. Zu dieser Zeit vermochte er, alle Erscheinungen der erlebbaren Welt als Einheit aufzufassen und sich mit ihr zu identifizieren. Nun sind ihm der religiöse wie der weltliche Glaube an eine solche Einheit abhandengekommen, ja sogar die Fähigkeit, „über irgendetwas zusammenhängend zu denken oder zu sprechen“ [12].

Er erinnert sich des Beginns seiner Krise, die bei der Verwendung von Abstrakta und Begriffen des öffentlichen Lebens anfing, sich über die Unsicherheit im Umgang mit dem Wahrheitsbegriff fortsetzte und letztlich selbst familiäre und alltägliche Gespräche erfasste: Er sah sich außerstande, Urteile zu fällen und die ihn umgebende Welt sprachlich zu ordnen: „die abstrakten Worte (…) zerfielen mir im Munde wie modrige Pilze.“ [13] Der Versuch, sich in die geordnete und überschaubare Begriffswelt der Antike zu retten, misslang. Er sieht sich seitdem erfüllt von einer sprachlichen Leere, die ihm nicht gestattet, einfachste Situationen und Verhältnisse zu beschreiben. Sprache erscheint ihm wie vergiftet, und er selbst fühlt sich innerlich ohnmächtig und verzweifelt.

Die Sprache der stummen Dinge

Er sehnt sich danach, seinen tiefen Empfindungen und seinen Anteil nehmenden Eindrücken Ausdruck zu verschaffen. Alles, auch das Niedrigste, erscheint ihm gleichwertig und ausdruckswürdig. Er meint, dieser Welt nur durch eine kunstsprachliche Welt von Chiffren gerecht werden zu können, da die natürliche Sprache versagt. Am Beispiel der belächelten Liebe des Crassus (ein römischer Staatsmann) zu seiner Moräne verdeutlicht er sein Verlangen nach einer mystisch erhabenen Offenbarung des Einfachen, Banalen und Hässlichen und nach der „Sprache, in welcher die stummen Dinge zu mir sprechen.“ [14] Da ihm diese nicht gegeben ist, werde er wohl in keiner Sprache mehr schreiben können.

Analyse und Interpretation

Jenseits eines naiven Realismus

Der Schreibstil des Briefes widerlegt seine inhaltliche Aussage. Mit großem rhetorischen Geschick, sprachlichen Feinheiten, eindringlicher Bildhaftigkeit und raffiniertem zeitgenössischen Dekor beweist der Briefschreiber, dass ihm sehr wohl die Sprache mit all ihren Möglichkeiten als Ausdruckskraft zur Verfügung steht. Der Brief rechtfertigt vielmehr einen poetologischen Paradigmenwechsel. Die Position eines naiven Realismus hinsichtlich der sprachlichen Abbildbarkeit von Welt und Wirklichkeit wird aufgegeben und ersetzt durch ein neues Darstellungssystem, das zwischen der Welt und ihrer sprachlichen Abbildung die individuelle Mittlerwelt des empfindenden Künstlers setzt.

---

12 Hugo von Hofmannsthal: *Der Brief des Lord Chandos. Schriften zur Literatur, Kunst und Geschichte*. Hrsg. v. Mathias Mayer. Stuttgart: Reclam, 2000, S. 50.

13 Ebd., S. 51.

14 Ebd., S. 59.

Diese Vermittlungsinstanz benutzt zwar auch das Zeichensystem der natürlichen Sprache, aber in einem vom Künstler individuell gestalteten System der Zuordnung von Bezeichnetem und Ausdruck.

Hugo von Hofmannsthal markiert mit diesem Brief den poetologischen Wendepunkt vom Realismus bzw. Naturalismus des 19. Jahrhunderts zu den Schreibweisen der Moderne, wie sie sich im Symbolismus, Impressionismus und später im Expressionismus artikulieren sollte.

GEDICHTE UND SACHTEXTE ZUM THEMA

Es gibt natürlich eine Vielzahl von möglichen Sachtexten und **Gedichten zum Thema Sprache**.

Aus dem Bereich der Gedichte drängen sich Autoren auf wie:
→ R. M. Rilke, *Ich fürchte mich so vor der Menschen Wort*,
→ St. George, *Das Wort*,
→ G. Benn, *Worte*,
→ P. Celan, *Wortaufschüttung*,
→ I. Bachmann, *Ihr Worte*,
→ E. Fried, *Zweifel an der Sprache*, u. a.
In ihnen wird zumeist die Problematik des poetischen Schreibens formuliert, das Ringen um den angemessenen Ausdruck und auch die Enttäuschung und Verzweiflung angesichts des eigenen Scheiterns.

Die Anzahl der in Frage kommenden sprachtheoretischen Texte zum **Bereich Sprache-Denken-Wirklichkeit** ist Legion. Vielleicht könnte man mit sprachphilosophischen Texten von z. B. L. Wittgenstein, F. Nietzsche, F. Mauthner, E. Sapir, P. Wygotski, A. Schaff, P. Weissgerber oder W. Mues rechnen. Sprachkritische Texte sollten sich vornehmlich auf den aktuellen **Sprachwandel** beziehen und könnten aus vielfältigen Veröffentlichungen genommen sein. Texte zum Genderlekt (geschlechtsspezifische Sprache), zur Manipulation des Bewusstseins mittels Sprachlenkung und zur Soziolinguistik allgemein haben sich hingegen etwas überholt.

Konsequenzen der neuen Medien

Problematisch ist es bei Texten zur **Medienkritik**. Die interessantesten Texte dürften aufgrund ihres technischen und/oder philosophischen Anforderungsprofils zu speziell und zu anspruchsvoll sein, sodass eher Feuilleton- oder populärwissenschaftliche Texte zu erwarten sind, die die möglichen Konsequenzen einer intensiven Nutzung der neuen Medien diskutieren wie: Verlust des traditionellen Wertesystems, soziale Isolation, Steigerung der Gewaltbereitschaft, aber auch: Förderung der kommunikativen Beziehungen und der interaktiven Intelligenz.

4. AUFGABENARTEN

Die Rahmenbedingungen für die Erlangung der Allgemeinen Hochschulreife im Fach Deutsch ist in den Bildungsstandards der Kultusministerkonferenz vom 18. 10. 2012 festgelegt. Sie gelten für die allgemeinen Ziele des Fachs und die fünf grundlegenden Kompetenzbereiche: Sprechen und Zuhören, Schreiben, Lesen, Sich mit Texten und Medien auseinandersetzen und Sprache und Sprachgebrauch reflektieren.

Musterklausuren zum Downloaden finden Sie unter:
https://www.bange-verlag.de/mein-ziel-abitur-deutsch-pruefungswissen-fuer-klausur-und-abitur

4.1 Voraussetzungen

4.1.1 SCHREIBINTENTIONEN

Es werden drei verschieden Schreibintentionen unterschieden:
→ Informieren
→ Erklären und Argumentieren
→ Gestalten
Diese Schreibintention ist die einzige, die im Abitur nicht überprüft wird. Vermutlich liegt das an der Schwierigkeit in der Findung allgemein anerkannter Bewertungskriterien.

4.1.2 ALLGEMEINE BAUSTEINE DER TEXTERARBEITUNG

Drei Anforderungsbereiche

In der Regel wird den Prüflingen im Abitur eine Textvorlage als Ausgangsmaterial gereicht. Die sich daran anknüpfenden Aufgaben werden so gestellt, dass sie drei Anforderungsbereichen genügen. Dabei ergeben sich folgende Zusammenhänge:

Anforderungsbereich I (Reproduktion)	Wiedergabe von Sachverhalten und Kenntnissen Beschreibungen	Information
Anforderungsbereich II (Transfer)	Erklären und Darstellen von neuen Sachverhalten unter Anwendung von Gelerntem	Analyse
Anforderungsbereich III (problemerkennendes Denken)	Deutung und Wertung von erarbeiteten Sachverhalten	Interpretation Argumentation

DIE TEXTBESCHREIBUNG

TIPP

Hüten Sie sich davor, die Inhaltsangabe zu einer Nacherzählung oder zu einer reinen Paraphrase werden zu lassen. Oft lassen beide Formen nämlich nicht erkennen, ob der Text auch wirklich verstanden worden ist. Darüber hinaus sind beide Formen innerhalb der Aufgabenstellung unfunktional, zu zeitaufwendig und zu raumgreifend.

Textsorte entscheidend

Eine Textbeschreibung erfolgt immer nach Maßgabe der vorgelegten Textsorte. Bei einem **Sachtext** wird die Darstellung der äußerlichen Erscheinung der Textgestalt (Anzahl der Sinnabschnitte) ausreichen. Inhaltlich sollte neben die Inhaltsangabe, die nie zu einer Nacherzählung ausarten darf, die kurzgefasste Angabe des Themas oder Problems treten.

Bei einem literarischen Text orientiert sich die Beschreibung der Textform an der jeweiligen Gattung.

Bei einem **Drama** wird man den vorgelegten Auszug in den Dramenzusammenhang einordnen, den Inhalt der Szene zusammenfassen, die am Szenenausschnitt und Gespräch beteiligten Figuren benennen und auch die verwendeten Gesprächsformen sowie das jeweilige Gesprächsverhalten bestimmen. Diese beiden letzten Angaben überschreiten bereits die Ebene der Reproduktion und sind Analyseergebnisse.

Bei **narrativen Texten** zählt neben der vielleicht notwendigen Einordnung des Textauszuges in den Gesamtzusammenhang der Erzählung und seiner inhaltlichen Wiedergabe die Darstellung der im Text in Erscheinung tretenden Erzählformen und Darbietungsformen des Erzählens eine Rolle. Auch diese beiden Elemente sind bereits dem Anforderungsbereich II zuzuordnen.

Wird ein **Gedicht** zur Erarbeitung vorgelegt, orientiert sich die Beschreibung der äußeren Gedichtform nicht nur an der Anzahl der Strophen, sondern umfasst auch Aussagen zur vorliegenden Gedichtform, zur gewählten Strophenform, zu Metrum, Vers, Reim und Kadenz.

Auch diese Aussagen sind nicht möglich, ohne einen Wissenstransfer auf den unbekannten Text. Hinzu treten noch die Angabe des im Text behandelten Themas oder Problems und die Inhaltsangabe. Da auch diese beiden Anforderungen in der Lyrik manchmal nicht einfach sind, ist bei vielen Schülerinnen und Schülern die Wahl einer Aufgabenstellung zur Lyrik nicht sonderlich beliebt.

DIE ANALYSE VON TEXTEN

Bausteine der Analyse

Die Analyse eines Textes ist ein Untersuchungsverfahren, bei dem man Erscheinungen eines Textes auf allgemein anerkannte, meist fachwissenschaftliche Fakten zurückführt. Die Ergebnisse einer Analyse sind demnach überprüfbar und mit richtig oder falsch beurteilbar. Bei der Textuntersuchung lassen sich verschieden Bausteine unterscheiden:

Die logisch-argumentative Analyse

Literarische Texte sind nur selten logisch-argumentativ aufgebaut. Man findet diese Struktur noch am ehesten im dramatischen Monolog oder Dialog. Auch in der Lyrik und in narrativen Texten kann diese Textstruktur zu Grunde liegen; das kommt aber sehr selten vor.

Die Analyse hat das Ziel, den Gedankengang der Argumentation zu erschließen, um ihn mit den Fachbegriffen wie These, Argument, Begründung, Beispiel etc. beschreiben zu können. Dabei liefern häufig Konjunktionen und einleitende Partikel wertvolle Signale.

Die sprachliche Analyse

Oft ist ein Text erst dann voll verständlich, wenn man die im Text verwendete Sprache genau untersucht hat. Das gilt in steigendem Maße für erzählende, dramatische und vor allem lyrische Texte. Die Analyse sollte dann den Sprachebenen folgen:

Phonetische Ebene	Auffälligkeiten der Lautung: Assonanzen, Alliterationen, Lautmalerei
Semantische Ebene	Auffälligkeiten der Lexeme: Neologismen, Wortfelder, Fremdwörter, Wörter bestimmter Sprachvarietäten
Syntaktische Ebene	Auffälligkeiten im Satzbau: Dominanz von Satzarten (Satzendzeichen beachten!), Parataxe vs. Hypotaxe, Kurzsätze, Parallelismen, Anaphern oder Epiphern, Ellipsen
Pragmatische Ebene	Bildlichkeit: Chiffren, Symbole, Metaphern, Vergleiche; rhetorische Figuren

Das Auffinden und Benennen solcher sprachlichen Auffälligkeiten allein bleibt jedoch wertlos, wenn man ihnen keine Funktion zuordnen kann. Erst mit der Erkenntnis der jeweiligen Funktion bildet sich das Verständnis des Textes.

Die inhaltliche Analyse

Erläuterungsbedarf

Zunächst scheint es überflüssig, der Inhaltsangabe eines Textes eine inhaltliche Analyse folgen zu lassen. Aber nicht selten bedürfen Passagen des Textes einer Erläuterung, die ihre Aussage konkretisiert oder den Standpunkt erläutert, von dem aus die fraglicheAussage getroffen worden ist. Das gilt v. a. bei ideologisch vorbelasteten Termini oder der Darstellung von Zusammenhängen, die weltanschaulich gefärbt sind.

DIE INTERPRETATION VON TEXTEN

Abgrenzung von Analyse

Im Gegensatz zur Analyse ist jede Interpretation, also jede Deutung, grundsätzlich subjektiv und damit bestreitbar, weil sie lediglich die individuelle Auffassung eines Textes wiedergibt. Sie gewinnt erst in dem Maße an Überzeugung, in dem es gelingt, so viele Facetten des Textes wie möglich so überzeugend in ein Deutungskonzept einzubinden, dass möglichst wenig argumentativer Spielraum für eine ablehnende oder andersartige Deutung bleibt. Nur so kann sich eine Interpretation gegenüber anderen Auffassungsweisen behaupten und vielleicht zu intersubjektiver Anerkennung finden.

TIPP

Deshalb ist das Verfahren sehr fragwürdig, das von einem möglicherweise nach dem ersten Lesen früh entwickelten Interpretationsansatz ausgeht, weil das geradezu einem „Vorurteil" gleichkommt und ein hohes Risiko besitzt, unhaltbar zu sein. Da niemand gern ein eigenes Scheitern zugibt, verführt es zudem dazu, die zu Grunde gelegte Deutungshypothese gegen den Text zu behaupten und mit Gewalt durchzusetzen. Wenn man sich das Scheitern seines Deutungsansatzes eingestehen muss, hat man zwar ein Ergebnis produziert, nämlich dass der gewählte Ansatz nicht haltbar ist, aber damit ist man dem Text nicht nähergekommen. Es empfiehlt sich daher, erst sehr spät, nämlich nach Abschluss aller Analysen, einen Interpretationsansatz zu entwickeln, der möglichst viele Analyseergebnisse berücksichtigt. Der Gefahr einer völligen Fehldeutung sollte man so entkommen können.

In der Regel sind vor allem literarische Texte aber nicht so monostrukturiert aufgebaut, dass sich ihr vollständiges Verständnis mit allein einem einzigen dominanten Aspekt erschließt. Zumeist bleiben immer Textpassagen als Reste, die sich diesem dominanten Aspekt nicht zuordnen lassen. Die nicht unter einer Generalthese subsumierbaren Untersuchungsergebnisse sind dann dahingehend zu betrachten, inwieweit sie sich als Unteraspekte anderweitig zusammenfassen lassen und in welchem Verhältnis sie zum dominanten Aspekt zu sehen sind. Erst mit einem solchen Verfahren kann man einem Text vollständig gerecht werden.

Literaturwissenschaftliche Methoden

Oft wird in diesem Zusammenhang gern auf literaturwissenschaftliche Interpretationsmethoden verwiesen. Die Kenntnis dieser Methoden ist gar nicht nötig. An das Verständnis eines jeden Textes kann man nämlich mit einem Bündel an Fragestellungen herangehen, die eine möglichst breite Palette an denkbaren Aspekten abdeckt, unabhängig davon, ob dies einer anerkannten Deutungsmethode entspricht oder nicht. Diese Aspekte entsprechen nicht selten einer bestimmten Wissenschaft. Die nachfolgende Liste an Aspekten ist weder systematisch noch vollständig, sondern soll nur erhellen, in welcher Form und unter welchen Aspekten Deutungsergebnisse zusammengefasst werden könnten:

- → **Biografischer Aspekt**: Was trägt der Text zum Verständnis des Autors bei bzw. inwieweit wird der Text durch die Biografie des Autors verständlich(er)?
- → **Textsortentheoretischer Ansatz**: Inwieweit entspricht der Text der Textsorte, der er zugeordnet werden muss? Welche Besonderheiten oder Abweichungen sind erkennbar und haben welche Funktion?
- → **Ästhetischer Aspekt**: Inwieweit wird der Text von ästhetischen Grundsätzen (Proportionen, Kontraste, Gruppierungen, Wiederholungen etc.) bestimmt? In welchem Verhältnis stehen Inhalt, Form, Struktur und sprachliche Gestaltung zueinander?
- → **Historischer Aspekt**: Inwieweit ist der Text von Zuständen, Ereignissen oder Personen der Geschichte beeinflusst bzw. nimmt seinerseits dazu Stellung?
- → **Soziologischer Aspekt**: Inwieweit geht der Text auf gesellschaftliche Probleme ein, sei es der sozialen Schichtung, der Machtverhältnisse oder der Zustände innerhalb der sozialen Schichten?
- → **Gender-Aspekt**: Wie zeichnet der Text das Verhältnis der Geschlechter zueinander; entspricht er diesbezüglich der abgebildeten Zeit?
- → **Kommunikationstheoretischer Aspekt**: Welche Kommunikationsbesonderheiten zeigen die Figuren des Textes; wie sind sie begründet und zu verstehen?
- → **Psychologischer Aspekt**: Inwieweit wird das Handeln der Figuren psychologisch begründet? Welche Seelenlagen, die evtl. zu Konflikten führen, werden dargestellt?
- → **Philosophischer Aspekt**: Auf welche historische oder zeitgenössische Denkweise geht der Text ein und inwieweit beeinflusst sie das Gesamtkonzept des Textes oder das Verhalten der Figuren?
- → **Literarhistorischer Aspekt**: Welcher literarhistorischen Epoche lässt sich der Text zuordnen; inwieweit ist er von den literarischen Strömungen beeinflusst oder entspricht ihnen?
- → **Rezeptionsästhetischer Ansatz**: In welcher Weise wird/wurde der Text von der Leserschaft aufgenommen und verstanden bzw. welche Bemühungen sind im Text erkennbar, diese Aufnahme zu beeinflussen?

TIPP

Es sei noch einmal betont, dass diese Interpretationsaspekte dabei helfen sollen, einen Text unterschiedlich zu beleuchten, um ihn möglichst vollständig zu erfassen. Auch hier gilt: Je mehr Aspekte sich begründet bündeln und zusammenfassen lassen, desto eher darf man davon ausgehen, den Text hinreichend verstanden zu haben. Eine objektive Deutung ist schon allein aufgrund der Historizität des Interpreten nicht möglich.

ERÖRTERUNG UND ARGUMENTATION

Unter einer Erörterung versteht man die argumentative Auseinandersetzung mit einem Thema oder Problem, das zumeist in Form eines bestimmten Statements oder einer im Text entfalteten Position dargeboten wird. Es gilt, unter Benutzung eigener Argumente und der begründeten Abwehr möglicher Gegenargumente den potenziellen Leser von der eigenen Position zu überzeugen. Diese eigene Position ist deutlich und erkennbar zu formulieren und muss sich prinzipiell nicht von der im Text oder Statement vertretenen unterscheiden.

Mindmap als Werkzeug

Es kommt im Wesentlichen darauf an, die Bausteine der Argumentation wie These, Argument, Begründung, Beispiel sinnvoll, zielorientiert und effektiv zu verwenden. Dazu sollte man darin geübt sein, neben der Klärung von Problemkontext und Begriffen in Form einer Mindmap zu eigenen Argumenten zu finden.

TIPP

Oft gehen Prüflinge mit abstrakten Begriffen zu sorglos um, weil sie sich deren Bedeutung und Bedeutungsvarianten nicht bewusst machen. Um das zu leisten, hilft es zumeist, die fragliche Begrifflichkeit in einen bekannten Kontext zu stellen, wie er z. B. aus Sprichwörtern, Aphorismen oder auch aus der normalen Umgangssprache herstellbar ist. Sodann ist man zumeist in der Lage, zumindest subjektiv einen Begriff so zu definieren, „wie man ihn versteht“ und wie er als Grundlage der eigenen Argumentation dient.

Bei der Erstellung der Mindmap können die Aspekte einer Interpretation durchaus hilfreiche, erschließende Fragestellungen liefern. Nach Abschluss der inhaltlichen Argumenterstellung und deren Ordnung ist sodann der Aufbau der Erörterung festzulegen. Grob und grundsätzlich lassen sich drei Argumentationsmodelle unterscheiden:

Lineares Verfahren	Einleitung – These – Begründung (ggf. mehrgliedrig) – Widerlegung möglicher Nachteile – Darlegung der Vorteile und positiven Konsequenzen / Schluss
Dialektisches Verfahren	Einleitung – Antithese – Begründungen der Antithese – Widerlegung der Begründungen – These – Begründungen der These – Zurückweisung möglicher Einwände – Fazit: Wiederholung der These / Schluss
Antithetisches Verfahren	Einleitung – Antithese 1 – Widerlegung ihrer Begründung – These 1 – Begründung – Antithese 2 – Widerlegung ihrer Begründung – These 2 – Begründung – etc. – Zusammenfassung / Schluss

TIPP

Manchmal versuchen sich Prüflinge um eine eigene Stellungnahme herumzudrücken, indem sie sich auf eine neutrale Position zurückziehen wollen. Sie stellen dann dem Rezipienten Ihrer Argumentation anheim, selbst eine Entscheidung vorzunehmen. Damit weichen Sie allerdings der gestellten Anforderung aus, d. h., Sie erfüllen die Aufgabe nicht. Ringen Sie sich also, mit wie vielen Einschränkungen und Bedenken auch immer, zu einer eindeutigen Meinungsposition durch!

Der letzte Schritt ist bei der Formulierung und Niederschrift zu beachten: die nachhaltige und überzeugende sprachliche Gestaltung. Sie sollte in der Regel sachlich, klar und nüchtern sein. Dies kann auch unter Verwendung rhetorischer Figuren geschehen. Man sollte allerdings in deren Gebrauch geübt sein und eher darauf verzichten, als durch allzu nachdrückliche emotionale Überredungsmittel die Wirkung des eigenen Textes mit lächerlichem Dilettantismus zu schmälern oder gar aufzuheben.

4.2 Textbezogene Aufgabenarten

Die oben genannten Schreibintentionen gelangen in den von der Kultusministerkonferenz festgelegten vier Grundmustern an textbezogenen Aufgabenarten zur Anwendung:

ÜBERSICHT

Textbezogenes Schreiben	
→ Interpretation literarischer Texte	→ Analyse pragmatischer Texte
→ Erörterung literarischer Texte	→ Erörterung pragmatischer Texte

Orientierung an früheren Klausur- und Abituraufgaben

Diese Grundmuster sind bei mehrgliedrigen Aufgaben auch miteinander kombinierbar. So kann zum Beispiel die Hauptaufgabe darin bestehen, einen Sachtext (pragmatischen Text) zu analysieren, um in einer weiterführenden Aufgabe aufgefordert zu werden, zu der im Text geäußerten Position Stellung zu beziehen. Beliebt sind auch, besonders bei der Vorlage lyrischer Texte, Textvergleiche. Dann besteht neben einer doppelten Analyse die Vergleichsanforderung darin, Gemeinsamkeiten und Unterschiede beider Texte herauszuarbeiten. Bei Erörterungen kann es durchaus sein, dass die Auseinandersetzung mit dem vorgelegten Text reduziert wird, um den Schwerpunkt auf die eigene Argumentation des Prüflings legen zu können. Insgesamt sind die Möglichkeiten der Aufgabenstellung so vielfältig, dass man sie hier nicht in Gänze vorstellen kann. Man orientiere sich deshalb einerseits an der in den Klausuren verwendeten Aufgabengestaltung und zusätzlich an den Abituraufgaben vergangener Jahre, die zumeist im Netz einzusehen sind.

4.2.1 INTERPRETATION LITERARISCHER TEXTE

Hier sind literarische Texte in Inhalt, Aufbau und sprachlicher Gestaltung zu analysieren und in ihren Bezügen und Abhängigkeiten zu erläutern und zu deuten. Dabei kann auch auf literarhistorische und gattungspoetische Kenntnisse zurückgegriffen und zu einer argumentativen Auseinandersetzung aufgefordert werden.

4.2.2 ANALYSE PRAGMATISCHER TEXTE

Es gilt, Sachtexte, die sich möglichst auf Unterrichtsinhalte beziehen, in Kernaussage, Inhalt, Struktur und sprachlicher Gestaltung so zu beschreiben, dass die Argumentationsstrategie und Intention des Textes deutlich werden.

4.2.3 ERÖRTERUNG LITERARISCHER TEXTE

Aufbauend auf den Ergebnissen von Analyse und Interpretation eines gegebenen Textes soll der Prüfling sich mit Fragen der literarhistorischen Einordnung, der Rezeption und Wertung literarischer Texte auseinandersetzen.

4.2.4 ERÖRTERUNG PRAGMATISCHER TEXTE

Nach einer eingeschränkten Textanalyse soll im Bezug zu der in einem Sachtext vertretenen Meinung oder Position eine Argumentation entwickelt werden, die die eigenen Voraussetzungen reflektiert und eine eigene strukturiert entfaltete und begründete Stellungnahme zum Schwerpunkt hat.

4.3 Materialgestützte Aufgabenarten

ÜBERSICHT

Materialgestütztes Schreiben	
→ Materialgestütztes Verfassen informierender Texte	→ Materialgestütztes Verfassen argumentierender Texte

4.3.1 MATERIALGESTÜTZTES VERFASSEN INFORMIERENDER TEXTE

Unter Ausnutzung vorgegebener Materialien, seien es Texte, Tabellen, Grafiken oder Diagramme, und eigenen Wissens soll eine bestimmte Leserschaft über die wesentlichen Aspekte eines Sachverhalts adressatenbezogen und zielorientiert informiert werden.

4.3.2 MATERIALGESTÜTZTES VERFASSEN ARGUMENTATIVER TEXTE

Auf der Grundlage vorgegebener Materialien, eigener Analysen, Untersuchungen und Wissensbestände soll der Prüfling zu einem strittigen Sachverhalt eine differenzierte Argumentation entwickeln, die aufgrund ihrer zur Anwendung gebrachten Strukturen geeignet ist, einen bestimmten Adressatenkreis von der eigenen Position zu überzeugen oder diese zumindest nachvollziehbar zu machen.

5. HINWEIS ZU DEN PRÜFUNGEN

5.1 Die schriftliche Prüfung

Unterschiede und Gemeinsamkeiten in den einzelnen Bundesländern

Die schriftliche Abiturprüfung im Fach Deutsch, ob im Leistungsfach (Erhöhtes Niveau) oder im Grundkurs (Grundlegendes Niveau), ist in den Bundesländern hinsichtlich der Leistungsanforderungen zwar grundsätzlich gleich geregelt, aber etwas unterschiedlich organisiert. In dem einen Bundesland kann aus den vom Ministerium vorgeschriebenen Aufgaben von den Fachlehrern noch eine Auswahl vorgenommen werden, in anderen Bundesländern werden sie den Prüflingen unmittelbar gestellt. In allen Ländern ist es aber so, dass die Anzahl der dem Prüfling zur Auswahl gestellten Aufgaben gleich ist, dass alle Prüflinge je nach Kursniveau die gleiche Arbeitszeit zur Verfügung haben und die Ministerien für das jeweilige Prüfungsjahr einen Katalog an literarischen Themen und Werken vorgeschrieben haben, auf den sich die gestellten Aufgaben beziehen. Dieser Katalog, der je nach Bundesland mal recht eng oder aber auch recht weit gespannt sein kann, bestimmt dann auch weitgehend, wenn nicht vollständig die Kursinhalte in der Qualifikationsphase.

5.1.1 VORBEREITUNG DER PRÜFUNG

Regelmäßiges Lernen als beste Vorbereitung

Die beste Vorbereitung auf die Abiturprüfung besteht in der regelmäßigen und nachhaltigen Arbeit während der Qualifikationsphase. Das besagt, dass man

- → die im Unterricht behandelten Lektüren auch wirklich als Ganzschriften liest und sich nicht mit zweifelhaften Inhaltsangaben begnügt,
- → dem Unterricht aufmerksam und mitarbeitend folgt, um die vermittelten oder erarbeiteten Inhalte korrekt aufnehmen zu können,
- → diese Inhalte protokollarisch sauber und übersichtlich festhält, auch wenn es nicht ausdrücklich gefordert wird,
- → diese eigenen Protokolle nacharbeitet, indem man sie auf Vollständigkeit und Plausibilität überprüft, damit sie auch zu einem späteren Zeitpunkt noch verlässliche Erinnerungsstützen sind,
- → sich sofort um Klärung und Ergänzung kümmern sollte, falls man die eigenen Ausführungen nicht mehr versteht,
- → jede Möglichkeit nutzen sollte, seine eigene Arbeitsweise und seine eigenen Arbeitsergebnisse überprüfen und ggf. korrigieren zu lassen,
- → sorgfältig einen vollständigen Ordner führen sollte, der es später erlaubt, alle Phasen des Lernens nachzuvollziehen,
- → spätestens nach Abschluss einer unterrichtlichen Sequenz, in der ein Thema oder literarisches Werk behandelt wurde, ein abschließendes Ergebnisprotokoll erstellt, indem man aus seinen Unterlagen die wichtigsten Daten und Ergebnisse exzerpiert und zu einer Schnellübersicht zusammenstellt. Das stützt schon die Vorbereitung auf die Klausur, erst recht diejenige auf die Abiturprüfung.

Bedeutung der Wiederholung

Das Geheimnis jeglicher guten Vorbereitung liegt in der Wiederholung. Es nutzt wenig, wenn alles Wissen im Ordner festgehalten wird, aber das eigene Hirn von diesen Inhalten keine Kenntnis hat. Die mehrfache Wiederholung – die alltägliche in der Nachbereitung und Vorbereitung der Unterrichtsstunden, die sich mit der Überprüfung und

Zusammenfassung ergibt, und die gezielte vor Prüfungen und Klausuren – ergibt letztlich diejenige fachliche Sicherheit, die man im Abitur als beruhigende Voraussetzung besitzen sollte.

TIPP

Beginnen Sie daher mit der gezielten Wiederholung vor der Abiturprüfung nicht zu spät. Spätestens in den Weihnachtsferien vor Ihrem Prüfungsjahr sollten Sie die ersten Ordner zur Hand nehmen. Gehen Sie den gesamten Unterrichtsstoff ruhig mehrmals durch. Auf diese Weise schließen Sie allmählich die noch vorhandenen Wissenslücken und werden in der Rekapitulation des Gewussten immer sicherer und schneller. So bleibt Ihnen auch Zeit, etwaig auftretende Lücken in Ihren Aufzeichnungen noch rechtzeitig zu schließen und Unklarheiten abzuklären.

Unmittelbar vor dem Tag der schriftlichen Prüfung sollten Sie sich einen Tag der Muße und Entspannung gönnen. Was Sie bislang nicht gelernt haben, werden Sie auch am letzten Tag nicht mehr raffen. Das Kurzzeitgedächtnis wird Ihnen keine wesentliche Hilfe sein, Sie machen sich nur nervös und überfordern sich.

Die persönliche Ausrüstung

Sorgen Sie am Prüfungstage für eine angemessene persönliche Ausrüstung. Die sollte nicht nur aus den geeigneten schreibtechnischen Materialien bestehen wie gespitzter Bleistift, Anspitzer, Radiergummi, verschiedenfarbige Marker sowie Füllfederhalter und Tintenkiller – meist gestempeltes Papier für Konzept und Reinschrift wird Ihnen gestellt –, sondern auch aus geeigneten Getränken wie Fruchtsäften, Tees etc. und leicht verdaulichen Esswaren, die Ihnen ausreichend Energie zuführen. Auch Traubenzucker kann von Vorteil sein. Was Sie auf gar keinen Fall benötigen ist Ihr Handy oder Smartphone. Das schafft evtl. eher Probleme, sofern Sie es nicht ohnehin vor Prüfungsbeginn abgeben müssen.

5.1.2 DIE ERARBEITUNGSPHASE

Operatoren beachten

Die Erarbeitungsphase beginnt mit der genauen Sichtung der gestellten Aufgaben. Manchmal kann man eine Aufgabe schon allein aufgrund des Themas oder literarischen Werkes, auf das sich die vorgelegte Aufgabe bezieht, ausschließen. Ein weiteres Entscheidungskriterium kann die Aufgabenart sein. Sie wissen am besten, ob Ihnen eine textbezogene Aufgabe eher liegt oder eine materialgestützte, eine Analyse eher als eine Interpretation oder Argumentation. Beachten Sie besonders die in der Aufgabenstellung enthaltenen Operatoren; sie enthalten die Arbeitsanweisungen, deren Erfüllung von Ihnen erwartet wird. Je genauer Sie sie befolgen, umso eher vermeiden Sie, die Aufgabenstellung zu verfehlen. Der in der Aufgabenstellung ggf. enthaltene Hinweis auf die jeweils erreichbare Punktzahl hilft Ihnen ebenfalls dabei, den Schwerpunkt der Aufgabe zu erkennen.

Genaue Textlektüre

Lesen Sie die in Frage kommenden Texte mindestens zweimal ruhig und genau durch. Ein Überfliegen der Texte kann schnell zu gravierenden Irrtümern und massivem Zeitverlust führen. Immerhin stehen Ihnen für die Textauswahl 30 Minuten zur Verfügung. In der Regel benötigt ein geübter Prüfling diese Zeit aber gar nicht.

Text-erarbeitung

Wenn Sie sich für die Bearbeitung einer Aufgabe entschieden haben, setzt die konzentrierte und intensive Texterarbeitung ein. Erarbeiten Sie den Text je nach Aufgabenart, indem Sie die Blattränder des Textes zu geordneten Bemerkungen nutzen. Schreiben Sie z. B. an den linken Rand Ihre Analyseergebnisse und an den rechten Ihre Deutungselemente, Bemerkungen oder die Gedanken, die Ihnen zu der jeweiligen Textstelle einfallen. Arbeiten Sie mit Referenzziffern, also mit Fußnoten, wenn der Blattrand für Ihre Bemerkungen nicht ausreicht, und notieren Sie sich Ihre Bemerkungen auf einem gesonderten Blatt. Bei der Niederschrift fällt es Ihnen dann leichter, sich in den eigenen Bemerkungen zurechtzufinden. Nutzen Sie zur Kennzeichnung von besonderen Textstellen unterschiedliche Farbmarker, um z. B. phonetische, semantische, syntaktische und pragmatische Auffälligkeiten oder logische Gliederungen wie These, Argument, Begründung, Beispiel und Verweise wie Zitate und Autoritätsbezüge voneinander zu unterscheiden.

Skizzierung des Aufbaus

Wenn Sie diese Erarbeitungsphase abgeschlossen haben, sollten Sie sich den Aufbau Ihrer Arbeit, der die vorgegebenen Operatoren berücksichtigen muss, auf einem besonderen Blatt skizzieren. Kennzeichnen Sie die einzelnen Entwicklungsschritte Ihrer Arbeit mit Großbuchstaben und ordnen Sie diese anschließend den Ergebnissen Ihrer Texterarbeitung zu. Jetzt haben Sie sich einen Überblick geschaffen, der es Ihnen ermöglicht, eine geordnete Niederschrift anzufertigen und durch Abstreichen der einzelnen Großbuchstaben alle Arbeitsergebnisse zu berücksichtigen. Diese Arbeit sollte nach etwa einer Stunde abgeschlossen sein.

Reinschrift ohne Entwurf

Von einem ausformulierten Entwurf als Vorschrift ist wegen des Zeitverlustes abzuraten. Sie sollten sich stattdessen in Ruhe direkt der Reinschrift zuwenden und die Gliederungspunkte bzw. die Ordnungsbuchstaben der Reihe nach abhandeln. So haben Sie nur ein jeweils überschaubares Feld an Ergebnissen darzustellen, vermeiden unnötige Wiederholungen und die Nichtberücksichtigung erarbeiteter Ergebnisse. Die vorab erstellte gedankliche Gliederung hilft Ihnen jetzt auch, Ihren Fließtext angemessen in Abschnitte zu fassen und optisch zu strukturieren. Anhand der Ihnen zur Verfügung stehenden Restzeit und der Anzahl der noch auszuführenden Teilabschnitte können Sie sich nun selbst schnell ein Raster für das eigene Zeitmanagement erstellen. Denken Sie bei der Ausformulierung daran, dass auch die sprachliche Darstellungsleistung bewertet wird. Gestalten Sie daher Ihren Satzbau flexibel und bemühen Sie sich um klare Aussagen.

Korrektur lesen falls zeitlich noch möglich

Nach Abschluss der Niederschrift ist es ratsam, den eigenen Text noch einmal in Ruhe Korrektur zu lesen, sofern die Zeit es noch erlaubt. Oft lassen sich so noch Flüchtigkeitsfehler in Orthografie, Zeichensetzung und Satzbau vermeiden.

5.2 Die mündliche Prüfung

5.2.1 DER RECHTLICHE RAHMEN

Unterschiedlicher Anlass

Alle mündlichen Prüfungen im Leistungskurs oder im Grundkurs sind gleich angelegt und werden gleich durchgeführt. Allein der Anlass der Prüfungen kann unterschiedlich sein. Die Prüfungen im 4. Abiturfach können nur im Grundkurs erfolgen. Ihre Durchführung ist für alle Schülerinnen und Schüler verpflichtend. Darüber hinaus können vom Zentralen Abiturausschuss mündliche Prüfungen im 1.–3. Abiturfach angesetzt werden,

- → wenn die Ergebnisse der schriftlichen Arbeiten sich um 4,00 oder mehr Punkten der einfachen Wertung von dem Durchschnitt der Punkte unterscheiden, die der Prüfling in den für die Gesamtqualifikation verbindlichen Kursen des jeweiligen Prüfungsfachs in den vier Halbjahren der Qualifikationsphase erreicht hat (**„Abweichungsprüfung“**),
- → wenn das Bestehen der Abiturprüfung gefährdet ist, weil die Mindestbedingungen nicht erfüllt sind, d. h., wenn in zwei Prüfungsfächern, darunter ein Leistungskurs, im Abiturbereich nicht mindestens 25 Punkte (**„Innenbindungsprüfung“**), oder im Abiturbereich noch keine 100 Punkte erreicht worden sind (**„Existenzprüfung“**).

Drei Teile

Wird ein Prüfling in mehreren Fächern geprüft, bestimmt er die Reihenfolge. Wer nicht geprüft werden muss, wird von den mündlichen Prüfungen befreit, sofern der Prüfling sich nicht freiwillig für eine Prüfung meldet (**„Freiwilligenprüfung“**). Eine freiwillige Prüfung kann sinnvoll sein, wenn durch eine Punktverbesserung ein besserer Abiturdurchschnitt erreichbar ist. Man sollte sich diesbezüglich aber in jedem Falle in der Schule beraten lassen.

Die mündliche Prüfung selbst hat drei Teile: die Vorbereitungszeit von in der Regel 30 Minuten, dem ersten Prüfungsteil, d. h. dem Vortrag des Prüflings zur Lösung der gestellten Aufgabe, und dem zweiten Prüfungsteil, dem Prüfungsgespräch. Die mündliche Prüfung selbst dauert mindestens 20, höchstens 30 Minuten.

5.2.2 VORBEREITUNG DER PRÜFUNG

Vorbereitung

1. Es sollte selbstverständlich sein, dass man sich auf die mündliche Prüfung vorbereitet. Abgeprüft werden können alle Themen mit Ausnahme derjenigen, zu denen man im 1.–3. Abiturfach die Abiturklausur geschrieben hat. Da die Stoffmenge in der Regel groß ist, sollte man mit den Wiederholungen möglichst früh anfangen. Die Anzahl der Wiederholungen ist dabei wichtiger als die jeweilige Wiederholungsdauer. Vorbereitungen am Prüfungstag sind kontraproduktiv.

TIPP

Man sollte ein besonderes Augenmerk auf seine Spezialthemen legen, also jene, zu denen man z. B. ein Referat gehalten oder eine Facharbeit geschrieben hat. Nicht selten greifen Prüfende darauf zurück, um dem Prüfling entgegenzukommen.

Es ist sehr nützlich, die Fachlehrkraft zu bitten, im Unterricht zuvor Prüfungen mit den Prüfungskandidaten zu simulieren. So lernen Prüfer und Prüflinge, besser aufeinander zu reagieren.

Körperliche Voraussetzungen

2. Auch die körperlichen Voraussetzungen der Prüfung sollten gut vorbereitet werden. Weder ein leerer noch ein übervoller Magen ist förderlich. Das gilt auch für den Flüssigkeitshaushalt. Ein Toilettenbesuch während der Prüfung schafft Probleme. Finger weg von allen ungewohnten chemischen Beeinflussungen, von denen man sich eine Leistungssteigerung oder eine ruhigere Grundhaltung verspricht! Die Folgen sind unabsehbar. Besondere Erfordernisse während der Prüfung z. B. bei Sehschwäche oder anderen körperlichen Einschränkungen (Prüfung im Stehen) sollten der Prüfungskommission zuvor bekannt gegeben werden, damit die erforderlichen Maßnahmen ergriffen werden können (z. B. Vergrößerung der Texte, Aufstellung eines Redepults etc.). Mit Antritt der Prüfung erklärt sich jeder Prüfling automatisch für gesundheitlich prüffähig.

Kleidung

3. Die Abiturprüfung ist vielfach die erste staatliche Prüfung; die mündliche Prüfung hat mindestens den Rang eines Vorstellungsgesprächs. Zwar ist feierliche Kleidung schon lange nicht mehr üblich, gleichwohl sollte man dem Anlass angemessen gekleidet sein. Auch auf das soziale Verhalten sollte geachtet werden. Dazu gehört das Grüßen des Prüfungsgremiums ebenso wie die Einnahme der Sitzposition. Wie ein Nachrichtensprecher aufrecht zu sitzen, mit nebeneinanderstehenden Füßen und übereinandergelegten Händen, drückt Konzentration und Kraft aus. Es ist durchaus ratsam, das vorbereitend zu üben. Wer zu nervös ist, kann, um seine Finger zu beschäftigen, für die Prüfungssituation eine Büroklammer einstecken.

5.2.3 DIE PRÜFUNGSSITUATION

Prüfungskommission

Der Prüfungsraum ist in der Regel ein normaler Klassenraum. Hier erhält man seine Prüfungsaufgabe, und hier wird die zweiteilige Prüfung durchgeführt. Die Prüfungskommission besteht aus der Fachlehrkraft als Prüfperson, dem Vorsitz und der Protokollführung. Darüber hinaus können auch Gäste im Prüfungsraum anwesend sein. Amtsvertreter, Elternvertreter und Lehrkräfte muss der Prüfling dulden, der Anwesenheit von Schülerinnen und Schülern muss er im Vorfeld zustimmen.

5.2.4 DIE AUFGABENSTELLUNG

Einzel- oder Mehrfachprüfung

Eine mündliche Prüfung kann als Einzel- oder als Mehrfachprüfung abgelegt werden. Bei einer Mehrfachprüfung erhalten bis zu drei Kandidaten die gleiche Aufgabenstellung. Der zweite Prüfungsteil kann variieren. Der Vorsitzende des Fachprüfungsausschusses stellt sicher, dass eine Kontaktaufnahme nicht möglich ist. Für den Prüfling sind diese Gestaltungsmöglichkeiten also irrelevant.

Bei Unklarheiten rückfragen!

Die Aufgabe wird im Prüfungsraum vor mindestens zwei Mitgliedern des Prüfungsausschusses gestellt. Die Aufgabenstellung selbst unterliegt den gleichen Anforderungen wie die der schriftlichen Prüfung, trägt allerdings dem eingeschränkten Zeitraum für Bearbeitung und Vortrag Rechnung. Man sollte hier nichts überhasten und sich vor allem die Aufgabenstellung gründlich und genau durchlesen. Bei irgendwelchen Unklarheiten der Formulierung, vor allem hinsichtlich der durchzuführenden Tätigkeiten, sollte man unbedingt rückfragen. Falls es möglich ist und zugelassen wird, sollte man auch den gegebenen Text zumindest überfliegen, um nach Begriffen zu suchen, die der Erläuterung bedürfen.

Erarbeitungsschema

Dann erfolgt im beaufsichtigten Vorbereitungsraum die 30-minütige Vorbereitungszeit. Hier sollten alle notwendigen Arbeitsmittel wie Schreibzeug, Marker etc. bereitliegen. Es ist von großem Vorteil, wenn man sich in der Qualifikationsphase bereits auf ein festes Erarbeitungsschema eingespielt hat.

Das könnte z. B. so aussehen, dass man

→ den Text zunächst insgesamt liest, um einen Überblick über Thema, Problemlage, Textsorte etc. zu gewinnen,
→ den Text ein zweites Mal genauer liest, um den Text zu gliedern, die Sinnabschnitte im Text zu kennzeichnen und am Rand stichwortartig zusammenzufassen,
→ den Text ein drittes Mal liest, nun aber mit der Intention der textsortenspezifischen Analyse. Die Befunde sollten im Text markiert und am Rand katalogisiert werden. Es hat sich vor allem hinsichtlich des späteren Ergebnisvortrags als hilfreich erwiesen, einen Textrand für analytische und einen für noch vorzunehmende interpretative Bemerkungen zu nutzen. Kategorien der phonologischen, semantischen, syntaktischen oder pragmatischen Ebene lassen sich mit der Verwendung unterschiedlicher Farben leicht überschauen und zusammenfassen.
→ In einem vierten Durchgang sollte man sich nun mit den inhaltlichen Aussagen deutend auseinandersetzen und seine Ergebnisse, Kommentare und Wertungen auf dem noch freien Textrand notieren.
→ Für alle weiterführenden Gedanken sollte man das ausliegende Konzeptpapier benutzen. Es ist sehr sinnvoll, mit einer Gliederung zu beginnen, in welcher Reihenfolge man gedenkt, die Aufgabe zu lösen. In der Regel besteht der Vortrag aus folgenden Teilen: 1. Gegliederte Reproduktion, 2. Textanalyse, 3. Textverständnis/Interpretation, 4. Weiterführender Auftrag/Schwerpunkt. Sollte kein weiterführender Schwerpunkt gefordert sein, ist es durchaus löblich, wenn Sie selbst einen vorschlagen. Dieser evtl. nummerierten Gedankenfolge lassen sich dann alle ungeordnet einfallenden Gedanken ebenfalls numerisch zuordnen.

5.2.5 DIE PRÜFUNG IN IHREM VERLAUF

1. PRÜFUNGSTEIL: EIGENER VORTRAG

Körperhaltung, Stimme, Augenkontakt usw.

1. Wenn Sie in Ihrem Prüfungsraum Platz genommen haben, in der Regel am Pult, nehmen Sie zunächst eine angemessene und geeignete Sitz- und Körperhaltung ein. Mädchen sollten dabei vor allem ihre Finger unter Kontrolle halten (ggf. mitgebrachte Heftklammern nutzen), Jungen ihre Beine. Breiten Sie Ihre Papierunterlagen geordnet und sinnvoll vor sich aus, sodass Sie nicht suchend in Ihren Unterlagen blättern müssen.

TIPP

Es ist sinnvoll, die gestellte Aufgabe zunächst noch einmal zu wiederholen. Das hat zwei Effekte. Zum einen hilft es dem Prüfungsausschuss, der ja mehrere Prüfungen hintereinander abhält, die richtige Aufgabenstellung mit dem von der prüfenden Person entworfenen Erwartungshorizont herauszusuchen. Zum anderen verbrauchen Sie Zeit, denn die Gesamtprüfungsdauer ist ja auf 30 Minuten begrenzt.

2. Stellen Sie Ihren Ausführungen Ihre Vortragsgliederung voran. Das belegt ein reflektiertes und ggf. souveränes Arbeitsverhalten.
3. Sprechen Sie bei Ihrem Vortrag kontrolliert, langsam und deutlich, aber nicht zögerlich. Geben Sie Ihrer Stimme den sicheren Ton, Faktisches zu verkünden, nicht unsichere Fragen zu stellen. Nicht nur die Protokollführung wird es Ihnen danken. Hüten Sie sich aber davor zu bluffen, d. h. Ihrem Nichtwissen den Anschein sicheren Wissens geben zu wollen. Nicht nur, weil es der Kommission ohnehin auffällt, sondern auch weil Sie mit dieser Art deren Wohlwollen verspielen.
4. Lesen Sie die im Vorbereitungsraum gemachten Aufzeichnungen nicht vom Blatt ab. Das ist unzulässig und wird nicht gewertet. Ebenso wird eine zwar auf das Thema bezogene, aber nicht textgebundene Wiedergabe angelernten Wissens nicht als Prüfungsleistung anerkannt. Sprechen Sie vielmehr frei unter gelegentlichem Blickkontakt zu Ihren Notizen. Hier zahlt sich die Übung aus, anhand einer selbst verfertigten Gliederung frei zu sprechen.
5. Behalten Sie bei Ihrem Vortrag den Augenkontakt zur Prüfperson.

TIPP

Wenn Sie ihr auf die Nasenwurzel zwischen die Augenbrauen schauen, wird sie den Eindruck haben, Sie schauten ihr direkt in die Augen. Auch das suggeriert Sicherheit.

6. Hüten Sie sich vor allen Aussagen und Formen der Überheblichkeit. Lehrkräfte sind manchmal sehr sensibel. Andererseits können Sie unterstellen, dass vor allem der oder die Prüfende alles unternimmt, um Sie gut aussehen zu lassen. Schließlich fallen schlechte Prüfergebnisse auch immer etwas auf die Prüfenden zurück.

7. Wenn Ihr Vortrag abgebrochen wird, muss das kein schlechtes Zeichen sein. Vielleicht waren Sie nur zu ausführlich, und der Prüfer möchte noch Zeit genug für den zweiten Prüfungsteil haben. Dazu zählen vor allem die vom Vorsitzenden ausgehenden Abbrüche, der gewährleisten muss, dass für beide Prüfungsteile etwa gleich viel Zeit verbraucht wird.

2. PRÜFUNGSTEIL: PRÜFGESPRÄCH

1. In der Regel knüpft der oder die Prüfende unmittelbar an den Schülervortrag an, entweder dass Fehler korrigiert, Ergänzungen vorgebracht oder Erläuterungsfragen zu dem Vorgetragenen gestellt werden. Achten Sie genau auf die Anweisungen des oder der Prüfenden. Hier zahlt es sich aus, wenn Prüfer und Prüfling sich aus simulierten Prüfgesprächen gut kennen und optimal aufeinander reagieren können.

Eigenheiten des Prüfers

2. Manche Prüfer formulieren z. B. absichtlich ihre Fragen sehr lang, um dem Prüfling zeitlich entgegenzukommen. Sie streben oft einen zweiten Schülervortrag an. Andere bevorzugen mit kurzen Fragen ein schnelles, unverkrampftes Wechselgespräch, um den Prüfungsdruck zu reduzieren. Auch in diesem gelenkten Wechselgespräch ist ein gutes Verständnis zwischen Prüfer und Prüfling wichtig. Nicht selten wählen Fachlehrer/innen einen Themenbereich, von dem sie Grund zu der Annahme haben, dass der Prüfling den entsprechenden Stoff aufgrund eines Referats o. Ä. gut beherrscht. Sie sollten keinen Grund zur Enttäuschung liefern.
3. Für den Übergang zum zweiten Prüfungsteil gibt es in der Regel drei Methoden: Man lässt die Textthematik oder -problematik mit etwas Gleichartigem oder mit etwas Andersartigem vergleichen oder stellt sie in den größeren Zusammenhang der Epoche, der Gattung, der Textsorte etc. Wenn man das weiß, kann man sich ggf. während seiner Vorbereitungszeit auch schon auf wahrscheinliche Themen des zweiten Prüfungsteils vorbereiten. Hier liefert auch die Art, wie in den Klausuren die weiterführenden Schreibaufträge formuliert worden sind, oftmals Hilfestellung.
4. Bekennen Sie sich mutig zu Ihren Lücken. Sie geben dem/der Prüfenden so die Möglichkeit, das Gespräch schnell zu verlagern, statt Sie durch bohrende, aber fruchtlose Nachfragen vorzuführen.
5. Unterbrechungen des Prüfungskandidaten seitens der Prüfperson können mehrere Gründe haben: Falschaussage des Prüflings, nachgeschobene Hilfe bei sich andeutender Falschaussage, Ergänzung des Gesagten, Abkürzung der Antwort des Prüflings, Themenwechsel. Da die Gründe einer Unterbrechung also vielfältig sein können, sollten Sie sich nicht unnötig verrückt machen, sondern weiter konzentriert auf die Prüferaussagen achten.

6. Sollte der Vorsitzende selbst Fragen stellen, so tut er das zumeist, um sein Notenbild abzuklären oder weil er meint, es seien noch gute Leistungen in einem Bereich zu erwarten, die der Prüfer bislang nicht oder seiner Ansicht nach nicht intensiv genug abgefragt hat. Nur in den seltensten Fällen übernimmt er Teile der Prüfung selbst. Vor allem wenn er den Eindruck hat, der Prüfungsverlauf sei verbotenerweise abgesprochen. Meist hält er sich jedoch zurück.
7. Am Ende der Prüfung sollten Sie Ihre Unterlagen geordnet und ordentlich der Kommission übergeben und nicht als wirren Blätterhaufen. Bedenken Sie immer: Manchmal kann der äußere Eindruck entscheidender sein als kleinere inhaltliche Patzer oder Lücken!

5.2.6 BESONDERHEITEN WÄHREND DER PRÜFUNG

Umgang mit Stottern, Atemnot usw.

Während der Prüfung können besondere Ereignisse auftreten, die den normalen Prüfungsablauf stören. Dazu zählt z. B. das Stottern. Es gibt Prüflinge, die immer stottern. Das sollte der Prüfungskommission bekannt sein. Im Benehmen mit dem Zentralen Abiturausschuss und dem Prüfling kann die Prüfungsdauer im Prüfungsplan angemessen so verlängert werden, dass der Prüfling ausreichend Zeit hat, die von ihm zu erwartenden Aussagen zu tätigen. Es entsteht ihm kein Nachteil. Es gibt andere Prüflinge, die aufgrund der nervlichen Anspannung während der Prüfung stottern, obwohl sie das im Normalfall nicht tun. Auch hier kann die Kommission angemessen reagieren und versuchen, die Prüfungszeit der Äußerungsfähigkeit des Prüflings durch Ausschöpfung der Prüfungszeit anzupassen.

Bei unerwartet auftretenden gesundheitlichen Störungen, z. B. plötzlichem Nasenbluten, Hustenanfällen, Atemnot durch Selbstdrosselung (bei Mädchen manchmal ausgelöst durch Verzwirbelung der Halskette), Krampfanfällen oder durch Unterzuckerung ausgelöste Schwächeanfälle, wird die Kommission die Prüfung unterbrechen, bis der Prüfling imstande ist, die Prüfung fortzusetzen. Die Unterbrechung wird dann nicht auf die Prüfungszeit angerechnet. Aus strategischen Gründen eine solche Prüfungsunterbrechung bewusst zu provozieren ist keinesfalls ratsam, denn die damit verbundene Aufregung wirkt in der Regel beim Prüfling länger nach als beim Prüfungsgremium, das nicht einmal einen Mitleidsbonus vergibt.

ANHANG

GLOSSAR

Adaption: Umarbeitung eines literarischen Werkes für andere Verwendungszwecke, z. B. eines Romans für das Theater oder den Film

Alexandriner: Sechshebiger Jambus mit Zäsur, besonders beliebt im Barock
Bsp.: *Du siehst wohin du siehst nur Eitelkeit auf Erden.*
(Andreas Gryphius, *Es ist alles eitel*, 1636)

Alliteration: Konsonantischer Silbengleichklang zu Beginn eines betonten Wortes
Bsp.: *mit Mann und Maus, in Bausch und Bogen*

Anapäst: Antikes Metrum, das aus zwei unbetonten und einer betonten Silbe besteht: x x x́;
Bsp.: *A/na/pä'st*

Antagonist: Gegner, Widersacher; im Drama der Gegenspieler der Zentralfigur (Protagonist)

Assonanz: Vokalischer Gleichklang zwischen mehreren betonten Silben eines Worts oder verschiedener Wörter
Bsp.: be/rei/ten – ver/ei/teln

Bitterfelder Weg: Methode der DDR-Literatur, dem sozialistischen Realismus zu entsprechen, indem man die Werktätigen dazu aufforderte, literarisch tätig zu werden und die Erfahrungen ihrer unmittelbaren Lebens- und Arbeitswelt einfließen zu lassen. Das Motto lautete: *„Greif zur Feder, Kumpel!"*

Blankvers: Fünfhebiger Jambus ohne Endreim

Botenbericht: Möglichkeit der epischen Einblendung im Drama; ein Bote berichtet von Ereignissen, die außerhalb des Bühnengeschehens stattgefunden haben, aber für den Fortgang der Handlung wichtig sind.

Chevy-Chase-Strophe: Nach einer englischen Jagdballade benannte vierzeilige Strophenform, die im Wechsel aus zwei vierhebigen und zwei dreihebigen Versen besteht.
Bsp.: *Das Wásser ráuscht,*
das Wásser schwóll,
ein Físcher sáß darán.
(J. W. v. Goethe, *Der Fischer*, 1778)

Chiffre: Form des bildlichen Sprechens, bei dem die Bedeutung eines Wortes erst aus dem Textzusammenhang erschlossen werden muss, z. B. „Schnee" für Schweigen.

Chor: Hauptsächlich in der antiken Tragödie eingesetzte Figurengruppe, die als Gegengewicht zu den Einzelfiguren das dramatische Geschehen begleitet und kommentiert, aber nur selten selbst in die Handlung eingreift.

Dadaismus: Extreme Erscheinungsform des Expressionismus, der sich von dessen Schreibmustern löst und in einer bewussten Naivität ohne tieferen Sinnzweck zu reinen Lautgebilden und assoziativen Wortzusammenstellungen greift, um auf diese Weise auf das Chaotische in der realen und psychischen Welt hinzuweisen.

Daktylus: Antikes Metrum, das aus einer betonten und zwei unbetonten Silben besteht: x́ x x.
Bsp.: *Dák/ty/lus*

Deiktika: Wörter, Begriffe und Textstellen, die auf eine faktische Wirklichkeit verweisen

Denotat: Bedeutung eines Wortes in seiner lexikalischen Grundbedeutung, z. B. „grün": Farbbezeichnung für Gras, Blätter o. ä.

diachron: In seiner historischen Entwicklung betrachtet oder dargestellt, z. B. diachrone Sprachbetrachtung: Betrachtung der historischen Sprachentwicklung.

Dialektik: Arbeitsmethode, die ihre Ausgangsbehauptung durch die Einnahme einer Gegenposition infrage stellt, um durch eine Vereinigung beider Behauptungen (Synthese) zu einer höheren und differenzierteren Erkenntnis zu gelangen.

Diglossie: Form der Zweisprachigkeit, bei der neben der Hochsprache noch eine andere Sprachvarietät benutzt wird, z. B. eine männliche Person sowohl als „Herr" als auch als „Flappes" bezeichnen zu können.

Distichon: Antike Einheit aus zwei Versen, die aus einem Hexameter (sechshebiger Daktylus) und einem Pentameter (fünfhebiger Daktylus mit Zäsur) besteht.
Bsp.: *Hitze und menschliche Fülle an kühlen Gestaden erlebt,*
wer nur im Sommer / südliche Länder besucht.

Emblem: Veranschaulichendes Sinnbild; es besteht auf der Darstellungsebene aus einer rätselhaften Einleitung oder Überschrift (inscriptio) und einem Bild oder darstellendem Text (pictura) und auf der Deutungsebene aus einer Auslegung der pictura in Form eines oft in die Form eines Distichons (↑) gekleideten Untertitels (subscriptio).

Empirismus: Wissenschaftsmethode, die ihre Erkenntnisse aus der Erfahrung, der Beobachtung und dem Experiment ableitet

Ethnolekt: Spezielle Sprachform einer ethnischen Minderheit mit einheitlicher Kultur, z. B. Migrations- und Ghettosprachen wie „Kanak-Deutsch"

Exposition: Vorbereitender, einleitender Teil besonders im Drama; dort meist der erste Akt, in dem die Zuschauer mit der Vorgeschichte bekannt gemacht und die Figuren eingeführt werden.

Fabel: Handlungsgerüst eines erzählenden oder dramatischen Textes

Fallhöhe: Begriff aus der Dramaturgie zur Begründung der Ständeklausel (↓). Je höher eine Dramenfigur sozial gestellt ist, umso tiefer kann sie stürzen.

Fiktionalität: Die Erdacht- und Angenommenheit einer Handlung

Intertextualität: Bewusst oder unbewusst hergestellte inhaltliche und formale Bezüge zwischen literarischen Werken auch unterschiedlicher Epochen; nicht selten wirkt so ein Werk in einem späteren nach.

Inferenz: Indirekt vermittelte Erkenntnis, die erst durch Schlussfolgerungen aus einem Kontext gewonnen werden kann.

Ironie, romantische: Subjektive Form der Ironie, Selbstironie; in der Romantik gern benutzte Form der Erhebung über die eigenen Fehler und Schwächen, teils sogar Lebenshaltung. Diese Form der Ironie wirkt besonders gegenüber Empfindungen wie ein illusionszerstörender Verfremdungseffekt (↓).

Jambus: Antikes zweisilbiges Metrum, das aus einer unbetonten und einer betonten Silbe besteht: x x́,
z. B.: *ge/náu, Be/féhl*

Kadenz: Metrische Form des Versausgangs; die Kadenz kann entweder betont sein – dann nennt man sie auch männlich oder stumpf – oder unbetont, dann nennt man sie weiblich oder klingend.
Bsp.: *Bácke, bácke, Kú/chen* = weibliche Kadenz
Sáfran mácht den Kúchen géel = männliche Kadenz

Katastrophe: Entscheidende Wendung als Schlusshandlung im Drama; der positive oder negative Ausgang der Handlung, der die Dramengattung bestimmt, spielt hier keine Rolle. In der Tragödie führt die Katastrophe meist zum Untergang und Tod des Protagonisten ↓, in der Komödie zur Eheschließung.

Katharsis: Psychologisch beabsichtigte Wirkung des antiken Trauerspiels; die Gefühle von Furcht und Mitleid sollen bei den Zuschauern durch das Drama geläutert und in eine abgeklärte, vernunftbestimmte Einstellung überführt werden.

Konfiguration: An- und Zuordnung der Figuren in einem Drama oder einer Szene, aus der sich die Beziehungen, Verhältnisse und Interaktionen der Figuren ableiten lassen.

Konkrete Poesie: Selbstdarstellung der Sprache; sie wird nicht mehr der dienenden Funktion zur Bezeichnung von Gegenständen, Sachverhalten, Gedanken oder Stimmungen unterworfen, sondern macht seine Dimensionen selbst zu Thema, Aussage und Sinn eines Textes (Beispiel: *schweigen* v. Eugen Gomringer, s. S. 197 dieses Bandes).

Konnotat: Im Gegensatz zum Denotat (↑) die Bedeutung eines Wortes, die es durch die Benutzung des Sprechers, die besondere Betonung oder seine sprachliche Umgebung einnimmt.
Bsp: *Der Junge ist ja noch grün hinter den Ohren.* grün = unreif

Langage: Sprachfähigkeit: Das Vermögen des Menschen, dank seiner besonderen neurobiologischen Ausstattung Sprache zu erlernen und zu gebrauchen (Begriff des Sprachwissenschaftlers Ferdinand de Saussure).

Langue: Nach Ferdinand de Saussure die natürliche Sprache als konkretes lexikalisches und grammatisches System wie z. B. Deutsch, Englisch etc.

Lexem: Sprachwissenschaftlicher Begriff zur Bezeichnung des Wortschatzes, der die begriffliche Bedeutung trägt wie z. B. „Baum", „Liebe", „Sehnsucht".

Mimesis: Nachahmende Darstellung der Natur und Realität im Bereich der Kunst

Monogenese: Ableitung und Entwicklung einer Gruppe von Lebewesen aus einem einzigen gemeinsamen Stamm

Motiv: Gegenstand der Darstellung und als solches Inhaltselement eines Textes, das in der Literaturgeschichte oder auch im Einzelwerk wiederholt aufgegriffen wird.
Bsp.: Ödipus-Motiv: Vatermord, unbewusste Heirat der eigenen Mutter, ungewollte Selbstverfolgung
Das Motiv kann auch in einer allgemeinen, aber typischen Situation bestehen.
Bsp.: Abschied, Nacht, Trauer, Sonnenuntergang usw.

Onomatopoesie: Lautmalerei: Wiedergabe von sinnlichen Eindrücken durch eine solche Sprachform, dass sie beim Leser eben diese sinnlichen Eindrücke erzeugt.
Bsp: *Es kracht und knackt, flüstert und wispert, keucht und seufzt.*

Ontogenese: Entwicklung des Einzelmenschen von der Eizelle zum selbstständigen Menschen, in der Sprachwissenschaft: individueller Spracherwerb des Menschen in den ersten Lebensjahren

Parole: Sprachverwendung; Begriff der Sprachwissenschaft: die tatsächlich verwendete, gesprochene oder geschriebene Sprache (Begriff v. Ferdinand de Saussure)

Peripetie: Zentraler Handlungsumschwung und Wendepunkt im Drama, oft hervorgerufen durch einen Konflikthöhepunkt, der nach einer Lösung verlangt.

Phonetik: Lautlehre; Begriff der Sprachwissenschaft: die phonetische Analyse konzentriert sich auf lautliche Besonderheiten wie Assonanz (↑), Alliteration (↑), Onomatopoesie (↑) usw.

Phylogenese: Stammesgeschichte von Lebewesen, hier: Entwicklung der Sprache in der Geschichte der Menschheit

Plot: Handlung eines erzählenden oder dramatischen Textes oder eines Films

Poetry-Slam: Literarischer Vortragswettbewerb, bei dem selbstgeschriebene Texte innerhalb einer festgelegten Zeit einem Publikum zur Bewertung vorgetragen werden.

Polygenese: Ableitung und Entwicklung einer Gruppe von Lebewesen aus mehreren unterschiedlichen Stämmen

Popliteratur: Richtung der modernen Literatur seit den 1990er Jahren, die Elemente der Trivialliteratur und der Werbesprache nutzt; manchmal werden primitive, obszöne oder unsinnige Inhalte verwendet, um zu provozieren.

Pragmatik: Linguistische Disziplin, die das Verhältnis von sprachlichem Zeichen und interpretierendem Menschen untersucht, also auch, wie ein Wort oder eine Textaussage konnotativ (↑) gemeint sein könnte und verstanden werden sollte.

Protagonist: Zentrale Figur des Dramas, auf den die Handlung zugeschnitten ist; Hauptfigur
Bsp.: Faust, Nathan, Wilhelm Tell usw.

Protosprache: Ursprache, aus der sich alle bekannten Sprachen entwickelt haben.

Rationalismus: Wissenschaftliches Verfahren, bei dem allein die Vernunft und der Verstand als Erkenntnisquelle anerkannt werden.

Rezension: Kritische Besprechung eines künstlerischen oder wissenschaftlichen Werkes in einem Massenmedium

Rhetorik: Lehre von der wirkungsvollen Gestaltung der Rede; stilistisch führt dies zur Verwendung von bildhaften Ausdrücken (**Tropen**) und rhetorischen Figuren, d. h. bewusst eingesetzten, vom normalen Sprachgebrauch abweichenden Formen zur Erzielung bestimmter Wirkungen.

Sekundenstil: Darstellungsstil des Naturalismus, die Wirklichkeit zeitlich und im Detail so genau und getreu wie möglich abzubilden.

Semantik: Linguistische Disziplin, die sich mit Gestalt und Inhalt von Wörtern und Sätzen befasst.

Sentenz: Spruchhaft allgemeingültig formulierte Aussage.
Bsp.: *Wenn du selbst nur noch die Wahrheit sagen kannst, bist du unter Menschen nicht mehr möglich.* (Martin Walser, *Statt etwas oder Der letzte Rank*, 2017).

Sequenz: Kleine filmische Handlungseinheit, die sich aus einer unmittelbaren Folge einzelner Einstellungen ergibt.

Signifikant: Ausdrucksseite des sprachlichen Zeichens, also die Laut- oder Buchstabenfolge eines Wortes

Signifikat: Inhaltsseite des sprachlichen Zeichens: die Erscheinungsform von Wirklichkeit, die mit einer Laut oder Buchstabenfolge eines Wortes gemeint ist.

Simultaneität: Gleichzeitigkeit; in modernen Texten oft befolgtes Darstellungsprinzip, um die Vielgestaltigkeit der Gegenwart annähernd darstellen zu können. Da ein Text nur ein Nacheinander von Ereignissen abbilden kann, wird die Darstellung von Simultanereignissen ineinander verschränkt.

Sprachkompetenz: Umfang des jeweiligen menschlichen Vermögens, eine Sprache in seinem Wortbestand und seinen grammatischen Regeln zu kennen und zu verstehen.

Sprachperformanz: Umfang des jeweiligen menschlichen Vermögens, den bekannten Wortbestand und die bekannten Regeln einer Sprache im eigenen Sprachvollzug auch anzuwenden und zu nutzen.

Ständeklausel: In der Renaissance und im Barock aufgestellte Forderung, dass die erhabene Handlung des Trauerspiels sich nur mit Figuren von hohem Stand (Adel = 1. Stand) befassen, während die Handlung in Komödien den Figuren des Bürgertums (3. und 4. Stand) vorbehalten bleiben soll. Diese Klausel wird erst durch Lessings Bürgerliches Trauerspiel gebrochen.

Stichomythie: Kurzer Wortwechsel zwischen den Gesprächspartnern, im Versdrama in jedem Vers,
Bsp.:
DON CESAR: Wir waren die Verführten, die Betrogenen!
DON MANUEL: Das blinde Werkzeug fremder Leidenschaft!
DON CESAR: Ist's wahr, dass alles andre treulos ist –
DON MANUEL: Und falsch! Die Mutter sagt's, du darfst es glauben!
(Friedrich Schiller, *Die Braut von Messina*, I, 5; 1803)

Story: Die einem Romans oder Film zu Grunde liegende Geschichte

Symbol: Sinnbildhaftes Zeichen, dessen Bedeutung auf Vereinbarungen beruht; oft steht hinter dem sinnbildhaften Gegenstand eine Idee, die durch eben dieses Zeichen sinnlich vertreten werden soll.
Bsp.: *Taube = Frieden, Falke = Angriff, Krieg, Herz = Zuneigung, Liebe*

Synästhesie: Sprachliche Verschmelzung mehrerer unterschiedlicher Sinneseindrücke
Bsp.: schreiendes Grün, schrilles Rot, warmes Braun, usw.

Synchronie: In der Sprachwissenschaft die Beschreibung des Sprachzustandes zu einem bestimmten Zeitpunkt

Syntax: Beschreibung der Verknüpfung verschiedener sprachlicher Einheiten in einem Satz

Tableau: Effektvolles Arrangement des Bühnenbildes mit oder ohne Figuren zu Anfang oder Ende einer Dramenhandlung
Bsp.: Schlussbild in Lessings *Nathan der Weise*

Teichoskopie: Mauerschau: dramentechnisches Mittel, um Ereignisse, die sich zeitgleich zum Bühnengeschehen ereignen, aber auf der Bühne nicht darstellbar sind wie Kriegs- und Massenszenen, über einen Beobachtungsbericht in das Bühnengeschehen einzubeziehen. Der Bericht wird von einer auf der Bühne befindlichen Figur abgegeben, die vorgibt, meist von einer erhöhten Position aus wie über einen Mauerrand das beobachtete Geschehen verfolgen zu können.

Tektonik: Geschlossener, symmetrischer Aufbau einer Dichtung als Ausdruck eines klaren Formwillens; Gegensatz ist die offene, atektonische Form.

Trochäus: Antikes zweisilbiges Versmaß, das aus einer betonten und einer unbetonten Silbe besteht: x́x.
Bsp.: Állen meinen Freunden wünsche ich ein gutes Jahr.

Verfremdungseffekt: Abgekürzt oft: V-Effekt: von Bertolt Brecht eingeforderte dramatische Mittel, um die Illusion der Fiktionalität zu zerstören und eine Identifikation mit den Figuren zu verhindern.

Wendepunkt: Stelle in einem erzählenden oder dramatischen Werk, an dem die Handlung, ausgelöst durch ein Ereignis oder eine Nachricht, umschlägt und eine andere Richtung annimmt.

Wertung, literarische: Kritische Beurteilung von Stärken und Schwächen eines literarischen Werkes ggf. unter Berücksichtigung seiner Wirkung und seiner Aufnahme durch die Rezipienten

REGISTER

TEXTQUELLENVERZEICHNIS

Hinweis: Textbespiele von Autoren, deren Werke gemeinfrei sind, entstammen überwiegend ohne weitere Quellenangaben Projekt Gutenberg-DE (https://gutenberg.spiegel.de/) oder Wikisource.

S. 25: Bertolt Brecht: *Die Maßnahme. Zwei Fassungen, Anmerkungen.* Frankfurt am Main: Suhrkamp Verlag, 1998 (edition suhrkamp, 2058), S. 12. **S. 26:** Peter Weiss: *Die Ermittlung. Oratorium in 11 Gesängen.* Frankfurt am Main: Suhrkamp, 1965 (edition suhrkamp 616, Erste Auflage 1991), S. 162 f. **S. 28:** Samuel Beckett: *Dramatische Dichtungen in drei Sprachen. Ausgabe in einem Band.* Frankfurt am Main: Suhrkamp Verlag, 1981, S. 26 f. **S. 58:** Rudolf Heß: *An die Auslandsdeutschen*, S. 98, 24. 12. 1934. In Hans Krebs: Redner-Fibel. Leipzig, 1935, S. 40. Zit. n. Theodor Pelster: Rede und Rhetorik, Arbeitsheft. Düsseldorf: Pädagogischer Verlag Schwann, 1972, S. 98. **S. 60:** Reinhard Tschapke: *Kunst und Macht.* In: Ostfriesischer Kurier v. 13. 8. 2018, S. 20. **S. 61:** Unbek.: *Reifezeit*. In: Frankfurter Allgemeine Zeitung v. 28. 8. 1972. **S. 63:** Botho Strauß: *Anschwellender Bocksgesang*. In: Der Spiegel 6/1993, S. 207. **S. 177:** Irmgard Keun: *Das kunstseidene Mädchen. Roman.* Nach dem Erstdruck von 1932 hrsg. v. Stefanie Arend und Ariane Martin. Berlin: Claasen Verlag, S. 65 f. **S. 180:** Baldur von Schirach: *Die Fahne der Verfolgten*. Berlin: Zeitgeschichte-Verl.- und Vertriebs.-Ges., 1933, S. 40. **S. 182:** Reinhold Schneider: *Macht und Gnade. Gestalten, Bilder und Werte in der Geschichte.* Stuttgart: Im Insel Verlag, 1946, S. 127. **S. 189:** Günter Eich: *Inventur*. In: Dietrich Bode (Hrsg.): Deutsche Gedichte. Stuttgart: Reclam, 1984, S. 314. **S. 191:** Paul Celan: *Todesfuge*. In: Ders.: Ausgewählte Gedichte. Nachwort von Beda Allemann. Frankfurt am Main: Suhrkamp, 8. Aufl. 1979, S. 18 f. **S. 194:** Wolfgang Koeppen: *Tauben im Gras. Roman*. Frankfurt am Main: Suhrkamp Verlag, 1980 (suhrkamp taschenbuch 601), S. 32 f. **S. 197:** Eugen Gomringer: *Schweigen*. In: Dietrich Bode (Hrsg.): Deutsche Gedichte. Stuttgart: Reclam, 1984, S. 324. **S. 197:** Peter Handke: *Stücke 1.* Frankfurt am Main: suhrkamp taschenbuch, 4. Aufl. 1977, S. 71. **S. 199:** Martin Sperr: *Jagdszenen aus Niederbayern*. In: Ders.: Bayrische Trilogie. Frankfurt am Main: Suhrkamp Verlag (suhrkamp taschenbuch 28), 1972, S. 47 f. **S. 203:** Martin Walser: *Ein fliehendes Pferd. Novelle.* Frankfurt am Main: Suhrkamp Taschenbuch Verlag, 1980, S. 107 f. **S. 205:** Ulla Hahn: *Ars Poetica.* In: Dies.: Herz über Kopf. Gedichte. Stuttgart: Deutsche Verlags-Anstalt, 1981, S. 78. **S. 207:** Werner Bräunig: *Greif zur Feder, Kumpel*. In: Walter Kißling (Hrsg.): Deutsche Dichtung in Epochen. Ein literaturgeschichtliches Lesebuch. Stuttgart: Metzler, 1991, S. 700. **S. 210:** Heinz Kahlau: *Alle Sätze*. In: Walter Kißling (Hrsg.): Deutsche Dichtung in Epochen. Ein literaturgeschichtliches Lesebuch. Stuttgart: Metzler, 1991, S. 702. **S. 213:** Bernd Jentzsch: *Das Verlangen*. In: Walter Kißling (Hrsg.): Deutsche Dichtung in Epochen. Ein literaturgeschichtliches Lesebuch. Stuttgart: Metzler, 1991, S. 741. **S. 214:** Volker Braun: *Hinze-Kunze-Roman*. Frankfurt am Main: Suhrkamp Verlag, 1985, S. 60 f. **S. 220:** Yaak Karsunke: *zur schönen aussicht.* In: Karl Otto Conrady (Hrsg.): Von einem Land und vom andern. Gedichte zur deutschen Wende. (Edition Suhrkamp Leipzig) Frankfurt am Main: Suhrkamp, 1993, S. 70. **S. 223:** Martin Walser: *Ein springender Brunnen. Roman.* Frankfurt am Main: Suhrkamp Verlag, 1998, S. 282. **S. 225:** Richard Wagner: *Ausreiseantrag. Begrüßungsgeld. Erzählungen*. Frankfurt am Main: Luchterhand Literaturverlag, 1991, S. 156 u. 177. **S. 226:** Alexa Hennig von Lange: *Relax. Roman*. Köln: DuMont Buchverlag, 1997, Taschenbuch-Neuausgabe, 2017, S. 300. **S. 228:** Juli Zeh: *Unterleuten. Roman.* München: Luchterhand Literaturverlag, 2016, S. 217. **S. 230:** Judith Herman: *Sommerhaus, später. Erzählungen.* Frankfurt am Main: Fischer Taschenbuch, 16. Aufl. 2014, S. 143. **S. 253:** Claudia Maria Riehl: *Die Bedeutung von Mehrsprachigkeit*, http://www.phil-fak.uni-koeln.de/fileadmin/zsm/Bedeutung_von_Mehrsprachigkeit-1.doc (Stand: Juli 2019).